AF523924

Hannes Heyne

Klänge aus der Natur

Akustische Ökologie und das Spiel
mit elementaren Musikinstrumenten

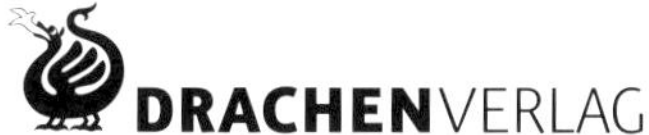

Library of Healing Arts
Bibliothek der Heilenden Künste
herausgegeben von Johannes Heimrath
Band 8

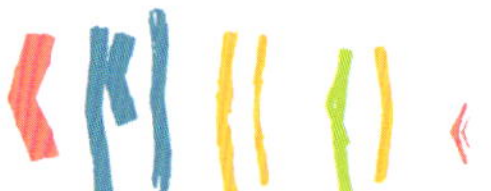

Europäische Akademie
der Heilenden Künste
European Academy
of Healing Arts
www.eaha.org

Hannes Heyne – Klänge aus der Natur
Akustische Ökologie und das Spiel mit elementaren Musikinstrumenten

Umschlaggestaltung: Nele Hybsier
Foto Titel: Günther Starket
Layout, Satz und Herstellung: www.humantouch.de
Druck und Bindung: Finidr, s.r.o., Český Těšín
Printed in Czech Rebublic

ISBN 978-3927369-46-7

Inhalt

1
Einführung

Im Unterschied zu den Augen kann man die Ohren nicht schließen, es sei denn, man hält sie zu oder verstopft sie mit Watte. Unsere akustische Welt ist akut gefährdet: Der kanadische Klangökologe Murray Schafer warnt vor einer »Klanglandschaft, die einen Gipfel an Vulgarität erreicht mit der Konsequenz einer baldigen universellen Taubheit der Menschen ... Lärmverschmutzung folgt, wenn der Mensch nicht aufmerksam hört. Lärm sind jene Klänge, die wir gelernt haben, zu ignorieren« (Schafer, M. 1993). Wir sagen: »Ganz Ohr sein, jemandem sein Ohr leihen, sich dazugehörig fühlen, hörig und ungehörig sein« oder »zum einen Ohr hinein, zum anderen hinaus«. Das Hören ist der eigentlich soziale Sinn (Wimmer, M. 1994; Soesman, A. 2009). Der Öffnung zur Welt hin folgt die Sprache als hörbare Kommunikation. Wenn heute von immer stärkeren Konzentrationsschwächen der Kinder gesprochen wird, ist dies hauptsächlich ein mangelndes Vermögen, zuzuhören und das Erlebte in klarer Sprache wiederzugeben. Im Hören liegt eine Besonderheit: Ich kann sowohl auf Klänge und Stimmen draußen in der Welt als auch auf die eigene innere Stimme hören. Lange Zeit wurde »Stimmen hören« mit »verrückt sein« assoziiert. Inzwischen wird von vielen verstanden, was es bedeutet, auf die Stimme des eigenen Gewissens oder Herzens zu hören.

Eine der Fragen, die mich in diesem Buch bewegen, ist die Beziehung zwischen einer wachen Kultur des Hörens und der Entwicklung ökologischen Bewusstseins. Welche Wege gibt es, Ökologie und die Notwendigkeit des eigenen Verhaltens- und Bewusstseinswandels positiv zu erfahren? Könnten dabei der Hörsinn, Zuhören, Kommunikation und »Aufhören« eine entscheidende Rolle spielen? Gibt es ein Erfahrungsfeld, in dem sowohl Verzicht als auch verantwortliches Einmischen im richtigen Moment als unmittelbar die Welt verändernder Gewinn erlebt werden?

Es wird viel über Entfremdung und Verlust an Gemeinschaft debattiert. Die Ego-Gesellschaft zeigt ihre Schattenseiten, virtuelle Scheinwelten platzen zum Glück nach einer gewissen Zeit. Welches Maß an Alleinsein und Gemeinschaft braucht

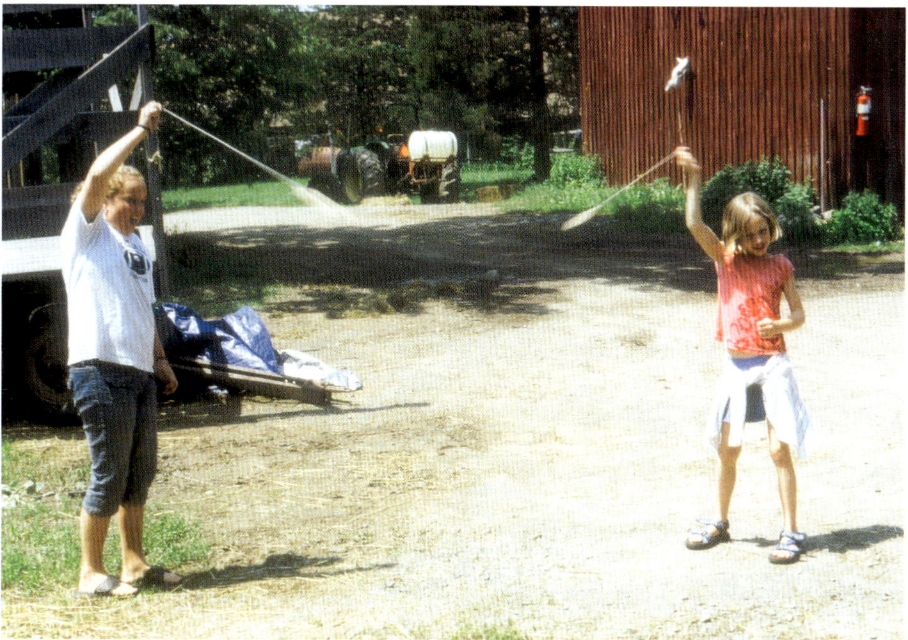

1 Kinder mit Schwirrhölzern. Früher lernten sie so den Eintritt in die Klanglandschaft ihrer Kultur.

ein Mensch, und wie kann er das herausfinden? Welche Wege gibt es, den interkulturellen Dialog über Klimawandel und eigene Bedürfnisse lebenspraktisch zu führen und miteinander zu lernen, aber auch das Spannungsfeld von verlorener Tradition und heutiger Sinnleere erkenntnisfördernd auszuloten? Können dabei Zuhören und musikalische Gegenwart Wesentliches beisteuern?

Die alten Völker wussten von der heilsamen Kraft der Musik. Von Kindheit an konnte man hörend und selbst spielend in die Gemeinschaft hineinwachsen. Der Klangraum der Ansiedlung, der durchhörbar und durch seinen Klang unverwechselbar war, bewirkte das Zugehören zu den Sippen der Urgesellschaften (Sloterdijk, P. 1995). Musik entstand nicht als abstrakte Kunst oder Unterhaltungsform oder war abwählbares Schulfach wie heute. Als ursprünglicher Bestandteil von Ritualen und Tänzen, die den Menschen und seine Umgebung miteinander in Verständigung und Gleichgewicht hielten, war sie eines der unverzichtbaren Grundnahrungsmittel (Abb. 1).

Der Verlust an Zusammenhang und kraftspendender, gemeinsam gespielter Musik trägt meinen Beobachtungen zufolge wesentlich dazu bei, dass Menschen heute in einseitigen Ersatzabenteuern Befriedigung suchen. Dabei liegen die realen Abenteuer ganz nah. Im konkreten Miteinander-Hören und -Spielen vollziehen sich ursprüngliches Schöpfertum, Dialog und Wandlung. Dem oft geäußerten Vorurteil, unmusikalisch zu sein und kein Instrument spielen oder nicht singen zu können, lässt sich entgegenhalten: Jedem ist es möglich, eigene Rhythmen, wie Atem,

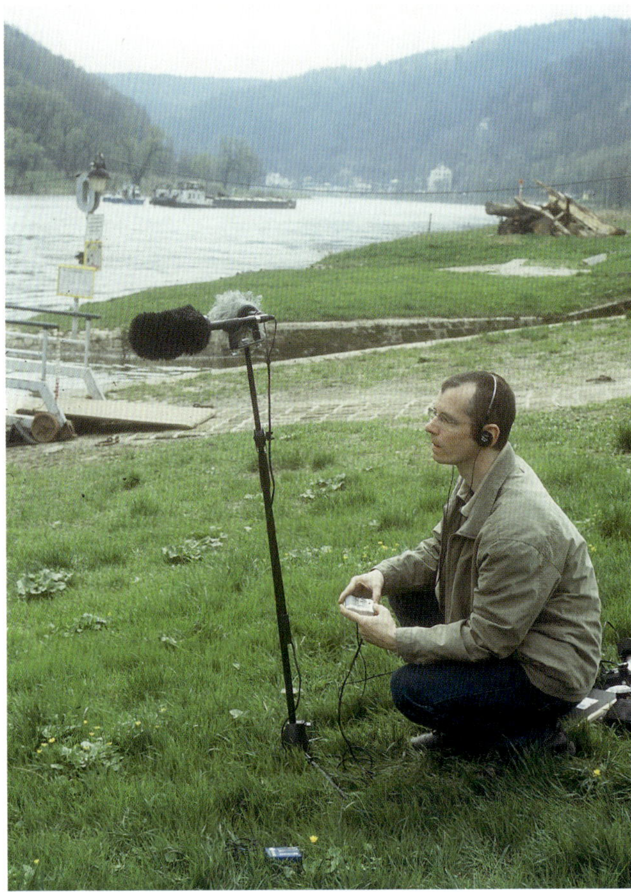

2 Tonaufnahmen an der Elbe.

Puls und Gehen, zu entdecken, Instrumente, wie Steine, Hölzer oder Metallplatten, zu spielen, denn solche Instrumente sind kaum vorbelastet von Können oder Nichtkönnen.

In diesem Buch wird ein Ansatz vorgestellt, der in seiner gelebten Konsequenz zu einem umweltbewussten und beziehungsfähigen Leben hinführt. Er stärkt gleichzeitig die Fähigkeit des Zuhörens und des verantwortlichen Einbringens und wirft Licht auf das, »was wir wirklich brauchen«, um balanciert und gesund zu sein. Dabei geht es nicht um einen moralischen Imperativ, sondern um ein Angebot, frei zu spielen und zu wählen.

Wir verwenden Naturinstrumente der Weltkulturen, die den Kontakt des Menschen mit der Natur und Mitwelt zum Ausdruck bringen, und bauen so an der unerlässlichen Brücke zwischen Ökologie und sozialer Welt. Ökologie begreife ich als das Verstehen des Zusammenspiels des Einzelnen mit dem Ganzen, soziales Leben als das Kennen und Erfüllen der eigenen Bedürfnisse und derjenigen anderer, Austausch, die Fähigkeit, sowohl allein als auch in Gemeinschaft zu sein. Mit den

Bedürfnissen anderer meine ich hier nicht nur die der Menschen, sondern auch der Tiere, Pflanzen, Steine – der ganzen, lebendigen Erde.

Auf der Suche nach dieser Brücke stieß ich auf die akustische Ökologie, die eng mit dem Begriff der Klanglandschaft (englisch »soundscape«) verbunden ist. Dieser von dem kanadischen Pädagogen und Komponisten Murray Schafer Ende der 60er-Jahre geprägte Begriff bezeichnet die Gesamtheit der klingenden bzw. hörbaren Umgebung (Winkler, J. 2002) (Abb. 2).

Neben äußeren Charakteristika, wie Lautstärken, Frequenzen, zeitlichen Abläufen und räumlichen Bezügen der Hörwelt, hat die Klanglandschaft auch soziale und emotionale Anteile, die stets kulturspezifisch und individuell wirken. Die akustische Ökologie, die seit Anfang der 90er-Jahre durch das World Forum for Acoustic Ecology (WFAE, Soundscape) vertreten wird, ist Ausdruck eines qualitativen Hinhörens auf den Zusammenklang Mensch – Natur – Kultur und seiner weitverzweigten Gebiete und Auswirkungen. Vor dem aktiveren Spiel steht hier das hörende Wahrnehmen. Aus der Klanglandschaftsforschung entstandene Übungen öffnen unsere Ohren für die akustische Welt, wie sie jetzt ist und sich wandelt.

Ich beschreibe ein über viele Jahre praktiziertes Erfahrungswissen zu den Themen Hören, akustische Ökologie und Musik in phänomenologischer und pädagogischer Wirksamkeit sowie praktischer Durchführung. Musik entsteht, die jede und jeder mit einfachen Mitteln allein oder in Gruppen selbst spielen kann. Elementare Musikinstrumente der verschiedensten Völker sind ein Geschenk von Generationen von musizierenden Menschen an uns, ein Schatz, den es in der Gegenwart zu heben gilt.

Dabei ist elementar nicht mit primitiv zu verwechseln. Es meint zum einen das Einfache, den Umgang mit elementaren Bestandteilen unserer Erde und Welt, zum anderen das Universelle: Jedes in seiner Kultur gewachsene, elementare Musikinstrument offenbart eine Fülle an geronnenem Erfahrungswissen und darin etwas universell Menschliches. Beim Spiel mit elementaren Musikinstrumenten verschiedener Kulturen frage ich nicht zuerst nach traditioneller Spielweise und Authentizität, sondern erkunde die Instrumente in sensibler Weise mit allen Sinnen und bringe sie zum Klingen. Im Unterschied zum traditionellen Gebrauch erhält das Instrument auf diese Weise reiche und vielfältige zusätzliche Bezüge. Es regt die Phantasie an, wenn das Instrument am Anfang nicht benannt wird, sondern sich selbst ausspricht. So enthüllt jedes traditionelle Instrument zunehmend Eigenheiten, die in der Verbindung aus Material, Bauweise, Form, Schmuck, Klang und Spielweise Qualitäten und Wissen der jeweiligen Kultur an uns weiterreichen. Diese wirken bildend, kreativitäts- und persönlichkeitsfördernd und heilend.

Neben den überkommenen Instrumenten entstanden aus der praktischen Arbeit auch etliche Neuschöpfungen, denen ich ebenso ästhetische Kriterien auferlege. Es ist ein Unterschied, ob man Instrumente aus Naturmaterial oder Abfall baut. Beides ist im ökologischen Kontext sinnvoll, geht aber verschiedene Wege.

Eine prägende Erfahrung war für mich die im »Mangelstaat DDR« erlebte Notwendigkeit, zu improvisieren, aus der später die Erkenntnis folgte, dass Improvisation im besten Sinn Lebens-Kunst bedeutet, nämlich im richtigen Moment das Richtige zu tun oder zu lassen, also in der Gegenwart ganz präsent zu sein. Wo im Leben wird das nicht gebraucht?

Das gemeinsame musikalische Spiel ist immer auch soziales Übungsfeld. Improvisation bietet uns dafür die geeeigneten Lehrstücke. Freie Improvisation bedeutet nicht, dass jeder macht, was er will. Es geht vielmehr um einen Weg, die eigenen Möglichkeiten, Muster und Grenzen zu erkennen und dabei allein und gemeinsam freier zu werden. In meiner Arbeit entstanden aus konkreten politischen, sozialen und ökologischen Umfeldern Fragestellungen, die neue Spielmethoden zur Entwicklung brachten. Der Mangel an käuflichen Instrumenten in den 70er- und 80er-Jahren der DDR forderte mich heraus, einfache Naturdinge, wie Steine, Hölzer und Metalle, zu Instrumenten zusammenzufügen. Saßen Menschen in einem Spielkreis zusammen, wurden Instrumente von einem zum anderen auf Wanderschaft geschickt – wir entwickelten die Methode der »wandernden Instrumente«. Das Spielen zu zweit oder »zu vielt« auf einem Instrument spiegelt nicht länger den Mangel, sondern offenbart neuen Reichtum – das gemeinsame Entdecken ungeahnter Möglichkeiten.

Wenn ein Spieler statt zwei Steinen nur noch einen hat, muss man sich mit anderen zusammentun. Aus dem Mangel wird durch den Sozialeffekt ein Gewinn. Das übliche gedachte und gefühlte Einteilen in musikalische und unmusikalische Menschen, Profis und Amateure, Kinder- und Erwachsenenmusik fordert zur Überwindung Spiele, die jeden gleichermaßen einladen. Dabei muss die Hemmschwelle, ein Instrument in die Hand zu nehmen, gering sein. Also keine Geigen ...

Andererseits lassen sich Profis leicht von »Kindergarteninstrumenten«, wie Rasseln und Klanghölzer, abschrecken. Die Natur hilft: Steine, Muscheln und Nüsse erweisen sich als optimal, um allen Alters- und Berufsklassen den Einstieg zu ermöglichen und in die Tiefe zu gehen. Wie die Instrumente selbst ist ihre Anwendung themenübergreifend und interdiszipinär.

Dieses Buch basiert auf einem ursprünglich von mir für die Umweltbildung konzipierten Leitfaden als Einführung in die akustische Ökologie, der jedoch nicht veröffentlicht wurde. Inzwischen habe ich diese Arbeit wesentlich erweitert. Das Buch wendet sich nun an Pädagogen, Sozial- und Kulturarbeiter, Therapeuten, Wissenschaftler, Musiker, Ethnologen, interessierte Erwachsene und Jugendliche. Anwendungsfelder finden sich in der musikalischen und Allgemeinbildung, Umweltbildung und Erlebnispädagogik, Therapie, Heilpädagogik, Entwicklungspolitik, fairem Handel, Organisationsentwicklung und vielen anderen Gebieten.

Eine Defizitanalyse zeigt die Dringlichkeit von Veränderungen. Das Kapitel »Quellen und Wurzeln« beschreibt Stationen und Begegnungen aus meiner Biografie, die mir halfen, das Was und Wie der heutigen Arbeit zu entwickeln. Verwandte Ansätze zeigen, dass es auf der ganzen Welt ähnliche Gedanken und Bedürfnisse gibt, die unterschiedlich realisiert werden.

Der Hauptteil des Buchs beschreibt Übungen der akustischen Ökologie in der Natur und mit Instrumenten. Sie enthalten auch Hinweise auf Wirkungen, Symbolik und Mythologie der Instrumente. Im Text wird auf passende Übungen im praktischen Teil des Buchs verwiesen. In den später folgenden Thesen führe ich grundlegende Gedanken zum Hören, zu akustischer Ökologie und zum Spiel aus.

Die Musikinstrumente aus Natur und »Einer Welt« sind in Anlehnung an übliche Klassifizierungen in Membranophone, Idiophone, Aerophone und Chordophone unterteilt, und die entsprechenden Übungen erschließen die Instrumente im einzelnen.

Ein weiteres Thema, das mir am Herzen liegt, ist die Beziehung zwischen Mathematik und Musik, der ein eigener Abschnitt gewidmet ist. Dort geht es nicht um komplexe Berechnungen, sondern um Zusammenhänge, die zur Allgemeinbildung gehören sollten.

Der Abschnitt »Musikalische Improvisation und Spielregeln« legt den Schwerpunkt auf Formen und Methoden der Spielweise, die besonders das Zusammenspiel in Gruppen und Spielqualitäten betreffen.

Bewusst verzichte ich bis heute auf elektronische Instrumente oder verstärkte Klangwiedergabe. Eine Ausnahme bilden Übungen, die vorhandene technische Klangerzeuger einbeziehen oder Klänge in Klanglandschaften dokumentieren.

Mit der Formel »Alles ist Eins« wird oft vorschnell das notwendige Differenzieren verhindert. Jeder Klang und jedes konkrete Spiel hat Wirkungen auf Körper, Seele und Geist. Elektronische Klänge wirken anders als akustische. Zukünftige Forschung könnte diesen Gegensatz noch besser hör- und fühlbar machen.

Als Grundsatz gilt: Nur das selbst Erlebte und mit Enthusiasmus Verinnerlichte kann so an andere weitergegeben werden, dass es bei diesen grundlegende Erfahrungen mit Denk- und Verhaltensänderungen bewirkt. Auch eine bis ins kleinste ausgeführte Spiele- und Übungssammlung könnte das nicht ersetzen. Deshalb möchte dieses Buch vor allem zu eigenem Experimentieren, Hören und Spielen anregen. Das Spiel beginnt bereits, wenn man vor die Tür tritt und der Musik des Winds in den Bäumen lauscht. In jedem Moment der Gegenwart ist das möglich: einfach innehalten, still sein, lauschen ...

Dresden, im Herbst 2009
Hannes Heyne

2 Defizite – eine Bestandsaufnahme

Es scheint eine menschliche Schwäche zu sein, erst durch einen Mangel wach zu werden: Wir bekommen Hunger und Durst oder frieren, wenn Nahrung oder Wärme fehlen. Oft brauchen wir ein starkes Signal, um zu reagieren – eine Störung, die sich so schmerzhaft bemerkbar macht, dass sie nicht mehr zu übersehen oder zu überhören ist, wie ein Müllhaufen direkt vor dem Eingang oder ein bis an die Schmerzgrenze gehendes Quietschen der Eisenbahnbremsen. Bis dahin neigen wir eher dazu, mit einer wegwischend-ignorierenden Grundgeste das Störende für uns kleinzuhalten. Aber es gibt Ausnahmen: Am Morgen weckt mich ein Vogelkonzert oder eine Berührung. Manchmal wird ein Geräusch im Raum erst durch sein Aufhören bewusst, wenn z. B. plötzlich der Kühlschrank aufhört, zu summen. Dann führt das, was fehlt, zum Wachwerden und hilft bei der Wandlung.

Wenn über Defizite gesprochen werden soll, muss klar sein, in welchem Kontext wir das tun. Defizit, aus dem Lateinischen stammend, drückt Mangel, Verlust, eine ungedeckte Ausgabe aus. Den Zustand, in dem der Mangel behoben ist, erleben wir als Fülle oder Erfüllung. Ich beschreibe im folgenden Defizite im (Zu-)Hören, in der Musik und ihrem sozialen Umfeld, in der akustischen Ökologie und im Kontext von (Umwelt-)Bildung allgemein.

Das Defizit an Zuhörenkönnen und Konzentrationsfähigkeit wird exemplarisch von dem Musikwissenschaftler Hans-Peter Reinecke dargelegt (2002). Er unterscheidet zwischen »Zuhören-Wollen«, dem natürlichen Bedürfnis des (kleinen) Kindes zur Befriedigung seiner Neugier, »Zuhören-Sollen« als mehr oder weniger begründete Aufforderung an Schüler, zu Erziehende oder Gesprächspartner, »Zuhören-Müssen«, z. B. auf überlebensnotwendige Signale, und »Zuhören-Können« als Kunst.

Leider ist es so, dass die technischen und elektronischen Neuentwicklungen, die massenhaft Bilder und Geräuschmüll produzieren, zum Großteil zur Sinnesüberlastung und -verwirrung beitragen. Aus dem Zuhören-Wollen wird schnell das Zuhören-Sollen. Die Lust schwindet, und der Überflus an Angeboten und Surrogaten macht zuhörmüde. Die Überflutung bewirkt einen Mangel an Zeit. »Zuhören im Zeitnotstand« heißt treffend ein Beitrag von Karlheinz Geißler in dem Buch »Ganz Ohr«. »Wer Reden und auch wer zuhören will, benötigt Zeit« (Geißler, K. 2002).

Heute dominieren menschengemachte Zeitordnungen. Diese sind, ebenso wie menschengemachte Töne und Laute, von Interessen geprägt. Folglich tangieren sie Fragen von Macht und Herrschaft. Unser Umgang mit der Zeit, mit dem Hören, dem Zuhören sowie dem Sprechen wechselt mit unserem Kulturverständnis, unterschiedlichen Lebensstilen und subjektiven Interessen. In einer Gesellschaft, die dem Medium Geld den Vorrang einräumt, werden Zeit und Zuhören auch an Geld gekoppelt. »Den Gesang einer Blaumeise hören nur wenige Menschen unter der stetig wachsenden Lärmglocke unserer Industriegesellschaft, das klirrende Fallen eines Geldstücks dagegen provoziert allseitige Hellhörigkeit.« (Geißler, K. 2002)

Anhand eines »harmlosen« technischen Apparats, des Telefons, einem Patent von 1876, wurden die Folgen eindrucksvoll von Renate Genth beschrieben: »Grundlage ist die analytische Distanz zu den eigenen Wahrnehmungen. Damit aber wird die Sicherheit verstört. Die Orientierung an den sinnlichen Wahrnehmungen verliert ihre Gewissheit. Die moderne Trennung von sinnlicher Wahrnehmung und Vorstellungsvermögen beginnt. Das Hören ist eng mit dem Gleichgewichtssinn assoziiert. Wird es verunsichert oder arg strapaziert, gefährdet die Verstörung die innere und äußere Balance. Die moderne Inszenierung der alltäglich gewordenen Zerreißproben nimmt ihren faszinierend-harmlosen Anfang.« (Genth, R. 1994)

Die bereits Anfang des letzten Jahrhunderts als verfremdend beschriebenen Tatbestände haben sich mit Mobilfunk und Internet potenziert. Vor allem die Entwicklung des Mobilfunks hat das Sozial- und Hörverhalten der gesamten Gesellschaft gewandelt. Zu Beginn der 90er-Jahre wurden die Festnetztelefone mit anderen Signaltönen ausgestattet, zunächst mit einfachen, mehrtönigen, schrillen Sinusfrequenzen, die den Empfänger zusammenzucken und beschämt-entschuldigend in die Runde blicken ließen. Die Mobiltelefone begannen, das gesamte Sozialverhalten der Menschen zu verändern. Bald mit einfachen Melodien aus Klassik oder Pop klingelnd, wurden die Klingeltöne mehr und mehr zum Zielobjekt der Werbung, gemeinsam mit der Optik und dem Markenzeichen des Handys als Statussymbol nicht nur der Jugendlichen. In der Öffentlichkeit und besonders in eng besetzten Bussen und Bahnen sprechen Handy-Benutzer laut über intimste Dinge, nur ist der Gesprächspartner woanders. Der real gegenübersitzende Mensch hingegen wird genötigt, das Gespräch mitzuhören, wenn er nicht seinerseits mobil in die Ferne spricht. Das Musikalische, das im Klingelton angedeutet ist, tritt in seiner flachsten und peinlichsten Form auf. Auf das Internet, das vor allem den Sehsinn fordert, soll hier nicht weiter eingegangen werden.

Ein drogenartiger, suchtauslösender Mechanismus wird in Gang gesetzt, der wegen der Minderwertigkeit des Surrogats von echten Gegenständen und Wahrnehmungen nur noch mehr Appetit macht, aber niemals die wirklichen Bedürfnisse nach Spiel und Kommunikation stillt. Jugendliche entgegnen mir öfter auf meine Frage nach der Bedeutung ihres Mobiltelefons: »Ja, ich brauche das, das bringt mir Spaß.« Das ist gut nachvollziehbar. Kinder und Jugendliche passen sich extrem schnell an neue Situationen und elektronische Kommunikation an. Was sie weniger mitbekommen, ist ihre zunehmende Abhängigkeit von der Elektronikindustrie.

Neue Produkte sind darauf ausgerichtet, Bedürfnisse zu schaffen und dann zur Kasse zu bitten, wenn die Abhängigkeit nicht mehr frei gelöst werden kann. Alle sind nun vom Handy abhängig, und die Einflüsse auf die Sozialisation bis zu abgelegensten Völkern hin sind gravierend. Mir geht es hier nicht um rückwärtsgewandte, technikfeindliche Argumente. Jeder soll entscheiden, was er oder sie wirklich braucht. Nur: Diese Entscheidungsfreiheit wird von Industrie und Werbung stark beeinflusst.

Vielen Erfindungen der Neuzeit ist gemein, dass sie Wohlstand, mehr Zeit, bessere Verständigung etc. versprechen, aber in der Regel ein Defizit an lebendigem Kontakt und Sinneserfahrung bewirken. Das Eigentümliche ist – wie in Michael Endes »Momo« – dass die »Zeitdiebe« gerade mit dem Versprechen des Zeitsparens auf Dummenfang gehen. Es finden sich für jeden genügend Argumente, dass die neuen Wunderdinge wirklich sinnvoll und nützlich sind (Ende, M. 1973).

Die Kehrseite zunehmender Verlärmung und äußerlicher Wachstumsideologie ist der Verlust der Stille – und zwar nicht nur der äußeren: »Zum Zuhören gehört eine Stille, die nicht eine nostalgische oder utopische reale Stille ist, sondern die Fähigkeit zum Stillwerden. Im Gespräch mit anderen Menschen ist Zuhören ein Zurücktreten, wenn jemand anderes sprechen soll. Zuhören auf Musik oder Wort ist ein Zeit-Geben, ein Zeit-Opfer; Hören auf Klanglandschaft ist beides, Zurücknahme seiner selbst und Zeitgeben. Das Ergebnis dieses Aufgebens ist paradox, der Ort des Hörens wird besonders bewusst, und man gewinnt Zeit« (Winkler, J. 2002).

Immer mehr Bereiche des öffentlichen und privaten Lebens werden mit sogenannter Muzak, Nebenbeimusik, beschallt (Enders, B. 1999). Ob im Restaurant, beim Einkaufen oder beim Zahnarzt, sogar auf den Toiletten tönt kulturübergreifend der gleiche Softpop. Da hier kein Dezibelgrenzwert wie in der taubheitsfördernden Technodisko droht, wähnt man sich in bester Absicht: zu unterhalten und abzulenken. Wovon wird abgelenkt? Von der realen Wirklichkeit, die mit dem Sichtbaren, Fühlbaren, Unzulänglichen verbunden ist. Und von der Stille, die den Hörenden in seiner Scheinwelt aufschrecken und zum Aufwachen bringen könnte.

Das Perfide dieser Beschallung ist (neben unerkannten Kaufbotschaften) die langsame Unterwanderung der Hörgewohnheiten bis hin zu einem Abhängigkeitsverhältnis von diesem Klangmüll. Man empfindet ihn als fehlend, sollte einmal die Anlage nicht funktionieren. Hier liegt vor allem ein Mangel an Wahrnehmungsfähigkeit vor – was für Klanglandschaft und Menschen überflüssig ist und akustische Gleichschaltung bewirkt, kann nicht mehr erkannt und beseitigt werden.

Im musikalischen Bereich besteht ein Defizit an Erfahrungsräumen gemeinsamen Musizierens, ob im Unterricht, mit Kindern, Jugendlichen, Erwachsenen oder Senioren. Die meisten Oberstufenschüler sprechen sich dafür aus, Musik als Wahlfach – also abwählbar – zu führen, da sie zu theoretisch sei und man Kunst sowieso nicht lernen könne (Politikforum 2005).

Erst in der jüngsten Vergangenheit mehren sich Artikel wie »Macht Musik den Menschen besser?« in der Zeitschrift GEO (Tentrup, I. 2003), die uraltes Wissen über Musik und menschliche Entwicklung neu entdecken, nun aber mit »wissenschaftlichen« Beweisen. Wir erfahren, dass durch Musik nicht nur die emotionale Intelligenz gefördert wird, sondern auch der Informationsaustausch zwischen den Hirnhemisphären. Aktives Musizieren lässt die Nerven in Endorphinen baden und löst Glücksgefühle aus. Schließlich wird auch immer wieder auf die Heilwirkungen von Musik verwiesen. Stellvertretend sei der Artikel »Klangheilkunde« in der Zeitschrift Natur & Heilen genannt (Völkel, K. 2004). In den allermeisten Fällen ist damit das Konsumieren von Musikkonserven gemeint.

Die Musik der Gegenwart ist zwischen mehreren Polen aufgespannt: Da gibt es die sogenannte zeitgenössische E-Musik, teilweise computergeneriert und multimedial umgesetzt, die nur von wenigen rezipiert wird, und den täglichen Softpop aus dem Radio als Nebenbeikulisse für jedermann, da gibt es die gängige Klassik und eine aus dem natürlichen Aufbegehren heraus entstandene Musik, wie z. B. Punk, Hardcore-Metal oder Trash.

Eine weitere Polarität zeigt sich zwischen den professionellen Musikern und dem großen Rest, der Musik als Nebensache gelten lässt, zumindest wenn es um das eigene Musizieren geht. Wie könnte aber eine »Musik des Volks« heute klingen? Welche Wege gehen Pädagogik und Freizeitangebote? Gibt es Ansätze im Musiklehrplan, die die vorhandenen Missstände erkennen und abbauen helfen? Kann man die Defizite in Umweltbildung und Musik in einem in der Natur des Zusammenhangs liegenden gemeinsamen Erlebnisbereich in Reichtümer umwandeln?

Der akustischen Ökologie fehlt es an einer breiten Interessensbasis in der Gesellschaft. Bis jetzt wird das Thema als Angelegenheit für Spezialisten betrachtet und erlebt, wie Alexander Lorenz es näher beschreibt (1999). Er plädiert dafür, Umwelt- und Musikpsychologie stärker zu vernetzen und in Pädagogik und Gesellschaft einzubinden. Ein Gedanke dabei ist, Umwelt nicht als feststehend zu interpretieren, sondern viel stärker mit Bezug auf die eigene und gesellschaftliche Wandlung, das Psychomilieu. Was macht Menschen hellhörig, was interessiert sie wirklich?

Ein Beispiel: Die Hauptversammlung des Forums Klanglandschaft im Symposium »Klänge, Macht und Landschaft« 2005 fand an der Universität Potsdam statt. Obwohl weitflächig in Medien und vor Ort angekündigt, blieben die Klangforscher unter sich. Nicht einmal die Studenten der Musikdidaktik und -pädagogik hielten es für nötig, zu kommen. Von ökologischer und pädagogischer Warte aus schien es brennendere Themen zu geben als die Qualität von Umweltklängen.

Ein weiteres Defizit möchte ich »mangelnde Handwerklichkeit« nennen. Vor der Zeit der Spielzeug-Fertigprodukte (»readymades«), haben sich Kinder und Jugendliche mit dem Messer etwas geschnitzt, Puppen aus Stroh gebaut. Die Allgemeinheit heute geht mehr mit Handys und Computern um – wo in der Tat rasante Fingergeschwindigkeiten zu beobachten sind. Phantasievolles Geschick, Genauigkeit beim Sägen und Anfügen beim Instrumentenbau sind nur bei wenigen zu finden. Eine oft gehörte Frage ist: »Das ist doch egal, oder?« In vielen osteuropäischen Ländern wurde gar der Handwerksunterricht (in Deutschland noch Klasse 3 und 4) vollends aus den Curricula verbannt. Die Kinder stehen hilflos vor Schraubstock und Säge ...

Gerade angesichts der heutigen Krise können wir beobachten, wie wenig die breite Bevölkerung bereit ist, ihre Lebensgewohnheiten zu verändern. Trotz Krise herrscht im Mainstream nach wie vor das Diktat des großen Geldes, der Aktienmärkte und einer Ausrichtung auf Konkurrenz sowie Besitzstandswahrung und -wachstum: Banken und Autoherstellern wird in der Krise zuerst geholfen.

Noch immer besteht das Paradigma, dass durch bessere und ausgeklügeltere Technik die Umwelt- und Energieprobleme künftig zu lösen seien. Solange dies der Fall ist, wird uns die Werbung weiterhin einreden können, zu Weihnachten Erdbeeren zu kaufen oder Hightech-Handys mit Solarzellen zu benutzen. Allerdings mangelt es nicht an Versuchen, ganz andere Dinge als wirklich wichtige Lebensgrundlagen aufzuspüren: ein gesundes Verbundensein mit der Erde; natürlich wachsende Pflanzen, Tiere und Nahrung; lebendige zwischenmenschliche Gespräche und Berührung; die Freude an einfachen Spielen und künstlerischem Tun, wie gemeinsamem Musizieren. Je mehr diese ursprünglichen Tätigkeiten als lust- und energievoll, als lebens- und freudespendend erfahren werden, umso mehr wird künstlicher Ersatz überflüssig.

3 Quellen, Wurzeln und verwandte Ansätze

Die Leserin und der Leser mögen sich fragen: Woher kommen diese Gedanken und Antriebe? Was ist Quelle und Inspiration, die Verbindung von Ökologie und Musik als Lebensschule und -aufgabe zu begreifen? Neben der Erzählung einiger für mich prägender Erlebnisse werden in diesem Kapitel Menschen erwähnt, die mich auf dem Weg beeinflussten und begleiteten. Schließlich beschreibe ich einige Projekte und Ansätze, die sich verwandt anfühlen. Wer nun ungeduldig auf den Hauptteil ist und endlich spielen will, sollte gleich zu Kapitel 4 weiterblättern.

Am Anfang stand die durch einige Mühen wiedergefundene innere Stimme, eine in meiner Kindheit stark träumende Instanz, die mir heute jenseits der traditionellen Religionen Vertrauen in das eigene Tun schenkt und auch im Zweifelsfall befragt werden kann. Im besten Fall strömen von dort aus Denken, Sprechen und Tun durch mich und lassen mich ganz da sein. Als Kind bei atheistischen Eltern aufgewachsen, war ich oft allein in der Natur und nahm ihre Farben, Formen und Klänge begierig auf.

Mit acht Jahren begann ich, Cello an einer normalen ostdeutschen Musikschule zu lernen, und hatte am Anfang die beste Beurteilung. Mit den Jahren aber entwickelte sich eine Abneigung gegen die Art des Unterrichts, die der Lehrer im alten Stil praktizierte: tägliches Üben von Etüden und Aufschreiben der Übeminuten. Mein Cellospiel wurde schlechter und schlechter. Nach sechs Jahren schließlich hörte ich auf. Und doch war ich meinen Eltern dankbar, dass sie mich wenigstens diese Zeit auch gegen meinen Willen dazu verpflichtet hatten. Ich lernte, nach Noten und im Orchester zu spielen, ahnte etwas vom Geist der klassischen Musik.

Ende der 1970er-Jahre lernte ich in Leipzig eine sehr musikalische Familie kennen. Der Vater war Musiktherapeut, die Mutter Flötenlehrerin, und es gab einen

Musikkeller, wo ich mit ihren Kindern und Freunden auf Orff-Instrumenten spielte oder mit dem Stern-Recorder Diskotheken ausrichtete. Im Leipziger Musikinstrumentenmuseum betrachtete ich mit Interesse Instrumente aus fernen Ländern. Überall waren Verbotsschilder »Nicht berühren« – so ein Unsinn, dachte ich. Instrumente sind zum Berühren und Spielen da. Ich möchte das ändern und die Instrumente aus dem Museum befreien.

Im Studentenwohnheim traf ich eine Flötenspielerin. Sie suchte jemanden, der mit ihr zum Volkstanz aufspielte. Ich holte das Cello hervor und war fortan dabei. Allerdings hatte ich keine rechte Freude beim ständigen Wiederholen der vorgegebenen Basslinien und improvisierte des öfteren, wofür ich manche Kritik einstecken musste.

Das Studium der Hydrologie in den 80er-Jahren prägte mein wissenschaftliches Denken und brachte Wissen um ökologische Missstände. Ich war aktives Mitglied von Umweltgruppen und hielt Vorträge über Wasserverschmutzung in der DDR. Im Herbst hatten wir eine Woche Ernteeinsatz in der Sächsischen Schweiz, und ein Mitstudent zeigte mir das Buch »Das sensible Chaos« von Theodor Schwenk. Darin war von eigenartigen Dingen die Rede, alles das Wasser betreffend und doch völlig anders, als das an der Technischen Universität Gelernte. Von Strömungsformen, Schwingungen, Resonanzen war hier zu lesen (Schwenk, T. 2003).

Nachfragend erfuhr ich etwas über den anthroposophischen Hintergrund und besuchte in zwei folgenden Jahren intensive Lesekreise zu zwei Büchern Rudolf Steiners. Dort wurde von noch viel merkwürdigeren Dingen berichtet. Ich begriff, dass ich dies nicht glauben, sondern selbst prüfen musste. Unvorgenommenheit fiel mir schwer – einfach die Gedanken eines anderen stehen lassen, auch wenn sie noch so befremdlich klangen.

Eines Nachts hatte ich ein Erlebnis im Wald. Abends in die Dämmerung hinausspaziert, fand ich mich plötzlich im weglosen, stockdunklen Unterholz einige Kilometer von der Herberge entfernt und ohne jede Orientierung. Ich stand auf einer Lichtung, den vollen Sternenhimmel über mir, mit Dankbarkeit im Herzen und ohne Angst. Vertrauensvoll lief ich los, das Gefühl, geführt zu werden, durchströmte mich, und ohne Widerstand ließ ich die Berührung von Zweigen und Moosen zu. Nach gefühlt kurzer Zeit stand ich direkt vor der Herberge, die mein Ziel war.

In den folgenden Jahren experimentierte ich oft in der Natur. Durch das Studium in Wäldern und an Talsperren unterwegs, gab es dazu gute Gelegenheit. Eine selbstauferlegte Prüfung war es, gehörte oder gesehene unbekannte Dinge nicht sofort zu benennen, sondern einfach anzuhören und zu schauen – und »bekannte« Dinge, wie ein Buschwindröschen oder einen Sperling, möglichst wieder so anzuschauen wie beim ersten Mal.

Politische Krisen standen mit der Doppelstationierung von Atomraketen in DDR und BRD an, sie lösten ein bisher nicht gekanntes Grauen in mir aus. Während der Tschernobyl-Katastrophe, von der wir noch nichts wussten, lief ich genau in dem starken Regen umher, der möglicherweise verseucht war. Zur ökologischen Arbeit gesellte sich politisches Engagement, wir hatten eine Gemeinschaft in der Dresdener Neustadt, ein Haus, in dem zunehmend Menschen »alternativer« Lebensweise einzogen und in einer leerstehenden Wohnung allerlei Kultur trieben.

Als Ostler ohne Westverwandtschaft lag das Abenteuer meiner Reisen in ausgedehnten Wanderungen in Rumänien, im Kaukasus oder in Mittelasien, wobei mich einerseits die unberührte Natur, zum anderen die nicht-touristische Begegnung mit Menschen aller Couleur interessierten. 1986 reiste ich nach Budapest zum IDRIART-Festival, das der slowenische Geiger Miha Pogačnik 1981 im französischen Chartres gegründet hatte. Die Abkürzung des Namens steht für »Institut zur Völkerverständigung durch die Kunst«, in Englisch oder Französisch gelesen. Die Idee, zu Konzerten oder ins Theater nicht nur mit dem Wunsch nach guter Musik oder Schauspiel zu gehen, sondern einige Tage länger lebendige Kunst miteinander zu erleben und Menschen aus aller Welt kennenzulernen, öffnete für mich neue Dimensionen. Und da waren sie, die Leute aus Westdeutschland, aus den USA, aus Kanada, der Schweiz und Jugoslawien, zunächst Botschafter aus anderen Welten. Ich belegte einen Workshop in musikalischer Improvisation bei Andreas Delor.

An drei Nachmittagen waren wohl über dreißig Menschen in einem großen Raum zusammen und spielten auf sehr eigenartigen Instrumenten, die ich vorher nie gesehen hatte: Steine, große, geschnitzte Hölzer, Kantelen, Flöten. Andreas spielte ein Solo auf einem Brett mit vielen Saiten, er strich einfach darüber. Die Zeit verschwand, und nachdem die Musik endete, landeten wir sanft wieder in der Gegenwart und beschrieben das Erlebte: Viele waren oben, »unter der Decke«, geschwebt oder sahen Wachträume und Bilder aus Zeiten, die in ferner Vergangenheit lagen und die sie rational nicht erklären konnten.

Ich wollte aber nicht nur die Klangmagie erleben, sondern auch verstehen, wie diese Magie wirkt. Andreas erzählte etwas vom Zusammenhang der Intervalle und Skalen mit den Bewusstseinsepochen der Menschheit und verwies auf den Komponisten und Musiktherapeuten Heiner Ruland und dessen Buch »Ein Weg zur Erweiterung des Tonerlebens« (Ruland, H. 1988). Gleich zu Anfang wird der Leser aufgefordert, sich selbst ein Monochord zu bauen, einen Einsaiter, mit dem Pythagoras die Zusammenhänge von Musik, Mathematik, Geometrie und den göttlichen Harmonien untersuchte. Schritt für Schritt übten wir uns in einer kleinen Gruppe darin, Intervallqualitäten, Skalen und mathematische Gesetze gemeinsam zu begreifen. Im bewegten Erleben schließlich erschlossen sich gefühlte Zusammenhänge mit alten Seinsschichten in uns selbst.

In dieser Gruppe erlebte ich, wie beim Spiel von Flöten aus verschiedenen Kontinenten und von unterschiedlichsten Völkern sowie von speziell gestimmten Saiteninstrumenten Erinnerungen an alte Bilder, Hörsphären und Kulturen in mir aufstiegen und ich aus diesen Empfindungen heraus spielen konnte. Die Frage nach Authentizität wurde obsolet, denn ich war im Moment ganz im Jetzt, alles frühere einschließend. Bewusstseinserweiternde Seelennahrung könnte man dies nennen; es ermöglichte Erlebnisse, die Drogenerfahrungen ähneln. Der Unterschied war, dass ich in den Zustand jederzeit frei eintreten und ihn ohne Abhängigkeit verlassen konnte.

Bei IDRIART gab es viele weitere Kurse, sei es Volkstanz, Malen oder reines Denken. Georg Kühlewind, Physiker und Gedankenforscher aus Budapest, sprach frei und ohne Mikrofon vor 1200 Leuten. Jeder Gedanke baute klar auf dem nächsten auf und war eine neue Welt. Vor dem Festivalgebäude saßen die jungen Leute und sprachen über ihre Heimat und das Erlebte. Wir tauschten Adresssen aus, einige Freundschaften halten bis heute.

Am Abend lauschten wir den Klängen von Mihas Geige, mal solo, mal mit Klavier oder Orchester. Im Workshop unterbrach er einmal das Spiel und fragte uns: »Habt ihr das gehört, diese fragende Quint?« Ich lernte, anders zuzuhören, nicht analytisch, aber auch nicht nur träumend. Es ging um das Dazwischen, ein Ganz-Dabei- und Wachsein. Mit Andreas Delor blieb ich im Briefkontakt. Begeistert von IDRIART, fuhr ich in den folgenden Jahren zu etlichen Festivals nach Budapest, Tbilissi und Krakau. Schließlich wagte ich es, selbst einzuladen. Vom Improvisationsgeist angesteckt, annoncierte ich 1987 den Aufruf »Wer hat Lust zum gemeinsamen Improvisieren – Farbe – Klang – Ton?« und erhielt über vierzig Zuschriften. In leeren und vollen Wohnungen malten und formten wir, spielten mit Gitarren und Trommeln, aber auch mit Bewegung in der Natur wurde experimentiert.

Dann holte uns die Wende ein. Ich reiste zu Andreas Delor und beschloss, bei ihm zu lernen. Ein Jahr studierte ich am Hamburger Musikseminar Improvisation und Instrumentenbau, gab meine Arbeit als Hydrologe und Trinkwasserschützer auf und widmete mich fortan nur noch der Improvisation und interkulturellen Begegnung. IDRIART zog weiter. Eine der entscheidenden Aufgaben des Festivals, zum Fall des Eisernen Vorhangs beizutragen, war erfüllt. Zweimal organisierte ich das Festival auch in meiner Wahlheimat Dresden mit und war 1993 in Michelsberg in Rumänien dabei. Der geplante Workshopleiter kam mit den befremdlichen Instrumenten am Zoll allerdings nicht durch und musste umkehren. Ich wurde gefragt, ob ich den Kurs übernehmen könne. Instrumente waren keine da, nur eine Flöte. Und Chorleiter war ich auch nicht. Also was tun? Wir sammelten Steine und Hölzer im Fluss und im Wald, machten rhythmische Übungen, die ich gerade erst gelernt hatte, und führten alles in einer romanischen Kapelle auf dem Burgberg auf. Die Spieler bildeten einen Ring um die Zuhörer, die Stein- und Holzklänge flossen im Kreis herum. Es gab starken Applaus. Von da an wusste ich: Im Einfachen und quantitativ Reduzierten liegt eine große Kraft. Und ich wusste, dass meine Arbeit von alten und jungen Menschen aus verschiedenen Ländern gebraucht wird.

Die Erfahrung, mich auch in der äußeren Limitierung des politischen Systems der DDR innerlich frei zu fühlen, hatte ich schon gemacht. Ich nenne das eine »östliche« Seinsweise. Nach der Wende haben sich die Ex-DDR-Menschen nach Westen hin orientiert, was einer Schizophrenie gleichkam, denn Orientieren bedeutet im Wortsinn, sich nach Osten, zum Orient, neigen, zum Licht hin.

Die Prüfung, die der Westen den Menschen auferlegte, war schwieriger als alles zuvor: dem Ansturm der westlichen Kaufwelt standzuhalten und nur das wirklich Wichtige zu erwerben und zu tun. Der Appetit auf neue Instrumente war bei mir geweckt.

Ich untersuchte Flöten aus Ländern wie Armenien, Schweden, Japan oder Deutschland nur mit den eigenen Sinnen und dem Ziel, ohne das Wissen traditioneller Lern- und Spielweisen direkt vom Instrument zu lernen und dafür eine Spielmethode zu entwickeln (Heyne, H. 1996).

Mit der Zeit fand ich weitere Lehrer, beispielsweise Pär Ahlbom, den großen Improvisations- und Spielemeister aus Schweden. Er ist Schulgründer und Sänger. Beweglich auch noch in hohem Alter, lehrt er bis heute in der »Schule für intuitive Pädagogik« Wege des Lernens, die sich wesentlich von allen anderen unterscheiden. In dieser Schule gilt es, den Wunsch jedes Kindes, zu lernen, ernstzunehmen und es zu Autonomie und zum Einsatz seiner Kraft zur Veränderung unserer Gesellschaft zu befähigen. Die wichtigsten Wege dorthin sind Spiel und Improvisation.

Ein weiterer Lehrer war der geniale Trommelpädagoge Achim Fischer. Bei ihm saßen wir die wenigste Zeit hinter den Congas, sondern probten, rückwärts vom Tisch zu fallen oder Spiele wie »Katz und Maus«. Wir lernten nur wenige traditionelle Trommelmuster, dafür wurde unsere Wahrnehmung gegenüber uns selbst und anderen geschult, um sensibel und resonanzfähig zu werden für die vielfältigsten Rhythmen, die im Leben immer schon da sind. Ein ungerader, unrunder Rhythmus oder ein ganz einfacher, gleichmäßiger Puls – alles kann »erfunden« und stabilisiert werden.

Manfred Bleffert, der Musik-Schmied aus Heiligenberg, lehrte mich die Feinheiten des Hörens, Abwartens und Schweigens. Seine ganze Arbeit war durchdrungen von Forschergeist und Dichte, unter seinen Händen begannen die Metalle rhythmisch zu schwingen. Hinzu kam seine universelle Kunst mit Zeichnungen und Plastiken oder seine Beschäftigung mit der Tonlehre Goethes. Über die Anwendung seiner Instrumente schreibt die Sängerin Paola Tedde (1995).

Werner Kuhfuß aus Süddeutschland brachte mir das Spiel im Sinn Schillers praktisch nahe. Ich lernte Übungen der Begegnung und Achtsamkeit, mit Materialien, Holzstäben und Wollbällen – das Spiel als Übungsweg des Zwischenmenschlichen (Kuhfuß, W. 1976).

Im Jahr 1991 wurde IDRIART zehn Jahre alt, Grund zum Feiern in Chartres, am Entstehungsort des Festivals, wo die unvergleichliche Kathedrale thront, die wohl alle Weisheiten und harmonischen Gesetze der Welt enthält, Skulpturen, Farben, Architekturen, Rhythmen. Als besonders eindrucksvolle Erfahrungen erinnere ich mich an den Gang durch das Labyrinth und an den Wandelkanon, den wir in der Krypta sangen. Eine Karwoche lang war die Kathedrale meine Lehrerin. Der christliche Bau steht auf dem Platz eines vorchristlichen Heiligtums. Am alten Brunnen tief unter den Fundamenten spürte ich eine besondere Energie. Diese Wahrnehmung kam aus mir selbst, nicht, weil jemand sagte, dass dort diese Energie zu finden sei. Fragen kamen in mir auf. Sind solche Energien objektiv? Was ist objektiv? Und ich hörte etwas über Geomantie – die Wissenschaft von der heiligen Erde, die dies untersuchen und differenzieren kann. Marko, der Bruder von Miha Pogačnik, hatte Wesentliches zur Verbreitung der Geomantie in Europa beigetragen. Eine neue Idee für IDRIART war, neben den Wanderfestivals von Land zu Land, von denen es schon über hundert auf allen Kontinenten gab, feste Kulturzentren aufzubauen.

Das erste solche Projekt war das wiederentdeckte und quasi aus dem Dornröschenschlaf erweckte Schloss Borl in Slowenien. Mit den Wurzeln in der Geschichte Parzivals, dessen Großvater Gandin dort gelebt haben soll, bot das leere, aber doch nicht ganz ruinöse Gebäude viel Freiraum zur Begegung der Menschen aus den verschiedensten Kulturen. Ich lernte dort, das Unfertige, Nicht-Perfekte zu schätzen. Ein vollständig saniertes Museum oder eine Begegnungsstätte hätte mitnichten all die kreativen Prozesse, die dort stattfanden, ermöglicht: Theater spielen, Wände bemalen, in allen Räumen musizieren, Labyrinthe bauen, auf dem Boden schlafen, selbst kochen und vieles mehr. Über acht Sommer war ich auf Schloss Borl, gab Kurse zum Instrumentenbau und -spiel, und wir führten für alle Musikimprovisationen auf.

Und ich traf Marko Pogačnik, der sich um besondere Orte auf dem Gelände kümmerte. Seiner Beobachtung nach gab es dort Energiepunkte, die aus unterschiedlichsten Gründen ihre eigentliche Funktion nicht mehr erfüllten. Durch gemeinsames Singen gaben wir diesen Orten eine Stimme und trugen zur Reinigung und Wandlung bei. Zunächst war mir diese Arbeit sehr suspekt. Doch ich konnte mit der Zeit an den Orten bei unserem gemeinsamen Tönen selbst Veränderungen in Lichtqualität, Wärme, Ausstrahlung und Atmosphäre wahrnehmen. Nur Weniges wurde vorab gesagt, erst im Nachhinein trugen wir die Eindrücke aus unseren vielfältigen Wahrnehmungen zusammen, was meist ein schlüssiges Gesamtbild ergab.

Ich fühlte mich mit dem Ort Borl zutiefst verbunden. Nach dem Krieg in Jugoslawien reisten wir mit einer Kulturkarawane durch das zerstörte Land. Meine elementare musikalische Arbeit traf auf offene Kinderherzen mit schrecklich verwundeten Seelen. Die zerschossenen Städte waren nur der sichtbare Teil des Elends. Schloss Borl bot den jungen Leuten aus den verfeindeten und vielen anderen Ländern einen offenen Ort der Begegnung mit Film, Theater, Musik und Gesprächen. Hier wurde eine Art des Zusammenlebens praktiziert, die eine zukünftige, neue Kultur der Verbundenheit erahnen ließ. Miha Pogačnik spielte vor den Panzern ein Friedenskonzert.

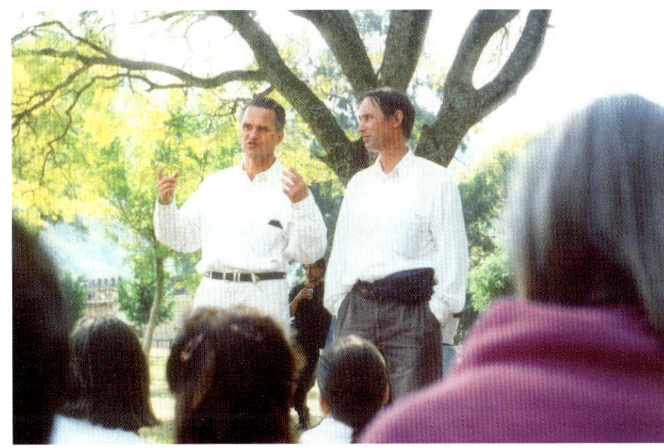

3 Miha und Marko Pogačnik in Mexiko, IDRIART 1997.

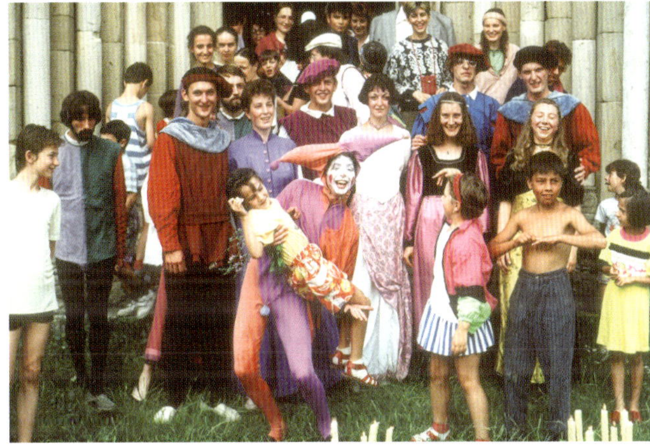

4 IDRIART Michelsberg, Rumänien 1993.

Doch auch in Deutschland fühlte ich Elend. Kam ich aus Georgien, dem liebenswert-chaotischen Land am Kaukasus, löste zu Hause die Überfülle der von der Werbung aufgenötigten Artikel nur noch Brechreiz aus. Heute streben auch Georgien und viele osteuropäische Länder dem Konsum hinterher. Was brauchen wir wirklich zum Leben? Wie können wir das in den verschiedenen Kulturen voneinander lernen, wie uns darüber verständigen? Wir leben alle in Entwicklungsländern und sind alle Entwicklungsmenschen.

Statt auf ihren natürlichen, wunderbaren Instrumenten spielen die Zigeuner heute mit Gitarren-Keyboards und plärrenden Verstärkern. Selbst in Rumänien wird es immer schwieriger, originale Musikinstrumente zu kaufen, da dort angeblich keiner danach fragt. Die Schwemme von Yamaha & Co. ist angekommen. In den letzten zwei bis drei Jahren entstand jedoch eine Tendenz zu neuer Authentizität. Einige alte Instrumentenbaumeister geben ihr Wissen weiter, und man kann wieder Flöten, Duduks, Lauten und Fideln erwerben. Was aber ist nach der großen globalen Vermischung noch authentisch? Ist es das Volksmusikfest in der Mara-

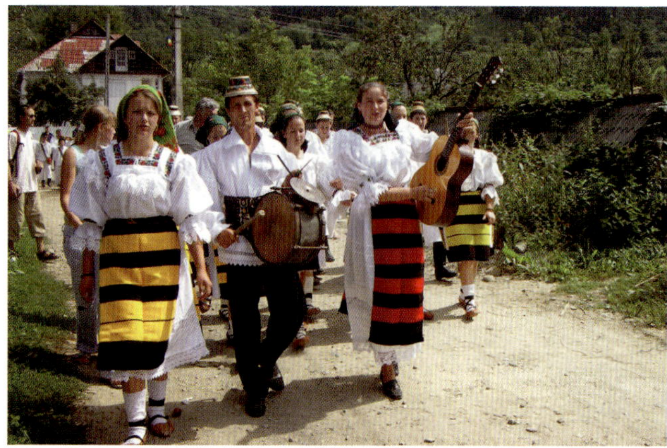

5 Fest Rosa Rosalina in der Maramures, Rumänien.

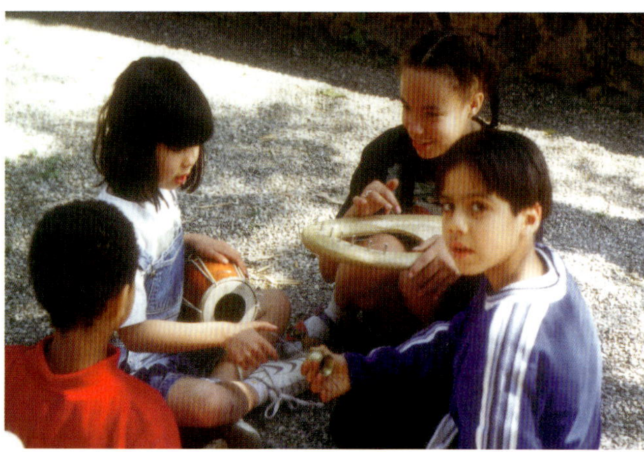

6 Kinder spielen in Mexiko.

mures im Norden Rumäniens? Oder das einfache, unbefangene Spiel der Kinder auf unbekannten Instrumenten?

In Berliner Gefängnissen lernte ich in musikalischen Improvisationskursen Männer und Frauen persönlich kennen, deren Biografie mir unter die Haut ging. Wir spielten dort auch mit klingenden Eisenstäben, woran sich die Wache erst gewöhnen musste. »Schwierige Gruppen«, wie Jugendliche in der Förderschule und Behinderte, waren über Jahre meine Lehrer, und ich bin jedem Einzelnen für seine Provokationen und Lehrstücke dankbar.

In Dresden wurde Mitte der 90er-Jahre die Sächsische Akademie für Natur und Umwelt gegründet. Ich entwickelte einen Baustein zur Umweltbildung »Auf unsere Natur hören«, der mit musikalischen Mitteln ökologische Prozesse und fächerübergreifendes Lernen in allen Schultypen und Altersklassen ermöglicht. Im Verlauf der zehn Projektjahre konnten Gruppen in ganz Sachsen dieses Angebot nutzen. Dabei sammelte ich grundlegende Erfahrungen darüber, wie Kinder heutzutage sind, was ihnen gefällt und fehlt. Grundsätzlich waren alle vom Spielen und Bauen von Natur-

Musikinstrumenten begeistert. Was fehlte, war die nötige Zeit und oft auch Werkzeug in den Einrichtungen, genug Konzentrationskraft der Kinder und wirkliche Integration des Erlebten in den weiteren Schulalltag.

2002 begann in Sachsen eine Reform der Lehrpläne, was auch eine Neuorientierung des Musiklehrplans nach sich zog. Musik wird darin als wesentlich für die ganzheitliche Persönlichkeitsbildung, die Wahrnehmungsfähigkeit und das Denken erkannt und in ihrer Bedeutung gestärkt. Die Musik zeigte sich in den Vorgaben und theoretischen Ansätzen als ideales Integrationsfach einer universellen Bildung. Die Vorgabe des Lehrplans, im Musikunterricht etwa 70 Prozent praktisches Musizieren zu verwirklichen, fächerübergreifend zu unterrichten und ein neues Lehrer-Schüler-Verhältnis aufzubauen, schien Utopien in die Realität zu bringen (Lehrplan Musik Sachsen 2006). In den verschiedensten Lehrerweiterbildungen wurde mein Ansatz begeistert aufgenommen. Trotz des Potenzials, das im ständigen Pflegen von Improvisation, Spiel und Instrumentenbau in allen Altersklassen und Lebenssituationen liegt, fand dies allerdings keinen Einzug in die allgemeine Schulpraxis. Im Zug der Ganztagsschulangebote gibt es jetzt immerhin entsprechende Kurse in Form von freiwilligen Arbeitsgemeinschaften.

Im Jahr 1994 fuhr ich nach Frankfurt am Main, um an einem Hörspaziergang und einer Zeitskulptur »Flussbeobachtung« mit Justin Winkler aus Basel teilzunehmen. Das Ganze fand im Rahmen der Veranstaltung »Wasser – Klänge – Stadt Frankfurt« statt. 1996 wurde der europäische Ableger des World Forum for Acoustic Ecology – Forum für Klanglandschaft – in der Schweiz gegründet. R. Murray Schafer, Gründervater der modernen akustischen Ökologie, war anwesend und gab ein Seminar »Wenn die Klanglandschaft gesprochen wird«. Die Sprachen anderer Völker, die ich nicht verstehe, kann ich mit ganzer Aufmerksamkeit musikalisch hören. Murray und Justin wurden mir wichtige Lehrer in der Verbindung des Hörens, der Ökologie, der Pädagogik und der (Wasser-)Wissenschaft. Auf den verschiedensten Symposien der Organisationen in Deutschland, Europa und Fernost konnte ich mich mit Workshops zum praktischen Hören und Spielen einbringen und schuf so eine Balance zu manchen akademischen Vorträgen.

Ende der 90er-Jahre ergab sich für mich die Gelegenheit, erneut wissenschaftlich zu arbeiten, nämlich an der Schnittstelle von Geologie, Sinneslehre und Musik an der Naturwissenschaftlichen Sektion der Freien Hochschule Goetheanum in der Schweiz. Ich untersuchte Klangsteinreihen mit eigenen Tönen und wertete Fragebögen zum Entstehen des Musikalischen aus. Die ersten Klangsteine entdeckte ich 1985 im Kaukasus auf einem Geröllfeld. Unter meinen Füßen spielten die wegrutschenden länglichen Steine eine Melodie. Zwölf Jahre später klangen dieselben Steine in den Händen der Teilnehmer, Studenten und Wissenschaftler am Goetheanum. Das erweiterte Sinnesspektrum von zwölf Sinnen, wie Rudolf Steiner es vorgeschlagen hat, ist seitdem Ausgangspunkt für meine künstlerische und pädagogische Arbeit.

Im Wasserfestival am Baikal, das ich 2001 mitorganisierte, konnten Kunst und Wissenschaft gleichberechtigt zusammenkommen. Neben Theater oder Maskenbau fanden Strömungsexperimente statt, und es gab Vorträge über Geologie und Wasserqualität von ansässigen Wissenschaftlern. Für die Teilnehmer aus Russland und der ganzen Welt war in dieser überaus dichten und erfüllten Woche das Ideal eines universellen Zusammenwirkens der verschiedensten Lebensbereiche und Kulturen greifbar nahe.

Nach all diesen Erfahrungen war im Jahr 1998 die Zeit reif, meiner Vision vom »Museum zum Berühren und Spielen« einen konkreten Namen zu geben. »Berühren« bedeutet, dass hier, anders als im Museum, eine große Vielfalt an Musikinstrumenten nicht in einer Glasvitrine stehen, sondern man kann gemeinsam damit ins Spielen kommen und sich davon berühren lassen.

Ich nannte mein Projekt »KlangHütte« und assoziierte damit einen gemütlichen Ort, an dem gemeinsam gespielt, gebaut und gelebt werden kann. Die mobile Klanghütte reist an viele Orte in der Welt, wo diese Arbeit willkommen ist. Im Sinn von IDRIART bin ich unterwegs, um mit bestehenden und neuen Gruppen in der ganzen Welt zu spielen und zu bauen. Das von mir 2004 initiierte internationale Camp »NaturMusikSpiel« an besonderen europäischen Naturplätzen verbindet das Studieren von Naturrhythmen, musikalischen Spielformen, Instrumentenbau und internationale Begegnung in einem Experiment temporären Miteinanderlebens von Menschen verschiedener Sprache und Kultur. In Estland und Rumänien fanden sich bis jetzt geeignete Orte, und das Camp wird weiterziehen.

Im Jahr 2006 konnte ich gemeinsam mit dem Holzkünstler Reinhard Pontius im Botanischen Garten Schellerhau (Sachsen, Osterzgebirge) ein »Klangerlebnis« einrichten – neun große Klangstationen, die Besucher zum Ausprobieren von Spiel und Klang einladen (www.botanischer-garten-schellerhau.de).

Meiner Arbeit im Garten von Schellerhau ging die Gestaltung von drei »Gärten der Klänge« im Botanischen Garten Dresden voraus. Dort wurden die Musikinstrumente und Pflanzen aus verschiedenen Kulturen miteinander in Beziehung gesetzt, so dass Gartenmitarbeiter und Besucher zu einem gemeinsamen Spiel finden können (»Garten der Klänge«, siehe Abb. 7 und 47.)

In Klein Jasedow in Mecklenburg-Vorpommern liegt an einem See das Klanghaus der Europäischen Akademie der Heilenden Künste (www.eaha.org). 2007 beteiligte ich mich dort an einer Experimentierwoche, in der Klangwerker, Künstler, Designer, Musiker und Medienfachleute gemeinsam forschten und Klangobjekte entwickelten, die in Natur und Innenräumen einen sensiblen Zugang zu Klang und Spiel ermöglichen. Die Gruppe, die sich seither jährlich trifft und bei verschiedenen Projekten zusammenarbeitet, nennt sich Carpe Sonum – »Nutze den Klang!« (www.carpe-sonum.de). Dort entstanden Objekte wie eine Baumharfe, Eintauchflöte oder ein Klangfloß, die gemeinsam mit und in der Natur oder durch sie klingen.

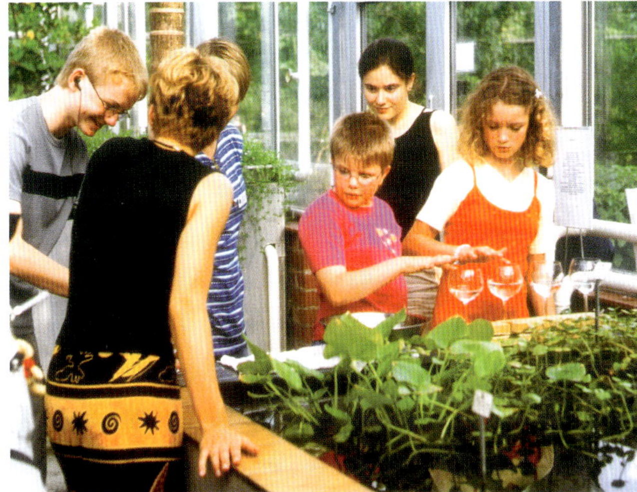

7 »Garten der Klänge«, Dresden 1999.

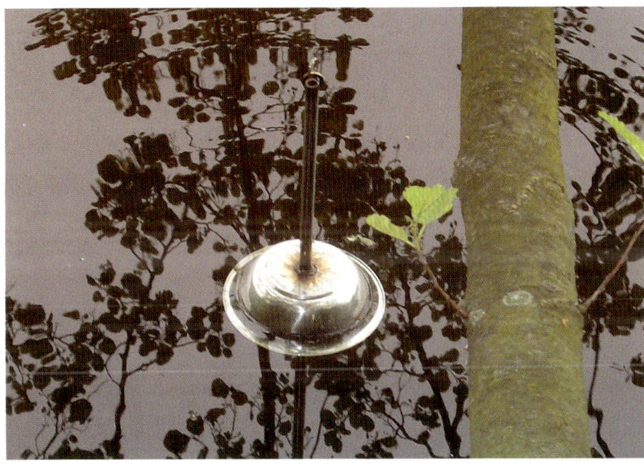

8 Eintauchflöte im See von Klein Jasedow, eigene Erfindung.

Die einfachen Etüden, die ich Ende der 60er-Jahre auf dem Cello spielte, haben sich verwandelt. Ich habe die Vielfalt gewählt und nicht die Perfektion auf einem Instrument. Doch ab und zu nehme ich das Cello in die Hand und spiele Bach.

Bei der Suche nach verwandten Ansätzen zur Verbindung von Musik, Natur und Ökologie fand ich einige interessante Angebote und Projekte, deren Vorstellung dieses Kapitel abrunden soll. Der klassische Flötist Klaus Holsten bietet einen Workshop »Musik an Naturplätzen« nahe der Insel Usedom an, bei dem in der und mit der Natur musiziert wird. »Musik erfinden für einen Stein oder charaktervollen Baum, aufmerksames Lauschen auf die Stimmungen der Naturplätze« sind mir auch in der eigenen Arbeit vertraut (www.klangundkoerper.de).

Die ursprüngliche Landschaft der Schwäbischen Alb inspirierte den Musiker Helmut Engel, zu einem »Abenteuer Musik Wandern« einzuladen, dabei archaische

Instrumente zu bauen und in der Natur zu musizieren. Die sich beim Wandern verändernde Landschaft, das wechselnde Wetter und die veränderliche Natur sowie intensive Wahrnehmung mit allen Sinnen sind Anregung, mit Körperperkussion, Stimme und Instrumenten zu improvisieren (www.engel-musehold.de).

Eine Fusion von Natur und Musik fand ich auch bei dem Schweizer Ensemble »Naturton«. Das Duo Willi Grimm und Gérard Widmer spielt auf dem Didjeridoo und der Fujara-Hirtenflöte (www.naturton.ch). Das urtümliche Blasinstrument Didjeridoo der australischen Aborigines begleitet dort den rhythmischen Gesang der Songlines, der gesungenen Landkarten in der Natur. Auch die slowakische Hirtenflöte Fujara wird in der Natur gespielt.

Untersucht man traditionelle Musikkulturen, tut sich ein großer Reichtum von »Musik in der Natur« auf, so beim Spiel des schweizerischen Alphorns, was seinerseits wieder die Klanglandschaft prägt, beim Shakuhachispiel der japanischen Bambusflöte im Zen-Tempel oder beim schamanischen Trommeln und Singen in der Natur.

Der Komponist H. Johannes Wallmann, bekannt durch sein »Glockenrequiem« für Dresden, realisierte mit dem Projekt »Der Blaue Klang« im Wörlitzer Park ein Werk, das die natürlichen und akustischen Gegebenheiten von Park und Landschaft bewusst als Kompositionselemente einbezieht. Es geht ihm um die »synästhetische Erschließung der unglaublich schönen Atmosphäre des Landschaftsgartens durch das schwebende Spiel der Klänge. Im Wechselspiel zwischen Teil und Ganzem, Klang und Stille, zwischen optischen und akustischen Relationen [...] soll ›Der Blaue Klang‹ unterstreichen, dass eine neue Einheit zwischen Mensch und Natur möglich ist« (Wallmann, J. 2004).

Heute gibt es kaum noch Gebiete, in denen nur reine Naturklänge zu hören sind, selbst abgelegenste Territorien werden von Flugzeugen überflogen. Wir bewegen uns also überwiegend in gemischten Soundscapes, die auch zu Kompositionen verwendet werden können. Trotzdem liegt im Klang unberührter Natur eine besondere Sehnsucht. Der Vogelstimmenforscher Walter Tilgner bewirbt seine Tonträger mit dem Schlagwort »Music from Nature« (Tilgner, W. 2002). Er schreibt über das Frühlingskonzert im Auenwald: »Waldkauz, Reiher, Enten und Störche spielen die Ouvertüre, dann wetteifern Rotkehlchen, Singdrossel, Amsel [...] um den Titel des Meistersingers, und Spechte, Ringeltauben sorgen für den Rhythmus. Stechmücken und Grillen beleben den oberen Frequenzbereich, während Hummeln, Kröten und Rabenkrähen den Basso continuo übernehmen.«

Der deutsche Philosoph Peter Sloterdijk beschreibt die Gruppen ältester menschlicher Gesellschaften als »Humaninseln, erfüllt von Geräuschen und Klängen, einer Sonosphäre, die ihre Mitglieder in sich zieht wie ins Innere einer psychoakustischen Weltkugel. Dasein und Zusammen›gehören‹ waren fast ununterscheidbare Größen. Die älteste Gesellschaft ist eine kleine, plappernde Zauberkugel, ein unsichtbares Zirkuszelt, das über seiner Truppe ausgespannt ist und mit ihr wandert. Durch psy-

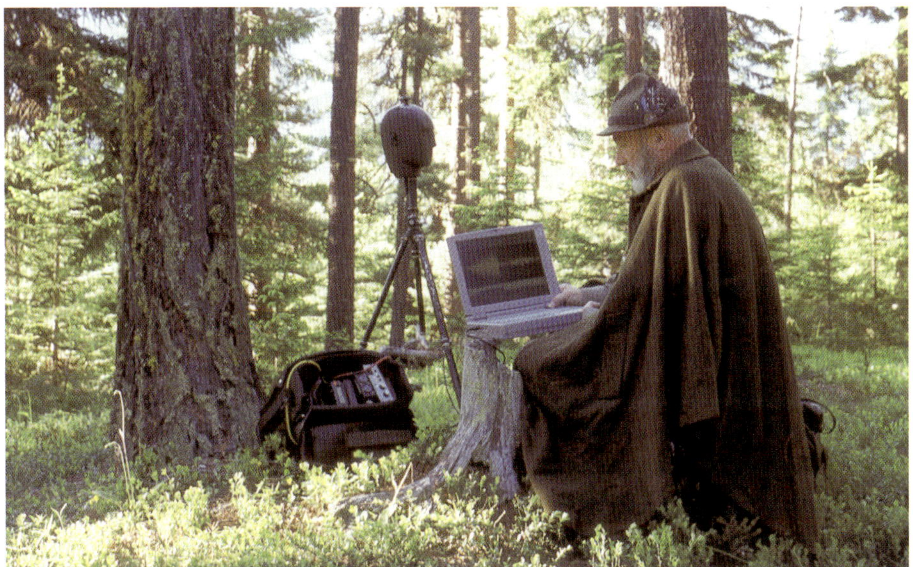

9 Walter Tilgner bei Naturklangaufnahmen.

choakustische Nabelschnüre ist jedes Individuum mit dem Gruppenklangkörper verbunden.« (Sloterdijk, P. 1995)

Für die Altgesellschaften kann davon ausgegangen werden, dass auch das hörende In-der-Welt-Sein ein anderes war als heute. Das »Alte Hören« empfinde ich als ein ständig waches Bereitsein, auf Hörbares und seine Bedeutung zu reagieren. »Neues Hören« ist auch wach, muss aber nicht ständig auf der Hut sein oder auf der Lauer liegen. Es hat seine Stärke in weitgehend angstfreiem Hinein- und Durchhören von Klangräumen.

Interessant ist der Gedanke, Umweltklänge direkt als Musik zu bezeichnen. Hier setzte vor allem John Cage in der zweiten Hälfte des letzten Jahrhunderts Meilensteine. Er bezog eine Wohnung an einer stark befahrenen Hauptstraße, weil diese Klänge Musik für ihn waren. Am bekanntesten ist sein Musikstück »4:33«, in dem Pianist und Orchester diese Zeit schlicht »nichts« tun und das Publikum den eigenen Geräuschen und Reaktionen ausgeliefert wird. Diese mit Philosophien aus dem Osten resonierende Denkweise, die das Nichts als ebenso wesentliche Kategorie wie das »Alles« erlebt, fließt in meinen Kursen nicht nur beim Spiel und Bau der Shakuhachi-Zenflöte ein. Das Spielen oder Schweigen im richtigen Moment, nichts tun – nur aufmerken, ist für mich ein Grundpfeiler der Improvisation.

Von der diametral anderen Seite, der hörbaren Vielfalt, setzt Murray Schafer an. Seine »Hundert Übungen zum Hören und Klingen« (Schafer, M. 2004) sind das praktische Einmaleins der akustischen Ökologie und mir immer aufs neue Inspirationsquelle. Eingeleitet vom Symposium »Ganz Ohr« im Jahr 1997, das während der Dokumenta X in Kassel durch den Hessischen Rundfunk veranstaltet wurde, kam es zur Gründung des Vereins »Zuhören e. V.«, der mittlerweile mit eigenen Publikationen, z. B. »Ganz Ohr – interdisziplinäre Aspekte des Zuhörens«, die verschiedensten Zugänge zum Thema Zuhören – Musik – Umwelt beschreibt. Die aktuellen Dokumentationen zum Thema akustische Ökologie finden sich im Journal »Soundscape« des World Forum for Acoustic Ecology (www.wfae.net) sowie im Newsletter des Forums Klanglandschaft (www.klanglandschaft.org).

Die Umwelt-Musik-Werkstatt im Kloster Ensdorf in Bayern wird seit 1996 von den Salesianern Don Boscos betrieben. Ihr Ziel ist, der Bevölkerung vor allem durch praktische Naturerfahrungen einen möglichst schonenden Umgang mit Natur und Umwelt nahezubringen. In der Tradition des Klosters liegen Gesang und Musik, und es kam 1998 zur Realisierung einer Verbindung zur Umweltpädagogik im Projekt »creazione unisono – im Einklang mit der Schöpfung«. Das Projekt mündete zunächst in eine Sammlung von Umweltliedern, im Jahr 2000 wurde dann die Umwelt-Musik-Werkstatt gegründet. Workshops, Festivals und musikalische Events bringen hier aktive Musiker und Zuhörer zusammen. Projekte, die Natur und Umwelt hörbar machen, Instrumentenbau mit Naturmaterialien, Aufnahmemöglichkeiten und experimentelles Arbeiten mit neuen musikalischen Formen gehören ebenso zum Programm wie traditionelle Musik und Musik aus der Natur (www.umweltmusikwerkstatt.de).

In der Forschung von Alexander Lauterwasser, die in seinem Buch »Wasser-Klang-Bilder« dokumentiert ist, steht die schöpferische Kraft von Klängen im Mittelpunkt (Lauterwasser, A. 2003). Aufbauend auf den Erkenntnissen von Ernst Florens Friedrich Chladni (1756–1827) und Hans Jenny (1904–1972) wird die Auswirkung von Klängen und Tonfrequenzen auf feste Stoffe, wie Feinsande und Wasseroberflächen, untersucht. Die Ergebnisse sind fotografisch ästhetisch überzeugend dargestellt, begleitende Texte stellen den Bezug zur Umwelt und zur Schöpfung mit tiefgründigen mythologischen Bezügen her und dokumentieren die physikalische Durchführung der Experimente.

Lauterwasser zeigt die Ähnlichkeit von tierischen und pflanzlichen Gliederungsformen mit aus Klängen gebildeten Strukturen in frappierender Weise. Seine eigentlich neue Forschungstat allerdings sind die Wasser-Klang-Bilder. Durch direkte Übertragung von Frequenzen und musikalischen Tonaufnahmen auf runde oder eckige Wasseroberflächen öffnet sich ein ganzer Kosmos von musikalischen und bildlichen Entsprechungen. Eine ähnliche Fundgrube stellen Forschungen zum Zusammenhang von Zahlenrelationen, musikalischen Tönen und Intervallen sowie Entsprechungen in der Natur dar. Stellvertretend seien als Quellen genannt: »Die Zahlengrundlagen der Musik« (Bindel, E. 1985) und »Die Kraft der Grenzen – Harmonische Proportionen in Natur, Kunst und Architektur« (Doczi, G. 2005).

Alle diese mir verwandt erscheinenden Ansätze und Quellen sind Ausdruck dafür, dass Menschen oft unabhängig voneinander die gleichen Ideen haben oder die Notwendigkeit spüren, etwas gerade jetzt Wichtiges für alle beizutragen.

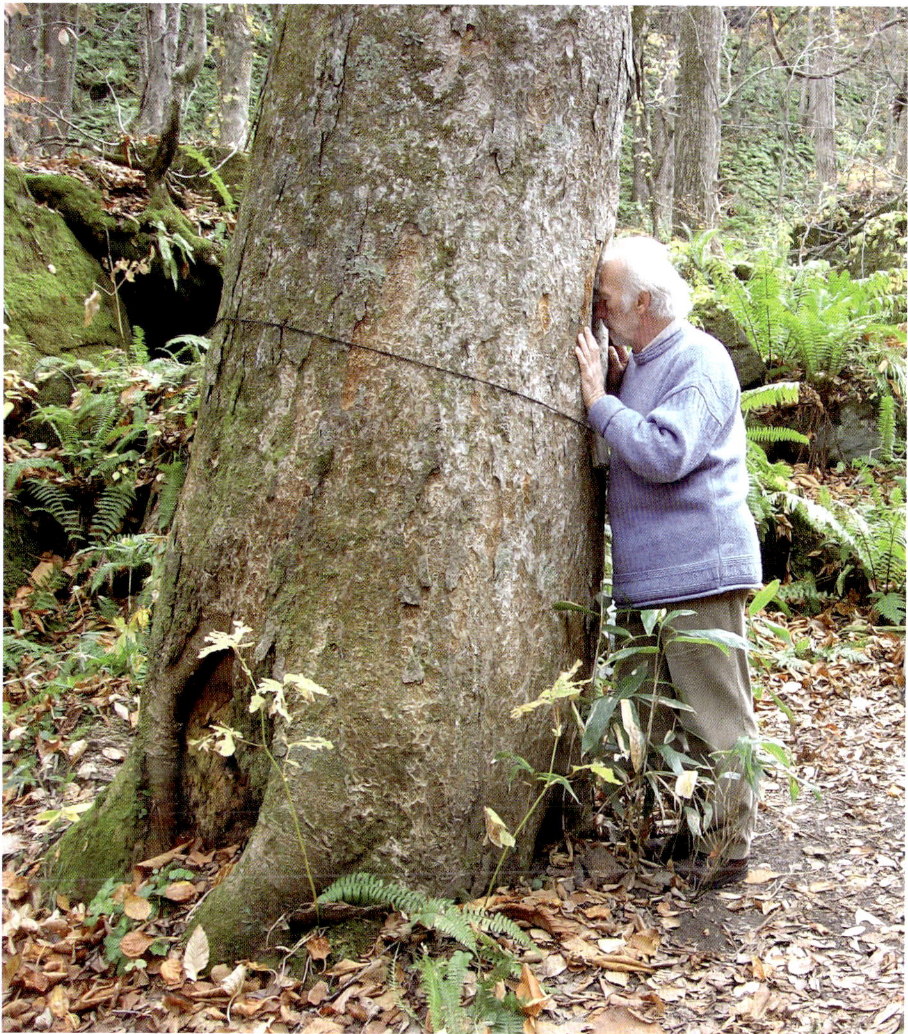

10 Murray Schafer auf Hörexkursion in Japan 2006.

4 Hören und Spielen konkret

4.1 Schule des Hörens und Hörspaziergang

(siehe auch Spielesammlung Buchstabe H, ab Seite 192)

Die erwähnten hundert Übungen zum Hören und Klingen von Murray Schafer beginnen im Hier und Jetzt: »Notieren Sie alles, was Sie gerade hören. Nehmen Sie sich einige Minuten Zeit dafür. Lesen Sie sich das Notierte in der Gruppe laut vor. Jeder wird seine eigene Liste haben, da das Hören ein individueller Vorgang ist.« (Schafer, M. 1994) (H 1)

Ähnlich ist das Spiel »Laute kartieren«, das sich mehr an Kinder wendet (Kersberg, H. 1994): In der freien Natur oder in akustisch interessantem Gelände suchen sich die Teilnehmer in Rufweite voneinander entfernt individuelle Plätze. Jeder trägt in 10 bis 15 Minuten alle Geräusche, die er hört, auf eine selbstgefertigte Karte ein. Worte oder Symbole, Entfernungen, Lautstärke, Charakterisierungen, wie bewegt/statisch, usw. sind der Rahmen, wie detailliert etwas beschrieben werden will und kann (H 2). Beiden Übungen ist ähnlich, dass sie vom ruhenden Hörer ausgehen.

Eine Klanglandschaft kann überall und jederzeit konkret angehört werden. Wenn ich an Schulen arbeite, beginne ich oft eine Stunde mit folgender Übung im Klassenzimmer: Nach einem Zimbelklang schweigen alle (wahlweise mit geschlossenen Augen) für ein bis zwei Minuten. Danach wird im Kreis herum das Gehörte zusammengetragen. Jeder Nächste soll etwas Neues sagen (H 3).

Der von Justin Winkler beschriebene Hörspaziergang ist »ein Hören im Gehen, was auf die Gesamtheit der Klanglandschaft gerichtet ist« (Winkler, J. 2001). Die akustische Landschaft zeigt sich dabei vor allem in komplexen akustischen Ereignissen. Man erlebt sich dabei bald als Bestandteil von sowohl vorhandenen, sich entwickelnden als auch selbsterzeugten Geräuschen, wie den eigenen Schritten und dem Atem, und als Variante auch von selbsterzeugten Klängen an Gegenständen, z. B. indem man mit einem Stock an einen Metallzaun schlägt. Hören hat mit dem Gehen die Bewegungsnatur gemein.

Der Hörspaziergang nach Winkler und anderen praktizierenden Klangforschern lässt sich sehr einfach inszenieren: Grundsätzlich sollte die Ausgestaltung eines solchen Spaziergangs alltagstauglich, d. h. im alltäglichen Gehen eines konkreten Wegs auch ohne Ausrüstung wiederholbar sein. Während des Gehens wird selbstverständlich auch anderen Sinnen, nicht nur dem Hörsinn, Aufmerksamkeit gewidmet. Der Hörspaziergang soll räumlich und zeitlich einen klaren Anfangs- und Schlusspunkt haben und zum Beispiel durch eine kleine Glocke markiert werden. Der Leiter geht der Gruppe voran. Die Gruppe bleibt zusammen, geht zügig, ohne stehenzubleiben, und niemand spricht. Unmittelbar nach dem Hörspaziergang werden die Erfahrungen im gemeinsamen Gespräch ausgetauscht (H 4).

Der Spaziergangsführer gibt am Anfang eine Einführung für die Gruppe, wobei er je nach Zielstellung, Alter und konkreter Situation beschreibt, wie der Spaziergang abläuft und worauf zu achten ist. Danach werden die Eindrücke ausgetauscht, wobei wichtig ist, dass nur einer spricht, jeder sprechen kann, aber dies nicht tun muss. Neben der Beschreibung von Erlebnissen lassen sich auch Ordnungsprinzipien (z. B. wie oft und welche Klänge als angenehm oder störend empfunden wurden) oder Vorschläge zu Veränderungen (z. B. Hervorheben interessanter Klänge, Abstellen oder Dämpfen störender Geräusche) finden.

Hörspaziergänge dienen nicht nur der Sensibilisierung der Hörwahrnehmung und anderer Sinne, sondern werden auch direkt zu wissenschaftlichen Erkundungszwecken eingesetzt, z. B. durch wiederholte Durchführung zu verschiedenen Zeiten. Tonaufzeichnungsgeräte können helfen, sich an das Erlebte zu erinnern und manchmal etwas zu entdecken, was niemand wahrgenommen hat.

Doch solche Aufnahmen ersetzen auf keinen Fall das Gespräch und den Austausch über die oft sehr unterschiedlichen, »richtigen« Wahrnehmungen einzelner Teilnehmer, die bei Bedarf auch schriftlich dokumentiert werden können. Da es Kindern oft schwerfällt, den ganzen Weg zusammen still zu sein, kann beim Hörspaziergang (ums Schulhaus oder in die nähere Umgebung) vereinbart werden, dass z. B. an vier Hörstationen die Glocke läutet, alle schweigen und dann jeder in ein bis zwei Minuten aufschreibt, was er gerade hört (H 5). Danach werden die Stationen ausgewertet, und man versucht auch eine Bewertung ihrer »Musikalität«. Eine gut durchhörbare Klanglandschaft mit vielen Naturgeräuschen erhielt z. B. in einer dritten Klasse eine hohe Bewertung. Die Ausnahme bildeten Handy-Klingeltöne, die mit ihrem Musiksurrogat ebenfalls musikalisch erlebt wurden.

Eine Variante des Hörspaziergangs probierte ich mit einer Kindergruppe: Ein Kind hatte die Glocke und sollte auf einem Weg entlang eines Bachlaufs dort läuten und alle stillsein lassen, wo Interessantes, wie z. B. bestimmte Vogelstimmen, zu hören waren (H 6). In der anschließenden Auswertung notierten wir die Klänge und ordneten sie nach laut und leise, ein- oder mehrmals, bewegt – statisch usw.

Eine von mir oft durchgeführte Erweiterung des Hörspaziergangs ist das Blindführen in Paaren (H 7). In der Gruppe finden sich je zwei zusammen. Es wird vereinbart, dass einer die Augen schließt oder eine Augenbinde verwendet. Der andere soll den Blinden so halten, berühren oder führen, dass sich dieser ohne Angst bewegen kann. »Führen« soll hier nur bedeuten, dass die Sehenden auf das Zusammenbleiben der Gruppe achten, sie sorgen dafür, dass die Zweiergruppen dem Leiter in relativ geringem Abstand zueinander folgen, damit die Höreindrücke vergleichbar bleiben. Bei einem blinden Hörspaziergang sollte der Leiter das Gelände vorher abgehen und sicherstellen, dass nicht zu schwierige Strecken die Aufmerksamkeit zu stark ins Tasten und Fühlen ziehen. Unterschiedliche Untergründe, wie Wiese, Kies, Holz usw., sind hingegen willkommen.

Es ist wichtig, sich als Leiterin oder Leiter das Ziel des Hörspaziergangs klarzumachen. Als Erlebnisspiele sind viele Varianten des Blindführens bekannt, die nicht vorrangig das Hören berühren, der Weg führt dann zum Beispiel über unwegsames Gelände (H 8), um Vertrauen und sensible Führungsqualitäten zu entwickeln, oder die Blinden werden zu Tastobjekten, wie Bäumen, geführt, wo sie eine Weile alleinbleiben. In einer Variante führt ein Sehender eine Schlange aus mehreren Menschen durchs Gelände (H 9).

Weitere Übungen zum Hören finden sich im Artikel »Treffpunkt Klanglandschaften« von Günter Olias (1998). Eine in Japan entwickelte Umfrage zum Erleben von Klanglandschaften aus der Erinnerung fordert auf, möglichst viele und häufig gehörte Klangereignisse in der Wohnung bzw. der Umgebung zu nennen oder auch Orte zu beschreiben, die sich durch angenehme Klänge oder Stille auszeichnen.

Eine Aufgabe kann darin bestehen, bestimmte Klänge in der Umgebung zu finden oder Tonaufnahmen von interessanten Klängen zu machen (H 10). Hier kommt es auf das eigenständige Weiterentwickeln von passenden Übungen an.

Klanglandschaften werden stark vom kulturellen Hintergrund geprägt, wie in vielen Arbeiten dokumentiert ist (Schafer, M. 1993; Faust, I. 1995; Werner, H.-U. 1997). Dabei spielt die Klanglandschaft der Sprache eine bedeutende Rolle. Sprachen, die ich nicht verstehe, höre ich oft als Musik (H 11). Aus den Weltkulturen lassen sich aus Tondokumenten, besser aber durch Hörreisen die Verflechtung von Naturklängen, Musik und Sprache eindrucksvoll erleben (z. B. Winkler, J. 1999). Ein weites Lernfeld sind alle Höraktivitäten, die im Zusammenhang mit Tonträgern und Rundfunk entwickelt wurden, wie es z. B. Volker Bernius mit dem Hessischen Rundfunk realisiert hat (Stiftung Zuhören e. V., www.stiftung-zuhoeren.de).

Eine Wahrnehmungsübung zur Sensibilisierung gegenüber künstlichen Geräuschen in unserer Umwelt verwendet Mobiltelefone. Jeder Jugendliche hat ja heute ständig das Handy dabei, und jedes gibt andere Klingeltöne von sich. Bei dieser Übung stellen sich alle Beteiligten in einem übersichtlichen Areal im Innen- oder Außenraum auf und bereiten sich vor, auf ein vereinbartes Signal hin ihr Mobiltelefon klingeln zu lassen. Mit diesen Tönen gestaltet man eine Improvisation, verändert die Lautstärken oder seinen Standort, und womöglich wird die Handymusik auch aufgenommen. Abschließend kann die Gruppe darüber sprechen, was den einzelnen gefallen hat, was sie störend fanden, was frei und was abhängig machen kann – eine spielerische Möglichkeit, über die Folgen des Mobiltelefons im akustischen und sozialen Bereich zu diskutieren (H 12).

Ein schönes Hörspiel ist in vielen Kulturen überliefert: bei uns heißt es »Blinde Kuh«. Pär Ahlbom hat dies durch den Einsatz von Musikinstrumenten, Stimme und akustischen Signalen weiterentwickelt. Bei einer anderen Variante werden dabei mehr oder weniger gefährliche zu übergebenden Gegenständen verwendet (H 13) (www.intuitive-paedagogik.de).

4.2 Klingende Natur

(siehe auch Spielesammlung Buchstabe N, ab Seite 196)

Bevor menschengeschaffene Musikinstrumente untersucht werden, lohnt sich ein Ausflug in die klingende Natur selbst. Einen generellen Überblick bietet Murray Schafers Buch »The Soundscape – Our Sonic Environment and the Tuning of the World« (1993) im Kapitel »The Natural Soundscape and Sounds of Life«. Hier geht Schafer auch auf die musikalisch interessante Welt der Tierstimmen und -klänge ein, die ich im Folgenden nur ansatzweise beschreibe. Das Konzept legt seinen Schwerpunkt auf klingende Materialien, die entweder von der Natur selbst oder durch den Menschen gespielt werden. Die Abgrenzung der Naturdinge und -phänomene zu Musikinstrumenten ziehe ich, wo gezielte bauliche Veränderungen an der Natur einsetzen.

Klang des Wassers

»Am Anfang war Eurynome, die Göttin aller Dinge. Nackt erhob sie sich aus dem Chaos. Aber sie fand nichts Festes, darauf sie ihre Füße setzen konnte. Sie trennte daher das Meer vom Himmel und tanzte einsam auf seinen Wellen. Sie tanzte gen Süden; und der Wind, der sich hinter ihr erhob, schien etwas Neues und Eigenes zu sein, mit dem das Werk der Schöpfung beginnen konnte« – so der griechische Mythos (Timmermann, T. 1989).

»Nök, der Wassergeist war es, der den Menschen das Musizieren lehrte. Dabei schlang er seinen Gürtel um sich und den Menschen, und wenn die Lektion vorbei war, sprang er wieder in die Fluten hinab. War der Mensch nicht stark genug, dass er den Gürtel zerriss, wurde er mit in die Tiefe gezogen« – so ein nordischer Mythos. Auf das Trommeln des Meers gehe ich in Abschnitt 4.3 ein.

Das Wort Rhythmus kommt vom griechischen ρυθμος und bedeutet »fließen« und »wiederkehrendes Maß«. Nur wenn beide Komponenten enthalten sind, ist Rhythmus lebendig anwesend. Rhythmus ist nicht Takt, nicht »pattern« (Muster) und auch nicht nur Frequenz.

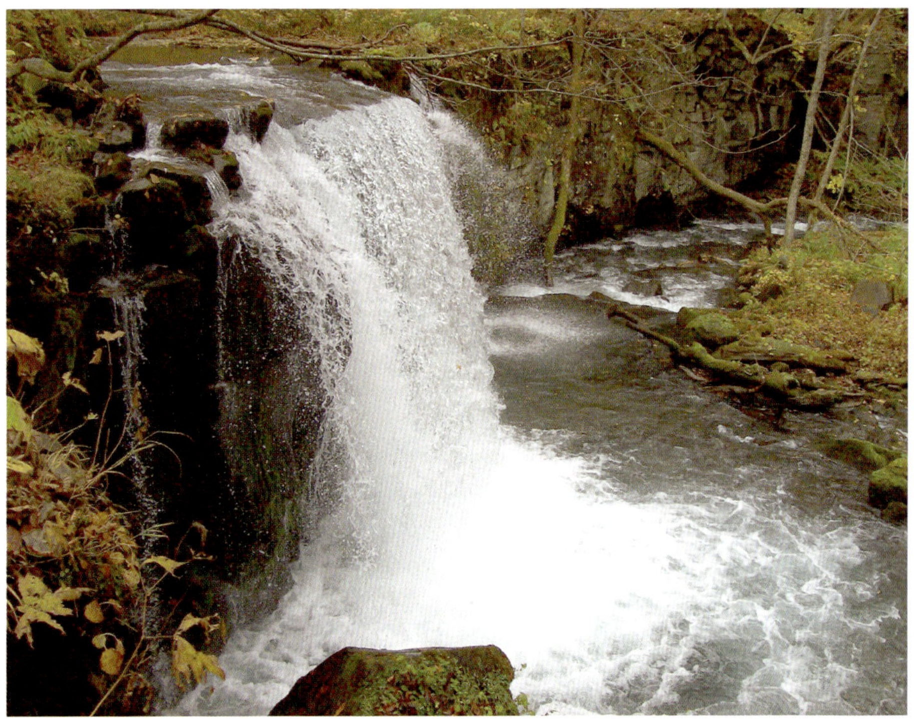

11 Oirase-Ravine-Wasserfall, einer der hundert besonderen Klangorte in Japan.

Das Label Laserlight veröffentlichte eine CD-Serie »Echoes of Nature«, auf der Ozeanwellen ohne Ergänzungen oder Verfremdungen zu hören sind (1994). Interessant wird es, wenn auch die originale Zeitdimension in die Aufnahme einfließt, wie in einer CD aus Estland, die eine Stunde Meeresgeräusche an der Steilküste wiedergibt (Meri Panga, 1999). Das längere vertiefte Hören des rein akustischen Aspekts der Brandung ermöglicht einerseits, den realen Zeitfluss zu erleben, andererseits Details wahrzunehmen, die durch Ablenkungen in der realen Natur untergehen. Trotzdem ist der vollen Realität selbstverständlich der Vorzug zu geben.

Wenn man sich an die Meere der Welt setzt, zuhört und den Rhythmus in sich hineinlässt, kann man selbst zum Rhythmus werden (N 1). Das Fließende ist das Immer-Bewegte, Lebendige, nichts anderem Gleichende. Aber doch gibt es eine maßvolle Wiederkehr: Die nächste Welle kommt gewiss. Das Wasser atmet, bringt die Steine mit auf den Strand, zieht sich zurück, lässt sie mit zurückrollen – kleine, schwappende Wellen an Teichen, brüllende an Steilküsten, weiter Atem am Ozean. Ganz anders, wenn nur ein einzelner Wassertropfen in ein Becken fällt – vielleicht in einer dunklen Höhle: Dann bleibt die Zeit stehen, und alles wird Melodie des einen Tons. Später folgt vielleicht noch ein Tropfen – ein anderer Ton. Zur Schneeschmelze tropft es von den Moosen und Felsen. Noch kaum geboren, rinnt Wasser über Steine und spielt an einer Staustufe eine Melodie, die sich um bestimmte Töne

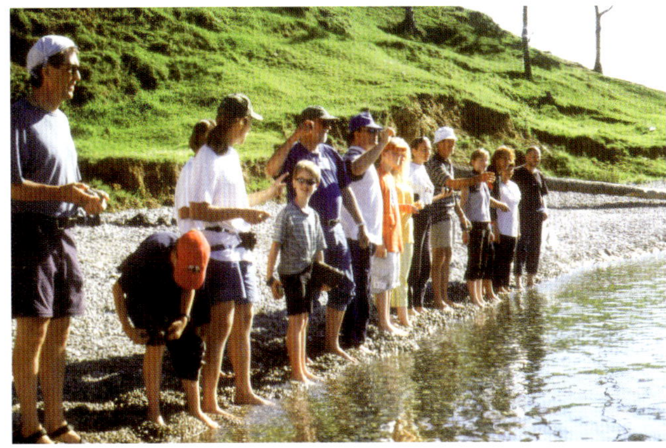

12 Musikalische Steinwürfe am Baikalsee, Russland.

und Intervalle gruppiert. Wird die Lage eines Stöckchens oder Grashalms darin verändert, beeinflusst dies die Melodie (N 2).

Weitere Wasserspiele mit Mühlen finden sich in Walter Krauls Buch »Spielen mit Wasser und Luft« (2006). Beim Baden im Meer, einem See, Steinbruch oder Fluss lassen sich mit Wasser die verschiedensten Geräusche erzeugen. Man wirft eine Wasserkaskade in die Luft, die in einer Klangkaskade herniederregnet, läuft schnell durch mitteltiefes Wasser, so dass es um die Beine herum strudelt und gurgelt, oder man trommelt mal mit flachen, mal mit gewölbten Händen auf das Wasser. Auch das Werfen von unterschiedlich großen und geformten Steinen erzeugt beim Auftreffen auf die Wasseroberfläche interessante Klänge. Spielt man mit solchen Effekten in einer Gruppe, ergeben sich noch viele weitere Varianten (N 3).

Das musikalische Spiel mit Wasser tritt, historisch betrachtet, erstmals im Kontext der Heilkunde auf. In der altorientalischen Musiktherapie, die auf den im 9. Jahrhundert geborenen Abu Nasr al-Farabi zurückgeht, gießen Patient und Therapeut Wasser in eine große Schale, während sie von einer Gruppe improvisierender Musiker begleitet werden. Das entstehende Geräusch beruhigt und lässt den Patienten kreativ sein, besonders dann, wenn er sonst keinen Mut hat, selbst zu musizieren. Auch das Symbol des Wassers für die Quelle des Lebens, für Wandlung, Entwicklung und Reinheit wird bei dieser Art der Musiktherapie einbezogen. In späteren Phasen kommt noch die Arbeit mit Naturfarben aus Mineralen und Pflanzen zur Musik hinzu (Tucek, G. 2006) (N 4).

Regen kann auf verschiedene Weise klingen. Einmal hört man ihn als leises Tröpfeln, dann als kräftigen Landregen oder Wolkenbruch, als Aufschlagen auf Getreide, Wiesen, Wasseroberflächen, trockene Blätter oder beim Durchtropfen im Wald. Es ist spannend, sich einen persönlichen oder gemeinsamen Regen-Klang-Atlas anzulegen (N 5).

Im stillen Wald höre ich Schneeflocken fallen, oder der Sturm bricht lange Rauhreiffahnen krachend ab. Schneelawinen gehen donnernd zu Tal. Als Eis zeigt Was-

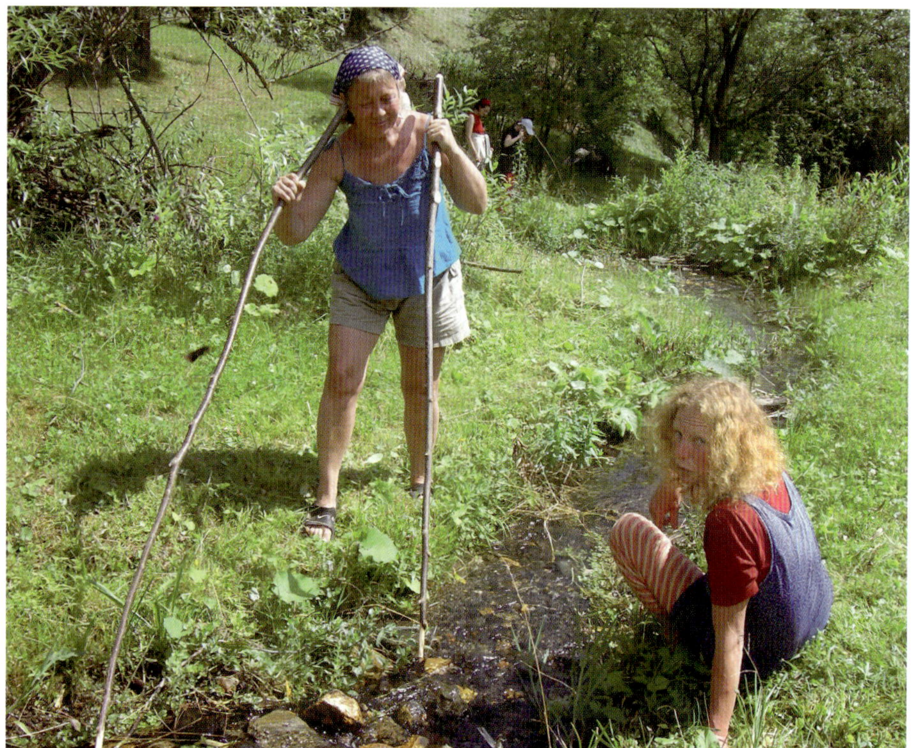

13 Unterwasserhören mit Haselruten, »NaturMusikSpiel«, Rumänien.

ser bei entsprechender Form ganz ähnliche Klangeigenschaften wie flache Lithophone. Der norwegische Klangkünstler Terje Isungset nahm auf dem Album »Igloo« (2004) als erster reine Eismusik auf. Das kann man auch selbst probieren, indem man längliche Eisstücke von ein bis zwei Zentimetern Dicke an den Schwingungsknoten – das heißt etwa bei einem Fünftel der Gesamtlänge – hält oder auflegt und dann vorsichtig anschlägt (N 6; weitere Informationen zu Schwingungsknoten siehe Abschnitt 4.4). Wenn an einem gefrorenen Flussufer der Wasserspiegel sinkt oder anderweitig Hohlräume unter abstehendem Eis entstehen, kann direkt darauf gespielt werden. Eingeschlossene breite Luftblasen im Eis ermöglichen die verschiedensten Perkussionstöne. Spannend ist es auch, Steine oder Eicheln auf das Eis zu werfen und ihren akustischen und rhythmischen Effekten zu lauschen (N 7). Selbst eine festsitzende Galerie Eiszapfen lässt bei sensiblem Anschlag klare Töne hören. Nähert sich die Wärme des Frühlings, erhebt ein gefrorener Teich ganz von selbst seine Stimme; er gibt laute Schläge und ächzende Töne von sich.

Eine originelle Übung beschreibt Kari Joller: Je zwei Menschen schneiden sich gerade Haselruten von etwa eineinhalb Metern Länge. Sie tauchen damit in turbulente Bäche ein und erzeugen erstaunliche Unterwasserklänge (N 8) (Joller, K. 2008) (Abb. 13).

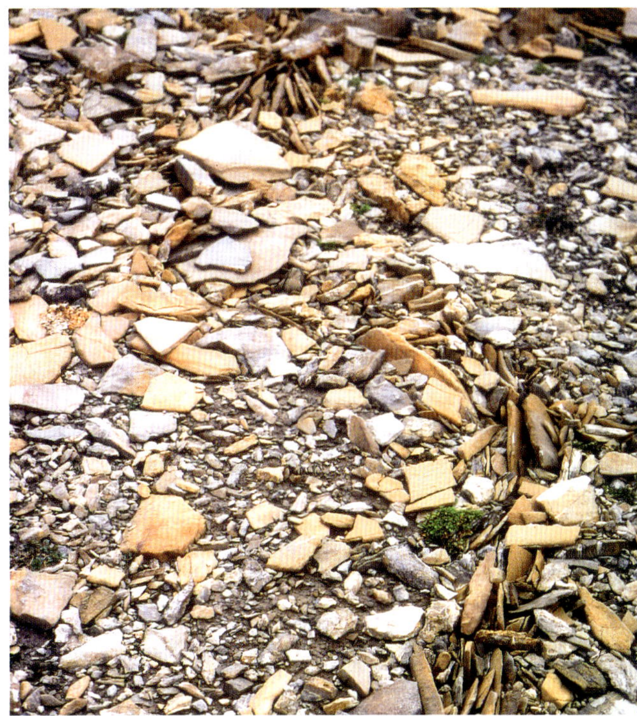

14 Lithophonsteine in natürlicher Lage, Berner Oberland, Schweiz.

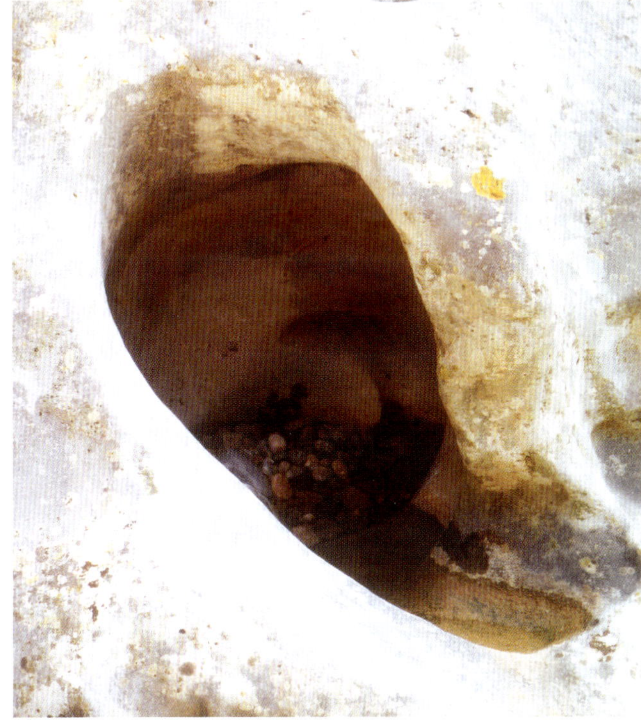

15 Naturhörform mit Summresonanz, Mallorca, Spanien.

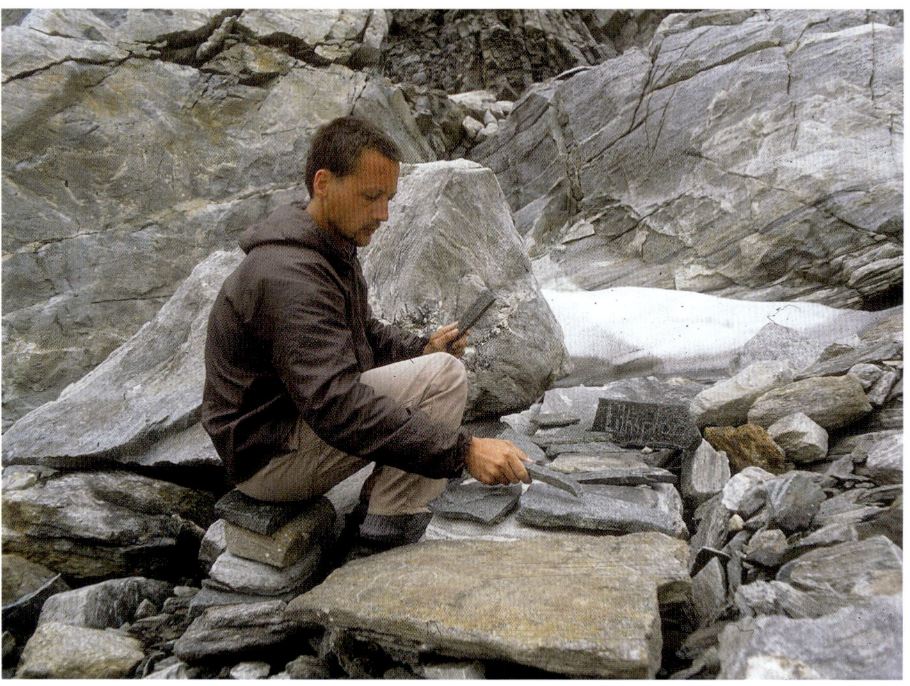

16 Lithophon im Basodino, Schweiz.

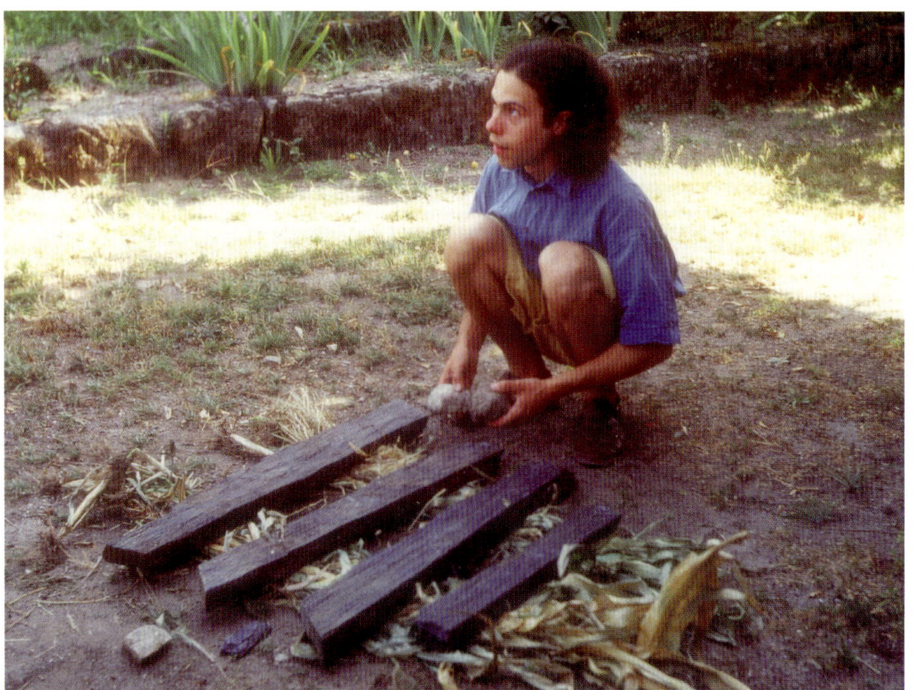

17 Schiefer-Lithophon in Portugal.

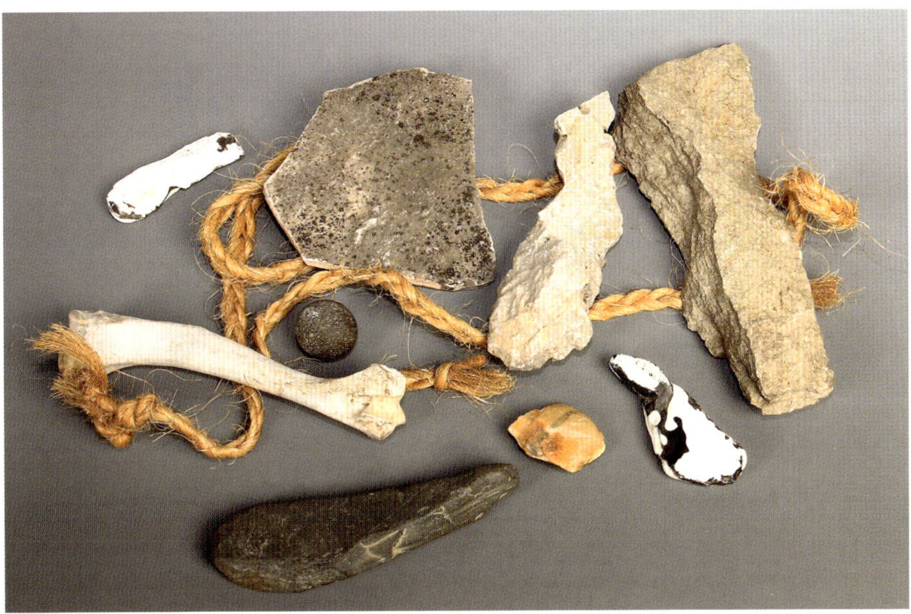

18 Steine und Knochen.

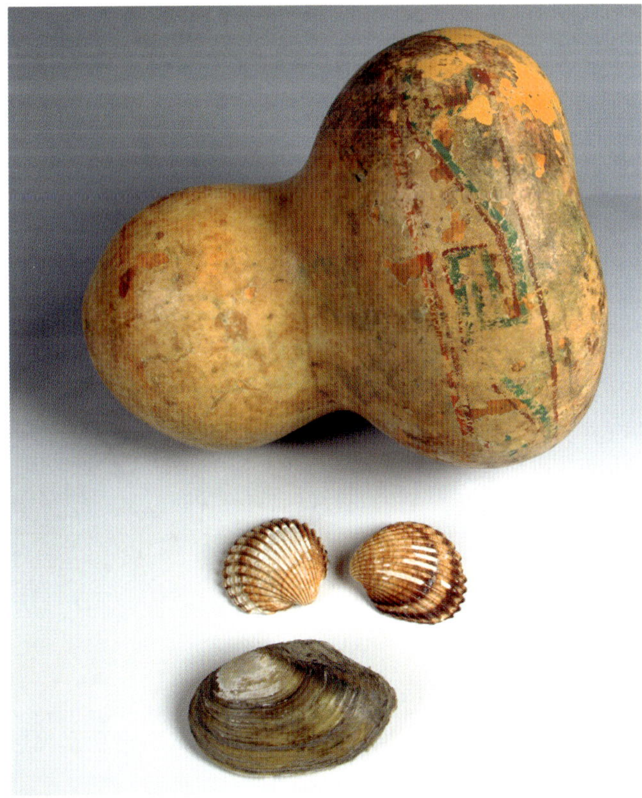

19 Kalebasse und Muscheln.

Klang der Erde (Steine, Sand, Knochen und Muscheln)

Am härtesten zeigt sich die Erde in den Steinen. In der Natur sind sie auf Schuttkegeln im Hochgebirge, in Stein- und Schlammlawinen oder im Poltern am Grund der Gebirgsflüsse zu hören. Das Wasser schleift sie rund, und so eignen sie sich als Spielsteine und Spielkiesel. Runde Steine klingen anders als flache, längliche anders als plattenförmige, Sandstein klingt anders als Schiefer. Die dabei möglichen Geräusche sind vielfältig und wecken Erinnerungen der verschiedensten Art.

Das Spiel mit der Erde lässt uns ein akustisches Grundgesetz entdecken: Hohlräume können den Klang von Geräuschen verändern. Je geschlossener ein akustisch verbundener Hohlraum ist, umso dumpfer, tiefer, dunkler der Klang. Im Spiel mit Naturkieselsteinen und der Veränderung der Handformen beim Spiel lässt sich dies eindrucksvoll bis zur Steinsprache entwickeln (N 9). Die Musikethnologin Lucie Rault beginnt ihr grandioses Buch »Vom Klang der Welt« mit Stimmen der Natur und Musik der Höhlen (Rault, L. 2000). Steinzeitliche Höhlen wurden wie Musikinstrumente genutzt, und Felszeichnungen reflektieren besondere Klangorte und -phänomene. Stalaktiten und Stalagmiten wurden als »steinerne Orgeln«, als Lithophone gespielt.

Beim Wandern über ein Schotterfeld im Kaukasus hörte ich verschiedene Töne. Die Steine waren länglich und homogen. Am richtigen Punkt gehalten oder aufgelegt, wurden sie zum Lithophon. Die untemperierte Tonskala der dort zufällig gefundenen Steine nenne ich seitdem die »kaukasische Leiter« (N 10). Wenn ich eine beliebige Anzahl klingender Steine nach der Tonhöhe ordne, z. B. von tief nach hoch, ergibt sich eine Klangsteinreihe. Ich habe solche Reihen mit Bezug zur Entstehung von Musik untersucht, um die Fragen zu beantworten: Wann wird etwas vollkommen aus der Natur Stammendes heute musikalisch erlebt? Wo ist die Grenze zwischen Hörsinnererfahrung und Musik? (Heyne, H. 1998)

In natürliche Höhlungen kann man hineinsummen und darin die Resonanztöne finden. Eine künstliche Nachbildung dieses Effekts sind die sogenannten Summsteine (M 26).

Beim – auch hörbaren – Zerreiben von Steinen entsteht Sand. Auch der Sand selbst kann klingen, wenn ein Sturm ihn verweht oder wenn wir mit den Fußsohlen schnell über ihn hinweggleiten. Es sirrt und singt, jault und zirpt. Liegengebliebene, gebleichte Knochen oder Muscheln, Fischgräten oder Krabbenpanzer laden zum Aneinanderklappern oder Füllen mit kleinen Steinen ein.

Klänge der Pflanzen

Im Pflanzenreich erhebt sich die Erde zum Leben. Doch Hölzer klingen erst wieder in Tönen, wenn sie abgestorben sind. Im Wald gibt es Bäume, die bei Wind aneinanderreiben und dabei Knarr- und Quietschtöne von sich geben. Wenn man im Dunkeln durch den Wald geht, sollte man einmal der Versuchung widerstehen, solche Geräusche gleich zu erklären (N 11).

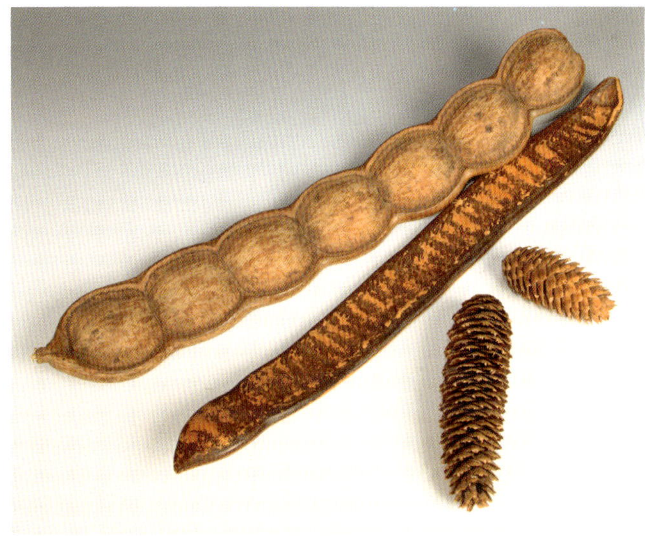

20 Schoten und Zapfen.

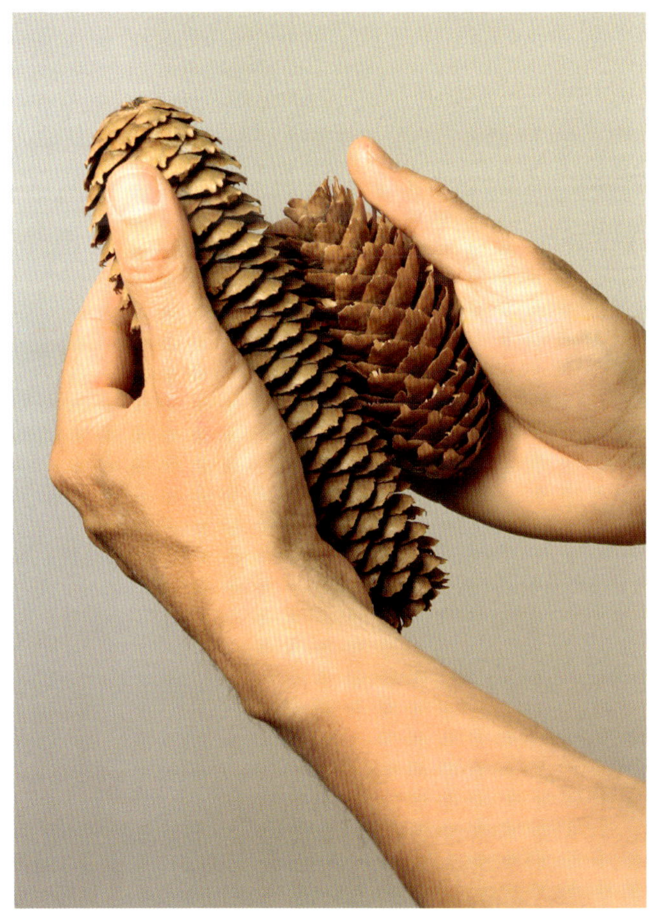

21 Spiel mit Zapfen.

Vielfältig sind die Rasseln und Klappern aus Früchten und Schoten. Da gibt es sehr kleine, beispielsweise die aus Ginsterfrüchten gefertigten, oder auch größere aus Früchten des Johannisbrotbaums. In eingetrockneten Kalebassen rasseln die Samenkörner (N 12).

Die Aborigines Australiens schlagen mit Stöcken an Äste des Eukalyptusbaums, um geeignete Rohlinge für Didjeridoos zu finden. Trockene und abgestorbene Äste und Bäume lassen sich auch bei uns anschlagen und geben ein Holzblock-Naturorchester (N 13). Alles klingt mit Hilfe der Luft. Eine besondere Allianz gehen die Blätter, Nadeln und Zweige mit der Luft ein, wenn sie rauschen. Eine Eiche rauscht anders als eine Weide, ein Baum im Frühling anders als im späten Herbst. Tanzende, trockene Blätterwirbel laden auch zum Zuhören ein. Eine akustische Phänomenologie der Blatt- und Nadelgeräusche steht noch aus (N 14). An manchem abgefallenen Eichenast vom Vorjahr sind noch Blätter, mit denen sich ein Rhythmus rascheln oder tanzen lässt (N 15). Das Lied »Ihr Blätter, wollt ihr tanzen« lässt diese selbst sprechen. Reibt man Tannenzapfen in der richtigen Weise aneinander, entsteht ein kastagnettenähnliches Geräusch, das Zupfen der einzelnen Samenhalter dagegen produziert verschiedene Töne (N 16).

Es ist ein alter Traum der Menschen, die Sprache von Pflanzen und Tieren zu verstehen – vielleicht muss man nur richtig hinhören? Nicht umsonst hat im Deutschen das Wort »Rausch« mehrere Bedeutungen. Am Orakel von Dodona, dem ältesten in Griechenland, wurde aus dem Rauschen einer heiligen Eiche die Zukunft geweissagt.

Tierklänge

Eine Phänomenologie der Tiergeräusche würde den Rahmen dieses Buchs sprengen. Als Tierstimmen werden oft allgemein alle Laute, Klänge und Geräusche bezeichnet, die Tiere von sich geben, sowohl ihre Stimmen (bellen, muhen, miauen, schnurren, brüllen, brummen, trompeten, kreischen, flöten, pfeifen, zwitschern, gackern, krähen, lahnen, schreien, fauchen, blöken, meckern, gurren) als auch die an ihren Körpern, der Erde oder Gegenständen erzeugten Geräusche (zirpen, grillen, kratzen, schaben, klopfen, trappeln, galoppieren, traben, schlurfen, rupfen, poltern, klappern, trampeln, rumpeln) oder auch die in bzw. mit der Luft erzeugten Klänge (summen, sirren, zischen, flattern, klicken, quaken, gurgeln, gluckern, hecheln, rülpsen, pupsen).

Eine der weltweit größten Sammlungen von Tonaufzeichnungen von Tierlauten befindet sich im Tierstimmenarchiv der Humboldt-Universität Berlin. Nach sechs Kategorien geordnet (Vögel, Säugetiere, Wirbellose, Fische, Amphibien, Reptilien), sind dort 110 000 Aufnahmen gespeichert, und das Archiv unterhält Verbindungen zu weiteren großen Sammlungen dieser Art in der Welt. Als neuestes Angebot kann man Tierstimmen als Handy-Klingeltöne herunterladen und damit bestimmte Naturschutzprogramme fördern (www.nature-rings.de). Bekannt ist die

CD »Vogelstimmen Europas« von Walter Tilgner zum Kennenlernen von Tierstimmen (N 18).

Manche Begriffe sind erst für Kenner der speziellen Tierart zuordenbar z. B. das Lahnen der Schwarzspechte oder das Klicken der Seepocken (CD zum Buch »KlangWege«, Ipsen et al. 1995). Einige Tierstimmen stehen Pate bei der Charakterisierung menschlichen Ausdrucks, wie meckern, unken oder maulen. Bei Haustieren kommen Geräusche hinzu, die erst durch die Domestizierung entstehen z. B. das Klappern des Hufeisens auf Pflaster. Papageien oder auch Stare ahmen Stimmen und Fremdgeräusche nach, selbst einen Traktor oder ein Handyklingeln. Den Gesang der Amsel und das Schlagen von Drossel und Nachtigall werden sogar als musikalisch bezeichnet. Mit dem Buch »Nada Brahma – die Welt ist Klang« von Joachim-Ernst Berendt (2009) ist der Gesang der Wale ins Bewusstsein der Öffentlichkeit gerückt, wie etwa die bei Zweitausendeins herausgegebene Schallplatte »Die Gesänge der Buckelwale« reflektiert.

Tierstimmen wurden bereits in den ältesten Kulturen in der klingend-rituellen Praxis aufgegriffen, zum einen, um die jeweiligen Tier-Ahnen zu ehren oder zu rufen (die australischen Aborigines imitieren z. B. beim Didjeridoospiel den Kookaburra-Eisvogel »Lachender Hans«, das Summen von Fliegen oder das Hüpfen des Känguruhs in einer Verbindung des Profanen mit religiöser Ehrfurcht) oder um Tiere anzulocken und zu jagen. Sie spielen in Kinder- und Volksliedern aller Kulturen eine Rolle (man denke an die Lieder vom »Kuckuck« oder vom »Konzert bei den Fröschen am See«), und auch zeitgenössische Komponisten greifen Vogelmotive auf wie Olivier Messiaen in seinem Werk »Oiseaux Exotiques«. Während sich letzterer bereits 1956 im »Katalog der Vögel« mit dem Thema auseinandersetzte, stieg das Interesse an realen Tonaufnahmen erst nach 1970 (Hörbeispiel: CD »Droles d'oiseaux« der französischen Edition Sitelle, 2001). Mit einer Gruppe lassen sich Übungen durchführen, die dazu anregen, intensiver auf Tierstimmen zu hören (N 18), Tiergeräusche zu imitieren (N 19) oder vier- und zweibeinige Tiere als Rythmusgeber nachzuahmen (M 13).

Im Eine-Welt- und Musikhandel tauchten vor einigen Jahren Holzfrösche mit Kerben in allen Größen auf, die vor kurzem durch klappernde Schmetterlinge, ratschende Delfine, schrapende Grillen, trompetende Elefanten und heulende Eulen ergänzt wurden. Ich fühle, dass sich durch die Nachahmung des Tiers im Optischen wie im Akustischen eine Verdoppelung der Assoziation ergibt, die die innere Klang- und Bildekraft abschwächt. Wenn ein einfaches, gekerbtes Holz, ein Schraper, wie eine Grille klingt, kann man sich die Gestalt der Grille doch in der Phantasie vorstellen – ich nenne solche Schraper jedenfalls Grillen. Das Fragezeichen in den Augen der Spieler kann mit solchen Instrumenten noch etwas länger anhalten.

Schon lange gibt es Kuckukspfeifen mit einem Loch. Da fasziniert es, wenn der richtige auf den falschen Kuckuck hereinfällt und angeflogen kommt. Pirole und Eulen sind gut mit den typischen Pfeif- und Flötentönen imitier- und anlockbar,

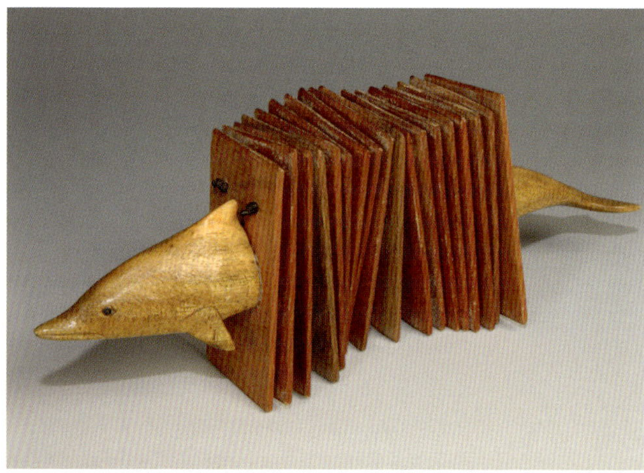

22 Tiere als Musikinstrumente: Delphin-Klapper, Indonesien.

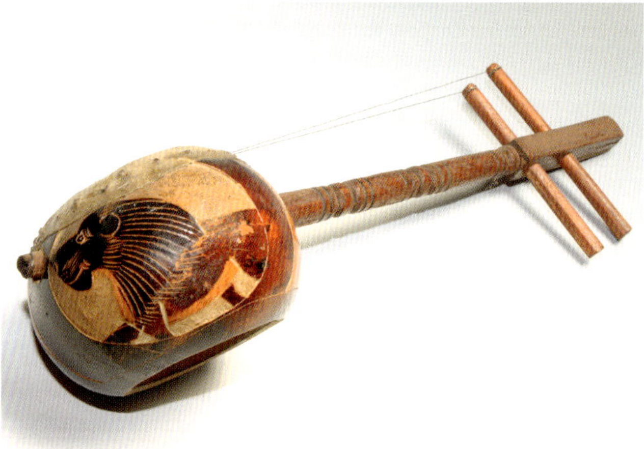

23 Löwe auf Laute, Afrika.

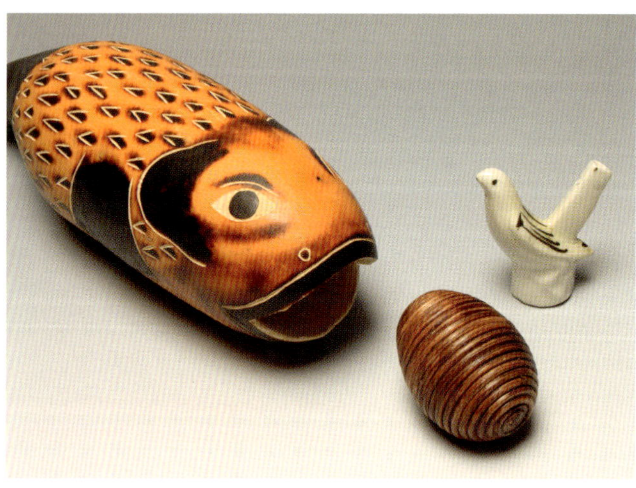

24 Fisch, Peru; Ei-Shaker, Indonesien; Vogelpfeife, Vietnam.

was interessanter ist, als das Tierstimmenset im Jägerbedarf zu kaufen. Allerdings sollte es nicht zur Marotte werden, die Tiere zu irritieren. Es gilt im rechten Moment zu spüren, wann Verzicht besser ist.

Als »Materialspender« sind Tiere Opfer, weshalb Altkulturen den Bau von Instrumenten wie Schamanentrommeln, Knochentrompeten, Knochenrasseln und anderem ritualisierten. Die Seele des Tiers, von dem Sehnen und Haut für die Trommel benötigt wurden, musste gefragt und in den Prozess einbezogen werden. Besser ist es, für den Instrumentenbau Überreste von im Naturkreislauf gestorbenen Tieren zu verwenden, wie Muscheln, Schneckengehäuse und Knochen. In der Gegenwart sollte jedenfalls mit Behutsamkeit und Verantwortung vorgegangen werden, wenn lebende Tiere z. B. für Trommelfelle getötet werden.

In vielen nativen Kulturen ist die Verbindung von Mythen und Ahnenkult mit Tieren verwurzelt. Noch bis heute gibt es unzählbar viele Tierdarstellungen auf Musikinstrumenten (Abb. 22–24) und auch Teile von Tierkörpern, die als Musikinstrumente genutzt werden.

Klänge von Stimme und Körper (Mensch), Luft und Wetter

Wenn wir über Naturklänge nachdenken, wird deutlich: Nichts ist isoliert. Die Landschaft äußert sich klingend im Echo. Das Echo braucht jemanden, der ruft, singt, schreit. Auch die menschliche Stimme ist Natur. Sie ist vor-instrumental, archaisch, allen künstlerischen und künstlichen Musikschöpfungen vorangehend. Die selbsterzeugten Geräusche, wie Atemzüge, Niesen, Husten, Kratzen der Haut, Gelenke, Schritte, bleiben oft unbewusster als die von anderen erzeugten Klänge (N 20). Wir erzeugen diese Laute ebenso wie andere Lebewesen der Natur. Oft sieht sich aber der Mensch nicht überwiegend als Natur, er zieht irgendwo Grenzen zwischen Natur und Nicht-(mehr-)Natur. Diese Trennlinie ist künstlich und meist auch individuell verschieden. Wenn das Geräusch von Schritten als natürlich klassifiziert wird, dürfte es dies nach dem Kriterium des erzeugenden Materials, womöglich einer Kunststoffschuhsohle, nicht mehr sein. Solange der Mensch mit einer klangerzeugenden Tätigkeit selbst verbunden bleibt, z. B. beim Hämmern, Sägen, Holzhacken oder Teigrühren, handelt es sich um Mischformen aus Natur und Kultur.

Erst mit der Ablösung der Technik vom unmittelbaren Handeln sind die Klänge eindeutig technischen Ursprungs: das Ticken der Uhr, die motorgesteuerte Kirchenglocke oder ein ferngesteuertes Auto (N 21). Auch natürliche Klanglandschaften bestehen kaum nur aus Wasser-, Stein-, Pflanzen- oder Tierklängen. Immer ist eine Mischung gegeben, die auch zeitliche Erscheinungen wie die Veränderungen der Geräusche im Tageslauf oder Jahreszeiten umfasst (Hörbeispiele bei Syrinx 1996, Sitelle 1996).

Die kräftige Entladung des Blitzes spiegelt der Donner akustisch. Die Entfernung lässt sich durch die Schallgeschwindigkeit (330 m/s) und die Sekunden zwischen Blitz und Donner bestimmen (N 22). Hörbar wird die Luft durch Weiden- und Schilfgerten, die als Fuchtel geschwungen werden (N 23), beim Pfeifen über Hohlräume (Eichelhütchen, Nüsse), gespannte Grashalme oder in Löwenzahntuter (N 24).

Hörbar ist die Luft am eigenen Atem (N 25) sowie als Luftzug an den Ohren. Öffnet man den Mund in verschiedenen Weiten am Wind, werden Hohlraumtöne hörbar, selbst Melodien sind möglich. Bei entsprechendem Handklatschen vor dem Mund entstehen kurze perkussive Klänge. Die Welt der Body-Percussion eröffnet weitere Horizonte über die akustische Natur des Menschen, sei es durch Klatschen mit flachen oder gewölbten Händen oder Stampfen (N 26).

Indem ich an einem beliebigen Ort in die Hocke gehe, ändern sich die Geräuschfrequenzen der Umgebung (N 27). Auch der Puls und der Schritt in Form von Gehen, Laufen, Rennen oder Springen sind Rhythmen, die beim Musizieren meist unbewusst mitschwingen (N 28).

4.3 Musikinstrumente der Völker in Mythologie und praktischem Erfahrungswissen

(siehe auch Spielesammlung Buchstabe M, ab Seite 203)

Ein Mythos aus Togo berichtet: »Im Fantigebiet war eine Stadt am Meer. Eines Tages fing das Meer zu trommeln an und sang verschiedene Lieder dazu. Die Einwohner der Stadt waren sehr erfreut, machten sich sofort eine Trommel und fingen auch an zu trommeln; sie sangen dazu Lieder, die sie vom Meer gehört hatten« (Timmermann, T. 1989). Und ein Mythos aus Burjatien in Nordasien: »Der erste Schamane Morgon Xara war so mächtig, dass er sogar Seelen befreien konnte, die Erlen Khan mit sich in die Unterwelt geführt hatte. Dieser beklagte sich bei Esege Malan, dem höchsten Gott. Dieser nahm, um Morgon Xara auf die Probe zu stellen, eine Menschenseele und hielt sie in einer Flasche fest, die er mit dem Daumen verschloss. Morgon Xara suchte in allen Teilen der Erde und fand die Seele auch in der Unterwelt nicht. Schließlich stieg er mit seiner Trommel in die oberen Welten und sah schließlich die eingeschlossene Seele. Er verwandelte sich in eine Wespe und stach Gott in die Stirn, so dass er den Daumen von der Flasche losließ und die Seele frei war. Als Gott den Schamanen mit der Seele auf der Trommel hinabsteigen sah, wurde er böse und verminderte die Macht des Schamanen, indem er die Trommel in zwei Teile teilte. Diese, die früher immer zweiseitig bespannt war, ist es nun nur noch auf einer Seite.« (Laade, W. 1975)

Diese und viele andere Mythen der alten Völker weisen auf ein überliefertes Wissen der Menschheit hin, das die unmittelbare Verbundenheit von Menschen, Göttern und Natur belegt. »Alte Völker« nenne ich jene Kulturen Australiens, Afrikas, Indiens, Südostasiens, Nord- und Südamerikas, die noch vor den »Zivilisationen« entstanden und teilweise bis in heutige Zeiten als Jäger und Sammler existierten. Sie wurden im Namen von Zivilisation und Religion ausgerottet, und wenn sie »nur« dezimiert wurden, kämpfen sie bis heute um ihre Anerkennung.

Jedes der alten und oft heiligen Instrumente spricht durch seinen Klang und seine Spielweise über seinen Sinn und Zusammenhang und führt diesen über entsprechende Körper- bzw. Anblasbewegungen auf allgemein menschliche Erfahrungen zurück. Archaische Instrumente stellen Archetypen aus der menschlichen Entwicklung dar. Insofern speichern diese Instrumente Erfahrungswissen. Darunter verstehe ich Prozesse und Inhalte, die durch unmittelbares und wiederholtes Tun die Wirkungen, Zusammenhänge und geistigen Bezüge von Mensch, Natur und Geist erschließen.

Im Folgenden werde ich, nach Gruppen geordnet, eine Reihe von elementaren Musikinstrumenten auflisten. Unter »Themen« beschreibe ich dabei jeweils, wie das Instrument in Pädagogik und Umweltbildung praktisch anwendbar ist. Dort finden sich auch Querverweise auf die Spielesammlung im Kapitel 8.

Die beschriebenen Musikinstrumente stellen keineswegs ein erweitertes Spektrum des Orff-Instrumentariums dar. Der Komponist und Musikpädagoge Carl Orff (1895–1982) prägte vor über fünfzig Jahren die Musikausbildung und entwickelte vor allem ein spielerisches Verständnis der Musik zusammen mit Bewegung. Nach ihm benannt sind die »Orff-Instrumente« wie Klangstäbe, Tamburine, Xylophone, Rasseln und Triangeln, die in verschiedenen Stücken eingesetzt werden und bei denen es meist keine Rolle spielt, aus welchem Material (Metall, Holz, Kunststoff) sie gefertigt sind und welche Formen sie besitzen. Auch heute werden im Musikunterricht und der Musiktherapie solche Instrumente häufig verwendet. In den letzten zwanzig Jahren erfuhren sie eine beträchtliche Erweiterung, so dass man sie auch unter »exotische Instrumente« subsumieren kann. Dies änderte aber nichts an einer oft mehr oder weniger beliebigen Haltung gegenüber ihrer Auswahl, die in der Zweckgebundenheit für konkretes Musizieren liegt. Ein typisches Beispiel für diese Sichtweise ist in Töm Klöwers Buch »Die Welten der Trommeln und Klanginstrumente« zu finden (2001). Der gestandene Perkussionist ordnet die Instrumente einfühlsam nach Klang und Anwendung; Material und Form sind ihm nebensächlich.

Als Natur-Musikinstrumente bezeichne ich jene, die als Originale oder Nachbau aus Naturmaterialien (Stein, Knochen, Holz, Bambus, Nüsse, Kalebassen) oder in alten Kulturtechniken (z. B. schmieden, Ton brennen, Sehnen und Saiten machen) entstanden sind und in den alten Völkern bestimmte Lebenszusammenhänge ausdrücken. Dabei kommt es wesentlich auf die Ästhetik der Objekte an. Wenn wir mit Musikinstrumenten angemessen umgehen möchten, bedeutet dies auch, einen Kompass zwischen Schönheit und Geschmacklosigkeit, Authentizität und Surrogat auszubilden.

Die Zusammenstellung enthält auch Urtypen von Instrumenten alter Hochkulturen in Mesopotamien, Ägypten, China, Indien, Altamerika und Griechenland sowie einfache Volksmusikinstrumente, die bis heute in Europa und Ame-

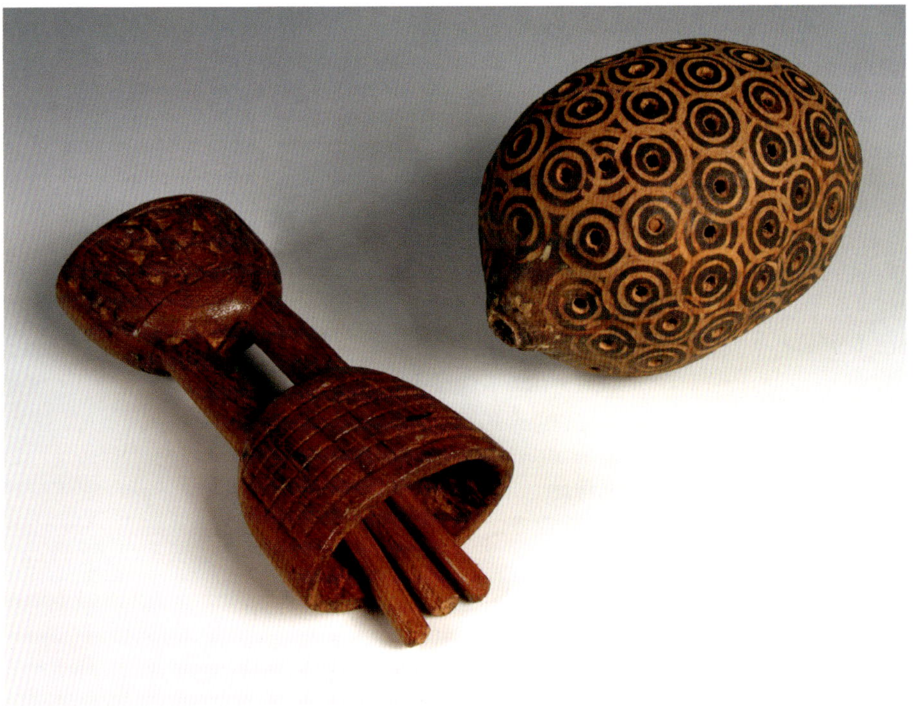

25 Form und Ästhetik von Naturinstrumenten – essenzielle Aspekte ihres Wesens.

rika gespielt werden. Das Prinzip, unbefangenes Tun und Entdecken vor Üben und Können zu setzen, steht im Widerspruch zum klassischen Lernen in West und Ost, zuerst genau nach Anleitung oder mit dem Meister zu üben und erst am Ende vielleicht frei improvisieren zu dürfen. Mein Ansatz kann deshalb ruhig »dilettantisch« genannt werden (italienisch »diletto« = »Vergnügen«). Einige der Weltkulturinstrumente wie spanische Kastagnetten, indische Tablas und Sitar, arabische Schellentamburine und oder die Oud sind durch aufwendige Lehr- und Spielweise bekannt. Dieser professionelle Anspruch kann dem schöpferisch-tastenden Spiel im Weg stehen. Die klassischen Instrumente Europas und der Welt, wie Geige, Klavier, Gitarre oder Saxophon, die sonst Ziel und Inhalt von Musikausbildungen sind, stehen in der musikalischen Arbeit, die ich hier vorstelle, im Hintergrund. Bei Kursen, wo jeder sein Instrument mitbringt, müssen sie aber nicht ausgeschlossen sein. Dann hilft es oft, wenn auf diesen Instrumenten nicht zu viel gekonnt und nicht gewusst wird, was richtig und falsch ist.

Ich beschreibe hier auch einige Neuentwicklungen und selbstgebaute Instrumente, da sie im Klang- und Spielreich ebenso elementar sind und universell Gültiges vermitteln. In Tonius Timmermanns Buch »Die Musen der Musik« (1989) findet sich die folgende kleine Übersicht der Instrumente und ihrer Zuordnung zu verschiedenen menschlichen und außermenschlichen Bereichen:

Die drei mythischen Welten	ihre Bewohner	Bewusstseinszustände	kosmischer Riese, durch sein Opfer die Welt erschaffend	Vokalräume	Instrumente
Himmel	Götter	bewusstes Selbst oder Überbewusstes	Kopf, Mund (tönendes Ausatmen als höchstes Opfer	I E	Gesang, Blasinstrumente, Musikbogen, Maultrommel, Zimbel, hohe Becken, Glockenspiel
Erde	Mensch	Ich oder Bewusstsein	Rumpf, Herz [H. H.], Bauch, Opferspeise	A O	Saiteninstrumente (von der Leier bis zum Flügel)
Unterwelt	Geister	unbewusstes Selbst oder Unterbewusstes	Unterleib, Fuß, Sexualwelt [H. H.], Tanzopfer	U	Fußstampfen, Trommeln, Pauken, Bass, große Gongs und Glocken, Didjeridoo [H. H.]

Instrumente und ihre Zuordnung zu menschlichen und außermenschlichen Bereichen (Übersicht nach Tonius Timmermann).

Alle im Folgenden näher beschriebenen Instrumente befinden sich in der Sammlung der KlangHütte Dresden und können dort ausprobiert und gespielt werden (www.klanghuette.de).

Fellklinger (Membranophone)

Trommeln

Felltrommeln waren früher in allen Kontinenten bis auf Australien verbreitet. Die Trommel mit einer Tierhaut als Membran bringt das (heilige) Zusammenspiel von Mensch, Tier, Pflanze und Erde am besten zum Ausdruck. Vor dem Jagen des Tiers und dem Schneiden des Baums wurden die Geister von Tier und Baum um Erlaubnis gefragt, um nach mehrwöchigem Prozess den Rahmen in der Erde zu biegen und die Haut vom Fell zu reinigen (Chernoff et al. 1997). Mit Rahmen-, Fass oder Kelchtrommeln lassen sich beidhändig Urrhythmen spielen, die Puls, Atem und Schritt oder Fluss aufnehmen.

Im Powwow der nordamerikanischen Indianer trägt oft ein einziges, durchgehendes Pulsieren auf der Trommel. Wird mit linker und rechter Hand im Wechsel gespielt, entsteht eine erste Teilung (M 1). Unter Puls verstehe ich einen im Gleichmaß wiederkehrenden Schlag, der nicht akzentuiert und nicht mechanisch ist, vergleichbar mit dem Schlagen des Herzens. Eine weitere Grunderfahrung der Trommel mit Membranhaut ist die Haut-zu-Haut-Berührung mit dem (früheren) Tier, das sein Leben ließ. Gespanntheit bei Trockenheit und Hitze, Durchhängen und Spannungsverlust bei Regen und Feuchtigkeit, Wiederanziehen des Tons beim Anwärmen am Feuer sind mit diesem organischen Material verbunden.

Je nach Trommeltyp ergeben sich verschiedene mögliche Schlagtechniken. Kelchtrommeln (Djembe, Darbuka, Bugarabu) weisen durch eine Zweiheit des

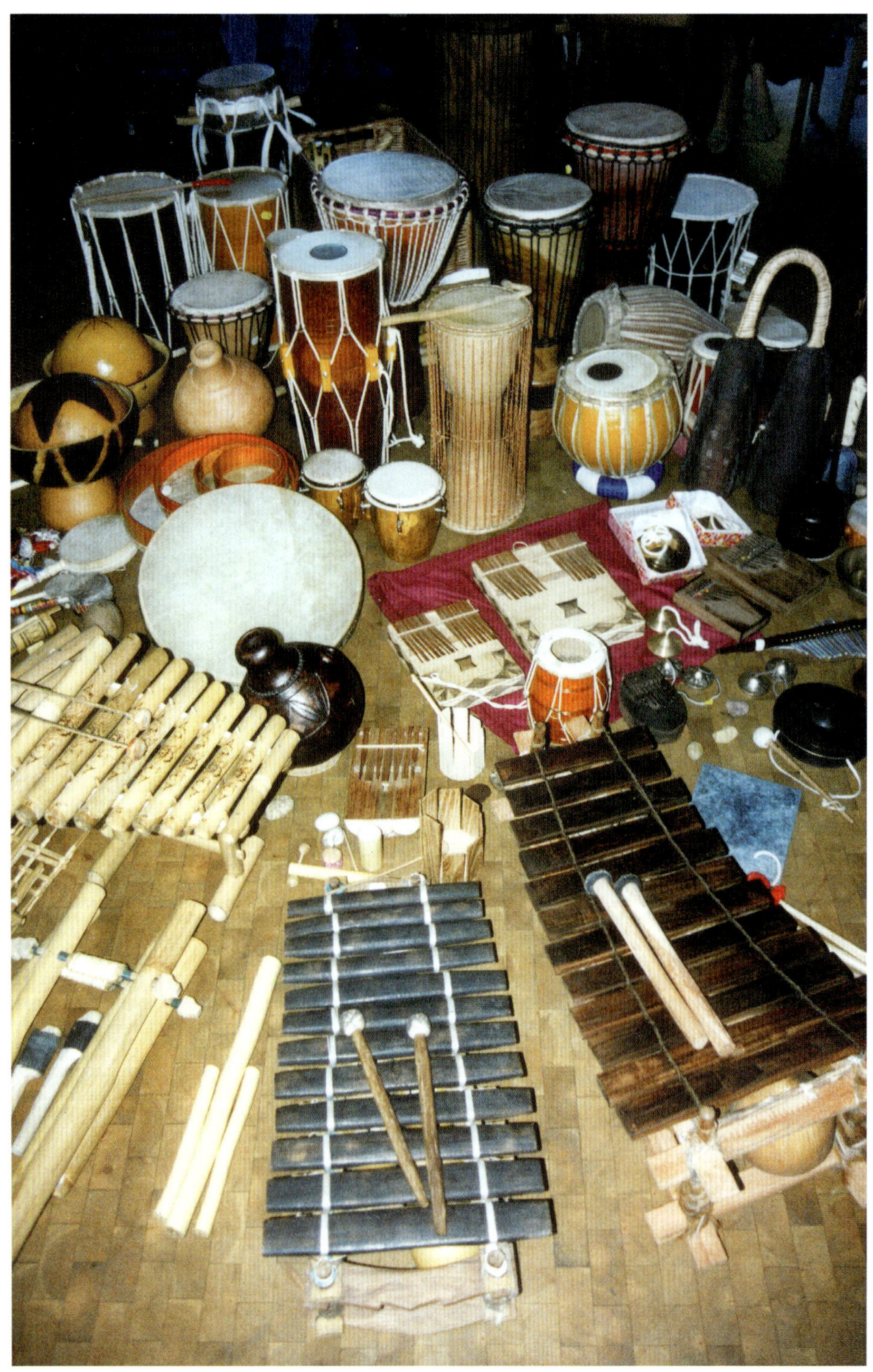

26 Kollektion von perkussiven Musikinstrumenten aus Einer Welt.

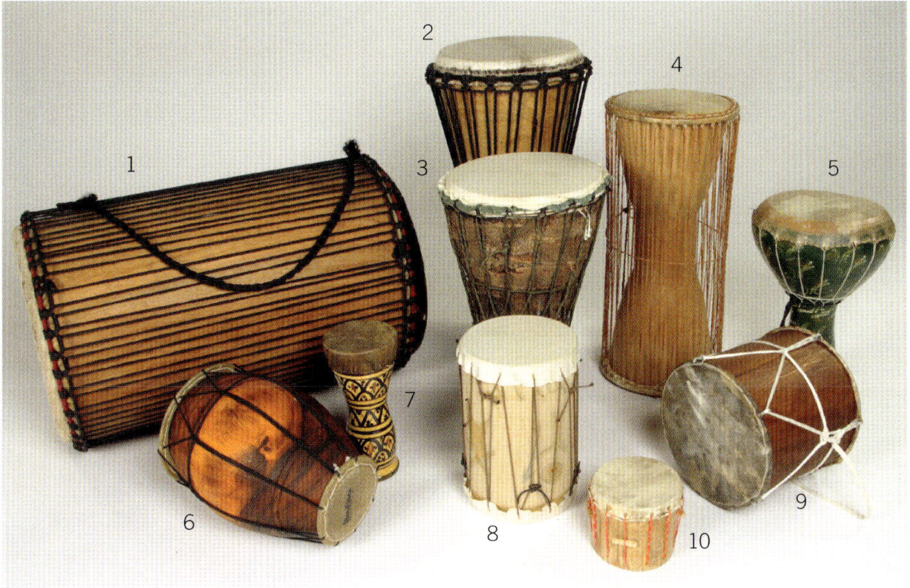

27 Korpustrommeln

1 Basstrommel, Ghana
2 Bugarabu, Westafrika
3 Agaventrommel, Eigenbau
4 Talking Drum, Burkina Faso
5 Darbuka, Marokko
6 Fasstrommel, Südostasien
7 Vasentrommel, Iran
8 Indianertrommel, Eigenbau
9 Doli, Georgien
10 kleine Bambustrommel, Eigenbau

Klangs auf Parallelen zur Mythologie im nordafrikanischen und persischen Raum hin, auf das Gegenspiel zwischen dem Lichtgott Ormuzd und dem Gott der Finsternis, Ahriman. Einfellige Trommeln mit längerem Korpus (Kelch- oder Fassform) müssen für den Klang des Basstons (= Luftsäulenton) unten angekippt oder offen sein (M 2). Allgemein gilt, je größer der Trommeldurchmesser, desto tiefer der Ton, je gespannter das Fell, desto höher der Ton. Ich empfehle, mit Kindern Trommeln zunächst nicht mit Stöcken und immer nur beidhändig zu spielen. Dabei bildet sich ein ausgewogenes Balancegefühl, und die Hände tun nur das, was ihnen selbst gut bekommt.

Indische Rahmentrommeln eignen sich besonders zum Weitergeben im Kreis und zu einigen besonderen Trommelspielen (M 3). Sie haben ein Naturfell, das ganz über den Rahmen gezogen und dort festgenäht ist. Der Vorteil liegt im selbständigen Wiederspannen nach einer Periode von Regen und Feuchte, in der die Trommel Spannung verliert und unspielbar wird.

Eine besondere Trommelart ist die Sanduhrtrommel, benannt nach der Korpusform. Mit ihren gegenüberstehenden, sich nach unten verjüngenden Trommelkörpern sowie Spannschnüren von Fell zu Fell dient sie in Westafrika als Sprechtrommel (»Talking Drum«) (Abb. 27). Durch Veränderung der Spannung mit dem Arm

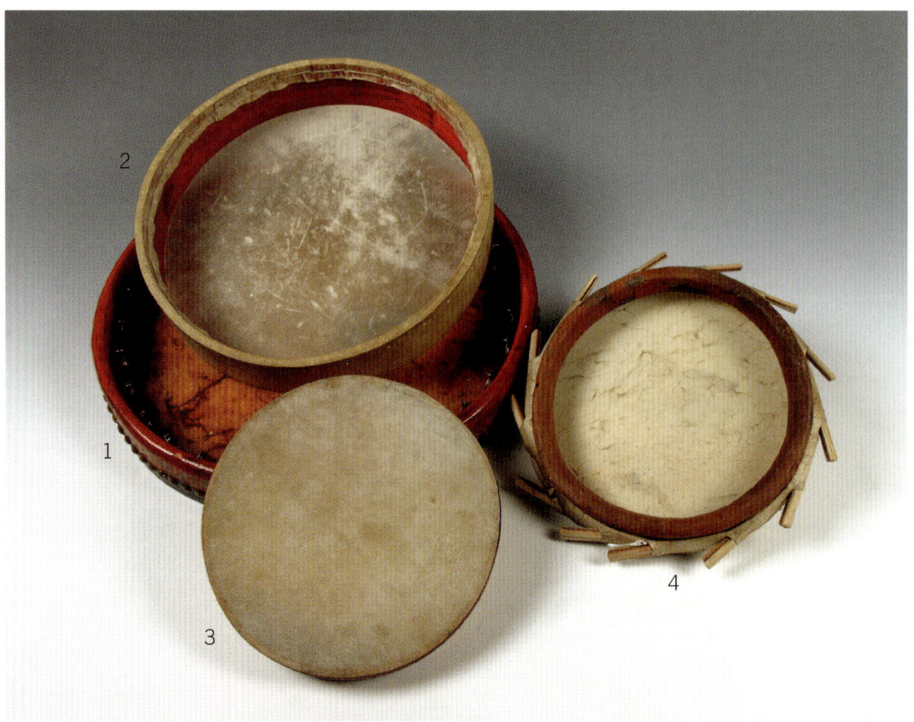

28 Rahmentrommeln
1 Drachentrommel, China
2 Rahmentrommel, Indien
3 Ocean Drum, Indien
4 Sakara-Sonnenrad, Afrika

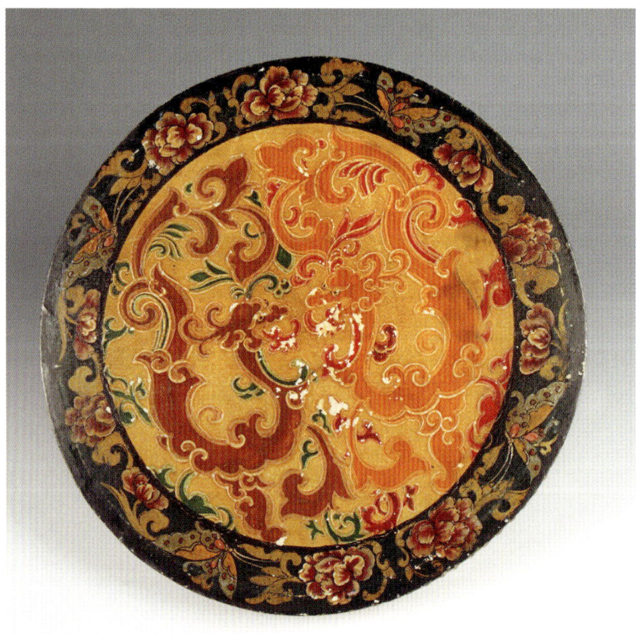

29 Detail Drachentrommel.

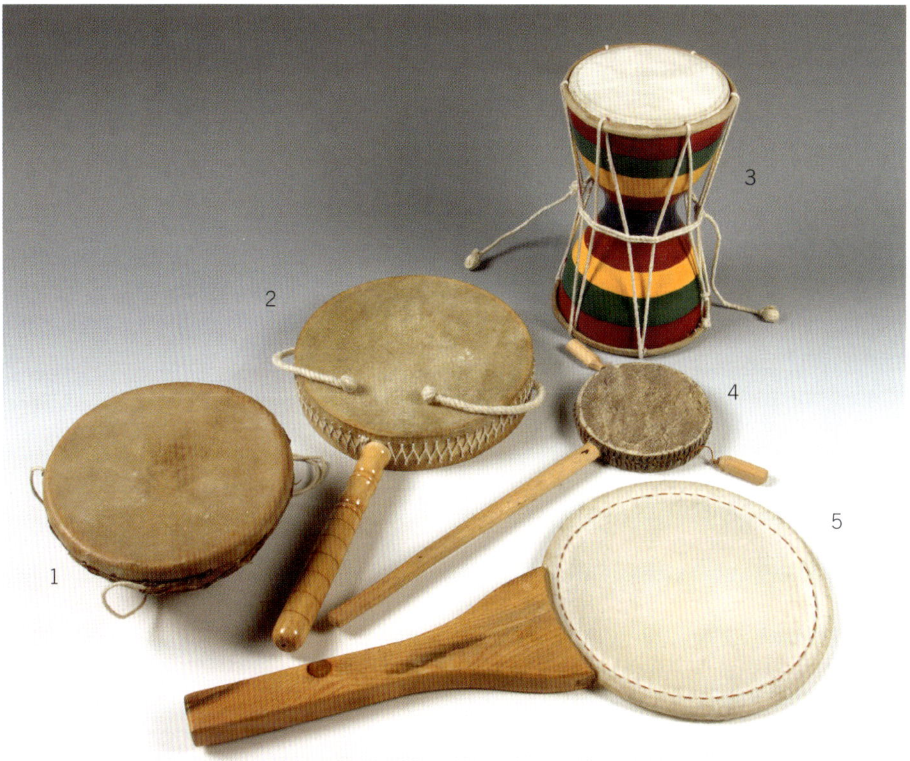

30 Paddledrum, Keramik- und Schütteltrommeln

1 Tasha-Keramiktrommel, Indien
2 Rahmen-Schütteltrommel, Indien
3 Ritual-Schütteltrommel, Indonesien
4 Affenscheuche, Ghana
5 Paddle Drum, Japan

entstehen vokalähnliche Abfolgen, die zum Teil zum Übermitteln von Informationen genutzt wurden.

Die kleine Sanduhr- oder Schütteltrommel ist ein Attribut der Schöpferkraft Shivas, des Herrn des Tanzes (Rault, L. 2000). Das Spiel mit der Schütteltrommel benötigt bzw. fördert ein bewegliches Handgelenk. Sogenannte Paddledrums (Abb. 30) werden als akustisches Tennis mit kleinen, weichen Bällen gespielt und stammen aus Japan. Schüttel- oder Ritualtrommeln mit Griff sind als heilige Instrumente in Indien, Nepal und Tibet oder auch als profane »Affenscheuchen« in Ghana im Gebrauch. Wenn man den Rundgriff zwischen den Handflächen im Regelmaß hin und her rollt, lassen sich verschiedene Rhythmen erzeugen. Als meditative Klangbewegung hat dies auch Ähnlichkeit zur tibetischen Gebetsmühle.

Die Trommeln wähle ich für das gemeinsame Spiel in der Gruppe so, dass jeweils verschiedene oder gleiche Trommeltypen in der Kreismitte zur Verfügung stehen. Das Erzählen eines Mythos kann am Anfang stehen, oder man beginnt direkt mit dem Spiel (M 5).

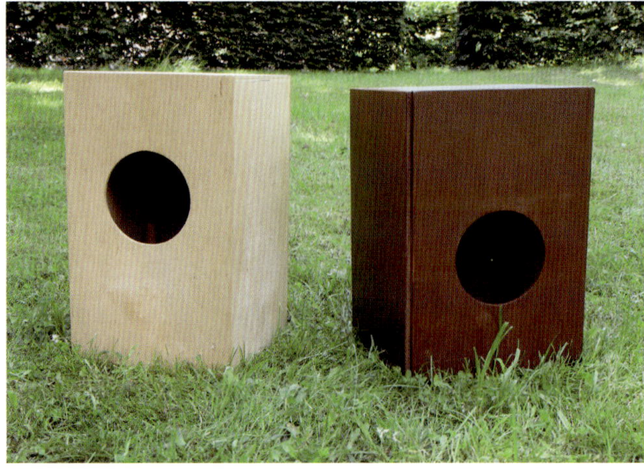

31 Cajon, Eigenbau

Themen:

- Schöpfung
- Chaos – Ordnung
- Fließen – Stauen
- Führen – Folgen
- gerade – ungerade Zahlempfindung
- Regelmaß und freie Zeiteinteilung
- Wachstum – Verwelken
- Lärm – Stille
- Gespräch – Zuhören
- Initiative – Mut – Hervortreten – Einmischung
- Konzentration
- Genauigkeit
- Kontrolle – Loslassen
- Einmischen – Zurücknehmen
- Anpassen – Revoltieren
- Akzent – Freilassen
- Kontakt in Zeit und Geschwindigkeit (Hegi, F. 1997)
- richtiger Moment
- Rhythmen von Tieren
- Naturgeräusche (Wind, Regen, Hagel, Bach, Fluss, Meer, Gebirge)
- Geschichten (Riesen – Zwerge, Wanderung, Landschaften)

Eine Brücke zu den Idiophonen stellt die mittelamerikanische Kistentrommel Cajon (sprich: »Kachon«) dar. Da den Sklaven verboten war, originale Instrumente zu spielen, nutzten sie Tee- und andere Kisten und spielten darauf ihre Rhythmen. Die Fellmembran wird dabei durch eine dünne Hartholzplatte ersetzt. Heute erlebt die Cajon ein Comeback als »Naturschlagzeug« und Begleiter von Flamenco-Rhythmen (Philipzen, M. 2004). Sie ist besonders für das Spiel mit Jugendlichen geeignet, da ihre Nähe zum Schlagzeug begeistert – es gibt sogar Cajons mit eingebauter Schnarrsaite –, durch das Daraufsitzen direkter Kontakt des Körpers zum Instrument besteht, aber auch eine gewisse Robustheit die jugendliche Kraft auffangen kann (M 6). Die relativ einfache Bauweise als Holzkiste macht sie außerdem für kombinierte Workshops zu Instrumentenbau und Spiel interessant.

Holzklinger (Gruppe der Idiophone)

Xylophone

Vorläufer der Trommel waren Holzblock- (englisch: »Woodblock«) und Baumtrommeln ohne Fell, auch Schlitztrommeln aus Bambus, wie in Mittelamerika, sowie Klanghölzer der verschiedensten Art. Holzklinger heißen Xylophone (griechisch ξυλος, »Holz«, und φωνη, »klingen«) und unterliegen je nach ihrer Form physikalischen Gesetzen, die bei Spiel und Bau praktisch vermittelt werden. Das Physikalische, Handwerkliche und Musikalische bilden eine Einheit (M 7).

Generell gilt, dass stab- und stockähnliche Formen nicht an allen Anschlagspunkten entlang ihrer Längsrichtung gleich klingen. Hält man sie an Stellen, wo sie eigentlich schwingen können, dämpft dies Ton und Gesamtklang deutlich. Durch Experimentieren lässt sich herausfinden, dass bei einem Fünftel der Gesamtlänge eines Stabs ein Schwingungsknoten ist, das heißt ein Punkt, wo der Stab selbst nicht schwingt. Ein weiterer Punkt gleicher Art ist – symmetrisch dazu – im Abstand von einem Fünftel der Länge vom anderen Ende des Stabs entfernt. Hält man ihn an diesen Punkten, hängt oder legt ihn auf, klingt er optimal (siehe auch Abschnitt 4.4).

Für die pädagogische Arbeit empfehle ich, solche Gesetzmäßigkeiten noch nicht am Anfang mitzuteilen, sondern nach dem Motto »erst spielerisch entdecken, dann diskutieren« das Spiel so anzulegen, dass jeder die Phänomene klingender, schwingender Stäbe selbst entdecken kann.

Am besten macht man den ganzen Prozess als Einheit erlebbar: beginnend beim Wald, dem Charakter und Klang von Bäumen und Hölzern, über das Auswählen trockener Stöcke, das Schnitzen mit allen Sinneserfahrungen, den Umgang mit dem Messer, die Bearbeitung im Werkraum, das Spiel mit Stöcken in der Gruppe bis hin zum gemeinsamen Bau eines Astxylophons, das z. B. im Schulhof aufgebaut wird.

Die häufig im Kindergarten verwendeten Klanghölzer, »Claves« genannt (spanisch für »Nagel«; es waren ursprünglich Holznägel von Schiffen), müssen nicht kreisrunde Durchmesser und gleiche Längen besitzen und auch nicht aus Tropenholz teuer gekauft werden. Selbst suchen und schnitzen ist ungleich wertvoller. Ovale Querschnitte und ungleiche Längen produzieren zwei verschiedene Töne.

Der Klang von Holz ist meist härter als der von Fell und produziert bei länglichen Formen klare Töne. Bei gleichem Durchmesser entscheidet die Länge des Holzes

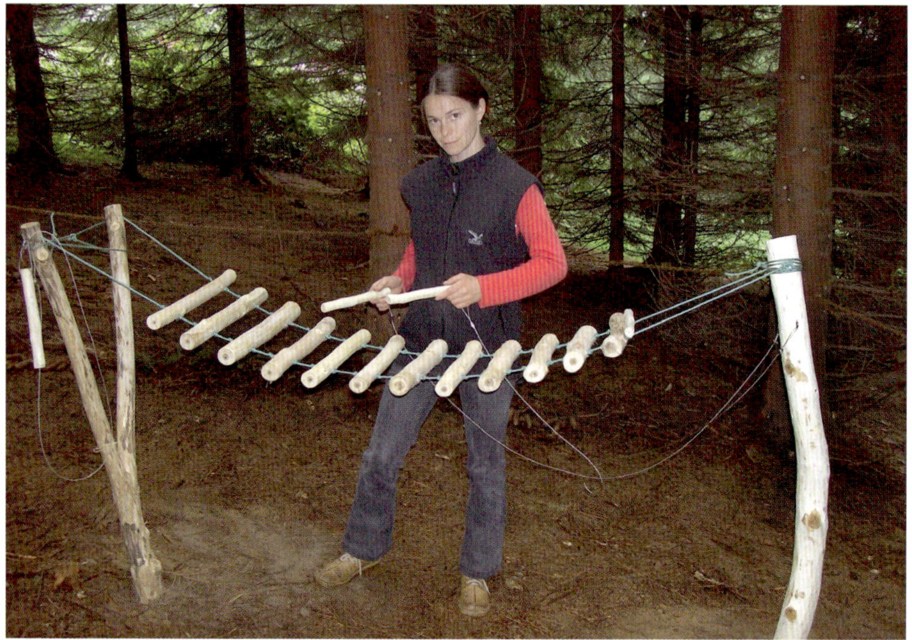

32 Astxylophon im »Klangerlebnis Schellerhau«.

über die Tonhöhe: je länger, desto tiefer. Bei gleicher Länge sinkt die Tonhöhe der Hölzer mit abnehmendem Durchmesser. Letzterer Zusammenhang löst allgemein Verwunderung aus, da das Umgekehrte erwartet wird. Härteres und trockeneres Holz klingt meist höher. Die verwendeten Äste müssen lange genug abgestorben, trocken, astfrei und ungespalten sein (M 8). Einzelhölzer, die noch nicht zu einem Stabspiel zusammengebaut sind, können z. B. auf den Knien oder einer weicher Unterlage liegend mit zwei Anschlagstöcken gespielt werden. Die Klangstäbe lassen sich auch für viele gestische Spiele einsetzen.

Themen:
- Klänge verschiedener heimischer Hölzer
- Form und Physik
- Tonhöhenordnung
- Erkunden der Hölzer mit allen Sinnen
- Pantomime
- Geschicklichkeit
- Phantasie
- Kreativität
- Führen – Folgen
- Balance
- Theater

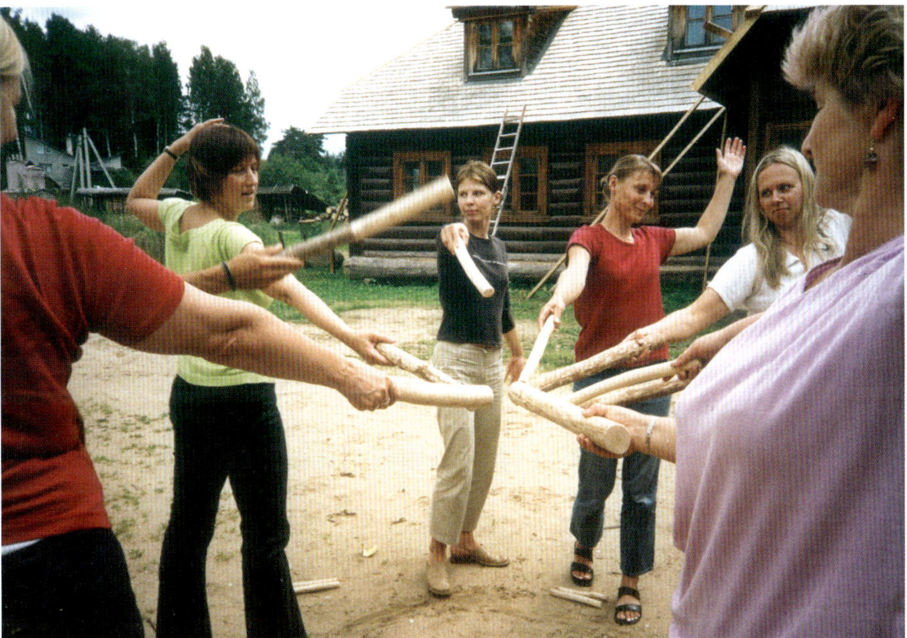

33 Stockspiele, Estland.

- Tanz
- Aggression – Frieden
- Rhythmus im Kreis ohne und mit Trommelstöcken
- Qualitäten von rechts und links
- Weitergeben von Rhythmen
- Überlagerung von Wellen und Mustern (»patterns«)
- Gespräch
- »durch weniger mehr«
- Chance des Unfertigen
- Anpassen und Stören

Werden mehrere Klangstöcke nebeneinandergelegt oder im Kreis nacheinander angeschlagen, entstehen durch deren unterschiedliche Tonhöhen Melodien, so dass das Prinzip des Melodieinstruments geboren wird. Der prozesshafte Aufbau Schritt für Schritt, die sinnlich nachvollziehbare Verwandlung des Holzstücks aus dem Wald in ein immer komplexeres Musikinstrument ist Umwelterziehung pur (M 9). Das Ergebnis solcher, auch bei den alten Völkern sicherlich ähnlicher Prozesse ist dann ein Xylophon, wie es z. B. als Balafon in Afrika vorkommt. Letzteres ist ein Holzgestell mit Lederschnüren und weicheren Auflagen bzw. Aufhängungen für Klangholme aus Harthölzern sowie Kalebassen unter jedem Holm, die die entsprechende Frequenz des Tons durch ein resonantes Volumen verstärken.

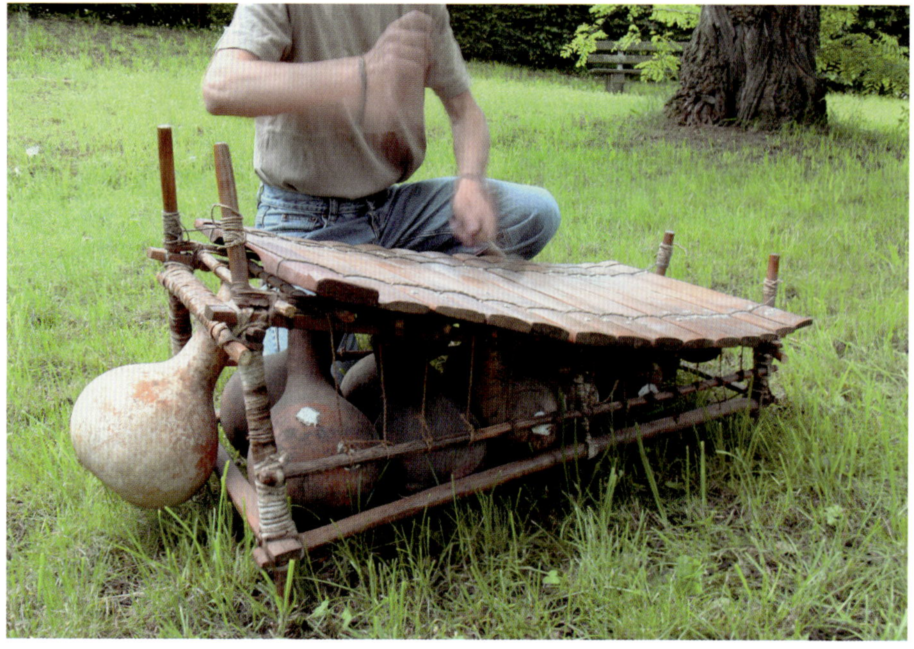

34 Balafon, Ghana.

Die Skalen der Xylophone von Originalkulturen klingen mitteleuropäischen Ohren oft fremd. Sie können fünf, sechs oder mehr Töne in einer Oktave enthalten und sind oft pentatonisch, äquidistant (etwa alle Intervalle gleich groß) oder enthalten uns völlig fremde Mikrointervalle. Ein »zu genau« diatonisch oder quintpentatonisch gestimmtes afrikanisches Balafon lässt vermuten, dass Instrumentenbauer oder Händler eher europäische Ohren erfreuen wollten, als lebendige afrikanische Musik in die Welt zu bringen.

Wenn in die Resonanzkalebassen Löcher gebohrt und mit Spinnenkokonstoff versehen sind, entsteht ein magischer, summender Beiklang (»buzzing sound«), der uns zunächst als Fehler erscheint, in Afrika aber unverzichtbar ist (M 10).

Themen:

- Üben von Fähigkeiten zur Zusammenarbeit und gegenseitigen Ergänzung
- Spielformen, bei denen mehrere Spieler an einem Instrument spielen, etwa wie bei der Amadinda in Uganda (Kwabena, J. 1991)
- Aufsteigendes und Absteigendes in der Natur
- vertraute und fremde Intervalle
- Gebundenheit und Freiheit (siehe Abschnitt 4.4)

Holzblocktrommeln kommen in den verschiedensten Formen und Kulturen vor. Die einfachste Form ist ein hohler Baumstamm. Wolfgang Laade beschreibt die

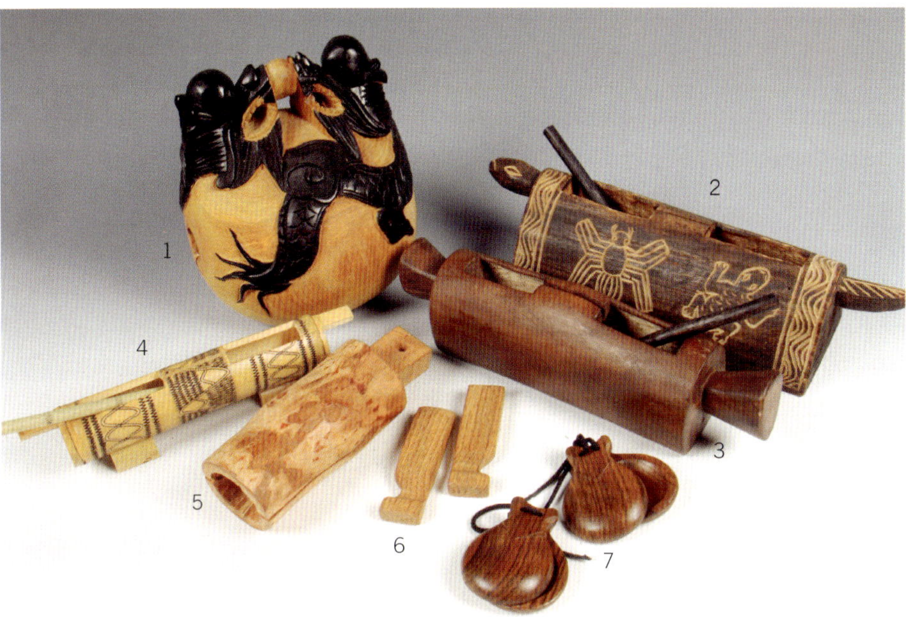

35 Holzblocktrommeln
1 Tempelblock, Vietnam
2 Afrika
3 Afrika
4 Bambus, Indonesien
5 Eigenbau
6 Klepperle, Radolfzell, Deutschland
7 Kastagnetten, Spanien

Bauweise und den zugehörigen Mythos der in der australischen Urkultur »Ubar« genannten Holzblocktrommel: »Ein hohler Baumstamm von 180–240 cm Länge und 30 cm Durchmesser, der mit Daunenfedern und farbigem Ocker verziert ist, wird während der Zeremonie zur Fruchtbarkeit auf zwei gegabelte Pfosten getan und mit zwei abgeflachten Strünken der Pandanuss auf die Längsseiten geschlagen«. Der Mythos dazu lautet: »Ein Mädchen widersetzte sich dem Geschlechtsverkehr mit einem Ahnenmanne namens Jürewadpad. Er verwandelte sich in eine Regenbogenschlange und versteckte sich in einem hohlen Stamm. Die Schlange biss und tötete das Mädchen und seine Mutter, als diese zur Jagd nach Ratten die Hände auf den Stamm legten.« (Laade, W. 1975)

Der Stamm, so die Aborigines, sei der Leib der mythischen »Fruchtbarkeitsmutter«, die Höhle stellt ihren Uterus dar, die darin hausende Schlange das männliche Glied des Geists Jürewadpad. Der Klang beim Schlagen der Trommel Ubar ist die Stimme der Mutter und der Schlange. »Ubar schreit, wenn er geschlagen wird« (westl. Arnhemland, Nordaustralien). Eine Erweiterung dieses Instruments sind ausgehöhlte Äste und Stämme mit Längsschlitzen, die zu zwei oder mehreren Tönen am Instrument führen und meist mit Holzstöcken angeschlagen werden (M 11) (Abb. 35).

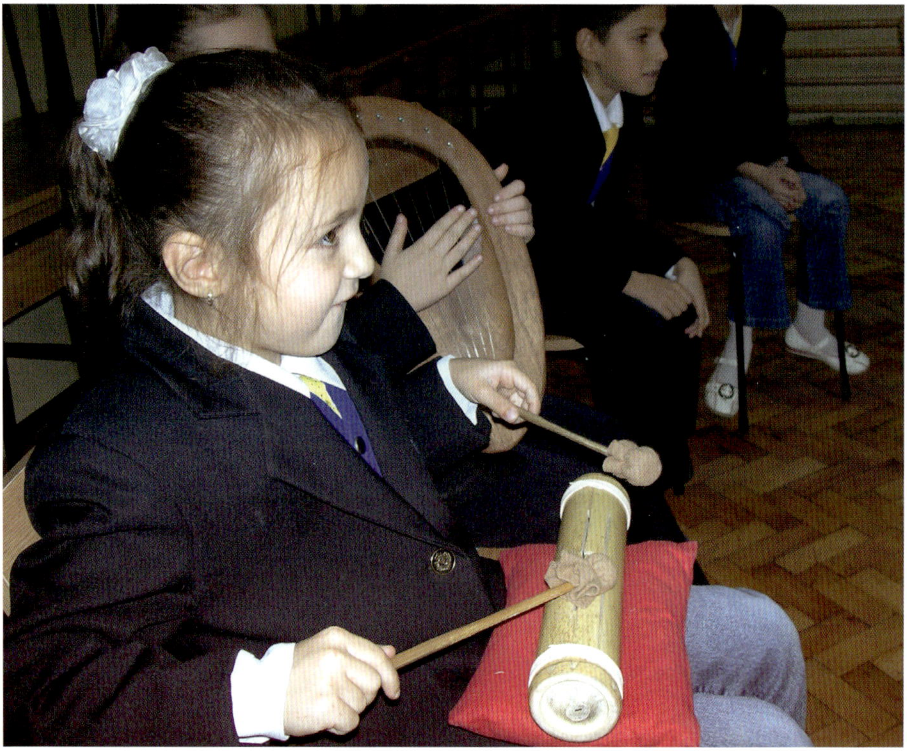

36 Schlitztrommelspiel in der Schule, Bukarest, Rumänien.

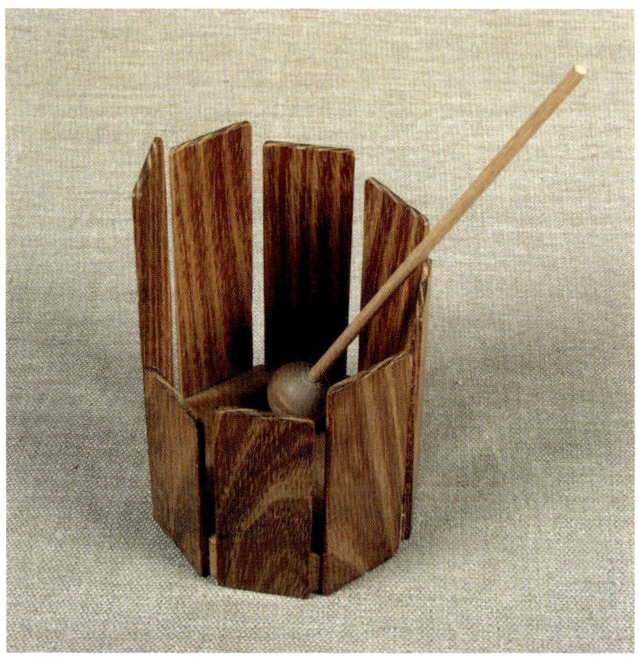

37 Rührxylophon mit Klöppel, Eigenbau.

Die mexikanische Variante einer Schlitztrommel aus Bambus hat einen sonoren Klang und ein klares Intervall durch die unterschiedliche Zungenlängen. Zum Anschlagen empfehlen sich ein Paar Klöppel mit Stoffumwicklung. Zwei bereitgelegte Klöppel laden ein, mit rechter und linker Hand abwechselnd anzuschlagen, und tragen damit zum Ausgleich rechter und linker Qualitäten bei. Steht hingegen nur ein Klöppel zur Verfügung, wird dieser mit der vertrauten Schlaghand genommen und verstärkt das Gewohnte. Schlitztrommeln wurden auch in Europa weiterentwickelt und sind in Kastenform mit mehreren Tönen und einem Tonumfang bis über eine Oktave in besseren Musikgeschäften erhältlich. Sowohl die Holz- als auch die Bambusvariante ist gut für den Selbstbau geeignet.

Eine Neuentwicklung stellt das seit etwa zehn Jahren um die Welt gehende »Rührxylophon« dar. Irgendwo erfunden, kam es mittlerweile im »Eine-Welt-Sortiment« aus Indonesien und Kenia zu uns zurück. An eine acht- oder mehreckige Grundplatte sind senkrecht flache Klangplättchen unterschiedlicher Länge geleimt, was zu verschieden hohen Tönen führt, die in den seltensten Fällen auf klare Skalen gestimmt sind. Mit einem Holzkugelklöppel wird innen locker entlanggerührt. Es gibt noch viele andere Spielweisen (M 12) .

Der Holzblock schult Genauigkeit, Zeitmaß und Einmischung im rechten Augenblick, das Rührxylophon Ausgewogenheit und Lockerheit.

Spezialformen von Gegenschlagidiophonen sind Schraper oder harte Nussschalen, beispielsweise zwei geleerte und gesäuberte Kokosnusshälften, die mit der Seite der Öffnungen aneinandergeschlagen werden, um einen an Pferdehufe erinnernden Klang zu erzeugen (M 13). Schraper aller Art lassen sich gut selbst bauen und als Grillen, Zikaden oder Frösche spielen.

Xylophone in Südostasien sind meist aus Bambus. Diese zu den Gräsern gehörende, schnellwüchsige Pflanze ist dort ein äußerst vielfältig verwendeter Grundstoff zum Häuserbau, für Gerüste, Schmuck, Essbesteck, Gemüse und eben für Musikinstrumente.

Wie für Holzstöcke gilt auch für Bambusstäbe zunächst die Einfünftel-Regel für die beiden Hauptschwingungsknoten: Der Stab kann bei einem Fünftel seiner Länge, von jeder Seite her gesehen, abgegriffen bzw. aufgehängt werden, damit er seinen Klang entfaltet.

Zusätzlich ergeben sich aus den Hohlräumen im Bambus zwischen den Wänden der Wachstumsknoten auch Luftsäulentöne (siehe Aerophone), die zur Verstärkung mit den Tönen aus der Form und der Länge zur Resonanz gebracht werden. Das vietnamesische T'rung (Abb. 41) verbindet die aufsteigende pentatonische Skala mit einem physischen Höhersteigen des Klöppels beim Spiel.

Diese Idee stand Pate bei der Klangbrücke im »Klangerlebnis Schellerhau«. Beim Hinaufsteigen auf einer Seite ertönt eine Dur-Skala, die auch Wachstum im Frühjahr assoziiert, beim Abstieg dagegen eine Moll-Skala, die an das Vergehende, Welkende im Herbst erinnert. Wie in Afrika mit Hölzern spielen in Vietnam die Kinder

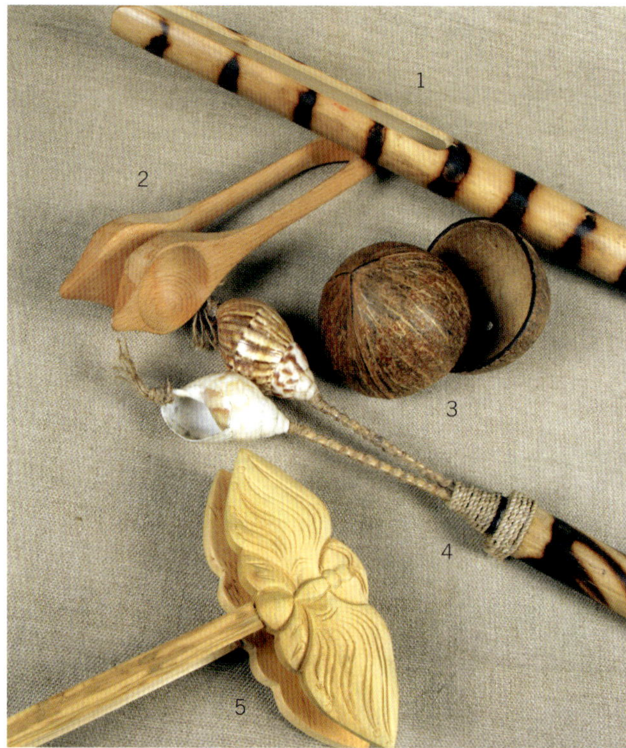

38 Klappern und Gegenschlagidiophone
1 Schnarrstab, Indonesien
2 Doppellöffel, Österreich
3 Kokos-Pferd, Eigenbau
4 Schneckenschnarre, Indonesien
5 Schmetterlingsklapper, Vietnam

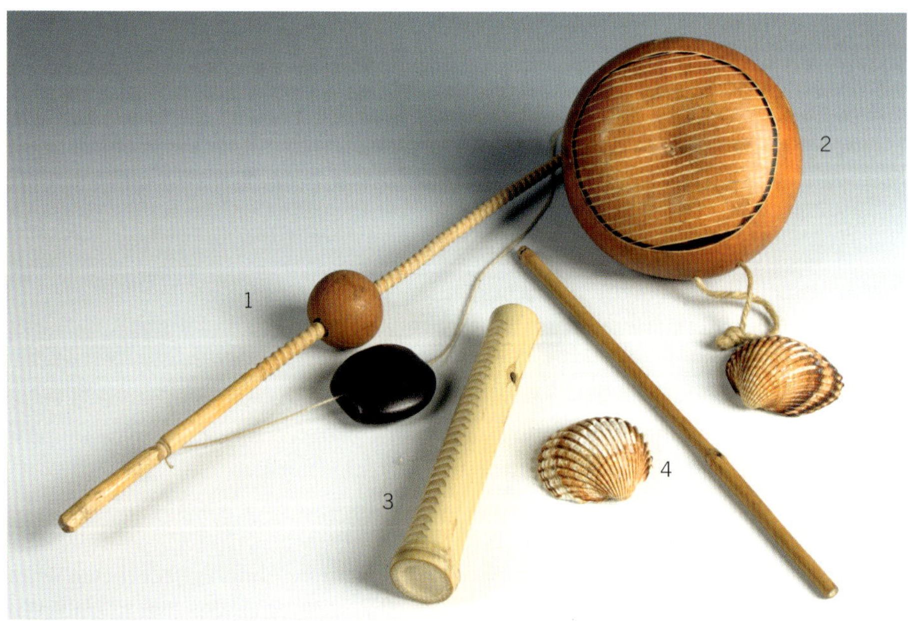

39 Schraper
1 Schrapstange, Afrika
2 Kalebassenschraper, Peru
3 Schraper mit Loch, Eigenbau
4 Muschel als Schraper, Mittelmeer

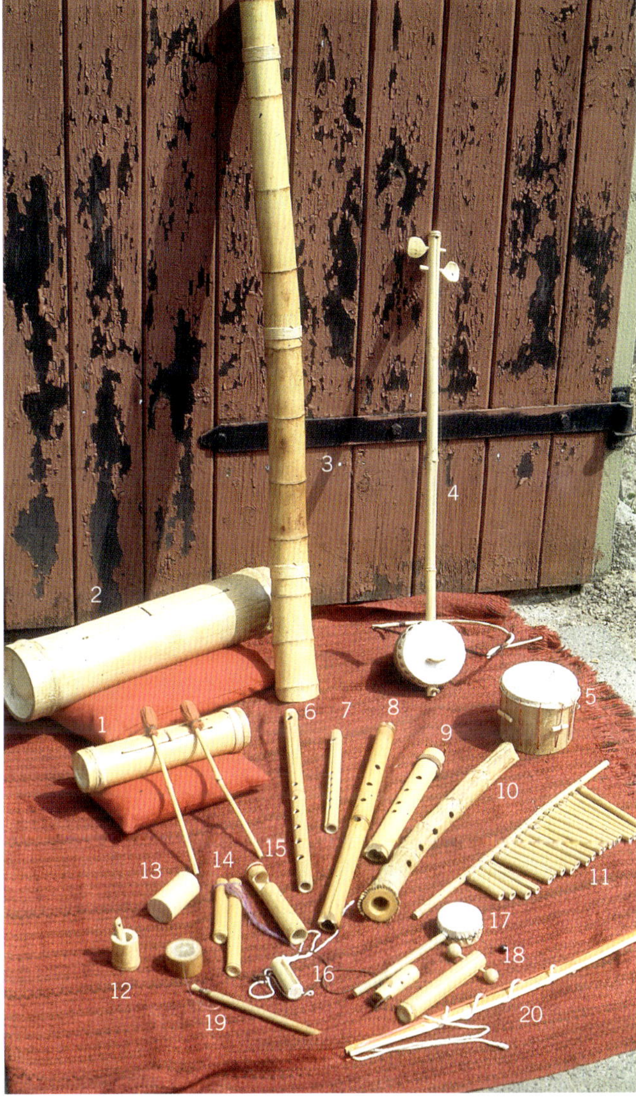

40 Bambusinstrumente, Eigenbau
1 Schlitztrommel
2 Schlitztrommel
3 Didjeridoo
4 Kokosgeige
5 Bambustrommel
6 Querflöte
7 Blockflöte
8 Shakuhachi
9 Shakuhachi klein
10 Shakuhachi Wurzelende
11 Windspiel
12 Wasserpfeife
13 Shaker
14 Panflöte
15 Kazoo
16 Zwitscherrolle
17 Schütteltrommel
18 Bambusklapper
19 Froschstimme
20 Schwirrbogen

von klein an mit verschieden langen Bambusstücken, die dann als »Hängebrücke« zwischen zwei Spieler gespannt werden (Collaer, P. 1979). Diese Xylophonvariante lässt sich praktischerweise zusammenrollen (M 14).

Es ist einfach, aus Holz und Bambus Windspiele selbst zu bauen. Dabei kann man spielerisch den Zusammenhang zwischen der verwendeten Holzart, der Länge der Stäbe und der Aufhängung anhand der entstehenden Klänge entdecken (M 15). Sowohl für Wind- als auch Stabspiele eignen sich besonders heimische Hölzer. Wir können daran erforschen, wie Baumart, Holzqualität und Form den Klang und die Tonhöhe beeinflussen (M 16).

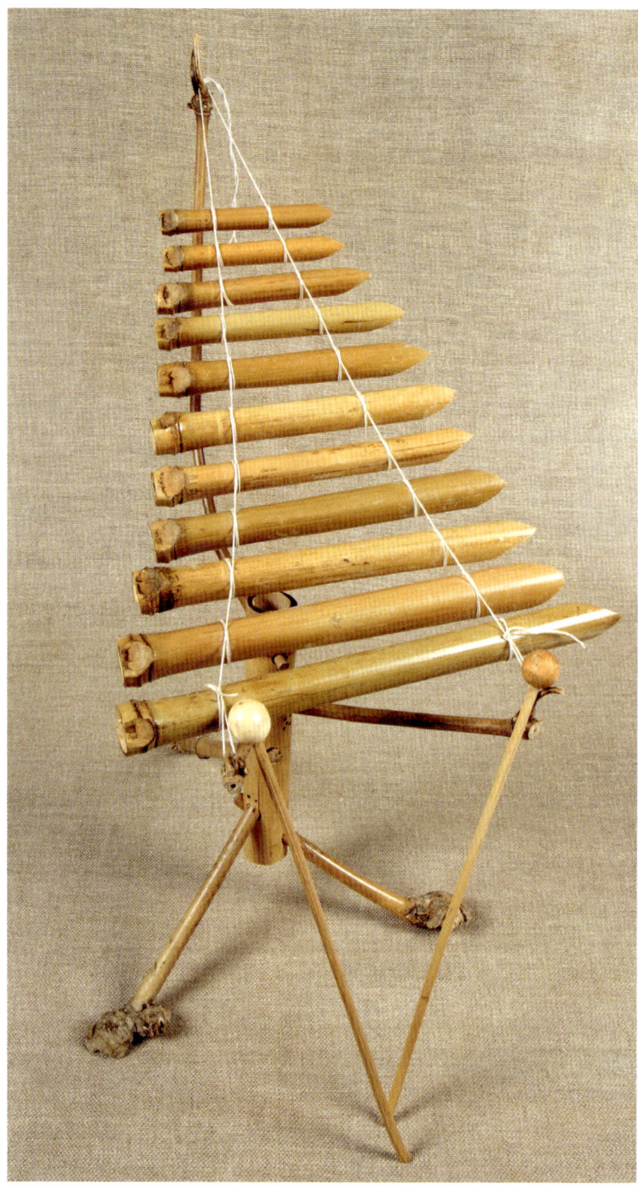

41 Bambusxylophon T'rung, Vietnam.

Themen:

- Materialien: Bambus, Nüsse, Früchte
- physikalische, kulturspezifische und geografische Zusammenhänge
- gemeinsames Spiel
- wandernde Instrumente
- Klangentstehung durch Wind
- Holzarten und Klänge

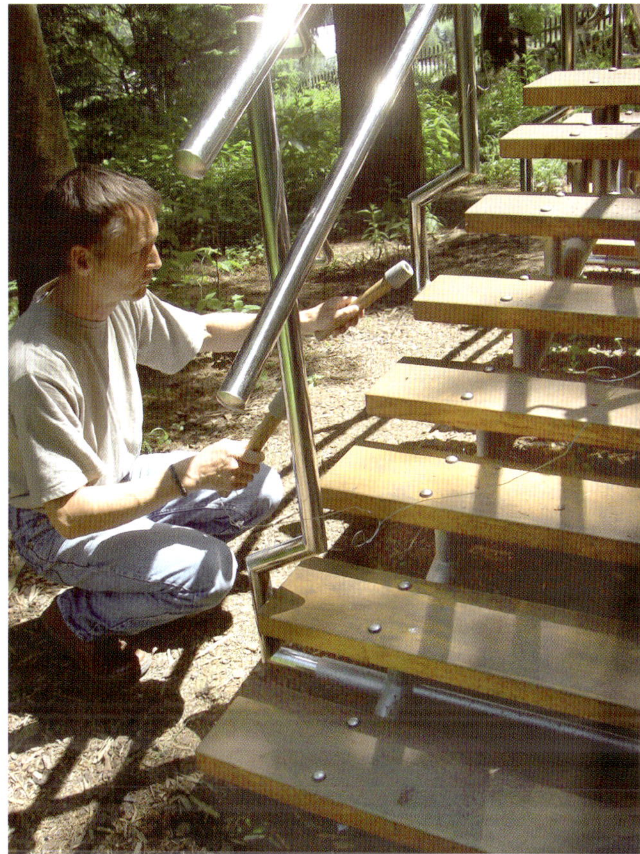

42 Klangbrücke Dur-Moll, »Klangerlebnis Schellerhau«.

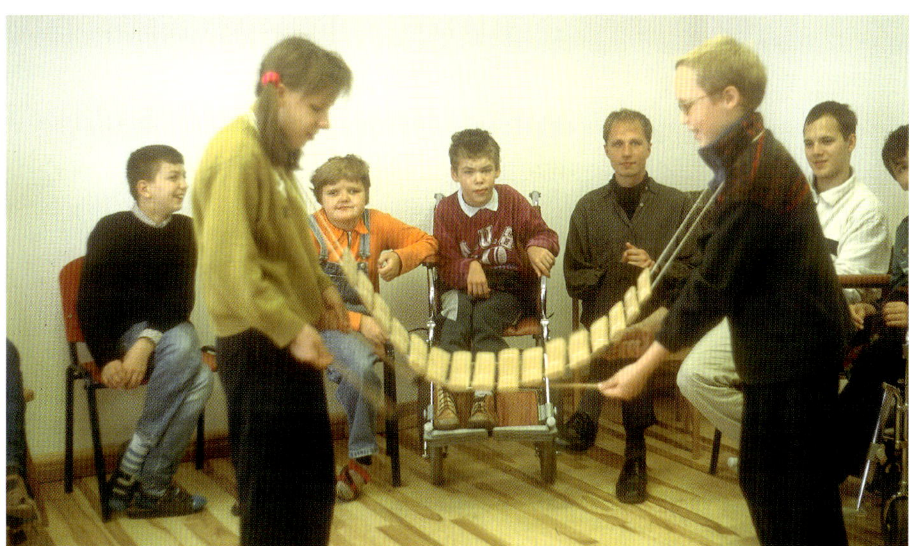

43 Spiel der »Hängebrücke« in einer heilpädagogischen Schule, Estland, Eigenbau.

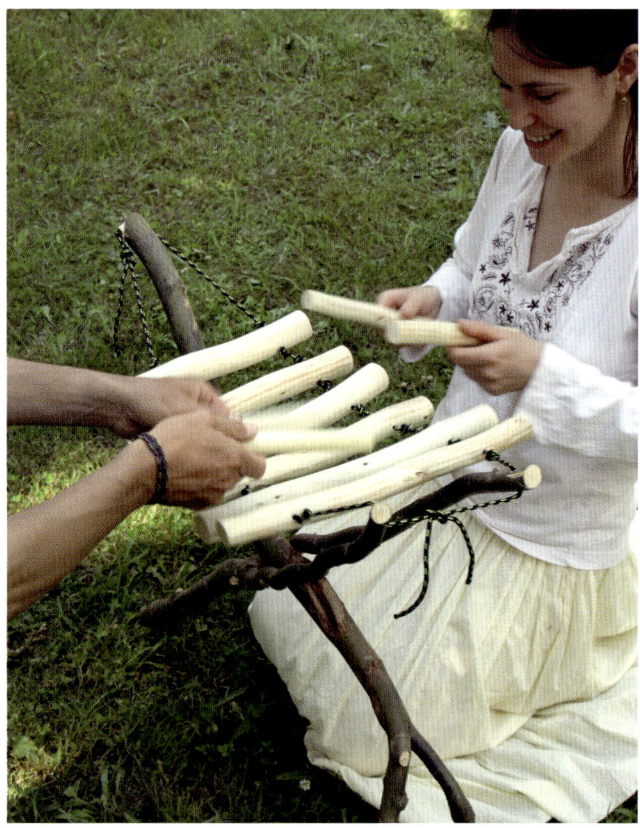

44 kleines Astxylophon, Eigenbau.

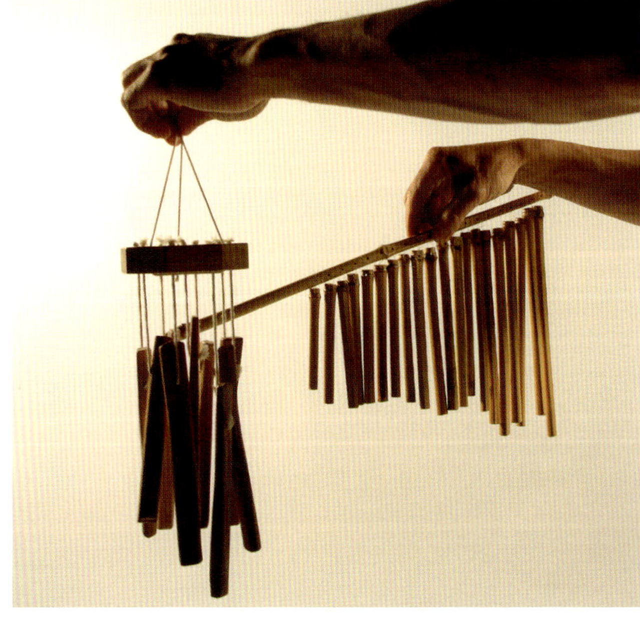

45 Windspiele aus Holz und Bambus, Eigenbau.

Metallklinger (Gruppe der Idiophone)

Gongs und Becken

Meist verbindet man mit dem Wort »Gong« ein Instrument, das in China gefertigt wird: eine flache, schwarze Metallscheibe mit einem breiten goldenen Ring auf der Spielfläche und einem kräftigen Rand, der »Chau Luo«. Aus unerfindlichem Grund hat sich bei uns die Bezeichnung »Tamtam« eingebürgert. Das Wort stammt jedoch aus Afrika und meint dort unterschiedliche Trommeltypen. Chau-Gongs gibt es bis zu zwei Metern Durchmesser. Sie haben einen tiefen, majestätischen bis erschreckenden Donnerklang. Es gibt weitere Ausprägungen und auch Formen ohne Rand, wie den ebenfalls bekannten »Feng Luo«, den »Windgong«. Vorwiegend aus dem indonesischen Raum, aber auch aus Tibet, Nepal, Burma oder Thailand kommen Gongs, die auf einem Buckel in der Mitte der Fläche angeschlagen werden. Sie produzieren klar definierte Töne, klingen aber dumpfer, geschlosssener. Das berühmte Gamelan-Instrumentarium auf Java und Bali besteht im wesentlichen aus kleinen und großen Buckelgongs. Neben diesen traditionellen Instrumenten hat sich ein westlicher Gong-Typ etabliert, der ursprünglich von Michail T. Paiste in Tallin erfunden wurde und über ein außerordentlich reiches Klangspektrum verfügt.

Der Umgang mit Gongs erfordert große Achtsamkeit (M 17). Ein großer Gong kann gehörigen Schrecken erzeugen! Werden Gongs für die Öffentlichkeit bereitgestellt wie im »Klangerlebnis Schellerhau«, rufen sie meist Begeisterung hervor, aber man geht ein gewisses Risiko ein: Nicht jeder geht sensibel genug mit dem Instrument um, was unerträglichen Lärm erzeugen und dabei auch den Gong schnell zerstören kann. Flache Gongs sollen nicht genau in der Mitte, Buckelgongs hingegen nicht auf der Fläche angeschlagen werden. Der raumgreifende Klang eines Gongs und seine schwingende Bewegung im Raum lädt zu verschiedensten Übungen und Spielen ein. In der Gruppe eignet sich vor allem das Spiel mit kleineren Gongs (I 6). Ausführliche Informationen über die Arbeit mit Gongs findet man in Johannes Heimraths Buch »Das Sonogramm der Persönlichkeit« (1989).

Themen:

- Schöpfung
- Schwingung
- richtiges Maß
- durch wenig viel bewirken
- Eingebundenheit – Freiheit
- Trance und andere Bewusstseinszustände
- Einschwingen ins Ganze
- Resonanz
- Verantwortung teilen
- Konfrontation mit einer höheren Macht

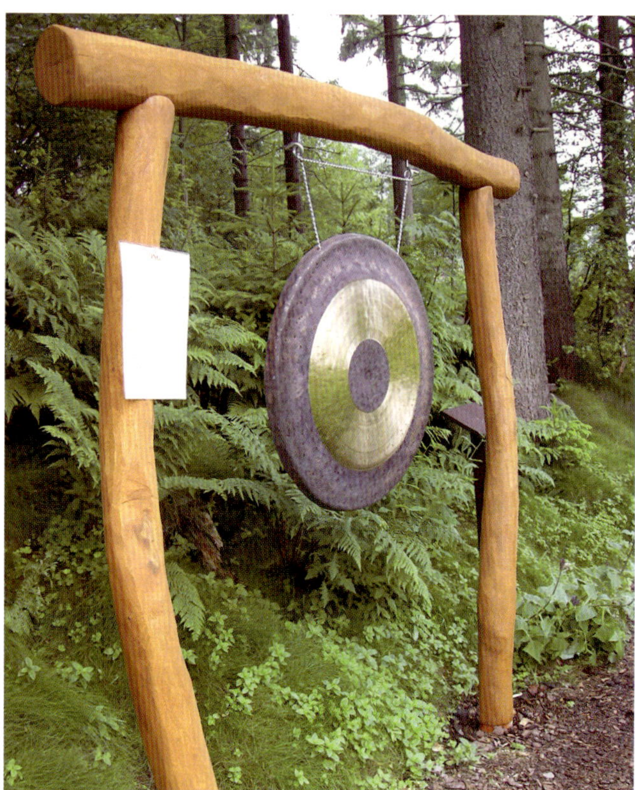

46 Gong im »Klangerlebnis Schellerhau«, Herkunft China.

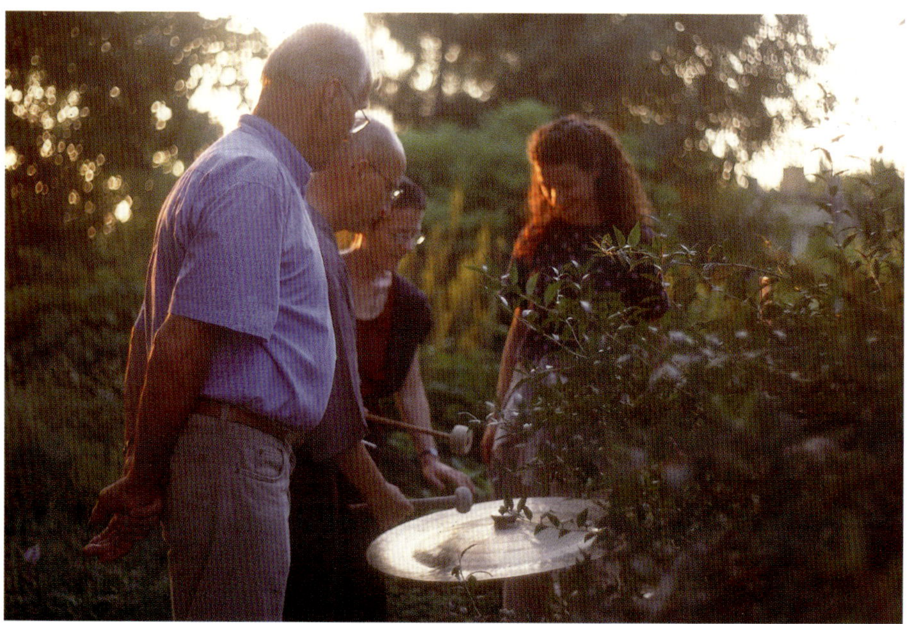

47 Chinesisches Becken im Quartier der Ostasiatischen Pflanzen, »Garten der Klänge« Dresden 1999.

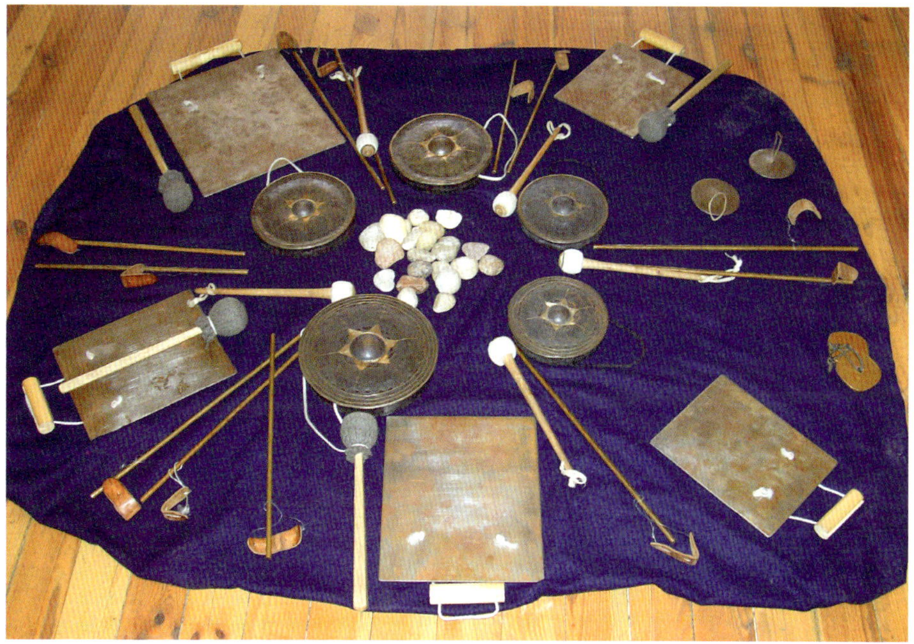

48 Mandala aus Metallinstrumenten.

In vielen Kulturen finden auch klingende Platten und Stäbe aus verschiedenen Metallen als Musikinstrumente Verwendung (M 18). Als Becken bezeichnen wir hierzulande dünne, runde, gehämmerte Blechscheiben mit oder ohne Kuppeln, die in der Mitte eine Halterung haben. Sie klingen hell, zischend und aufbrausend und sind aus dem modernen Schlagzeug nicht wegzudenken.

Klangschalen

Klangschalen aus Nepal, Tibet, China, Vietnam, Japan und Indien dienten vor allem dem Dienst im Tempel oder der Zeitmarkierung. Je nach Material und Größe haben sie vielfältige Tonhöhen und Obertonspektren. Sie können mit Holz- oder Lederklöppeln angerieben werden – man lässt dabei den Klöppel mit leichtem Druck um die Schale kreisen – oder mit weicheren Klöppeln angeschlagen werden (M 19). Wird beim Anreiben die Vibration stärker, stößt die Schale den Klöppel ab, ein interessanter Effekt, der als störend oder aber als aufweckend und dazugehörig empfunden werden kann. Die Erfahrung beim Reiben der Klangschale ist das »Dranbleiben an einer Sache«. Für die Gruppenarbeit ist sie gut zur Eröffnung und zum Abschluss einer Runde oder zum Stillwerden geeignet.

Themen:

- Eröffnung – Abschluss
- Umkreis – Punktquelle

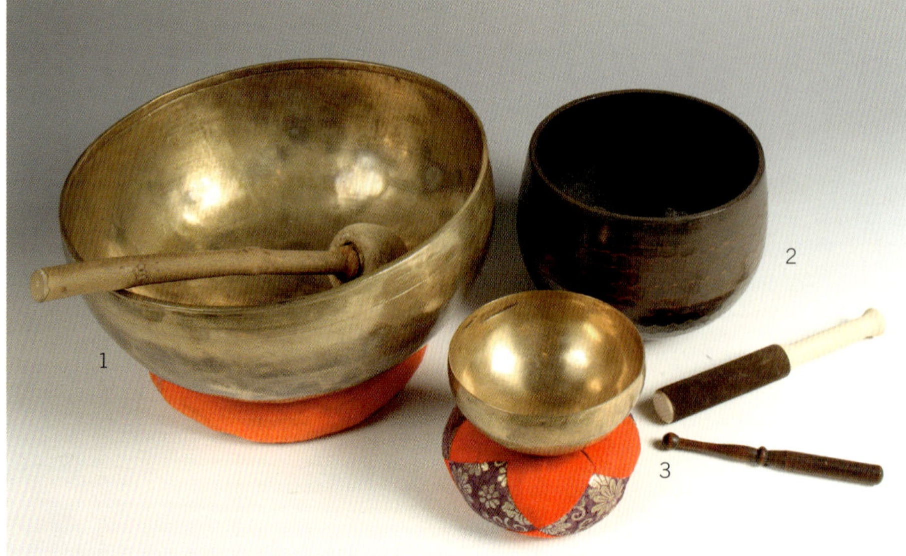

49 Klangschalen aus Nepal (1), Japan (2) und Indien (3).

- paradoxe Phänomene
- Beständigkeit
- leise Klänge – starke Wirkung
- angenehm – unangenehm
- »die eigene Meinung sagen«
- Störung
- Konfrontation mit einer höheren Macht (Strobel, W. 1988)

Zimbeln
Die meist paarweise verwendeten Zimbeln aus Bronze, Silber oder Messing sind langtönende Ritualinstrumente aus Nepal, Indien, Tibet, Japan und anderen asiatischen Ländern. Wenn sie sich zusammen an einer Schnur befinden, wirkt dies symbolisch anders, als wenn sie voneinander gelöst sind. Die Schnur (auch »Nabelschnur«) heißt, immer miteinander verbunden zu sein. Eine auch beim praktischen Spiel erlebbare Einschränkung der Freiheit: Man kann die Zimbeln nur im kurzen Abstand der Schnur voneinander wegbewegen (M 20).

Themen:
- Meditation
- das rechte Maß
- der rechte Zeitpunkt
- Geduld
- Genauigkeit

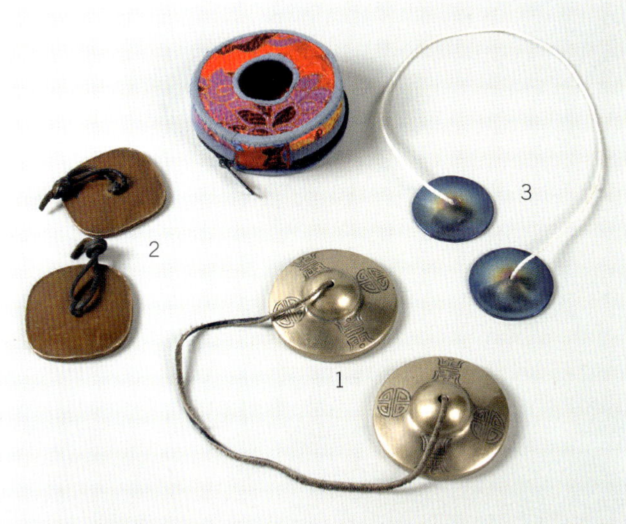

50 Zimbeln aus Nepal (1) und Deutschland (2, 3).

- »durch weniger mehr«
- Lichtstrahlen, Sonne
- Wachwerden
- Stillezeichen
- Freiheit in und durch Begrenzung

Glocken

»Glocke« ist ein Sammelbegriff für (Metall-)Klinger, die eine mehr oder weniger geschlossene Schalen- oder Becherform aufweisen und die mit einem eingebauten Klöppel von innen oder mit einem separaten Klöppel von außen am Rand angeschlagen werden (insofern sind auch Klangschalen genau genommen Glocken). Klanglandschaften werden oft durch das unterschiedlichste Geläut von Tierglocken geprägt. Die Hirten haben die Glocken hinsichtlich ihrer Größe bzw. Tonhöhe und damit der Intervalle zueinander so gewählt, dass sie den Aufenthaltsort sowie die Anzahl der Tiere akustisch anzeigen. Außerdem wird zuweilen gesagt, dass die Tiere selbst ein gewisses Zusammengehörigkeitsgefühl durch ihre Klänge ausbilden.

Kirchen- und Zeitglocken traten in Europa seit dem 8. Jahrhundert auf und hatten sowohl eine zentripetale (rufende, Mensch und Gott verbindende), als auch zentrifugale (z. B. bei Feuer oder Kriegsgefahr alarmierende) Wirkung (Schafer, M. 1977) (M 21). In der Hör- und Spielerfahrung ist die bewegte bzw. geläutete Glocke von der starr hängenden zu unterscheiden. Eine schwingende Glocke stellt ein gut nachvollziehbares Bild für Übungen z. B. mit Läuteplatten dar (I 6).

Die afrikanische Glocke oder Doppelglocke ist aus Eisen geschmiedet und wird mit Holzstöcken angeschlagen. Sie kann rhythmisch und klanglich farbliche

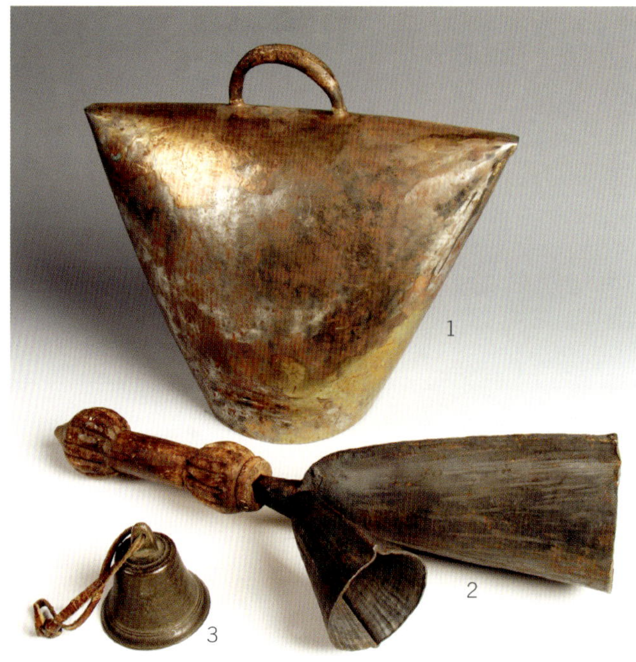

51 Glocken aus der Slowakei (1), aus Afrika (2) und Deutschland (3).

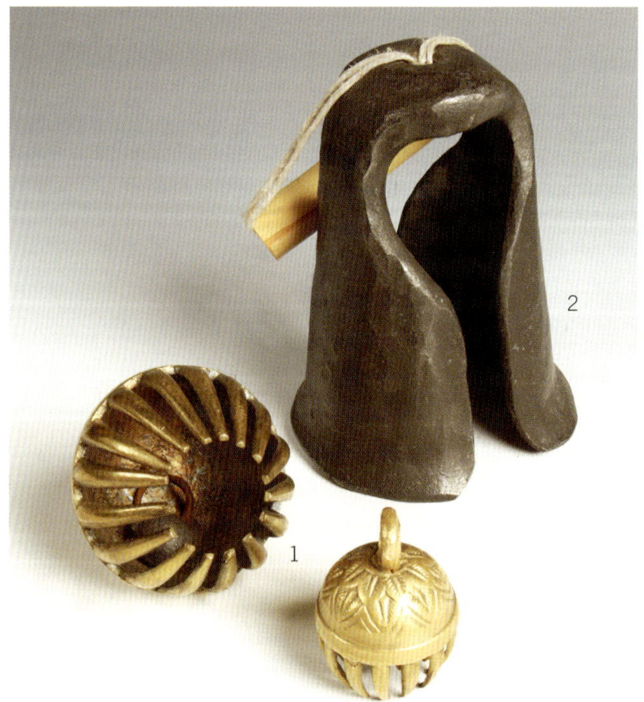

52 Elefantenglocken aus Indien (1), Schwingglocke aus Estland (2).

Akzente zu aus Trommeln und Holzklingern bestehenden Mustern setzen (M 22). Ein besonderer Helfer ist die indische Elefantenglocke, deren Rand sich in korbförmig gebogenen Zähnen fortsetzt. Sie hat einen angenehmen Klang, der kein erhobener Zeigefinger ist, sich aber doch laut und klar hörbar durchsetzt. Sie ist ideal für Anfangs- und Schlusszeichen, als Zeichen zum Augenöffnen oder zum Wachwerden. Ungewöhnliche Formen wie die estnische Schwingglocke zeichnen sich durch hohes Gewicht und sehr langen Klang aus.

Themen:
- Klanglandschaft
- Haustiere
- Zusammengehörigkeit
- Beweglichkeit – Starre
- Zeitqualitäten
- »fünf vor zwölf«

Themen Schwingglocke:
- den Ton angeben
- Dauer und Schwere
- richtige Länge finden
- Autorität und Verantwortung

Wasserspringschale

Ein interessantes Obertoninstrument ist die sogenannte Wasserspringschale, die der deutsche Silberschmied Christof Grosse, angeregt durch alte chinesische Vorbilder, aus Glockenbronze herstellt. Sie hat die Form einer flachen Glocke, an deren Innenwand zwei polierte Griffe angebracht sind. Dreiviertel mit Wasser gefüllt, werden die Griffe mit den angefeuchteten Händen gerieben und in Schwingung versetzt. Auf der Wasseroberfläche bilden sich zuerst typische Schwingungsmuster – ähnlich wie bei Alexander Lauterwasser beschrieben. Bei stärkerer Vibration lösen sich springbrunnenähnlich Tröpfchen von der Wasseroberfläche. Eine moderne Legende besagt, dass sich der Kaiser in China so waschen konnte, ohne die Hände ins Wasser tauchen zu müssen (M 23).

Steinklinger (Gruppe der Idiophone)

Steinklinger (Litophone) gehören – bringt man sie mit der Steinzeit in Verbindung – sicherlich zu den ältesten Musikinstrumenten. Harte und längliche Steinformen eignen sich am besten. In Vietnam wurden behauene Steinspiele aus prähistorischer Zeit gefunden. Sie zeigen eine dem Slendro nahe Skala, einer äquidistanten pentatonischen Tonleiter aus Südostasien (Collaer, P. 1979).

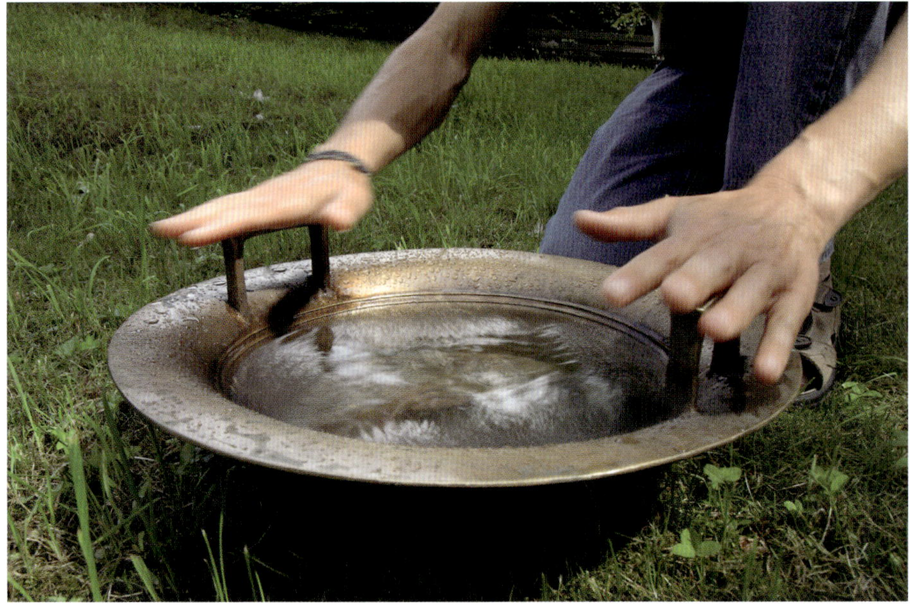

53 Wasserspringschale.

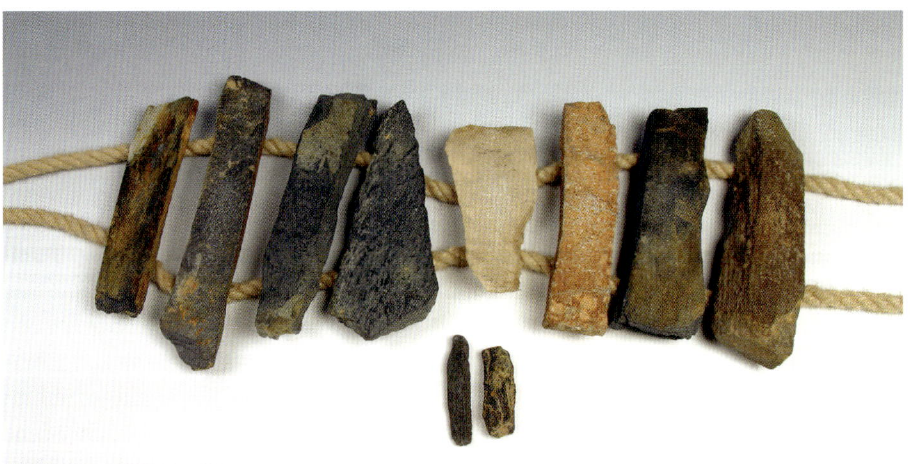

54 Lithophon: »Kaukasische Reihe« mit klingenden Steinen aus Georgien.

Auch ohne Bearbeitung können aus gefundenen Steinen interessante Musikinstrumente entstehen. Indem man sie entsprechend auf Seilen auflegt und womöglich mit zusätzlichen Resonanzkörpern versieht, entstehen Skalen, die je nachdem, welche Steine man gefunden hat, eine nichttemperierte Zufallsreihe ergeben. Je nach Anlass, z. B. zu Konzerten oder Workshops, können solche Reihen zusammengestellt werden, um den Klang der Gesteinsarten oder der Herkunftslandschaften hörbar zu machen (M 24).

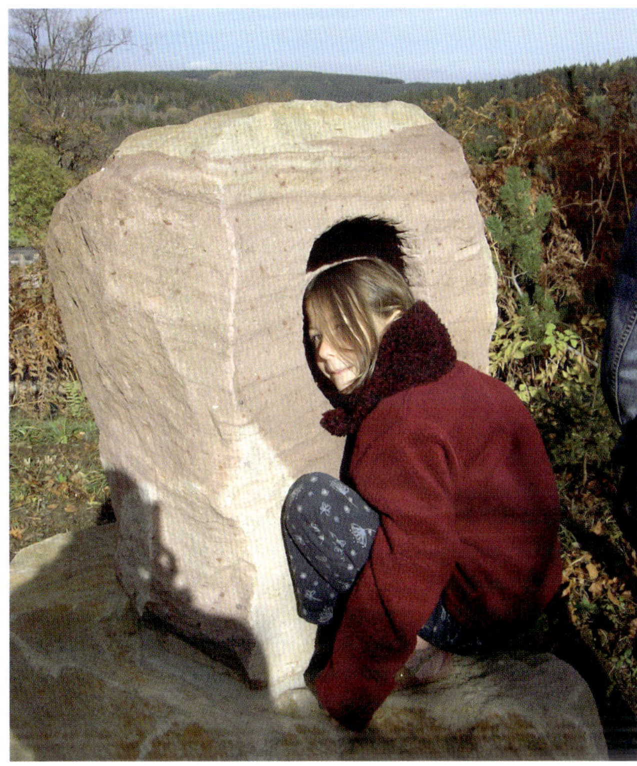

55 Summstein, »Klang-erlebnis Schellerhau«.

Mit Kieselsteinen sind weitere Steinspiele möglich, sowohl traditionelle als auch neu entwickelte (M 25). Dabei klingen Steine aufeinander, auf dem Boden oder erzeugen beim Weitergeben einen Rhythmus.

In Richtung künstlerisches Gestalten mit Steinklingern geht der Musiker, Steinbildhauer und Forscher Klaus Feßmann aus Süddeutschland. Er baut Steinharfen und integriert die Steinklänge in klassische und improvisierte Musik. In Workshops vermittelt er das »haptische« Denken durch die Hände (Feßmann, K. 2008).

Der Summstein, in seinem Ursprung wohl auf steinzeitliche Höröffnungen im Stein zurückgehend, wurde von Hugo Kükelhaus für sein Erfahrungsfeld der Sinne neu entwickelt (Kükelhaus, H. 2008). In eine überkopfgroße Höhlung hält man den Kopf und summt. Je nach Tonhöhe ergeben sich verschiedene Resonanzen, die auch bei leisem Singen noch in weiter Entfernung hörbar sind. Der Summstein ist kein eigentlicher Steinklinger, doch auch hier prägt der Stein den Klang (M 26).

Themen:
- »klingende Geologie«
- Eiszeit – Herkunft bunt gemischter Mini-Findlinge der Ostseeküste
- Klang von Steinen und Wasser am Meer (Wellenrhythmen, Steingespräche)
- Steinzeitgespräche: Vokalbildung und Hohlformen

- Chaos und Ordnung
- Wachsen und Vergehen
- Gruppendynamik
- Regenklang als sensibler Nicht-Rhythmus
- Fließen – Stauen
- Spannung – Lösung
- traditionelle Steinspiele der Völker in Verbindung mit Naturverehrung, Gesängen und Tänzen, Bildhauerei und klingenden Steinen

Vermischte Klinger

Als »vermischte Klinger« lassen sich alle Instrumente aus der großen Gruppe der Idiophone (»Selbstklinger«) zusammenfassen, die aus verschiedenen Materialien zusammengesetzt sind, wie Daumenklaviere mit Metallzungen, Rasseln aus Holz und Stein, Regenmacher, Wassertrommeln etc.

Zupfzungenspiele

Eine Brücke zwischen Holz und Metall baut die Sanza (das Daumenklavier, auch als Kalimba oder Mbira bekannt) aus Afrika. Die Sammelbezeichnung für diesen Instrumententyp ist Zupfzungenspiel, wobei Formen mit Metallzungen und mit Holzzungen (z. B. in Kamerun) auftreten. Mittlerweile gibt es etliche moderne Nachahmungen und Varianten. In Indonesien und für den Eine-Welt-Handel werden Modelle mit Kalebassen, Fischbüchsen und eigenen Motiven gestaltet. Dies führt wie bei Didjeridoo und Regenmacher zu einer wilden Vermischung von Motiven, Formen und kulturellen Eigenheiten, die das Zuordnen von Ursprung und Authentizität erschweren. Auch in Deutschland waren die Neuentwickler nicht faul. Ob als Miniatur-Haarnadelkalimba oder langtönende, melancholische Sansula – für jeden ist etwas dabei. Ich versuche, dies nicht zu bewerten, sondern wahrzunehmen, wie sich kulturelle Motive mit ökonomischen Absichten mischen und welche Rückwirkung die Ergebnisse auf Erwerb und Spiel der Instrumente haben.

Bei Zupfzungenspielen bewirkt eine kastenförmige, runde oder figürliche Hohlform die Verstärkung der Klänge. Einfachste Formen bestehen aus einem kleinen Brett, auf das verschieden lange Stäbchen gespannt sind. Eine noch einfachere Form kann jeder an der Tischkante ausprobieren: Stäbe oder Plättchen werden mit der Hand am Tisch festgeklemmt, und je nach Überstandlänge und Abstand der Klemme vom Tischrand ergibt sich eine Vielfalt von Tönen und Schnarrgeräuschen. In Afrika liebt man diese Klänge, und so werden an den Zungen oft kleine Ringe angebracht, die dem Ton ein klirrendes Geräusch beifügen. Die Metallzungen sind aus geschmiedetem Eisen gearbeitet (M 27).

Das Volk der Dan an der Elfenbeinküste, bei dem das Daumenklavier »Koota« heißt, kennt dazu einen Mythos: »Vor Zeiten gehörte das Koota einer Zauberin.

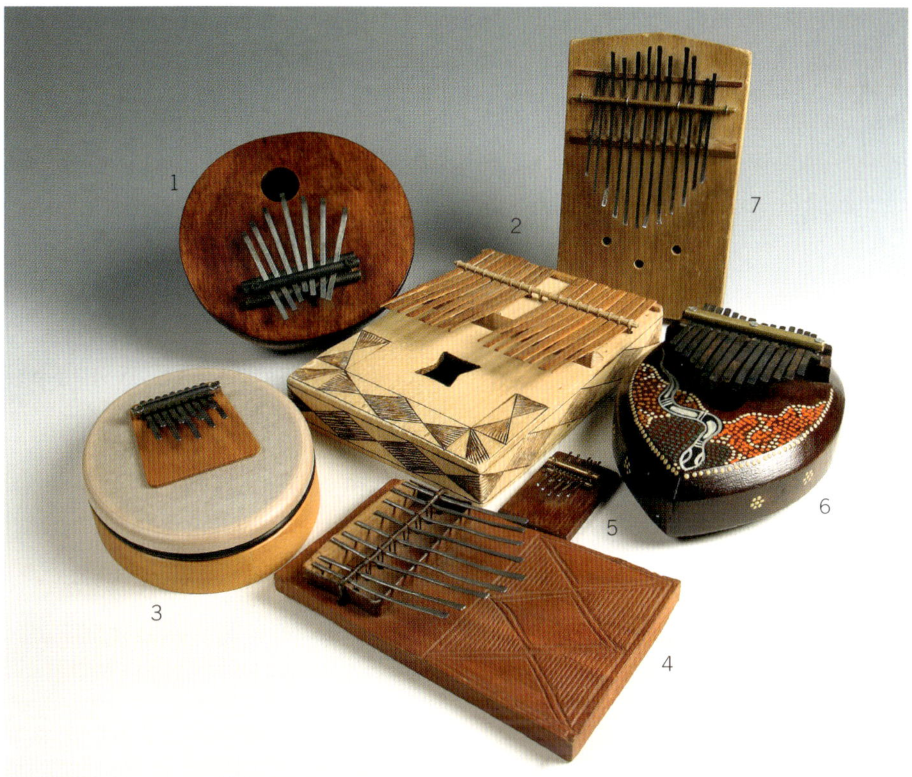

56 Daumenklaviere
1 Kalebassen-Kalimba, Indonesien
2 Kalimba, Eigenbau
3 Sansula, Deutschland
4 Ndenge, Kamerun
5 Haarnadel-Kalimba, Deutschland
6 Kalimba, Indonesien
7 Marimba, Tanzania

Wenn die Zauberer sich trafen, vergnügten sie sich damit. Einer der Zauberer jagte, fing die Zauberin und sagte: Was du da die ganze Nacht spielst und was uns den Schlaf raubt, gib es mir, und ich lasse dich laufen. Die Frau gab ihm das Koota und riet ihm, es seinen Sohn spielen zu lassen, um damit viele Zauberer zu fangen. Nach seinem Tod konnte der Sohn das Geheimnis nicht bewahren und zeigte das Koota überall herum, und alle Menschen bauten es nach.« (Laade, W. 1975)

Themen:

- Klangverstärkung
- »Gameboy« der alten Völker
- mit Einfachem viel bewirken
- Zauberkraft der Musik
- Melodien erfinden und wiederholen
- Minimal Music

Rasseln

Die Rassel dürfte das in allen Kulturen am weitesten verbreitete Instrument sein. Einfachste Formen bestehen aus Hölzern, Hufen, Samen oder Knochen an Schnüren und Bändern, Tanzrasseln gibt es aus Juju-Bohnen, aus Schellen oder Metallglöckchen, es gibt Rasseln aus Kalebassen und Nüssen mit Füllungen aus Steinchen bis zu netzbespannten Kürbissen. In Mittel- und Südamerika wurde die Rassel für Tierzauber, Fruchtbarkeits- und Erntemagie (rasselnde Maiskörner) oder zum Regenzauber verwendet (Laade, W. 1975) (M 28).

Regenmacher

In den Händen mexikanischer Gottheiten sieht man auf Abbildungen zuweilen den »chicauaztli«, den Regenrasselstab (»Regenmacher«), der sich für Spiele zur Umweltbildung besonders gut eignet. Er ist traditionell aus Kaktus oder Bambus, hat Dornen oder Stöckchen als Hindernisse hineingesteckt, die die verschiedenartigsten Füllungen unterschiedlich lang und kräftig hindurchrieseln lassen (Esbach, J. 2005) (M 29).

Im Gegensatz zum kurzen, prägnanten Klang einer Rassel vermittelt der Regenstab ein lang andauerndes Klangerlebnis. Sowohl in Bezug auf die Dauer des Klangs als auch auf die Symbolik zwischen Rassel und Regenmacher liegt die Floßrassel, eine rechteckige Hohlform mit zwei Begrenzungsebenen aus Stroh, gefüllt mit kleinen Steinen oder Samen. Waagerecht gehalten und seitlich geneigt oder geschüttelt lässt sie Meereswellen hören (Abb. 58) (M 30, I 35).

Ein Beispiel gelungener Weiterentwicklung traditioneller Instrumente ist die peruanische »Raspel«, die außer dem Hörexperiment, welche Füllstoffe sie enthält, verschiedene Spielweisen zulässt. Aus einer länglichen Kalebasse als Grundkörper (Abb. 61) wird ein schmaler Teil herausgeschnitten, um ein wundersam metallisch, gläsern und gezupft klingendes Innenleben einzubauen. Das wiedereingesetzte Stück ist zudem mit Rillen versehen, auf denen man mit einem dünnem Holzstab (englisch: »Stick«) ein rhythmisches Ratschen wie bei einer Guiro erzeugen kann. Ähnlich dem Regenmacher kann die Raspel ein Dauerrasseln hören lassen. Sie ist als Shaker einsetzbar, und ihre Form macht sie für Geschichten geeignet, in denen Wale vorkommen (M 31).

Themen für Rasseln aus Kalebassen, Körben usw.:

- Einbindung – Dominanz
- Kürze – Prägnanz
- Herkunft und kulturelle Bezüge (Naturmagie, Tanzformen, Stammeskultur)
- Materialien und ihre Herkunft (Tiere, Pflanzen, Wachstumsbedingungen, säen und ernten)
- Kunstformen
- Bemalung

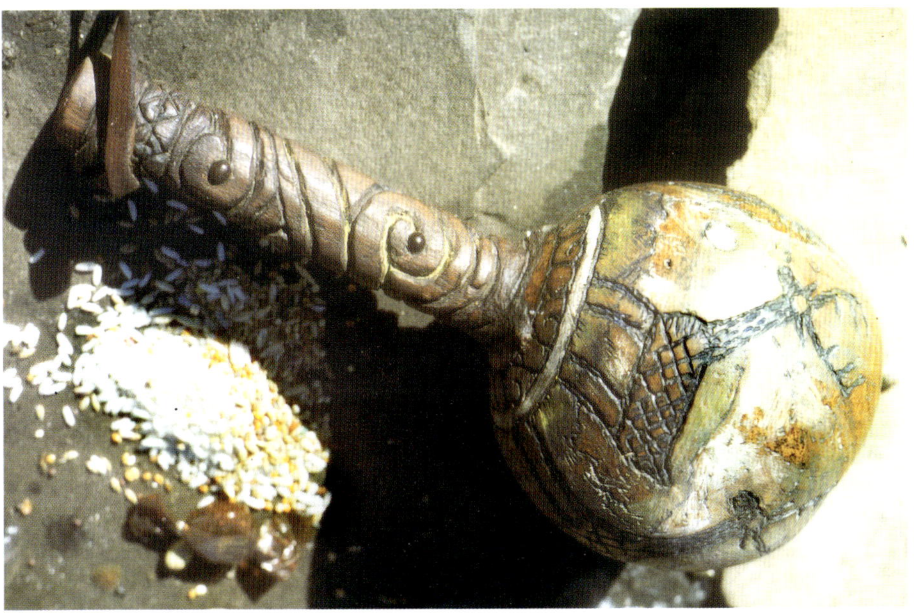

57 Rassel am heiligen Ort der Maisgöttin, Mexiko.

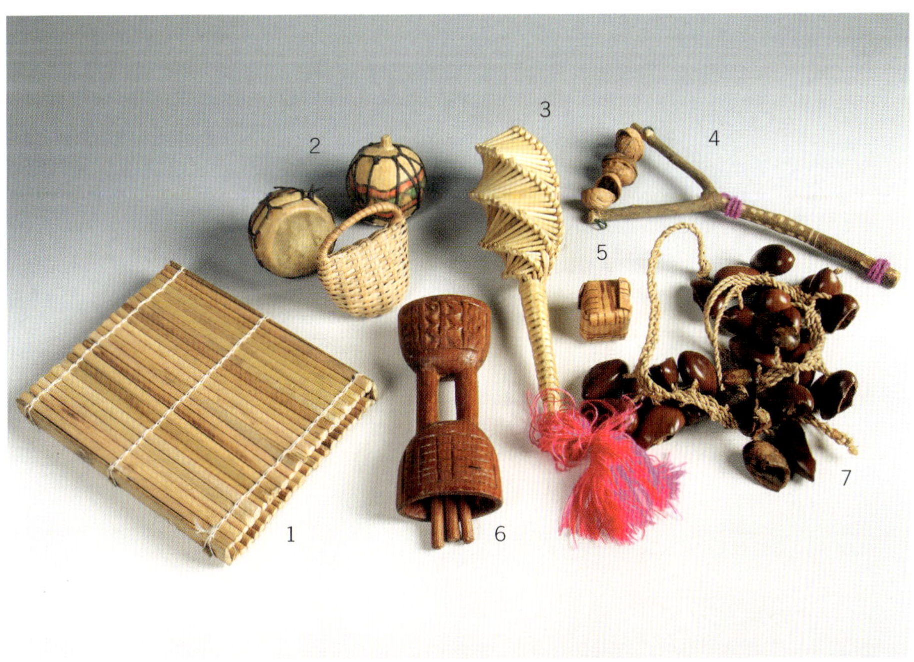

58 Rasseln und Holzglocke

1 Floßrassel, Kenia, Kamerun
2 Zierkürbis-Rasseln, Polen
3 Stroh-Rassel, Indien
4 Nussrassel, Eigenbau
5 Rinden-Rassel, Estland
6 Holzglocke
7 Tanzrassel, Afrika

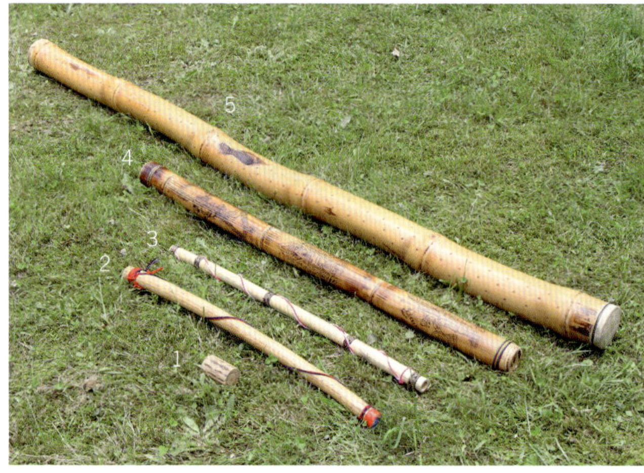

59 Regenmacher verschiedener Größe aus Chile (1, 2), mit Eisklang (3), aus Mexiko (4) und Bolivien (5).

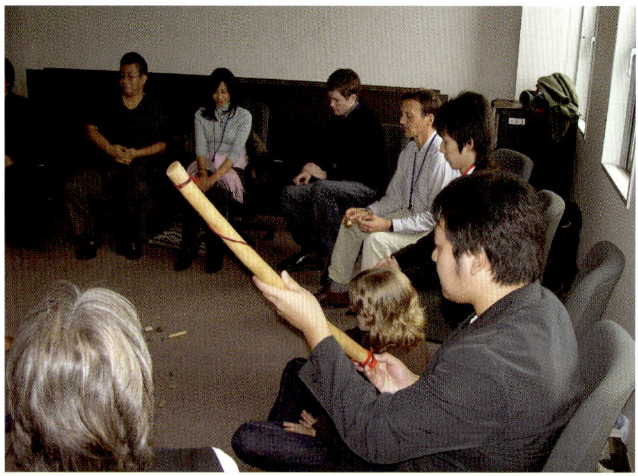

60 Regenmacher im Blindspiel, Japan.

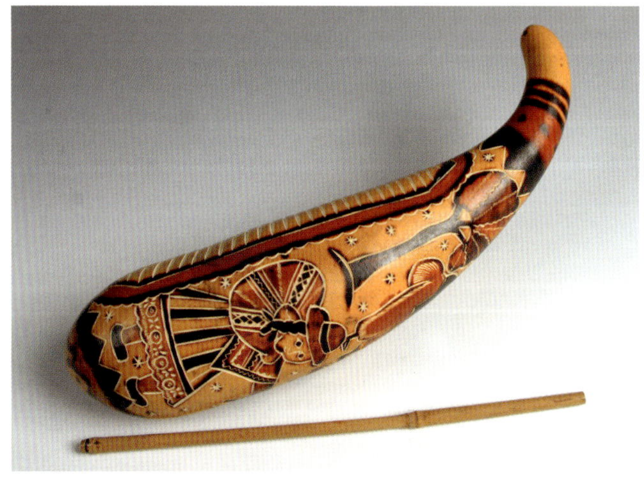

61 Kalebasseninstrument Raspel, Peru.

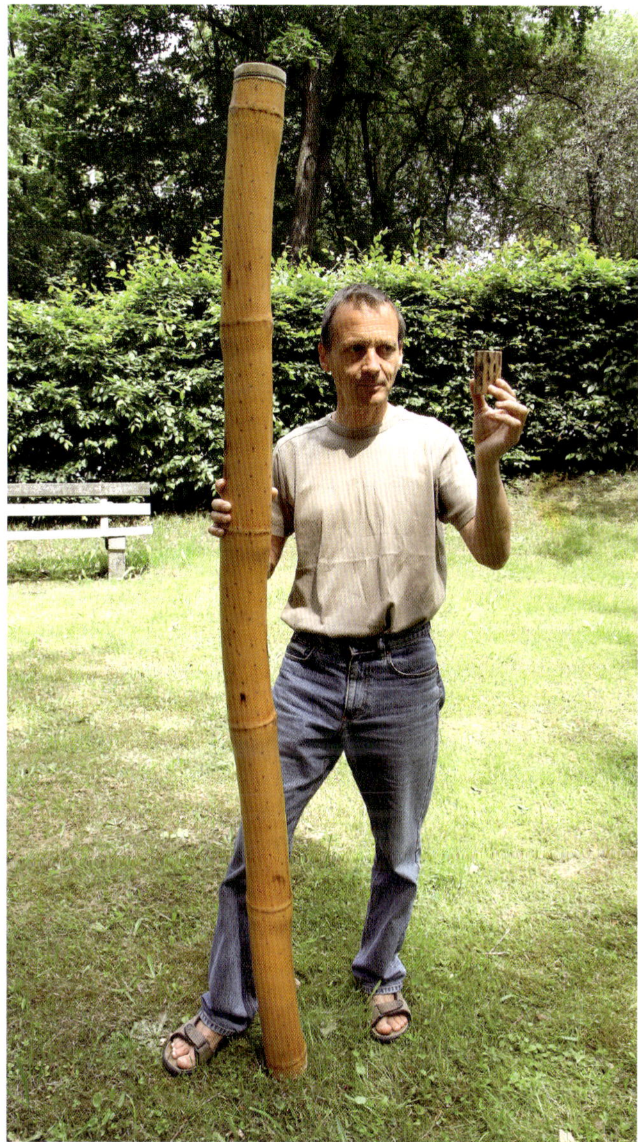

62 Regenmacher im Größenvergleich.

Themen für Regenmacher:

- Wasserkreislauf
- Regenarten
- Regenmärchen
- Geräuscheraten
- soziale Geschicklichkeit
- Zeit – Ewigkeit
- Eintauchen

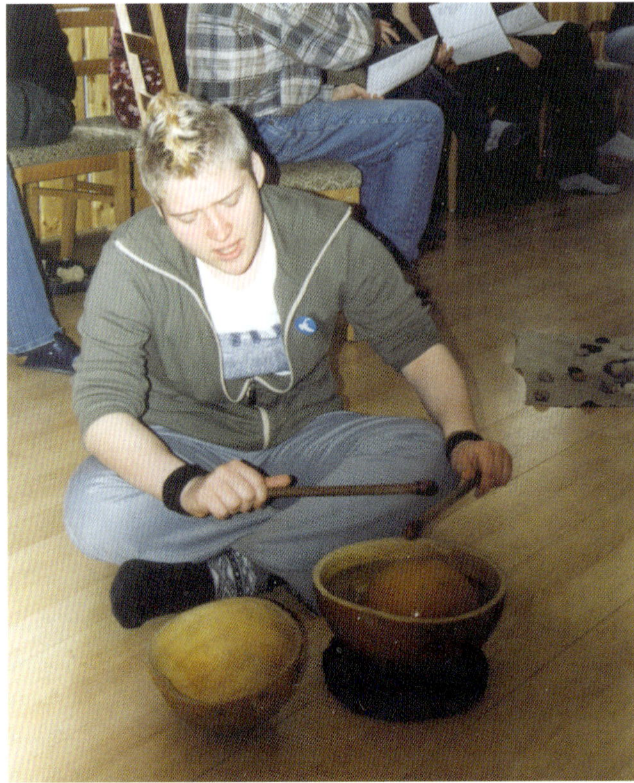

63 Spiel der Wassertrommel im Musikprojekt, Deutschland.

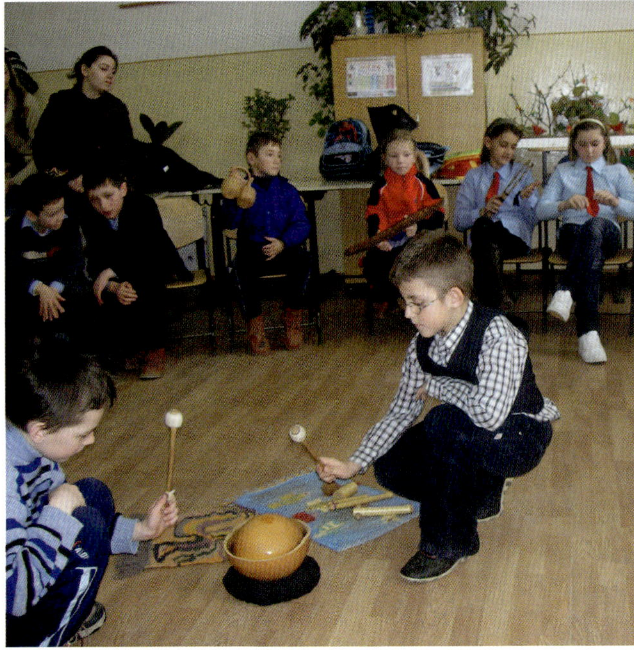

64 Wassertrommelspiel, Rumänien.

Themen für Floßrassel:
- Meereskunde
- Meergeschichten
- kleine und große Seen
- Balance – Wiegen
- Fährmann (Aufgabe, Symbol, Leben – Tod)
- Atem des Meers
- Instrumente im fairen Handel: Tradition und Weiterentwicklung

Wassertrommeln
Die aus Ghana stammende Wassertrommel (englisch: »Water Drum«) wird traditionell von Frauen gespielt und wurzelt im Zusammenhang zwischen alltäglichem Tun, wie dem Zubereiten von Speisen, und Musik.

Sie besteht aus einer größeren, bis unter den Rand mit Wasser gefüllten Kalebassenschale sowie einer umgekehrt auf der Wasseroberfläche schwimmenden kleineren Schale, weichen Trommelschlegeln und einem Stoffring, der die untere Schale hält. Üblich ist auch, mehrere Schalen in unterschiedlichen Größen zu spielen. Je nachdem, wie tief man den schwimmenden Kürbis mit der einen Hand ins Wasser eintaucht bzw. einseitig aus dem Wasser hebt, ändert sich der Klang, den man mit dem Trommelschlegel in der anderen Hand erzeugen kann. Weitere Klangvarianten erzeugt das Spiel mit den Fingerkuppen. Man kann auch mit dem kleineren Kürbis etwas Wasser schöpfen und langsam wieder ausgießen, um dem natürlichen Wasserklang zu lauschen (M 32).

Themen:
- Verbindung von Alltag mit Musik und Rhythmus (z. B. Mais stampfen, Lieder zur Arbeit)
- Kürbisse und Kalebassen (Herkunft, Anbau, Verwendung)
- Physik der Klangentstehung (Elastizität von Luft und Wasser, Abstimmung der Optimalresonanz mit Wasser- und Luftvolumen)
- Wasser auf der Erde

Maultrommeln
Die Maultrommel leitet von den Selbstklingern (Ideophonen) zu den Aerophonen (Luftklinger) über. Ein Mythos aus Neuguinea berichtet vom Klang der Maultrommel, die ein todgeweihter junger Mann auf einer Insel spielt. Ein Mädchen und ihr Vater rudern daraufhin mit einem Kanu zur Insel, wo sie ihm zu essen gibt und er ihr Mann wird.

In Ozeanien und Asien sind meist Maultrommeln aus Metall anzutreffen. In Sibirien, Nepal und Indien werden sie geschmiedet, die Dan Moi aus Vietnam werden getrieben und geritzt. Es gibt aber auch Maultrommeln aus Bambus, wie auf

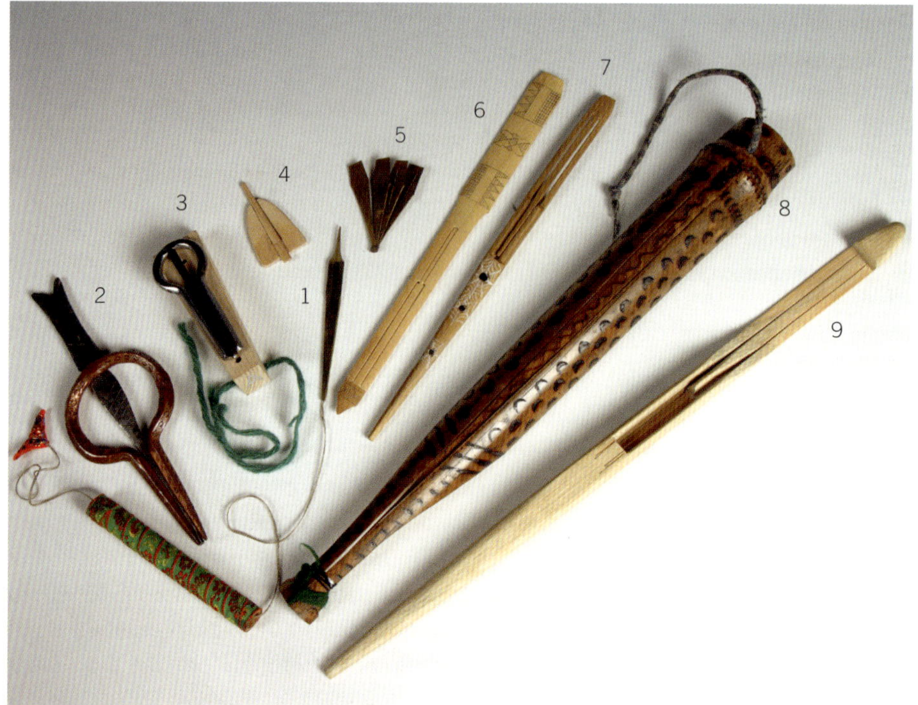

65 Maultrommeln

1 Dan Moi, Vietnam
2 Murchunga, Nepal
3 Parmupill, Estland
4 Bambuszunge, Eigenbau
5 Kou Xiang, China
6 Kubing, Philippinen
7 Angkuoch, Kambodscha
8 Susap, Bali (Steev Kindwald)
9 Bassmaultrommel aus Bambus

den Philippinen, in Korea, China, Kambodscha oder Thailand. Auch in Europa ist die Maultrommel überliefert, z. B. in Ungarn, Österreich, Deutschland und Estland. Der Mautrommelspezialist Clemens Voigt betreibt seit mehreren Jahren den Großhandel mit Maultrommeln aus allen Kulturen unter dem Namen »Dan Moi«. Der jakutische Maultrommelvirtuose Spiridon Shishigin bestätigt den Klängen der Maultrommel eine harmonisierende Wirkung auf die Energien zwischen den Seelen der Menschen und dem eigenen Volk. Traditionell wird die »Chomus« (sibirischer Name) als weibliches Gegenstück zur männlichen Schamanentrommel betrachtet und dient auch zur Kommunikation mit der Jenseitswelt (Dommer, W. 2003).

Der Maultrommelklang entwickelt sich aus einer auf einem Grundton schwingenden Zunge, dem Resonanzraum der Mundhöhle und vielfältigen Modulationen durch Vokalstellung, Zungenbewegung, Ein- und Ausatmen sowie einem Verstärkungseffekt durch Anlegen an Zähne oder Lippen. Das Instrument hat klangliche und klangerzeugende Ähnlichkeit mit Musikbogen und Didjeridoo. Laut Willi Dommer, Autor des Buchs »Ritual und Klangtraum«, »gelten Instrumente mit durchgehendem Grund- und Bordunton seit jeher als schamanistisches Hilfsmittel zur Einleitung einer Trance«. Die Italiener nennen die Maultrommel »Scaccia pensieri«, das Instrument, das »die Gedanken wegbläst«. Für die allgemeine Anwendung und im speziellen das Spiel mit Kindern sind Maultrommeln empfehlenswert, die nicht an die Zähne zu pressen sind, sondern wie die Dan Moi oder jene aus den Philippinen nur mit den Lippen gehalten werden. Dies erleichtert das anfängliche unbefangene Spiel ebenso, wie es klirrende Nebengeräusche an den Zähnen und Beschädigungen des Zahnschmelzes vermeidet. Für kleinere Kinder sind Bambusmaultrommeln das Beste, da kaum Verletzungsgefahr besteht (M 33).

Das »hygienische Problem« tritt bei allen Instrumenten auf, die auf irgendeine Art Mund- oder Lippenberührung brauchen. Wird das eigene Instrument selbstgebaut, erübrigt sich weiterer Aufwand, Hygiene zu betreiben. Im anderen Fall ist individuell zu entscheiden, inwieweit das Problem durch Ansprechen bewusstgemacht wird. Eine überzeugende Lösung für Instrumente mit nötigem Mundkontakt fand ich in der »Klangwelt Toggenburg« in der Schweiz, wo am »Flötenzaun« aus Edelstahl ein Hinweis zu lesen ist: »Bei hygienischen Bedenken einen Ring aus Daumen und Zeigefinger vor das Mundstück halten«. Es handelt sich um den Kontakt zu Edelstahl-Flötenmundstücken von Obertonflöten im Durchmesser von drei Zentimetern. Kinder müssen allerdings hochgehoben werden, um diese zu erreichen.

Themen:
- Schamanismus und geistige Welten
- Klangmagie
- Kontakt zur Natur und zu anderen Menschen
- Sprachentstehung
- Vokale und Obertöne
- Phantasiesprachen
- mit der Natur sprechen

Vasentrommeln
Eine Kombination aus Vase oder tönernem Vorratsbehälter, Idiophon und Luftklinger ist die Udu-Trommel. Der Name stammt aus Nigeria, wo er in einer Volkssprache »Krug« bedeutet. Neben dem Loch der Tülle gibt es ein weiteres rundes Loch an der Seite des Gefäßes. Beide Öffnungen können mit der weichen Hand abgedeckt werden, was volle Basstöne erklingen lässt. Mit Knöcheln und Fingernägeln entstehen die schärferen »Bodysounds«. Auch in Indien wurde mit Trommelstöcken und Händen ein ähnliches Instrument gespielt, die hartgebrannte Madga oder im Süden die Ghatam. Udu-Trommeln sind Lehrmeister für lockere Hände und erzeugen einen angenehmen, blubbernden Klang (M 34).

Zupftrommeln siehe unter Saiteninstrumente

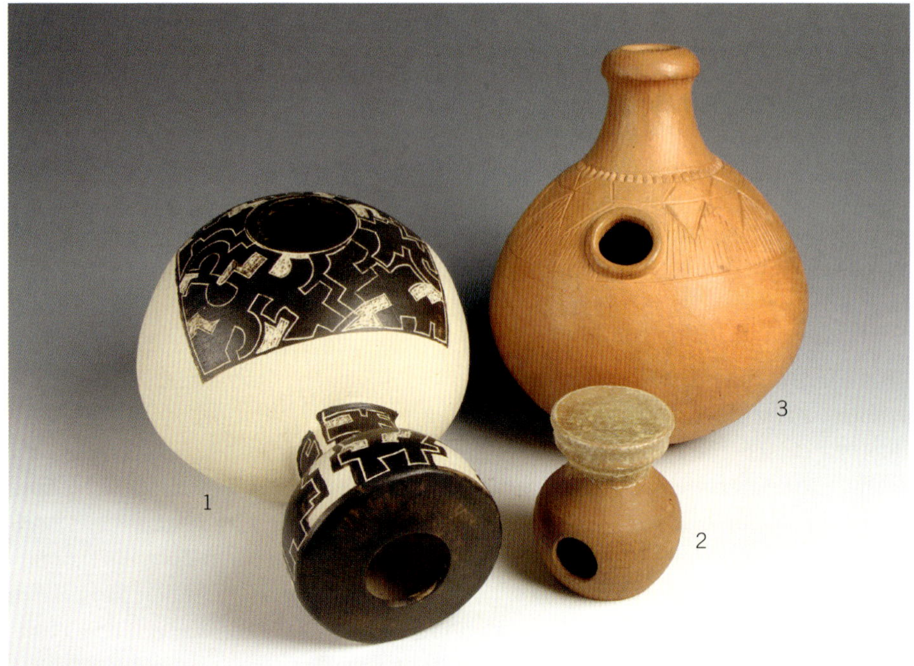

66 Udu-Trommeln aus Kamerun (1), mit Trommelfell aus Estland (2) und Eigenbau (3).

Luftklinger (Aerophone)

Als Luftklinger (Aerophone) werden hier Instrumente zusammengefasst, die für ihre Klangerzeugung direkt Luft in Schwingung versetzen. Neben Flöten, Hörnern, einfachen Klarinetten und Didjeridoos sind dies auch die Schwirr- und Summinstrumente.

Schwirr- und Summinstrumente

Aus Australien stammt der – hier verkürzt wiedergegebene – Mythos »Allvater Baiameh macht das Schwirrholz«. Der Zweck dieses Instruments ist, heilige Scheu zu erwecken. Allvater Baiameh machte mehrere Versuche. Er wollte, dass Gayandi, das Schwirrholz, die Zähne von Initianden ausschlagen könne, aber dies gelang nicht. Ein weiteres Schwirrholz aus Stein war zu schwer. Schließlich schlug er auf einen großen Eukalyptusbaum, und ein Span löste sich und summte. Er befestigte eine Schnur und hängte es in den Baum. So seltsame Stimmen haben wir nie gehört, sagten seine Frauen (Laade, W. 1975).

Das Schwirrholz zählt zu den archaischen Instrumenten. Das älteste gefundene Exemplar ist 25 000 Jahre alt (Diagram Group, 1988) und wurde vermutlich als Ritualinstrument gespielt. In unserer Zeit überlebte es als – meist selbstgebautes – Kinderspielzeug. An einer gut eindrillbaren Schnur um den Kopf herum geschwungen,

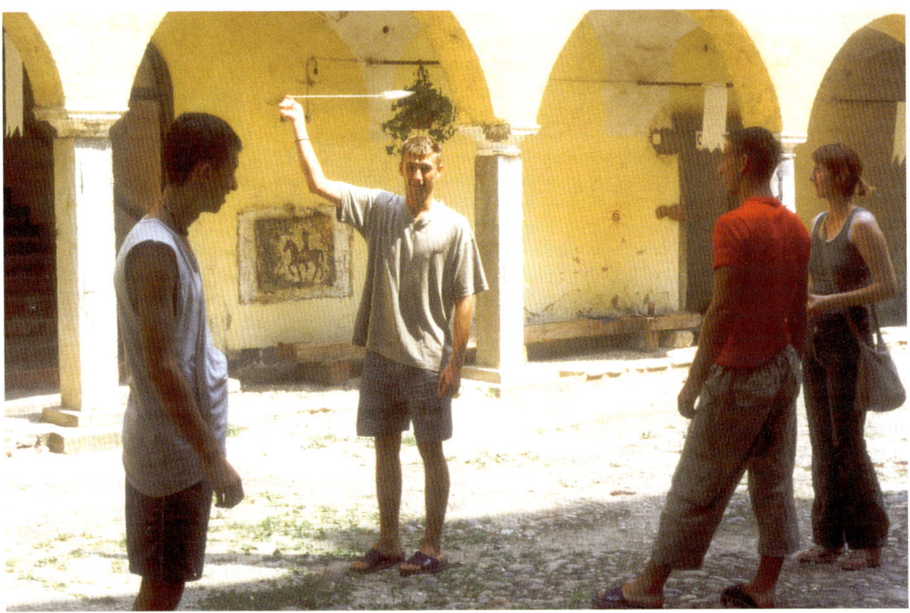

67 Spiel des Schwirrholzes in Borl, Slowenien.

erzeugt das lanzettförmige, flache Holzbrettchen rhythmische Klänge, die an eine Sturmbö oder das Aufjaulen eines Motorrads erinnern (M 35).

Themen:

- Mut (sich in die Mitte zu stellen)
- Vertrauen (die Schnur nicht loszulassen)
- Leichte und Schwere
- Rhythmus zulassen und erzeugen
- andere Wesen und Kontakt mit ihnen
- im richtigen Moment beschleunigen oder verlangsamen
- Ahnenkult
- Geistwesen
- heiliges Erschrecken

Mit dem Schwirrholz verwandt sind neuentwickelte Instrumente wie die Insektenstimme (eigentlich ein Chordophon, da Gummisaiten schwingen), die Zwitscherrolle und der Schwirrbogen. Jedes dieser kleinen und einfach zu bauenden Instrumente birgt elementares anfass- und hörbares Wissen zu Material, Klangerzeugung und Kulturentwicklung (M 36).

Ein weiterer Verwandter ist die an einer Doppelschnur rhythmisch ein- und ausgedrillte Summscheibe, ebenfalls früher ein Ritualgerät. Es wurde z. B. als Schwirrbein-Knochen zur Fastenzeit in der Schweiz gespielt (Bachmann-Geiser, B. 1981).

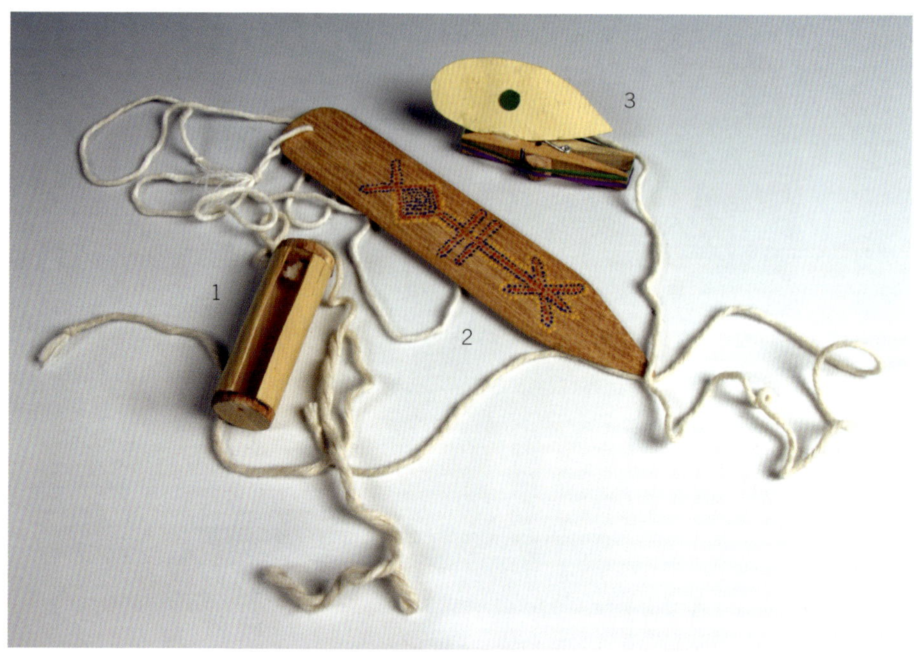

68 Zwitscherrolle (1), Schwirrholz (2) und Insekt (3), Eigenbau.

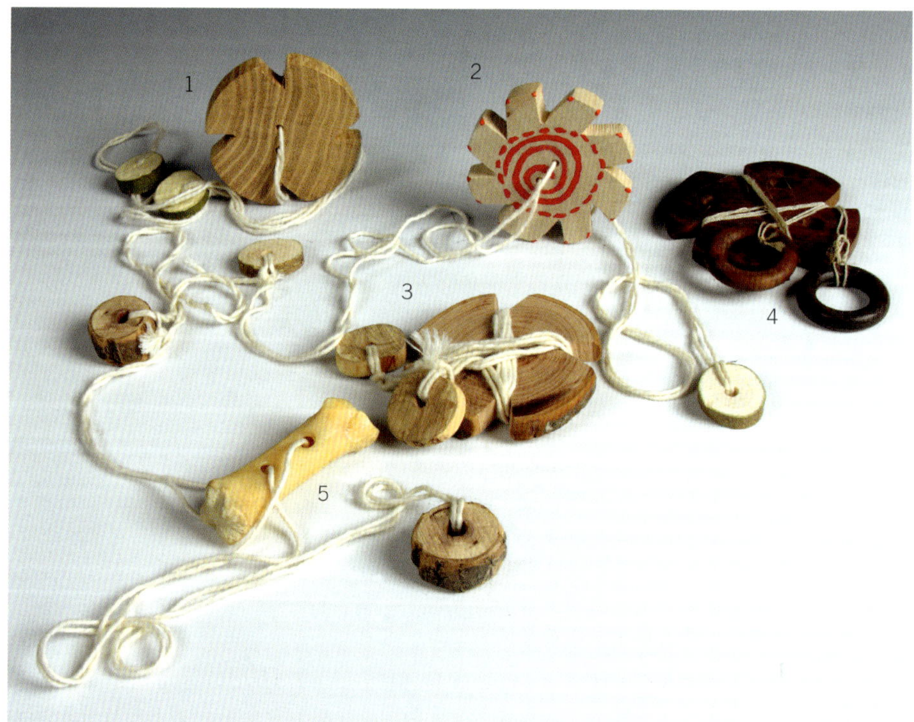

69 Summscheiben Eigenbau (1, 2, 3) und aus Indien (4), Schwirrbein (5), Estland.

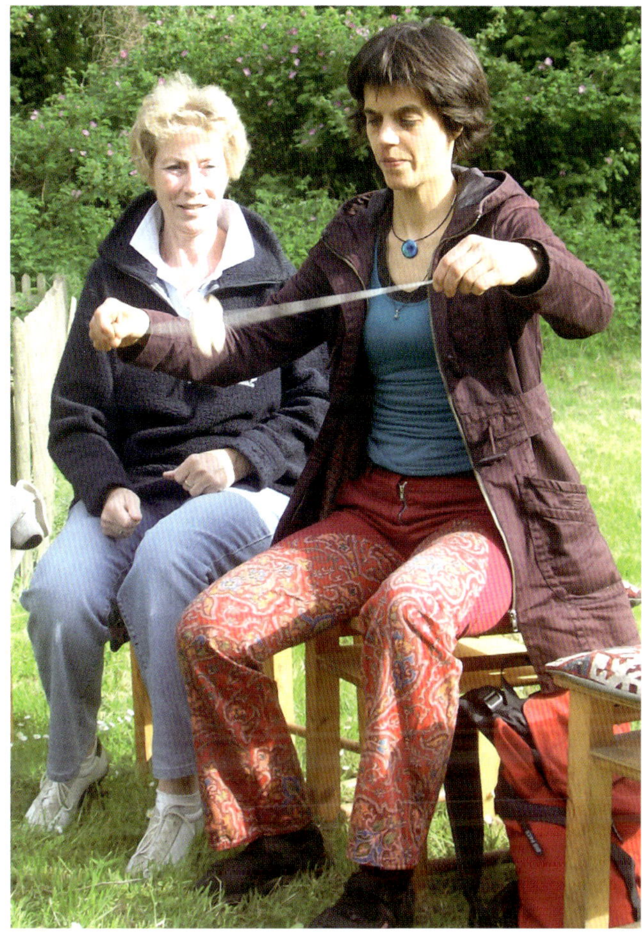

70 Spiel der Summscheibe.

Durch entsprechende Dimensionierung der Holzscheibe und ihrer Einschnitte wird ein atem- und meereswellenähnliches Rauschen der sich im Wechsel nach links und rechts drehenden Scheibe erreicht. Indem man mit Einschnitten, Löchern und Bemalung der Scheibe experimentiert, lassen sich physikalische Phänomene, wie dynamische und potenzielle Energie, Beschleunigung, Transparenz bei schneller Drehung von Aussparungen oder Farbmischung, begreifen (M 37).

Themen:

- Spannung und Entspannung als Lebensvoraussetzung
- mit Minimum an Energie in Schwung bleiben
- potenzielle und kinetische Energie
- allein und gemeinsam spielen
- Koordination – Einfühlungsvermögen
- Lernen durch Begleiten und Empathie

- Zulassen des Natürlichen
- Bewusstwerden und Vertiefen des Atems

Didjeridoo
Das Didjeridoo zählt zu den Naturhörnern und stammt von den Aborigines Australiens. Es hat seit den 90er-Jahren wie kein zweites Naturinstrument ein beispielloses Interesse vor allem bei Jugendlichen weltweit hervorgerufen. Ursprünglich ein sakrales und in seiner Wirkung geheimgehaltenes Ritualinstrument, wurde es seit den 70er-Jahren zum Symbol der Unabhängigkeitsbewegung der Aborigines. Rockgruppen wie Yothu Yindi integrierten das Didjeridoo in ihre Musik, und Touristen brachten manches Instrument als Andenken oder zum Spielen nach Hause. In den 90er-Jahren wurde das Didjeridoo populär, z. B. in der Musik der Gruppe Jamiroquai. Eine tiefergehende Analyse des Didjeridoo-Phänomens findet sich bei David Lindner (2003, 2004).
Was fasziniert, ist der tiefe, vibrierende Grundton und die Technik der Zirkularatmung, die ein ununterbrochenes Spiel ermöglicht. Der Grundton wird mit entspannt vibrierenden Lippen erzeugt (M 38). Für die Umweltbildung und entwicklungspolitische Bildungsarbeit ist das Instrument besonders geeignet, da es beispielhaft die komplexen Zusammenhänge von natürlichen Grundlagen (Eukalyptusarten Nordaustraliens, aushöhlende Termitenstämme), kulturellen und religiösen Spezifika (Geschichte der Aborigines, Traumzeit und Ahnenkulte, Achtung der Erde und alles Lebendigen), Musik (Klangwirkungen, Trance, Tierstimmenadaptionen), Physik der Klangentstehung, Kunst (Bemalung, Motive) sowie Sozialwissenschaften und Ökonomie (Entstehung von Plagiaten, Billigprodukten, indonesischen Varianten aus Bambus usw.) erfasst. In kombinierten Bau und Spielkursen erfüllen sich die Teilnehmer den Wunsch, durch eigene Tätigkeit mehr in eine Thematik einzutauchen. Didjeridoos können auch aus Ton und Keramik oder Kunststoffrohren gebaut werden.

Themen:
- Australischer Kontinent
- Landschaftsformen
- Besiedlung
- Ausrottung der Aborigines
- Wer ist Mensch, wer nicht?
- Traumzeit und Ahnenwesen
- heilige und lebendige Erde
- Schöpfungsmythen und Ur-Ton
- Rituale und Geisterwesen
- Songlines und gesungene Landkarten
- Musik der australischen Ureinwohner

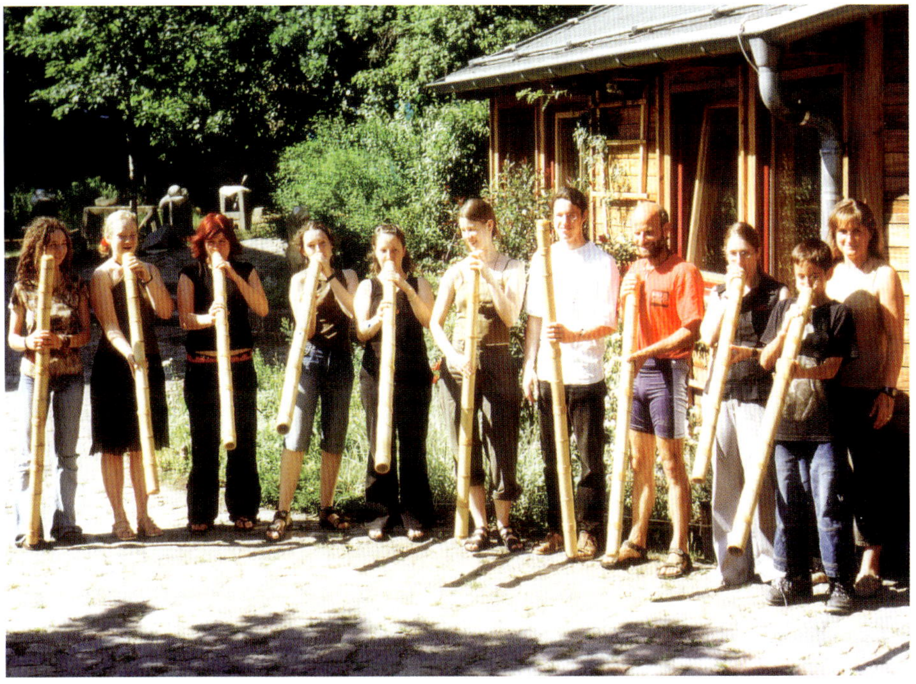

71 Kurs Didjeridoo-Bau in einem Seminar zur Umweltbildung in Sachsen.

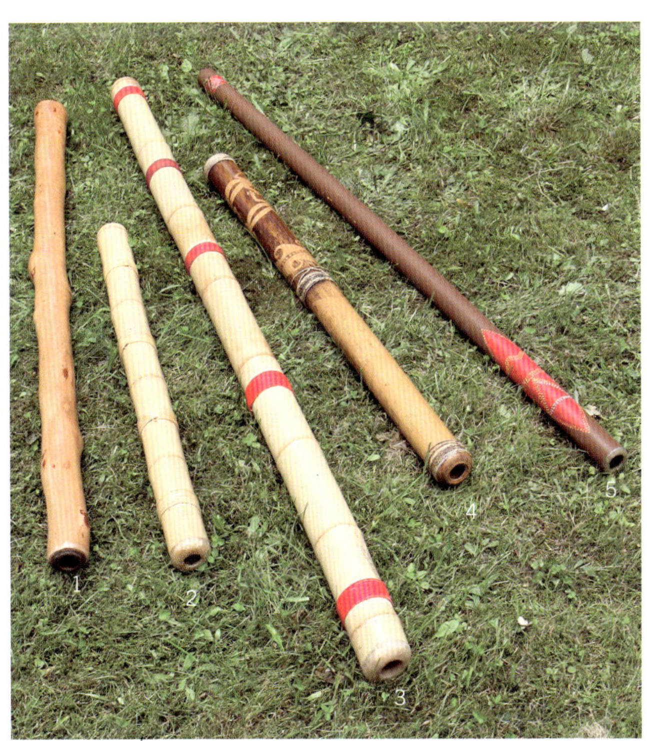

72 Didjeridoos aus Australien (1, Eukalyptus), Indonesien (4, Bambus) und Eigenbau (2, 3, Bambus; 5 Kunsttstoffrohr bemalt).

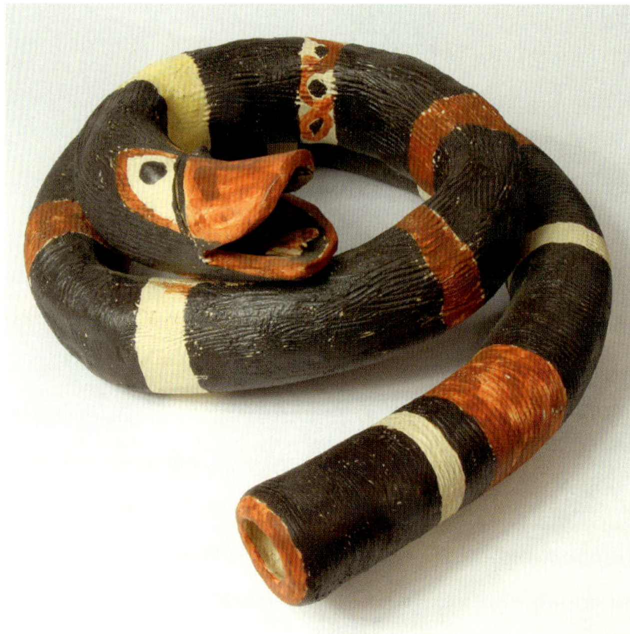

73 Schlangen-Didjeridoo aus Ton, Eigenbau.

- gespielte Tierstimmen
- Unabhängigkeitsbewegung und Menschenrechte
- Aborigines heute
- Materialkunde: Eukalyptus und Bambus
- Kunst: Punktmalerei, Abstraktion, Naturfarben, eigene Motive finden

Muschelhörner

Das Muschel- bzw. Schneckenhorn ist einerseits Verwandter des Didjeridoos. Es zählt ebenfalls zu den Hörnern, wird meist für heilig gehalten und ist ein archaisches, von der Natur vorgefertigtes Intstrument. Andererseits steht es dem Didjeridoo polar gegenüber: Spielt man letzteres mit entspannten Lippen und tiefem Grundton, braucht das Muschelhorn gespannte Lippen, hohen Luftdruck und konzentrierten Willen. Je nach Größe der Meeresschnecke variiert die Tonhöhe.

In Indien weiß man über das Muschelhorn: »Die Counch [= Schneckenmuschel] wurde vom Meer geboren, zusammen mit Laxmi, Göttin des Wohlstands, und Shri Vishnu, Gott der Erhaltung, nahm sie in seine Hand. Sie ist ein Kommunikations-Instrument. Wenn die Vorderseite offen ist, kann sie wie eine Trompete geblasen werden, und der Klang ist sehr vital. Er reinigt das Gemüt und stärkt das Herz. Der Klang kann das menschliche Bewusstsein auf eine Ebene heben, die hoch genug ist, um mit dem kosmischen Bewusstsein zu verschmelzen.« (Tambe, B. 1989).

Traditionell in Mexiko, Indien, Tibet und andere Ländern zu Hause, ist das Spiel des Muschelhorns Ankündigung und Gebet, in einigen ozeanischen Kulturen auch

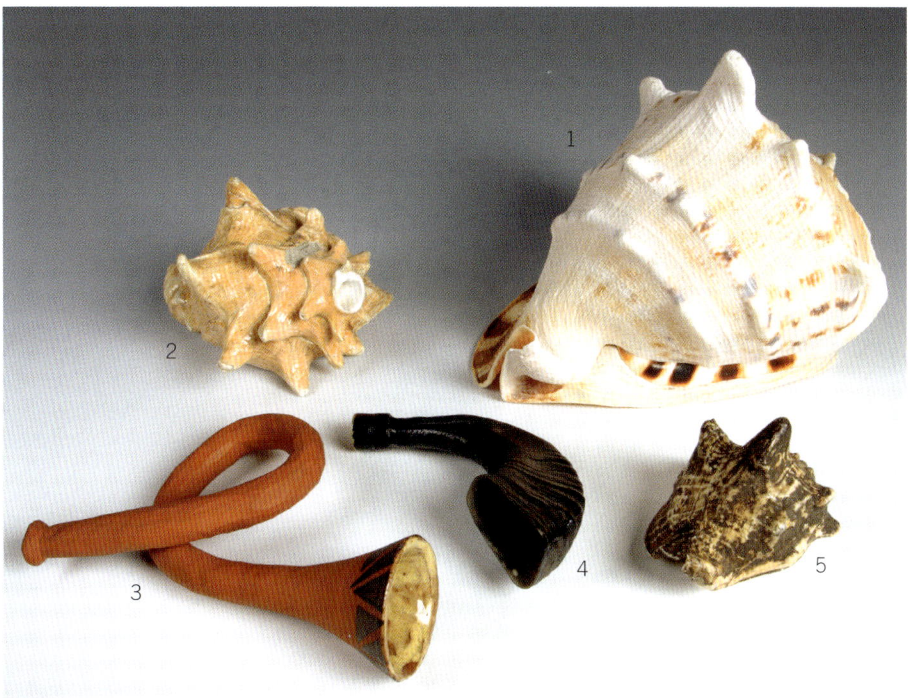

74 Schnecken- und Naturhörner
1 Muschelhorn, Mexiko
2 Muschelhorn, Eigenbau
3 Keramiktrompete, Eigenbau
4 Ziegenhorn, Estland
5 Muschelhorn, Tibet

Kriegssignal. Das willenhafte Spiel ist für Jung und Alt eine Herausforderung. Das Instrument vereint zwei polare Haltungen: Aufnehmen und Lauschen (auf den Klang des Meers in der großen Öffnung) sowie Willen, Ausdruck und lautes Signal (als Trompete, gespielt an der kleinen Mundstücköffnung) (M39).

Themen:

- Verwandlung
- Gebete, Anrufung, Signale
- in der Landschaft: Klangräume mit Echo hören
- Schutz der Meere, Meerestiere, speziell Schnecken und Muscheln
- Spiralen im Schöpfungsprozess der Makro- und Mikrowelt (Galaxien, Wasserwirbel)
- Außen- und Innenwelt
- Offenes – Verborgenes
- Lautstärke
- Kraft
- Willen

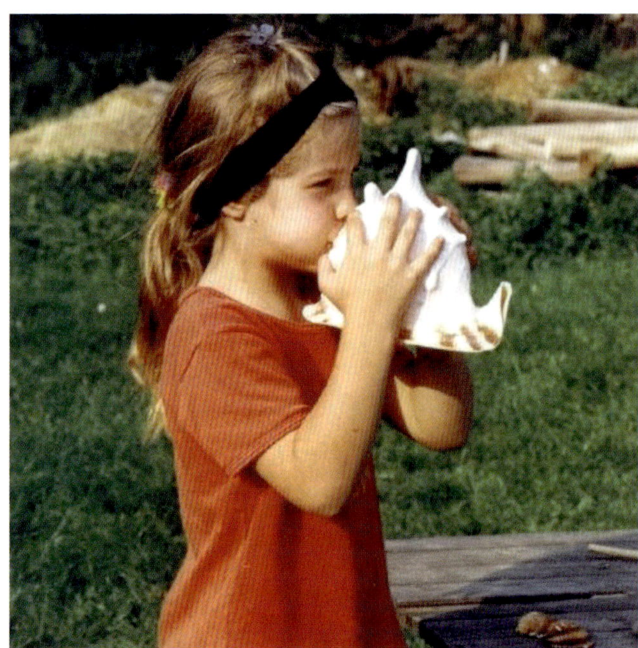

75 Spiel auf dem Muschelhorn, Deutschland.

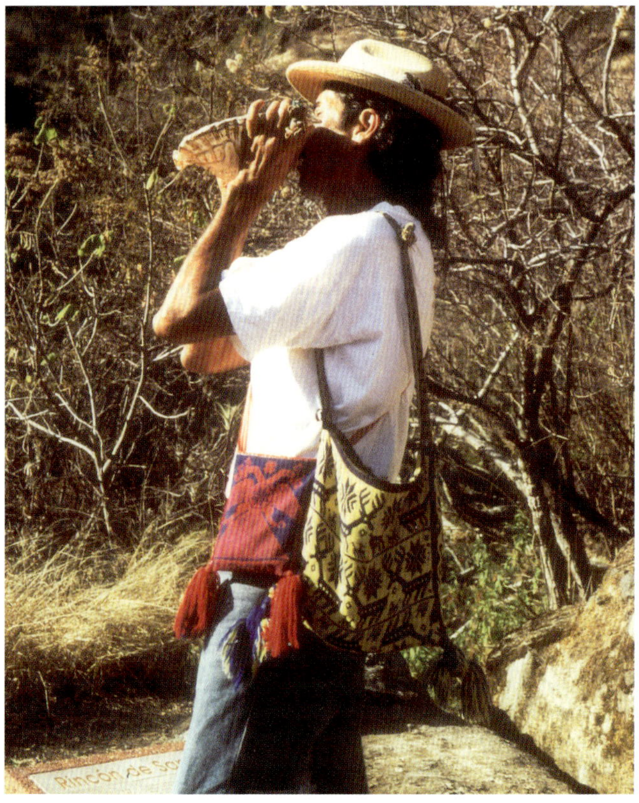

76 Spiel auf dem Muschelhorn, Mexiko.

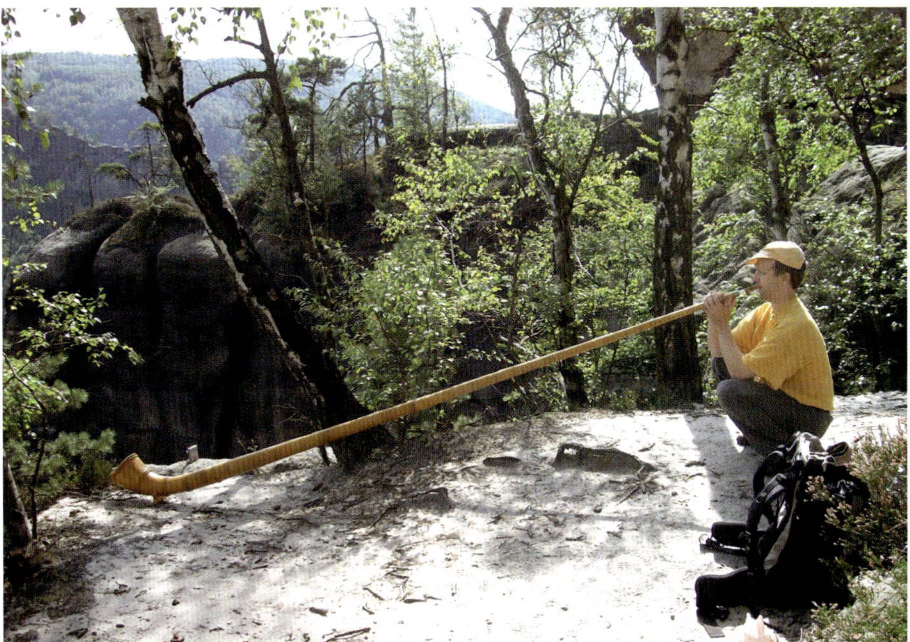

77 Alphorn in der Sächsischen Schweiz.

Luren, Tier- und Alphörner, Trompeten

Bei den Kelten, Wikingern und im alten Rom gab es verschiedene Arten von Hörnern, die in der heutigen Zeit in verwandelter Form und zum Teil recht spezialisiert auftreten. Die während der Eisenzeit im gesamten keltischen Gebiet verbreiteten Luren sind konische Hörner aus Metall oder Holz mit starkem Grundtonbezug. Sie sind heute noch in Skandinavien zu finden und werden traditionell auch aus Birkenrinde gebunden. Auf der ganzen Welt wurden und werden verschiedene Tierhörner gespielt: die kleinsten stammen von Ziegen (Estland), mit Mundstück und tonvariabel durch Veränderung der Lippenspannung, die größten können über einen Meter lang sein, wie z. B. das Horn eines venezolanischen Wasserbüffels.

Hörner wurden als Signal- und Ritualinstrumente gespielt oder haben wie das hebräische Shofar oder die marokkanische Ramadan-Trompete religiöse Bedeutung. Das hauptsächlich in der Schweiz verbreitete Alphorn ist ein besonderes Beispiel vom Zusammenspiel von Musik und Landschaft. Ursprünglich von Hirten geblasen, gelangte es auch in die klassische Musik. Seine natürliche Obertonreihe, in der Regel bis zum 13. Teilton darstellbar, wird durch die große Länge des Instruments (bis über vier Meter), seine dünne Wandstärke und die exakte konische Ausformung erreicht. In den Schweizer Bergen sind auch außerhalb von Volksfesten oder Alphornwettbewerben manchmal die klaren Töne und Intervalle weithin hörbar und prägen wie kaum ein anderes Instrument die regionale Klanglandschaft (Bachmann-Geiser, B. 1999).

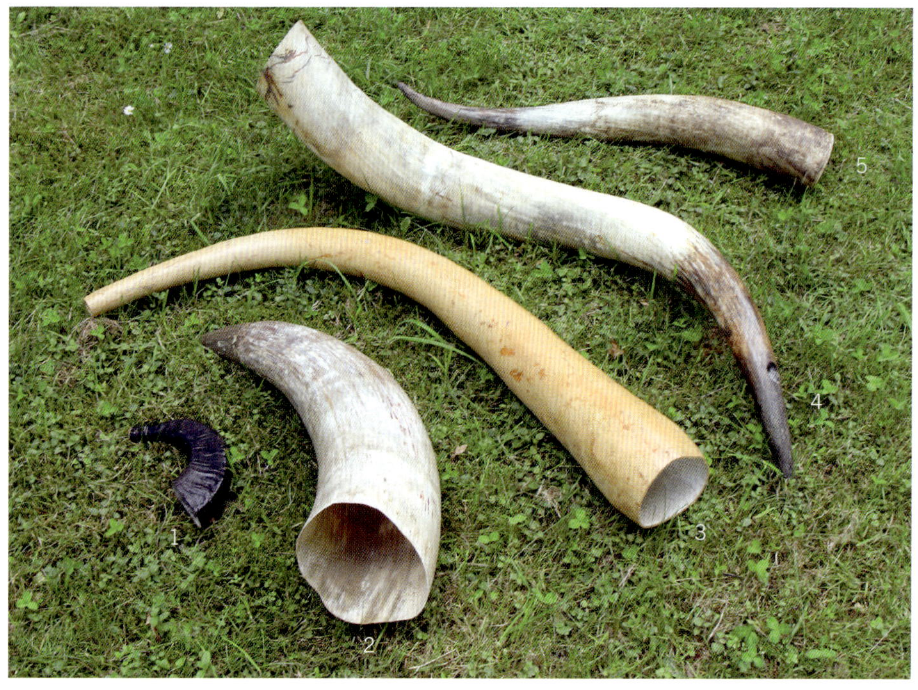

78 Naturhörner

1 Ziege, Estland
2 Rind, Afrika
3 Kalebasse, Mexiko, Eigenbau
4 Wasserbüffel, Venezuela
5 Rind, Afrika

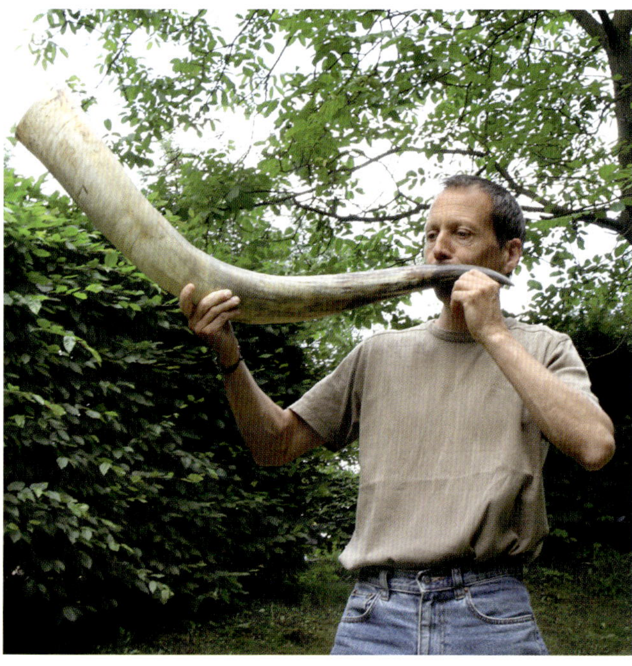

79 Spiel auf dem Wasserbüffelhorn.

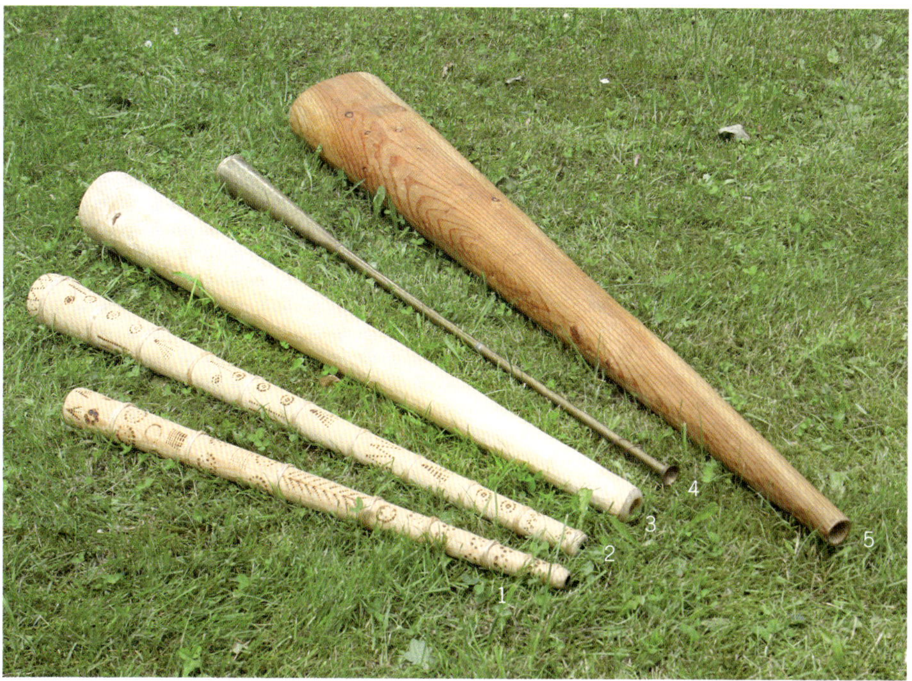

80 Holzhörner, Trompete und Luren
1 Bucium, Rumänien
2 Bucium, Rumänien
3 Lure, Eigenbau
4 Messingtrompete, Nordafrika
5 Lure, Eigenbau

Dass sich das Alphorn zur Erforschung der Klanglandschaften und Resonanzräume in aller Welt eignet, beschreibt der kanadische Alphorn-Spieler Mike Cumberland (2004). Die Alphorn-Obertonskala stellt auch Bezüge zwischen Tönen und Zahlen her (siehe Abschnitt 4.4).

Auch in Rumänien gibt es eine Art Alphorn, das Bucium (Abb. 80). In Zweischalenbauweise aus Nadelhölzern hergestellt, dient es den Frauen bei bestimmten Festen zur Kommunikation. Das Bucium kann von dreißig Zentimetern bis über drei Meter lang sein.

Alle bisher genannten hörnerähnlichen Instrumente haben im wesentlichen einen tiefen Grundton und einen oder mehrere Überblastöne. Nicht vergessen werden sollte das tibetische Langhorn Dungchen, das in Längen von siebzig Zentimetern bis über vier Meter gespielt wird. Dieses auffallend ästhetische Instrument wird traditionell in buddhistischen Zeremonien in Paaren verwendet und bietet in der Improvisation einen satten und knatternden Bass sowie mehrere trompetenartige Obertöne. Praktischerweise ist es zusammensteckbar und so einfach transportabel. Die Situation Tibets kann mit diesem Instrument exemplarisch und klingend dargestellt werden, zusammen mit Muschelhörnern, Glocken und Klangschalen. Zum Spiel ist weniger Finger-, wohl aber Lippenfertigkeit gefragt (M 40).

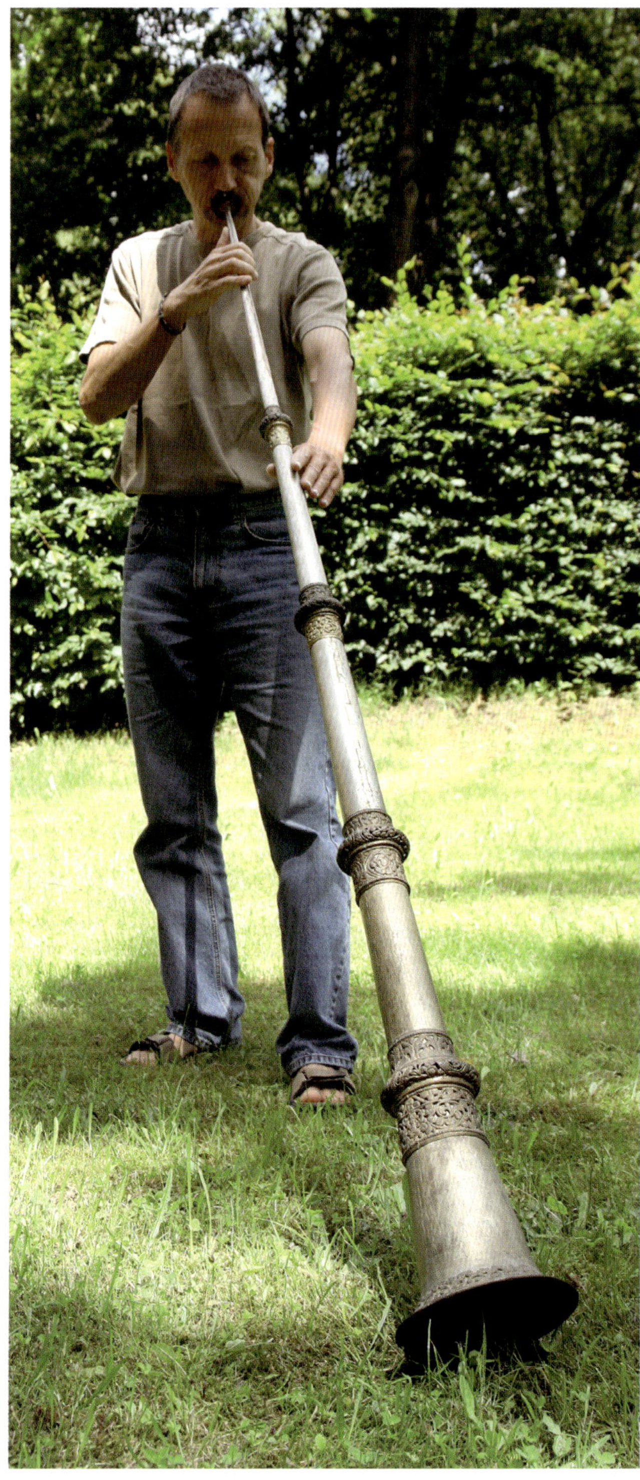

81 Tibetisches Langhorn Dungchen.

Trompeten in einfacher Bauart unterscheiden sich von den Hörnern durch geradere Formen und zylindrische Rohre. Aus den Naturmaterialien Holz, Bambus und Ton können sie einfach gebaut werden.

Themen:
- Naturhörner: Religion und Ritual, Tiere von denen Hörner stammen.
- Allgemein: Ruf und Echo in der Landschaft.
- Alphorn: Klanglandschaft, Intervalle, Obertöne, Zahlenrelationen.

Flöten und Pfeifen
Ein Mythos der Chitimacha-Indianer Nordamerikas sagt über den Ursprung der Flöte: »Ein Knabe saß da und wünschte, er könne aus einem Stück Schilfrohr Musik machen. Da kam die oberste Gottheit vorüber, wie ein Wanderer verkleidet. Der Knabe gab der Gottheit Hirschfleisch, und diese zeigte ihm, wie man aus Schilfrohr eine Flöte macht und die Löcher mit spitzen Stöcken heißen Holzes einbrennt. Die Flöte hatte vier Löcher oben und eines unten. Später kam die Gottheit wieder, und der Knabe hatte die Flöte gemacht, wusste aber nicht, darauf zu spielen. Da zeigte es ihm die Gottheit.« In Alt-Mexiko ist es der Gott Quetzalcoatl, der mit dem Spiel der Knochenflöte dem Totengott das Wissen zum Bau der Menschen entreißt. (Laade, W. 1975).

Den Flötentönen wird magische Wirkung zugeschrieben: ob zur Liebeswerbung wie mit der Adlerflöte der nordamerikanischen Lakota-Indianer, dem Spiel der Ney-Flöte der Sufis, deren sehnsuchtsvolle Klänge die Trauer über das Abgeschnittensein vom Urgrund ausdrücken (wie die Sehnsucht des abgeschnittenen Schilfhalms der Flöte nach seinen Wurzeln) oder dem Spiel Pans auf seiner Flöte, um die Nymphen zu gewinnen oder Spaziergänger im Moor »panisch« zu erschrecken. Auffällig ist, dass Flöten in den alten Hochkulturen Nord- und Südamerikas, Asiens und Alt-Europas vorkamen, seltener jedoch in Afrika und gar nicht in Alt-Australien. Als Pfeifen werden meist Flöten mit nur einem, oft schrillen Ton bezeichnet. Ausnahmen bestätigen die Regel, so die dreitönige Samba-Pfeife. Und der mittelalterliche Stadtpfeifer musste auch Flöten, Trompeten und Posaunen spielen können. Sackpfeife wurde der Dudelsack genannt, der nicht zur Flötenfamilie gehört.

Für die musikalische Ökologie sind auch die Materialien von Interesse, aus denen Instrumente bestehen. Für Flöten werden zylindrische, konische, längliche oder gefäßartige Hohlräume benötigt. Was liegt näher, als in der Natur Material zu suchen, das bereits Hohlräume hat? Bambus und Schilf sind da vorzüglich geeignet. Auch Holunder und trockene Stengel vom Riesenbärenklau (im grünen Zustand giftig. Mundstücke mit Wachs oder Lack abdecken!) kommen in Frage. Daraus entstehen Panflöten, schnabellose Längsflöten wie die südamerikaische Quena, die japanische Shakuhachi, Diagonalflöten wie die türkisch-persische Ney, Querflöten wie die indische Bansoori oder Flöten mit Block oder Luftkanal wie die indone-

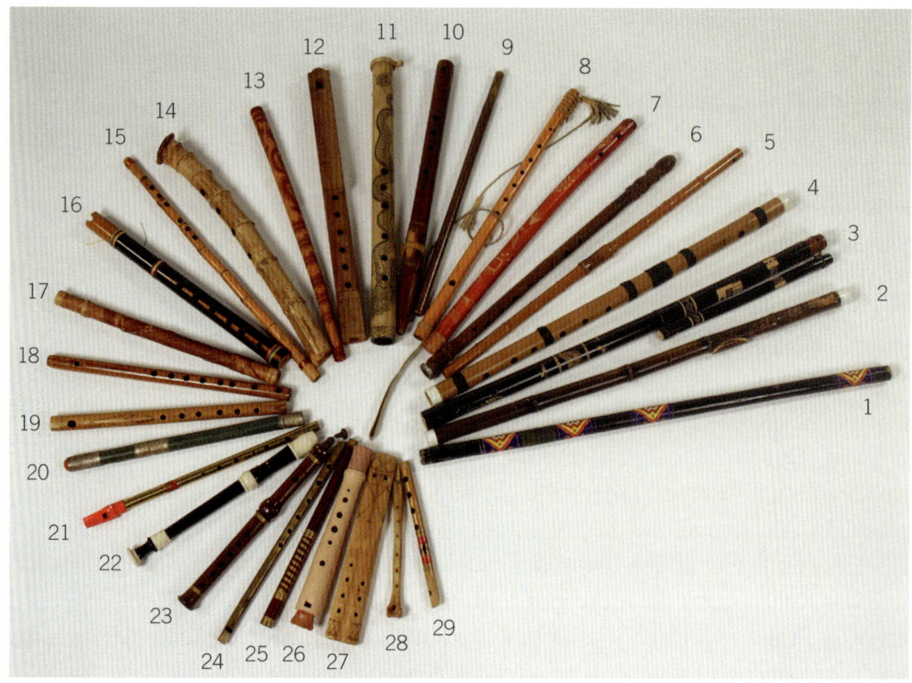

82 Flöten aus aller Welt

1 Caval, Rumänien
2 Bawu, Schwingzungeninstrument, China
3 Mocenos, Bolivien
4 Bansoori-Querflöte, Indien
5 Tilinka-Obertonflöte, Moldavien
6 Sringa, Armenien
7 Mocenos, Südamerika
8 Querflöte mit Peitsche, Burjatien, Russland
9 Obertonflöte aus Kupfer, Eigenbau
10 Adler-Liebesflöte, Nordamerika
11 Drachenflöte Suling, Bali
12 Blockflöte, Bolivien
13 Hirtenflöte, Slowakei
14 Shakuhachi-Bambusflöte, Eigenbau
15 Nai, Ägypten
16 Quena, Mexiko
17 Rindenblockföte, Estland
18 Salamuri, Georgien
19 Querflöte, Kamerun
20 Jadeflöte, China
21 Thin Whistle, Irland
22 Kunststoffblockflöte (Yamaha)
23 Querflöte, Nepal
24 Messingflöte, Himalaya
25 Fluiere, Rumänien
26 Keramikflöte (Friedemann Schmidt)
27 Dublitska, Kroatien
28 Knochenflöte, Rumänien
29 Sopranblockflöte, Peru

sische Suling oder Blockflöten der ganzen Welt. Flöten sind – nach der menschlichen Stimme – dem unmittelbaren Gefühlsausdruck am nächsten. In Europa hat mancherorts die Tradition überlebt, sich im Frühjahr Weidenpfeifen zu bauen. Eine Rindenröhre, durch Beklopfen des Zweigs gelockert, liefert die Luftsäule. Da die Rinde schnell austrocknet, ist die Weidenpfeife nur für kurze Zeit funktionsfähig.

Eine Grunderfahrung der Flöte ist die Verbindung des Atems zum entstehenden Ton oder luftartigen Geräusch. Viele mit den Fingern abzudeckende Löcher oder Klappen lenken am Anfang davon ab. Deshalb empfiehlt es sich, mit Kindern oder Flötenunkundigen zunächst Flöten ohne Loch, z. B. Obertonflöten, oder mit nur ein bis zwei Grifflöchern zu verwenden. Der Schwerpunkt liegt auf dem hörbaren Luftelement ohne Bewertung eines entstehenden »unsauberen« oder »sauberen« Tons. Gerade Panflöten oder blocklose Flöten wie Quena oder Shakuhachi lassen eine Vielfalt von atemerzeugten Geräuschen entdecken, die in der klassischen Blockflötenschule nicht vorkommen (M 41). Später kann dann der Unterschied zwischen der Block- und der Querflöte entdeckt werden, wobei viele einfache Flöten aus den Kulturen verschiedenster Kontinente sechs Löcher auf der Oberseite gemeinsam haben. Jede Flöte lehrt den Spieler, den ihr eigenen Atemstrom zu finden und Ton- bzw. Geräuschoptima und ihre Umschlagpunkte aufzuspüren (M 42).

Ein weiteres Material für Flöten ist gebrannter Ton: Die ersten Gefäßflöten treten mit der Verwendung von Feuer und gebrannter Keramik auf. Zur Hochblüte kam dieser Instrumententyp in Alt-Amerika etwa ab 1000 v. Chr (Marti, S. 1985). Besonders die Urkulturen Mexikos zeigen eine Fülle von Tier-, Menschen- und Geistergestalten als Tonflöten, wobei anzunehmen ist, dass die jeweilige Tierart auch mit dem gespielten Instrument in magischer Verbindung steht. Die Tradition des Fertigens von Gefäßflöten oder Okarinas (italienisch »Gänschen«) wird ständig gepflegt und weiterentwickelt. Im Unterschied zu Längsflöten mit offenen Flötenrohren, bei denen die Tonhöhe von der Luftsäulenlänge und nur in geringem Maß vom Volumen abhängt, sind Gefäßflöten geschlossen. Die Tonhöhe lässt sich durch Veränderung des resonierenden Luftvolumens erreichen. Ein geöffnetes Loch bewirkt ein kleines Intervall nach oben, unabhängig davon, wo sich das Loch auf der Flöte befindet. Die Kollektion in Abb. 83 zeigt, dass Okarinas heute die ganze Welt bevölkern.

Im fachübergreifenden Bildungsansatz bietet es sich an, den gesamten Entstehungsprozess vom Vorkommen des Tons (Geologie), dessen Reinigung und Aufbereitung über das Entstehen des Instruments (Handwerk), seiner Form und Aussage (künstlerisches Gestalten, z. B. Wahl eines Tiers), dem Trocknen, Brennen, Bemalen und gegebenenfalls Glasieren zu bearbeiten. Steht mehr das Spiel mit fertigen Instrumenten im Vordergrund, ist jenen Instrumenten der Vorrang zu geben, die gut spielbar sind, nicht zu viele Löcher mit schwieriger Verschließbarkeit haben, robust und ästhetisch sowie thematisch geeignet sind. Für den Anfänger sind Flöten mit zwei bis vier Löchern auf der Oberseite gut, später kann man auch Instrumente mit bis zu sechs Löchern sowie zwei Daumenlöchern einführen (M 43).

Gefäßflöten können auch aus Bambus gefertigt sein, wie ein von mir in Baukursen angebotenes Instrument zeigt. Als mehrtöniges Melodieinstrument stellt die Flöte auch die Frage nach dem Zusammenstimmen mit anderen Melodie- oder Grundtoninstrumenten. Gerade Flöten der Naturvölker und verschiedener Hoch-

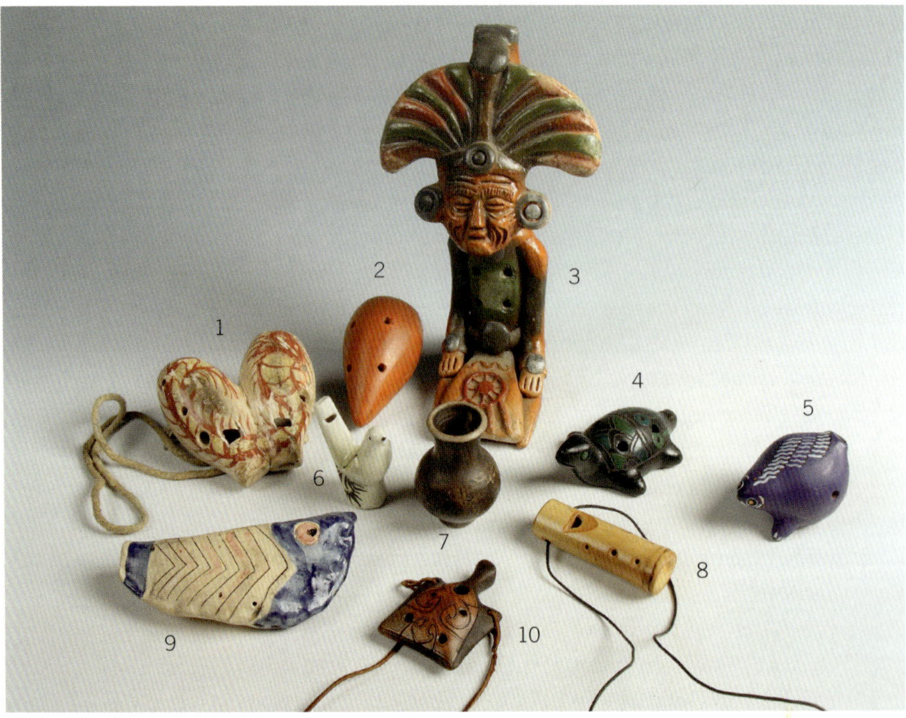

83 Gefäßflöten

1 Doppelflöte, Kolumbien
2 Okarina mit offenem Mundstück, Rumänien
3 Ritualflöte, Mexiko
4 Schildkröte, Mexiko
5 Robbe, Baikal, Russland
6 Vogelpfeife, Vietnam
7 Vasenokarina, Russland
8 Bambusokarina, Eigenbau
9 Fisch (Andreea Botezan)
10 Taschenokarina, Ungarn

kulturen zeichnen sich durch eine starke Variabilität der Skalen und Lochanordnung aus, und auf den ersten Blick oder beim ersten Hinhören ist oft nicht auszumachen, ob es sich um ein pauschalgebohrtes Touristenobjekt oder um kulturspezifische Skalen handelt. Die Skala einer Flöte lässt sich feststellen, indem man vom geöffneten Zustand aller Löcher langsam von oben her Loch für Loch schließt, bis man beim tiefsten spielbaren, dem Grundton angekommen ist. Dabei spielt der Tastsinn der Fingerkuppen die wichtigste Rolle: Die Empfindung des Abdichtens gibt die Sicherheit, dass das jeweilige Loch geschlossen ist. Durch die aufgelegten Fingerkuppen spürt man ein deutliches Vibrieren der darunter befindlichen Luft (M 44). Mehr zu diesem Thema findet sich in meiner Studienarbeit, die vier Flöten aus unterschiedlichen Kulturen im Selbstlernen durch die eigenen Sinne erschließt (Heyne, H. 1996).

Leider werden im Eine-Welt-Handel oft minderwertige Flöten angeboten. Um bei diesen und anderen Instrumenten im Fairen Handel in Deutschland Qualitätsverbesserungen zu erreichen, habe ich 2004 den Arbeitskreis »Eine Welt Musik-

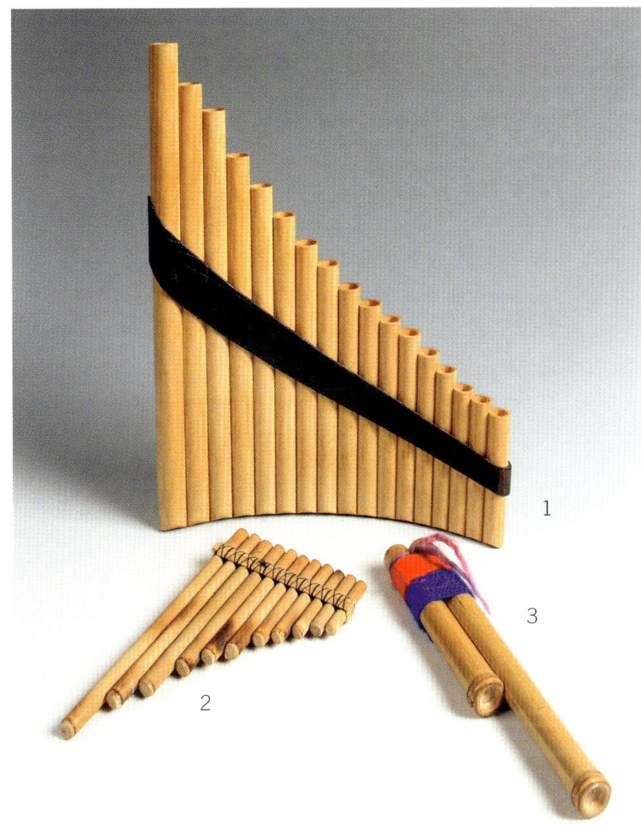

84 Panflöten aus Rumänien (1), Bolivien (2) und Eigenbau (3).

instrumente« initiiert und mitbegründet. Der Aufruf zur Gründung wurde in der Zeitschrift »Weltladen Extra 04« veröffentlicht und ist mit einigen Thesen versehen, die Musik stärker in die Bildungspolitik einbringen möchten (2004).

Beim Spielen mit Flöten aus aller Welt lässt sich entdecken, wie die Größe der Löcher und ihre Anordnung unterschiedliche Skalen erzeugen, die jeweils einen kulturspezifischen Charakter aufweisen. Daran schließen sich weitere Fragen und Themen an wie: Gibt es in den Kulturen absolute Grundtöne? In welchem Verhältnis stehen Tonhöhen zur Sprache und Höhe der Sprechstimme, zur spezifischen Klanglandschaft der geografischen Zonen und sprachlichen Besonderheiten? Erschöpft sich das Phänomen »Ton« in der Zuordnung von physikalischen Schwingungen und Sinusfrequenzen, oder stellen Töne auch geistige Qualitäten dar?

Hierzu eine alte Legende aus China, in der auch eine pentatonische Skala beschrieben wird: »Vor alters befahl der Kaiser Huan Ti, Herr der Gelben Erde, seinem Musikmeister Ling Lun, die Tonleiterpfeifen zu verfertigen. Ling Lun ging vom Westen des Ta-Hia-Gebirges und kam zum Norden des Yüan-Yü-Berges. Da nahm er Bambus aus dem Tal Hiä Hi von gleichmäßig dickem Hohlraum und hieb

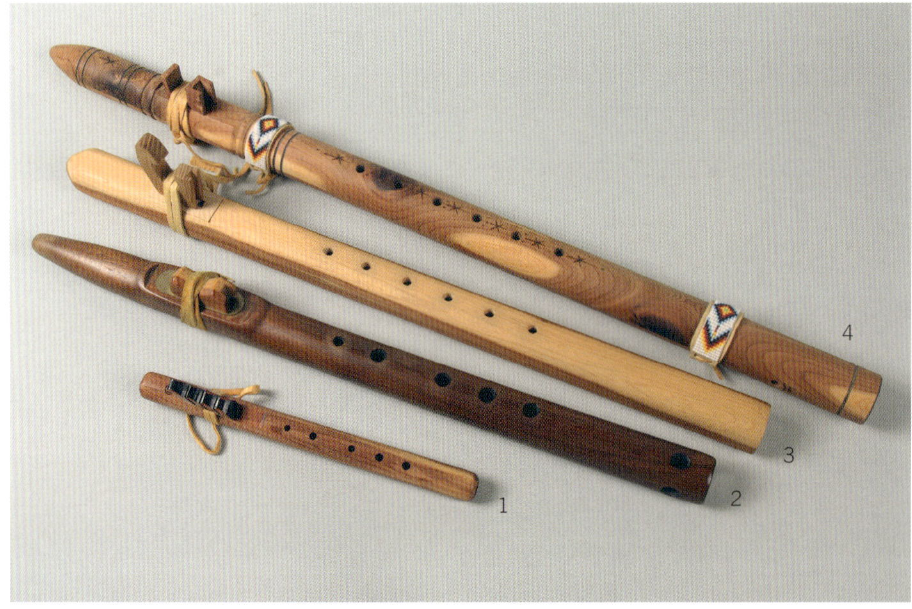

85 Liebesflöten der nordamerikanischen Indianer

1 Pikkolo
2 Original aus Nordamerika
3 Eigenbau aus Zedernholz
4 Original aus Nordamerika

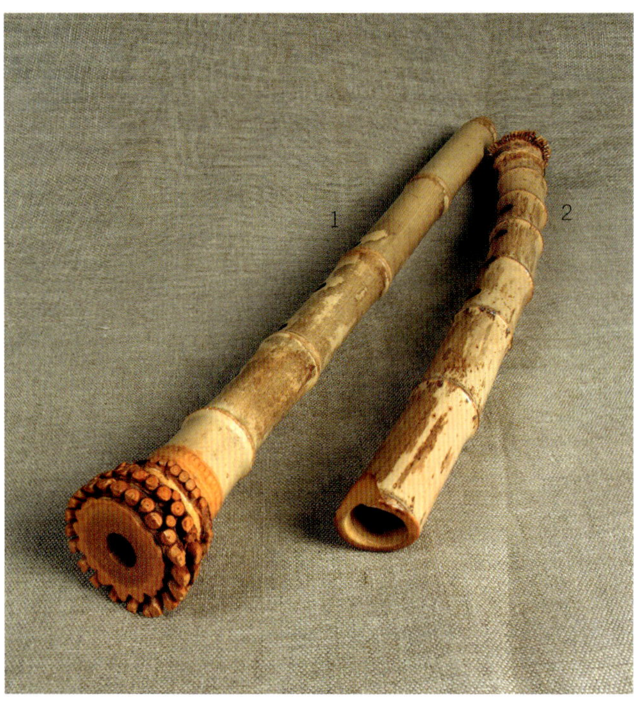

86 Shakuhachi-Flöten aus Japan (1) und Eigenbau (2).

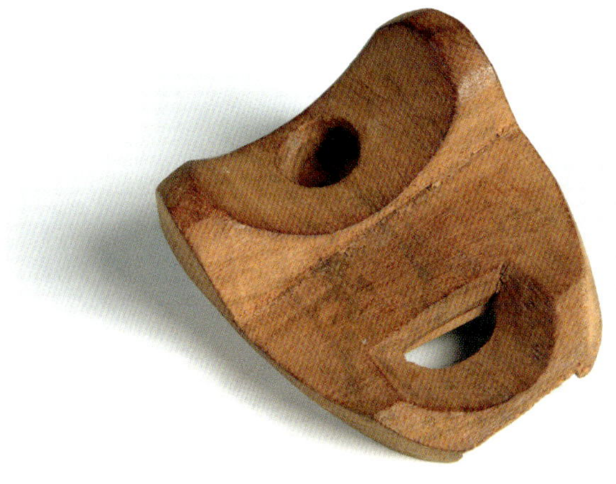

87 Nasenflöte, Brasilien.

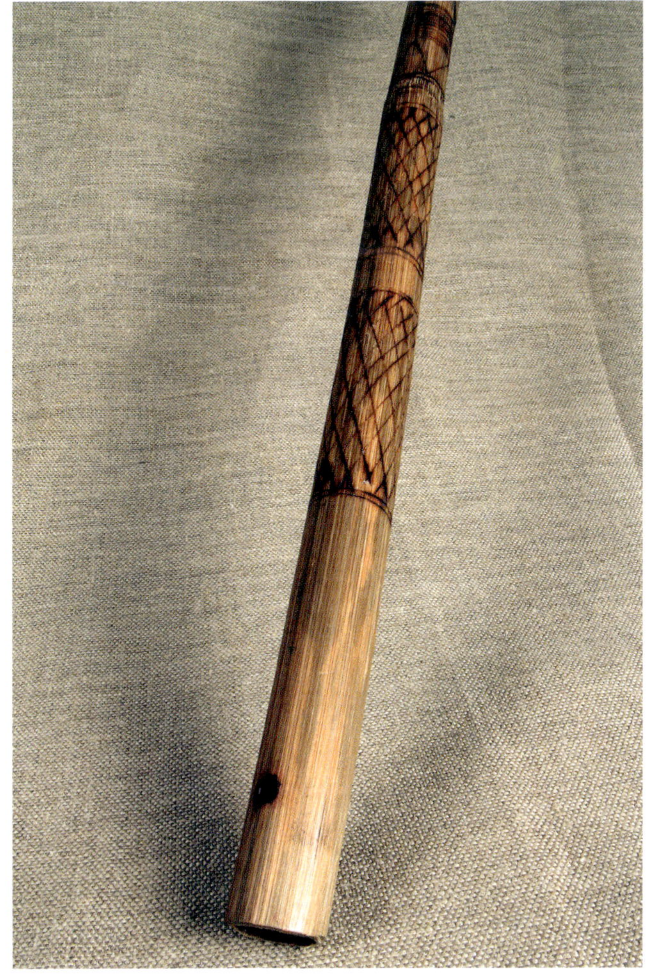

88 Windstab, Indien.

ihn zwischen zwei Knoten durch. Er blies darauf und sprach: Das stimmt! Der Ton war nicht höher und tiefer wie sein eigener Sprechton, wenn er von jeglicher Leidenschaft frei blieb, zugleich aber stimmte er mit dem Rauschen des unweit davon entspringenden Hoang-Ho überein. Während Ling Lun darüber in innere Betrachtung versank, erschien ihm der himmlische Phönixvogel mit seinem Weibchen. Das Männchen Fong und das Weibchen Huang sangen je sechs Töne, wobei der erste Ton wieder mit dem Ton der Quelle des gelben Flusses übereinstimmte. Der Musikmeister fertigte nun, nach dem Vorbild des Vogelgesanges, insgesamt zwölf Bambuspfeifen an und kehrte damit zu Huang Ti zurück. Der Kaiser befahl zwölf Glocken zu gießen, die ihrerseits die harmonischen fünf Töne der Tonleiter ergaben.« (Pfrogner, H. 1981).

Die Legende beschreibt eine Panflöte, die sowohl aus Bambus als auch aus Ton in den meisten archaischen und alten Hochkulturen vorkommt. Die geschlossene Luftsäule erzeugt einen Ton, der eine Oktave tiefer klingt als das offene Rohr gleicher Länge. Jedes offene Rohr ist ebenfalls geeignet, durch Überblasen die Obertonskala hörbar zu machen. Das »Überblasen« einer Flöte bedeutet, durch stärkeres Anblasen in die höhere Oktave zu springen (M 45).

Im Bereich der Holzflöten habe ich einen Workshop zum Bau der nordamerikanischen Indianerflöte entwickelt. Diese traditionell zur Liebeswerbung oder zum Naturzauber eingesetzte Zweikammerflöte wird aus zwei Holzhälften gearbeitet, die zusammengeleimt und mit einem verschiebbaren Reiter, oft als Tierfigur, versehen werden. Durch Verschieben des Reiters kann der Klang verändert werden. Die Flöte ist meist pentatonisch gestimmt.

Aus Bambus ist die japanische Shakuhachi, deren spezielles Mundstück eine große Vielfalt von Klängen und Tönen ermöglicht. Im Kurs zu Bau und Spiel wird versucht, im Sinn ihrer Herkunft aus dem Zen-Buddhismus das Nicht-Wollen des schönen Tons zu vermitteln, um ihn dann irgendwann geschenkt zu bekommen. Es kommt darauf an, ganz im Jetzt zu sein und das, was die Flöte hören lässt, als das Wesentliche zu nehmen. Dabei wird auch der Atem vertieft, und die Wahrnehmung ändert sich (M 46).

Erstaunlich und humorvoll ist das Spiel der Nasenflöte. Sie stammt aus Brasilien oder Südostasien. Zur Tonerzeugung wird sie mit dem runden Loch direkt unter die Nase gehalten, so dass das Labium – die Anblaskante, die die Luftschwingung erzeugt – vor den geöffneten Lippen zu liegen kommt. Die Flöte wird durch die Nase angeblasen, und die Mundhöhle dient als Resonanzraum. Indem man mit der Zunge Vokale formt, kann man die unterschiedlichsten Töne erzeugen und vom tiefsten bis zum höchsten Ton gleiten. Nasenflöten eignen sich vorzüglich zum Spielen von Vogelstimmen und für gestische Improvisationen.

Der aus Rajasthan in Indien stammende Windstab aus Bambus erzeugt durch eine eingebaute Riffelung ähnlich der in Spielwarengeschäften angebotenen Heulrohre je nach Geschwindigkeit des Schwingens unterschiedliche Obertöne (M 47).

Themen:

- Bambus- und Schilfflöten: Herkunft der Pflanzen, Wachstumsbedingungen, traditionelle Verwendung und Flötenherstellung
- Lebens- und Arbeitsverhältnisse der Instrumentenbauer
- traditionelle und moderne Spielweisen
- Hintergründe von Mythos, Ritual und Religion
- Bezug der Flötenmusik zur Natur und zu Naturklängen sowie zu Atem und Lebensatem
- Skalengestalten auf Flöten und unterschiedliche Wirkung der Skalen auf die Befindlichkeit von Zuhörern verschiedener Kulturen
- Ästhetik in Form und Gestaltung
- Verzierung der Flöten
- Kontakt mit Tieren durch Flöten
- Physik der Tonentstehung
- Instrumente lernen mit allen Sinnen

Klarinetten, Oboen, Windkapselinstrumente und vermischte Aerophone

»Hauptmerkmal der Klarinetten ist das einfache, aus einem zylindrischen Rohr herausgeschnittene oder aufgesetzte Blatt (Zunge). Sie stammt vermutlich aus dem alten Ägypten, von wo sie sich über Nordafrika und Europa verbreitete« (Diagram Group 1988). Was an diesen oft kleinen und aus Schilf gebauten, unscheinbaren Instrumenten fasziniert, ist ihre unglaubliche Lautstärke im Vergleich zur Größe und dass sie vollständig aus Naturmaterial gefertigt sind. In mehreren Ländern Europas traf ich in den 90er-Jahren auf eine noch immer gepflegte Tradition, diese zu spielen: in Estland, Rumänien, Ungarn, Russland, Griechenland und der Türkei. In der Schweiz ist überliefert, dass die Schnitterinnen sich Zungen in Schilfhalme schnitten und darauf spielten, woraus ein »Erntezeitinstrument« wurde. In Indien und Arabien trifft man auf Ein- und Mehrfachklarinetten, auch in Kalebassenform, die zur Schlangenbeschwörung und zu ekstatischen Tänzen gespielt werden. Ausführlich berichten darüber Peter Pannke und Horst A. Friedrichs in ihrem Buch »Die Troubadoure Allahs« (1999).

Der nasale, laute Klang, oft in schneller Abfolge der Töne auf- und abgespielt, regte im Spiel des griechischen Aulos bereits zu ekstatischen Tänzen an. Der Aulos, eine Doppelklarinette, gilt als klassisches dionysisches Instrument im Gegensatz zur ordnenden Leier des Apoll. Die chinesische Hu-Lu-Si tendiert eher in Richtung Süße und Gefühl. Hier werden metallische Durchschlagzungen im Luftdruck der Kapsel zum Schwingen angeregt.

Die Spielweise von primitiven Klarinetten ist ziemlich rabiat: Um den nötigen Außendruck zu erreichen, der die Zunge zum Schwingen bringt, muss das ganze Mundstück in den Mund genommen werden (M 48). Einfacher ist dies, wenn, wie bei der Schalmei oder der rumänischen Fluiere cimpoi (Dudelsackflöte), bereits

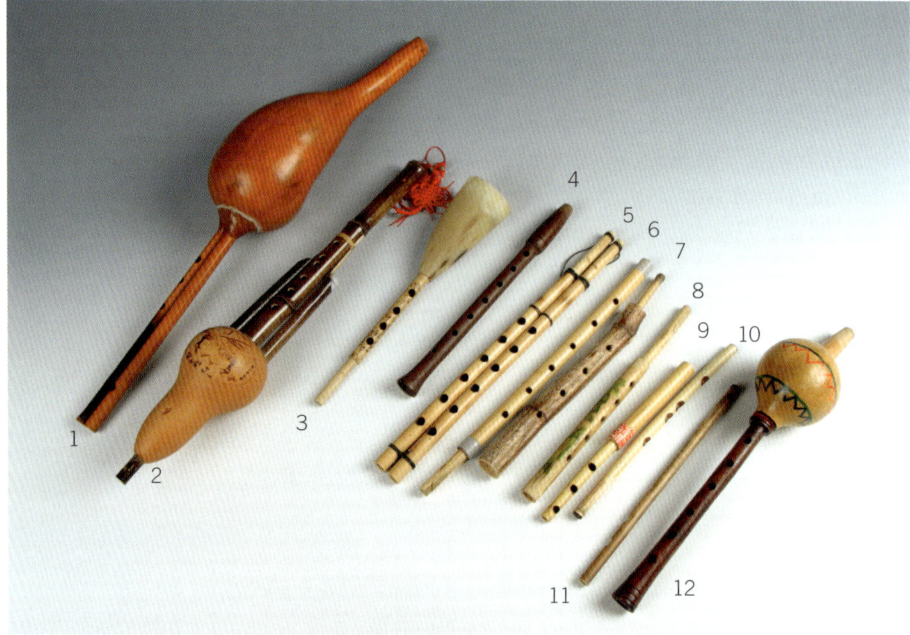

89 Einfache Klarinetten und Windkapselinstrumente

1 Snake Charmer, Indien
2 Hu Lu Si, Vietnam
3 Schilfklarinette mit Horn, Indonesien
4 Fluiere Cimpoi (Dudelsackflöte), Rumänien
5 Sipsi, Ägypten
6 Cifle, Türkei
7 aus trockenem Bärenklaurohr, Eigenbau
8 Mantoura, Griechenland
9 »Spiel-Zeug«, Indien
10 Roopill, Estland
11 aus Ostsee-Schilf, Eigenbau
12 Kalebassen-Fluiere Cimpoi, Rumänien

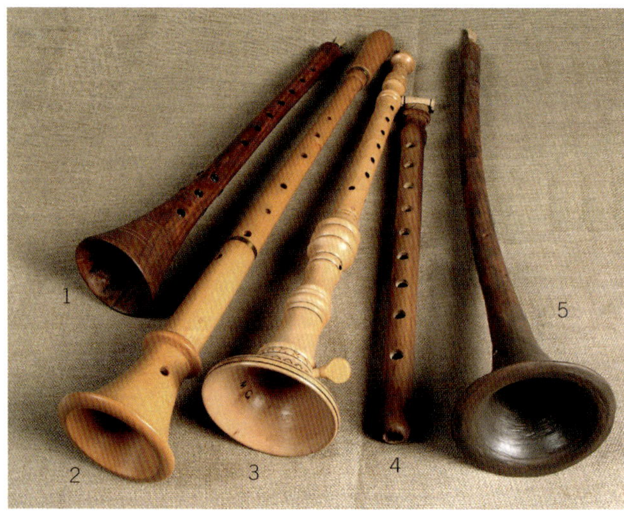

90 Oboen und Schalmeien

1 Zurna, Türkei
2 Schalmei, Deutschland
3 Roschenize, Istrien, Kroatien
4 Duduk, Armenien
5 Schalmei aus gebranntem Ton, Eigenbau

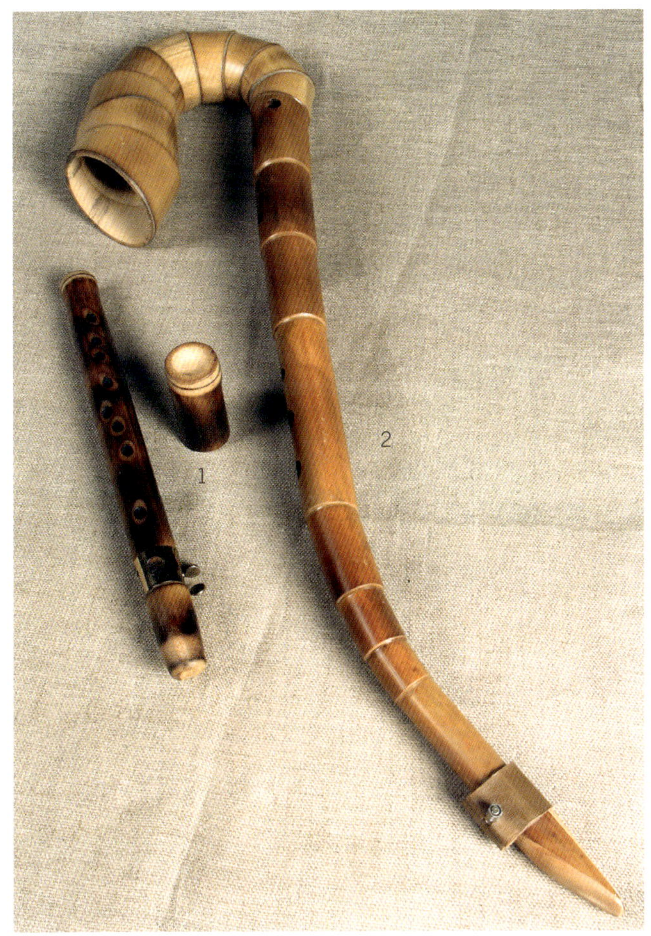

91 Maui-Xaphon (1) und Bambussaxophon (2), Hawaii.

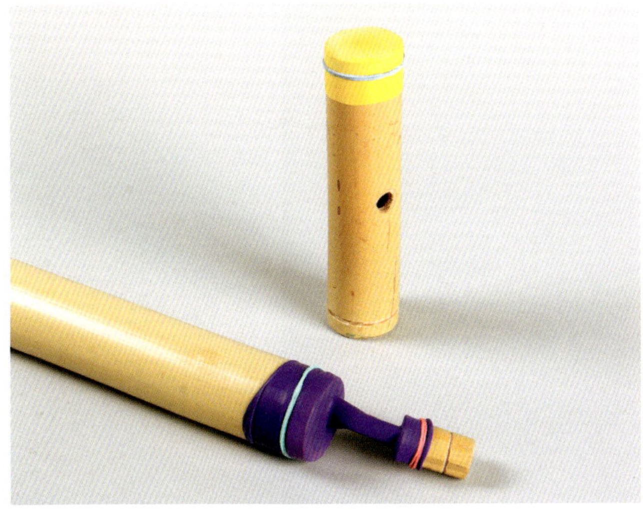

92 Ballonflöten, Eigenbau.

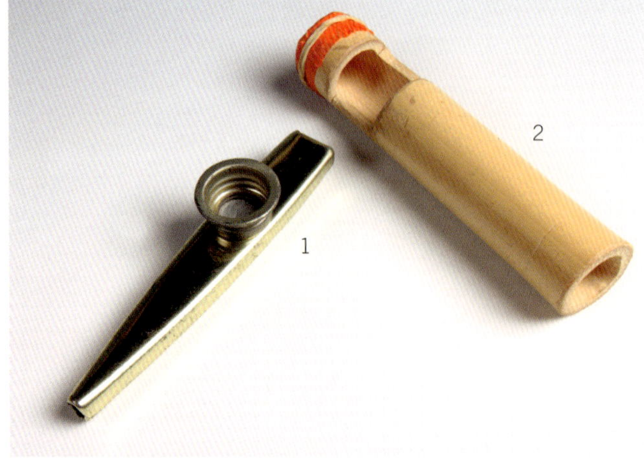

93 Kazoos aus Blech (1) und Bambus (2, Eigenbau).

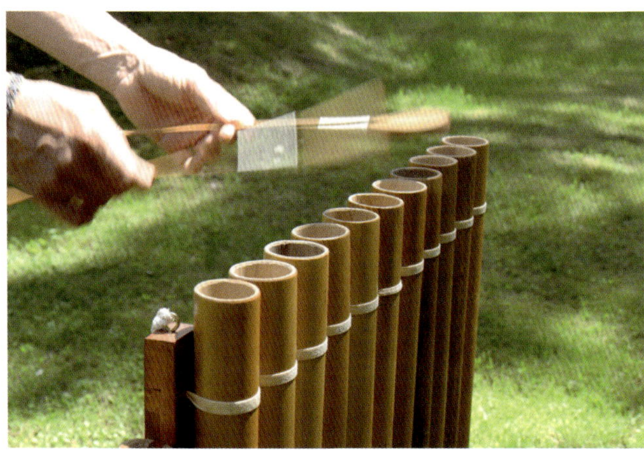

94 Bambusröhrenspiel Klông pút, Vietnam, als Paddledrum …

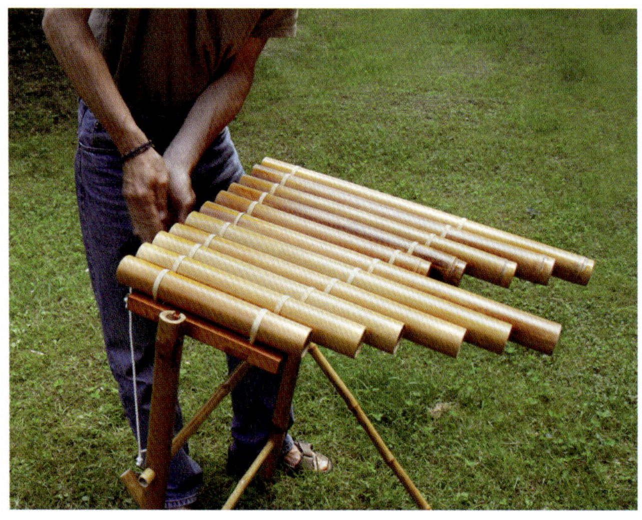

95 … und als Klatschorgel.

eine Windkapsel aufgesetzt ist. Aus hygienischen Gründen wird letzteren beim Spiel mit Gruppen der Vorzug gegeben.

Aus der Oboenfamilie stammen die Zurna (Türkei, naher Osten) und der Duduk (Armenien). Merkmal dieser Instrumente sind ein Doppelrohrblatt als Mundstück. Hier gelangt man jedoch an die Herausforderung und Grenze des einfachen Spielens. Alle Luftklinger mit Gegendruck sind auch mit Zirkularatmung spielbar wie das Didjeridoo.

Bei der mittelalterlichen Schalmei erleichtert eine Windkapsel das Spiel. Neben den Klarinetten sind für Spielkurse auch Bambussaxophone (einfaches Rohr oder echte Saxophon-Kanne) sowie selbstentwickelte Blasinstrumente wie Ballonflöten empfehlenswert. In meinem »Baukurs kleine Instrumente aus Naturmaterial« ist das Bambus-Kazoo vertreten, das ähnlich wie ein geblasener Kamm klingt. Man muss bei abgedichtetem Mundstück hineinsingen, was vielen zunächst befremdlich vorkommt. Den Dudelsack, eine meist mit Bordunpfeifen versehene, sackluftgestützte Klarinette, verwende ich in einfachen Gruppenimprovisationen nur selten, er ist zu laut und stark vom folkloristischen Gebrauch geprägt.

Eine Besonderheit ist die vietnamesische »Klatschorgel« Klông pút aus Holz und Bambus. In der Verbindung aus Luftklinger und Schlaginstrument ergeben sich hier eine Vielzahl von Rhythmus- und Spielerfahrungen. Mit bestimmter Handformung beim Klatschen wird ein gezielter Luftstrom auf die offenen und geschlossenen Röhren gelenkt, was die Luftsäulen in ihrem Eigenton erklingen lässt (M 49).

Themen:

- »auch Kleines kann kräftig sein«
- Ausdrucksstärke und Energie
- Verbindung Getreide – Schilf – Ernte – Klänge
- Apollo und Dionysos als polare Kräfte in Musik und Leben
- den richtigen Atem finden
- Gegendruck als Willensschulung
- Windkapselinstrumente
- Verwendung von Materialien (Schilf, Bambus, Knochen, Kalebassen) in verschiedenen Herkunftsländern

Saiteninstrumente (Chordophone)

Die ersten Saiteninstrumente (Chordophone) wurden in Mesopotamien in den Königsgräbern von Ur (3000 v. Chr.) gefunden (Rashid, S. A. 1984). Es waren sehr aufwendig hergestellte und verzierte Leiern aus Gold und Silber. Dagegen ist der bis heute in Afrika anzutreffende Mundbogen als einfachstes Saiteninstrument eher mit dem Jagdbogen verwandt. Eine wesentliche Frage der gespannten Saiten – im Griechischen τονος, »Spannung« – ist die Tonhöhe. In Griechenland stellte sich

Pythagoras (um 580–496 v. Chr) diesem Thema auf besonders interessante Weise: Mit dem Monochord (Einsaiter) fand er verschiedenste Zusammenhänge zwischen musikalischen Intervallen und Saitenlängenverhältnissen. Auf ihn geht die Ableitung der abendländischen Tonleitern aus Oktave und Quinte zurück, welche unser Musikempfinden bis heute prägt. Um das Wesen der Saiteninstrumente zu begreifen, soll zunächst wieder die Mythologie zu Wort kommen

Zwei Mythen aus China: »Zur Zeit Scheng Nungs bliesen viele Winde, die Kraft des Lichten sammelte sich, und alle Dinge lösten sich auf, die Früchte und Samen wurden nicht reif. Da baute Schi Da die fünfsaitige Harfe, um die Kraft des Trüben herbeizurufen und die Lebewesen alle zu festigen.« (Pfrogner, H. 1981)

»Der mythische Herrscher Shun schuf die fünfsaitige Qin, sang und spielte ›Des Südwinds Lied‹ und ordnete so die Welt.« (Timmermann, T. 1989)

Ein anderer Mythos erzählt, wie Apollo, dieselbe Lichtgottheit, die die Ägypter als Osiris kannten, seine Leier von Hermes, dem Götterboten, erhielt: »Als Hermes nach Pieria kam, wo Apollo eine Herde edler Rinder weidete, beschloss er, sie nachts zu entführen. Apollo beauftragte Silen und seine Satyrn, den Täter aufzuspüren. Als sie durch Arkadien zogen, hörten sie die zarten Klänge einer Musik, wie sie noch nie vernommen wurde. Die Nymphe Kyllene erzählte ihnen, dass hier unlängst ein Kind geboren ward, das sich aus dem Panzer einer Schildkröte und dem Darm eines Rindes ein wunderbares Musikinstrument gebaut habe. Daraufhin beschuldigte Apollo Hermes der Entführung, und dieser sollte die Herde zurückgeben. Hermes spielte auf seiner Schildpatt-Leier mit dem Plektron eine bezaubernde Melodie und sang ein Loblied auf Apollo, so dass dieser ihm vorschlug, die Herde zu behalten und ihm dafür die Leier zu geben. Hermes war einverstanden und schnitt sich aus einem Ried eine Hirtenflöte, auf der er eine neue Melodie spielte [...] Auch diese wollte Apollo haben, Hermes verweigerte ihm das aber.« (Timmermann, T. 1989)

Zu erwähnen ist noch Orpheus, der Sänger, der mit seinem Leierspiel die wilden Tiere zu besänftigen wusste. Von den Dan der Elfenbeinküste ist überliefert: »Seiner Harfenlaute verdankte ein Jäger seine reiche Beute, die er vor dem Auszug zur Jagd als Jagdzauber spielte. Einmal hatte er versäumt zu spielen und erlegte nichts. Da grub er ein Loch in die Erde, suchte sich große Blätter, in deren Mitte er eine Raphiaschnur festknüpfte und sie über dem Loch auf dem Boden anpflockte. Neben dem Loch steckte er einen Stock in die Erde, machte das andere Ende der Schnur daran fest und spannte sie wie für eine Falle. Als er die Saite des Erdbogens anrührte, sprach sie wie die Harfenlaute, und er erlegte jede Menge Wild.« (Laade, W. 1975)

Aus diesen Mythen abgeleitet, sind Saiteninstrumente zum einen schöpfend-ordnend (göttlich, apollinisch), zum anderen zaubermächtig (die Geisterwelt anrufend). Eine Saite bedarf des bewussten Aufziehens, Spannens und meist auch Stimmens und hat damit zum Gedanklichen und (Selbst-)Bewussten mehr Verbindung als andere Instrumententypen. Vom Göttlichen herstammend, kommt der Mensch wirklich auf der Erde an, indem er himmlische Musik spielt.

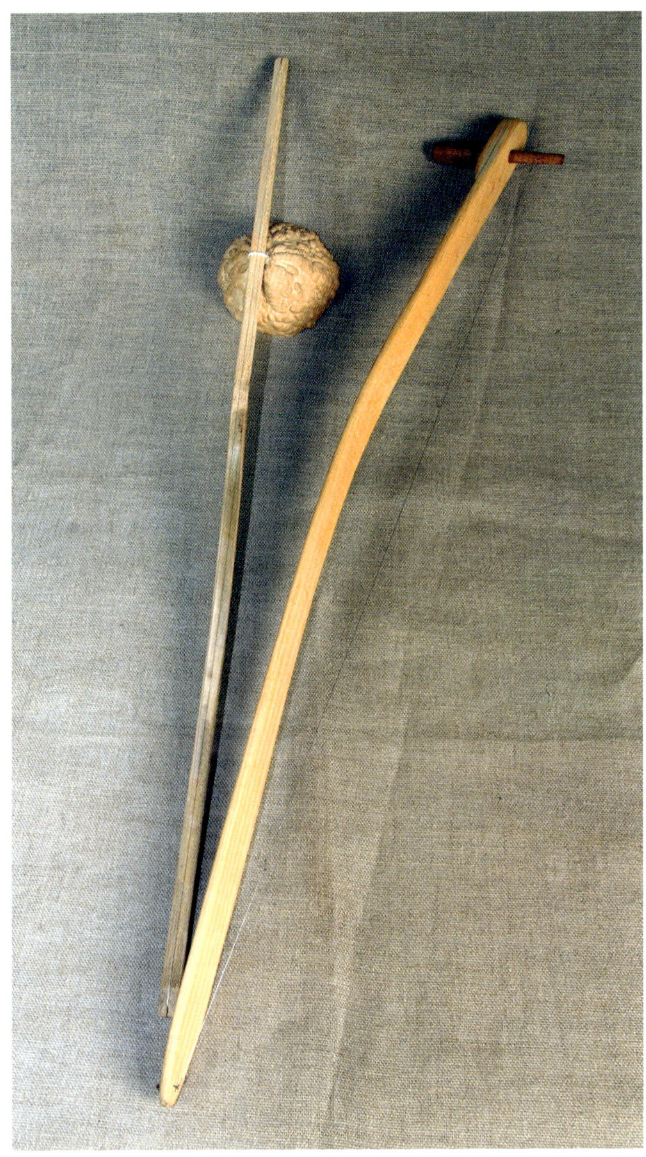

96 Mundbögen, Eigenbau und Frankreich.

Für die Musikimprovisation und Musik zur Umweltbildung sind Saiteninstrumente eine anspruchsvolle Instrumentenart, da sie oft (neben den Flöten) mit dem Etikett »das muss man lernen, ich kann das nicht spielen, weil ich unmusikalisch bin« belegt sind. In manchen Workshops werden deshalb fast ausschließlich Trommeln und Selbstklinger verwendet. Dabei wird übersehen, dass es auch ganz einfache Saitenklinger, wie Mundbogen, Zupftrommel sowie einfache Leiern, Harfen und Fideln, gibt. Diese werden in einer kleinen Auswahl im Folgenden exemplarisch vorgestellt.

Mund- und Erdbögen

Mundbögen bestehen aus einem gebogenen Ast oder einer Bambusstange mit einer aufgespannten Saite aus Pflanzenfasern, Darm, Metall oder Kunststoff. Ein Ende des Stabs wird samt der Saite an oder in den Mund genommen, dieser dient zur Verstärkung und Erzeugung von Obertönen je nach Vokalstellung des Mundraums (ähnlich wie bei der Maultrommel). Die Saite kann gezupft oder mit einem Stab geschlagen werden. Beim brasilianischen Berimbao, der traditionell zu dem Kampftanz Capoeira gespielt wird, ist zur Verstärkung eine Kalebasse am Stab befestigt.

Mundbögen sind einfach zu bauen und können direkt in der Natur entstehen und zum Einsatz kommen. Durch die Mund- oder Zahnverstärkung hört der Spieler die Klänge wesentlich lauter als mögliche Zuhörer. Die Verwendung als »Ancient Walkman« liegt nahe (M 50).

Den Bau eines Erdbogens beschreibt der vorhin erzählte Mythos von der Elfenbeinküste: An einem in die Erde gesteckten, biegsamen, längeren Stock ist eine Saite bzw. Sehne befestigt. Das andere Ende der Sehne ist mit der Mitte einer Membran verbunden, die anstelle von Blättern besser aus dünnen Holz- oder Metallplatten oder gespanntem Trommelfell besteht. Dieses befindet sich über einem Erdloch als Resonanzraum.

Themen:

- Entstehung einfacher Saiteninstrumente aus dem Jagdbogen
- Jagdzauber, Pfeil und Bogen
- Erde als Resonanzraum
- durch die Erde hören
- Darm und Pflanzenfasern als Saiten
- Mythos und Realität
- Spieltechniken
- traditionelles Vorkommen
- Sprache und Obertöne

Leiern und Harfen

Kennzeichen der Leier sind der zum Korpus parallele Saitenverlauf sowie zwei Holme und ein abschließendes Joch, an dem die Saiten befestigt sind und gestimmt werden. Die Leier des Hermes hatte drei Saiten, alte ägyptische Priesterinstrumente bis zu 26 Saiten (Oberkogler, F. 1985).

Der anthroposophisch orienterte Musiker und Musikwissenschaftler Friedrich Oberkogler geht davon aus, dass auch damals ein genaues Wissen über das Stimmen tradiert wurde, allerdings nur innerhalb der Priesterkaste. Das Stimmen von Saiteninstrumenten wird heute oft an elektronische Stimmgeräte delegiert, die auf den Sehsinn durch Leuchtdioden oder andere Erkennungssignale ausweichen. Dabei stellt das Stimmen einen ganz wichtigen Prozess des »in Übereinstimmung-

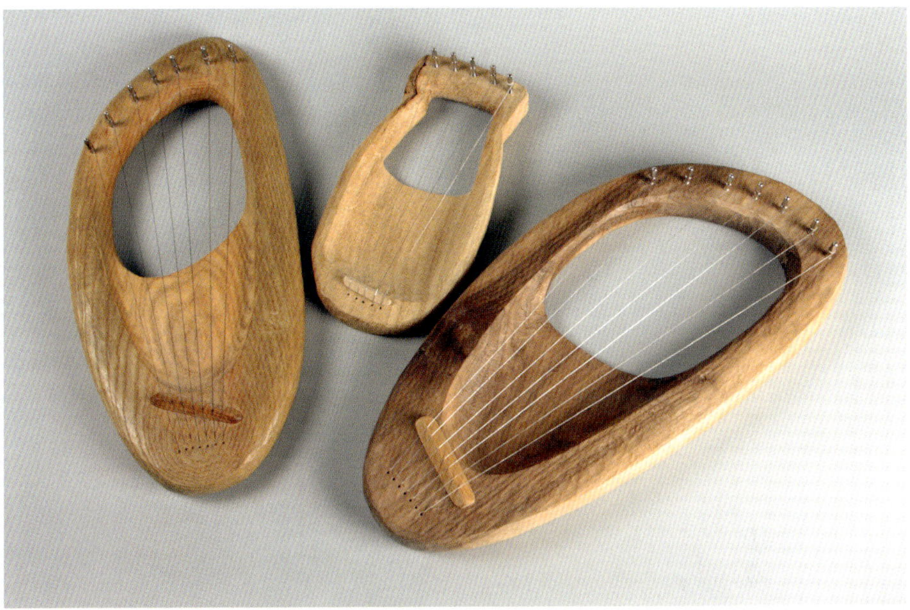

97 Pentatonische Leiern, Eigenbau.

bringens der Sache mit uns selbst« dar. Apollo verlangt Genauigkeit, und nichts kann störender sein als falsch gestimmte Saiteninstrumente.

Als Beispiel für Leiern verwende ich die pentatonische Kinderleier und biete sie im Workshop zum Selbstbauen für Erwachsene an. Aus heimischen Harthölzern entsteht in einem plastisch-musikalischen Prozess der hohlraumlose Korpus. Die Saiten aus Spezialdraht und ihre Spannung an den Wirbeln sind mit dem Holz zusammen genügend Verstärkung, um einen feinen, klaren, obertonreichen Klang zu erzeugen. Die quintenreine pentatonische Skala (siehe Abschnitt 4.4) ist bis heute in China präsent und vermittelt durch das Fehlen von Halbtönen eine ungestörte Harmonie sowie das Gefühl, einfach selbst musizieren zu können (Abb. 97) (M 51). Die ostafrikanische Kalebassenleier ist ein ästhetisches und klangliches Schmuckstück. Acht verdrillte Darmsaiten werden durch Knebelringe in Stimmung gehalten. Die Resonanzverstärkung erfolgt über eine Tierhaut (Abb. 98).

Der inzwischen verstorbene Norbert Dobisch, ehemaliger Leiter der Werkstatt »Klangholz« in Berlin-Spandau, hatte vor allem die Idee, alte Saiteninstrumente für jeden bau- und spielbar zu machen. Der hier von mir nachgebaute Typ ist nur eine von vielen genialen Lösungen, die auch heute in dieser wunderbaren Werkstatt zu besichtigen und zu bauen sind (Abb. 99).

Zum Harfentyp gehören Instrumente, bei denen die Saiten vom Hals aus schräg direkt zum querliegenden Resonanzboden hinlaufen. Ältestes Modell ist die Bogenharfe. Eine afrikanische Bogenharfe besitzt einen Resonanzkörper aus geschnitztem Holz mit Fellbezug. Die Saiten sind aus einfacher, verdrillter Schnur.

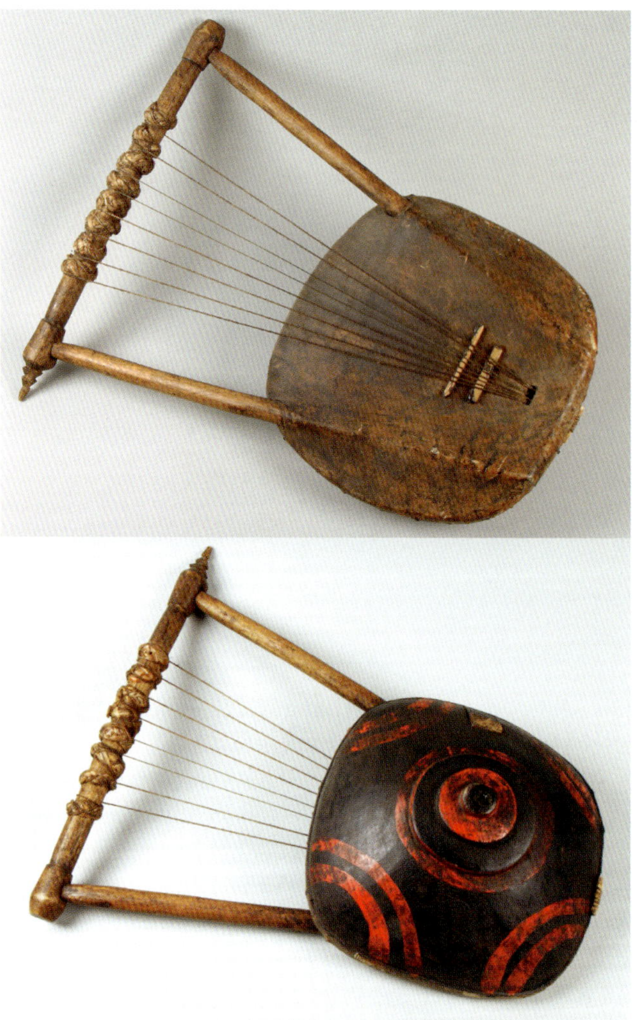

98 Kalebassenleier, Ostafrika, Vorder- und Rückansicht.

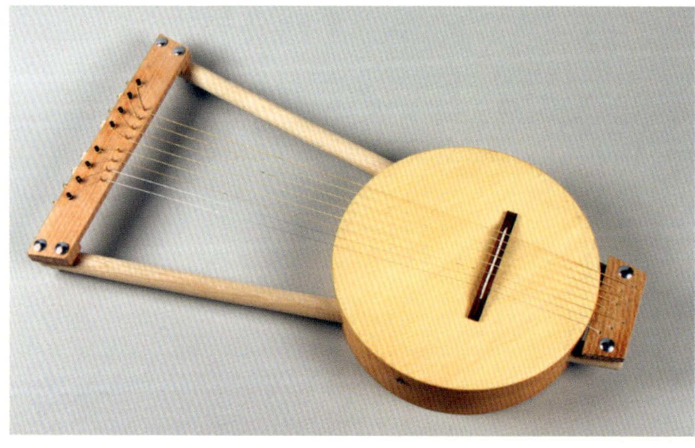

99 Leier nach Norbert Dobisch, Berlin, Eigenbau.

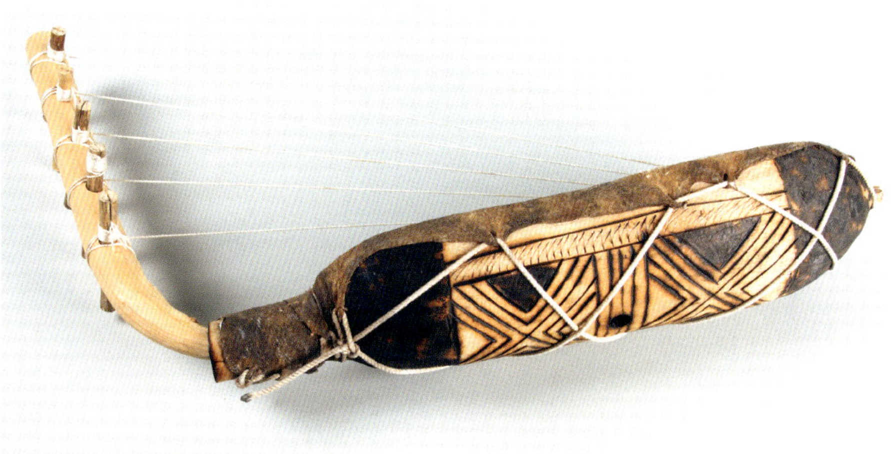

100 Bogenharfe, Afrika.

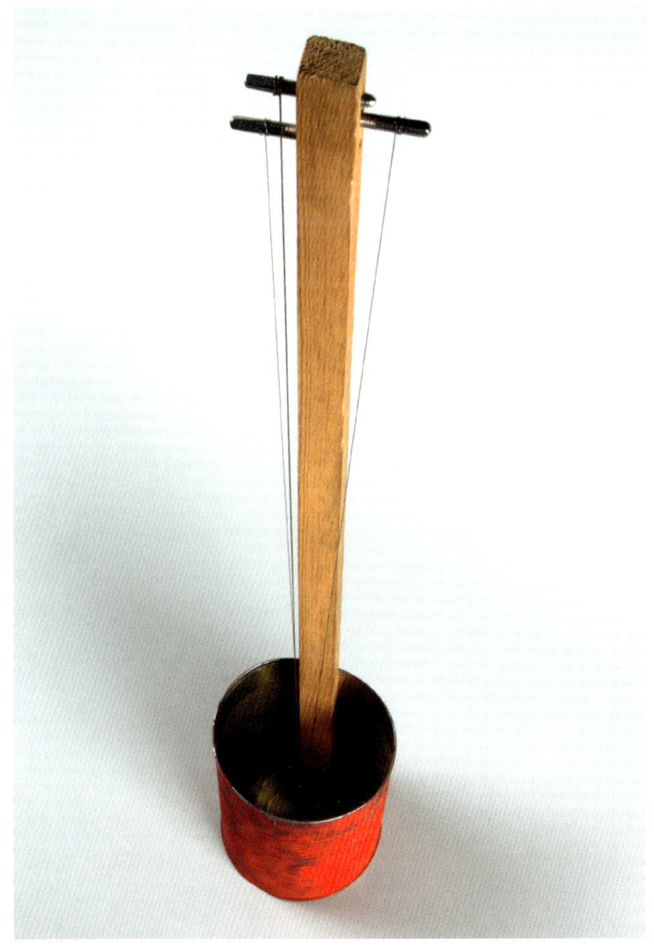

101 Dosenharfe, Eigenbau.

Für das Spiel mit Leiern und Harfen in Gruppen ist wichtig, dass die Instrumente stimmbar sind, vor dem Spiel gestimmt werden und die Stimmung halten. Außerdem müssen sie leicht handhabbar sein (M 52). Auch Recyclingmaterial kann beim Leierbau verwendet werden, wie die Dosenharfe zeigt (Abb. 101).

Themen:

- Mythos und heutige Zeit, heutige Kultur
- Schöpfung – Ordnung – Zauberkraft
- Apollo und Dionysos
- Harmonie – Disharmonie
- Chaos – Ordnung
- Kraft des Leisen
- Stimmung
- Materialien
- verschiedene Ökosysteme und Kulturkreise
- Bezüge des Instrumentalspiels zur Umwelt

Lauten und Fideln

Im Deutschen mag es naheliegen, den Ursprung des Namens »Laute« im Wort »Laut« zu vermuten, aber das ist ein Fehlschluss. »Laute« ist aus dem arabischen »al 'ud« abgeleitet, was »das Holz« bedeutet. Lauten haben einen Resonanzkörper, an oder in dem ein Hals befestigt ist, sowie Saiten, die vom Hals zur Resonanzdecke laufen und dort eine Klangverstärkung erfahren. Es gibt Formen mit Spannvorrichtungen für die Saiten, genannt Wirbel, aber auch solche, die ohne Wirbel auskommen. Manche Lauten haben lange, andere kurze Hälse, manche verwenden Bünde zur Festlegung der Töne, andere nicht. Bei der Auswahl ist wichtig, für welche Ziel- und Altersgruppe das Instrument verwendet wird. Bünde erleichtern zwar das Auffinden fixer Töne wie bei der Gitarre, können aber beim freieren Spiel auch im Wege sein. Dies wird bei der vietnamesischen Mondlaute wieder relativiert. Dieses Instrument lädt dazu ein, durch Tieferdrücken der Saiten zwischen hohen Bünden die Töne zu verändern. Ein an- und absteigender Glissandoton ist die Folge und erzeugt Mikrointervalle. Saiten aus Metall oder Nylon klingen schärfer als solche aus Darm, sind aber billiger. Das Spiel mit Plektron erzeugt andere Klänge als mit weichen Fingerkuppen.

Als ein einfach zu spielendes Lauteninstrument habe ich die Spießlaute entworfen. Sie kann sowohl gezupft, gestrichen als auch geschlagen werden. Die Anzahl der Saiten spielt für mögliche Harmonien eine Rolle, aber auch für die Schwierigkeit oder Einfachheit des Spiels. Das für Flöten für die Lochanzahl Gesagte gilt bei abzugreifenden Saiteninstrumenten für die Saitenzahl. Mit nur einer oder zwei Saiten entsteht durch die Ausrichtung auf diese durch einfaches Experimentieren eher ein erfolgreich klingender Kontakt als bei Vielsaitern.

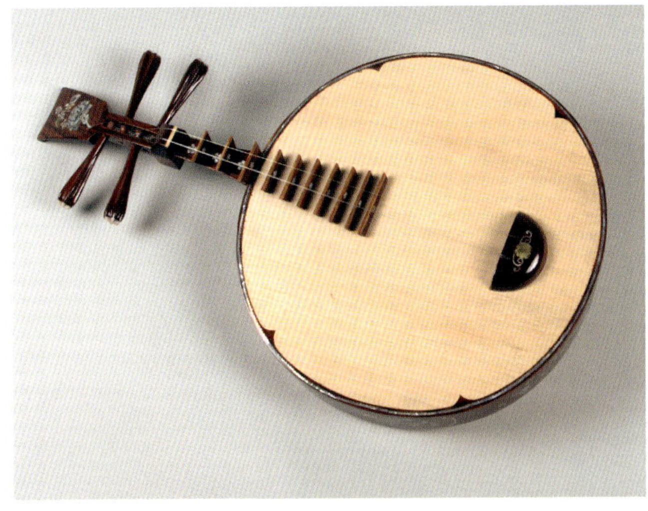

102 Mondlaute, Vietnam.

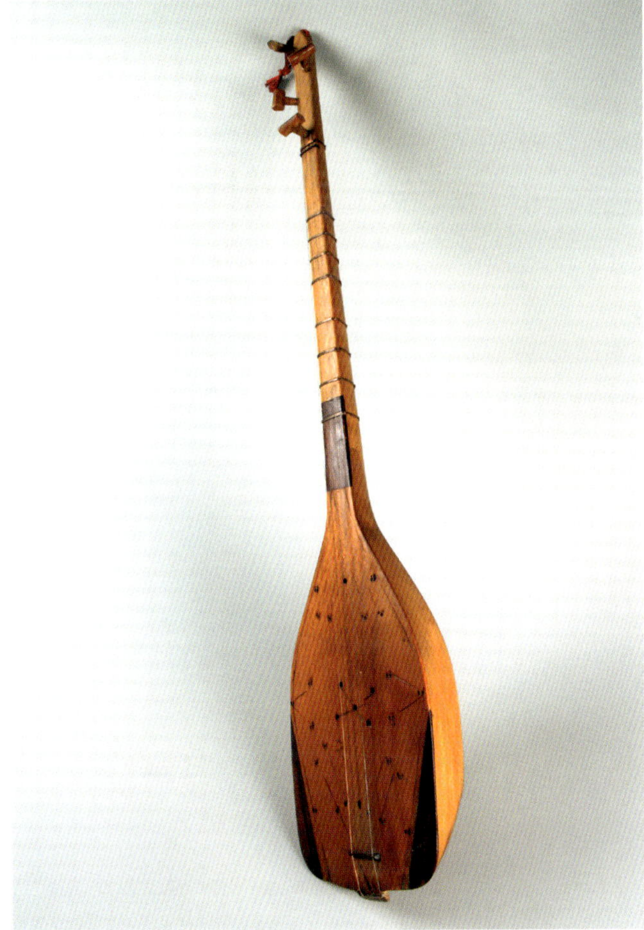

103 Saz, auch Tamburica, Bosnien.

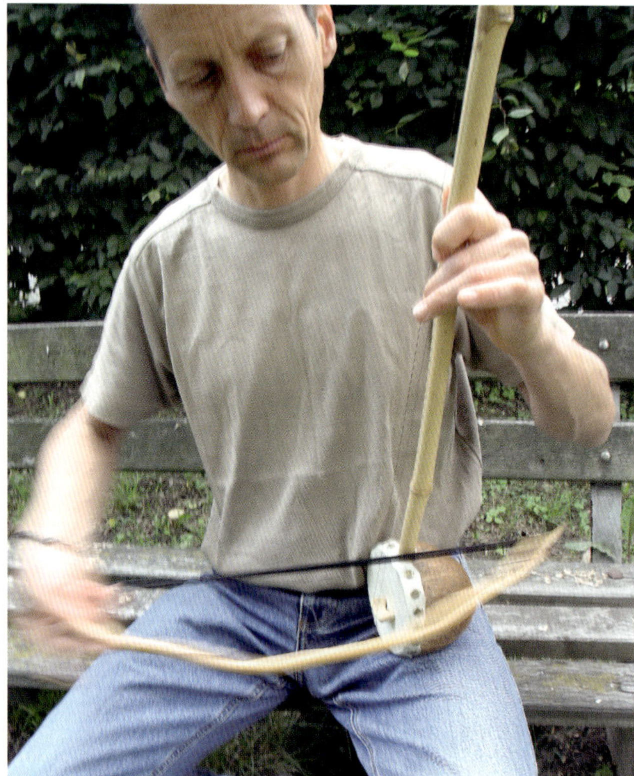

104 Spießlaute/Kokosgeige, Eigenbau.

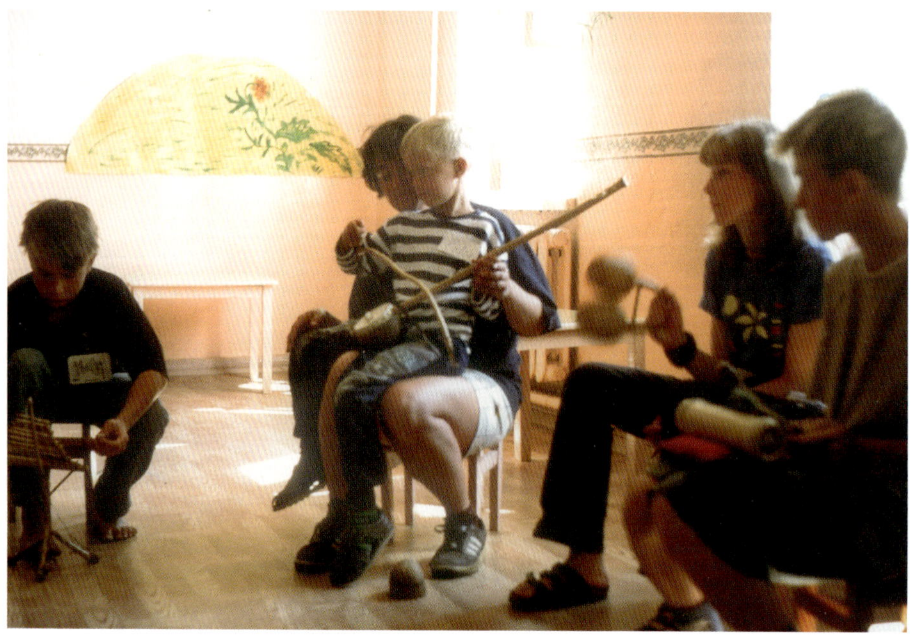

105 Gemeinsames Spiel, Sibirien, Russland.

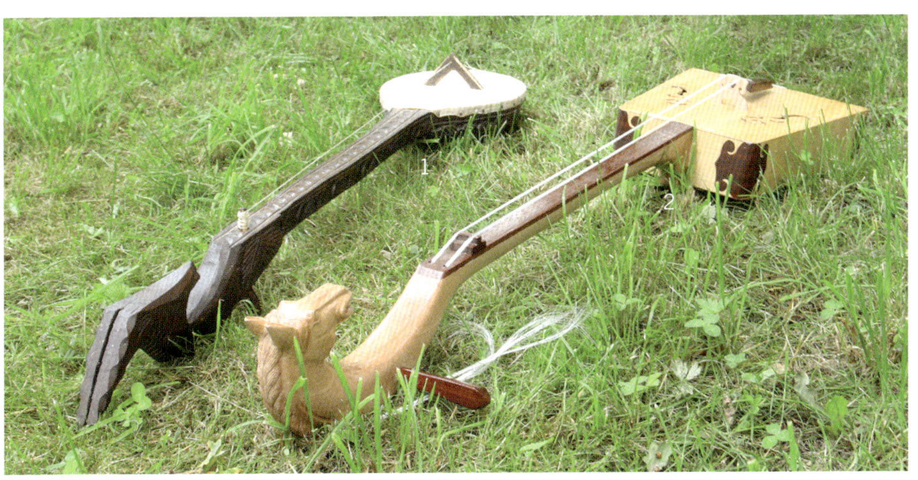

106 Gusle (1), Serbien, und Morin Chuur (2), Mongolei.

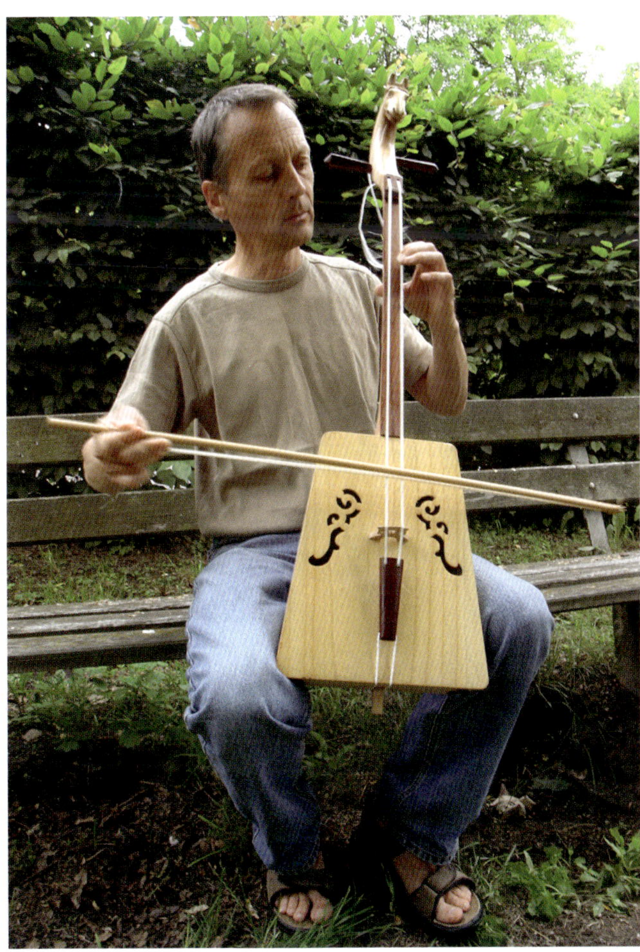

107 Spiel auf der Morin Chuur, Mongolei.

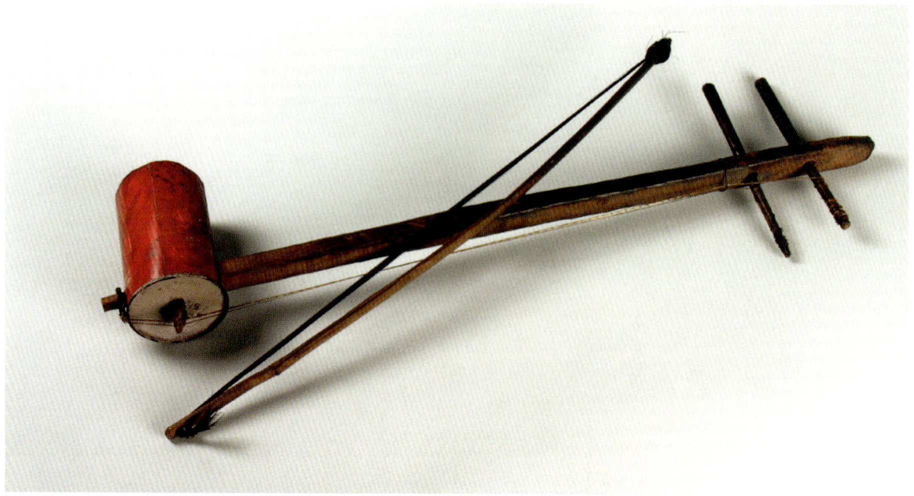

108 Er-Hu aus Recyclingmaterial ,Tibet, China.

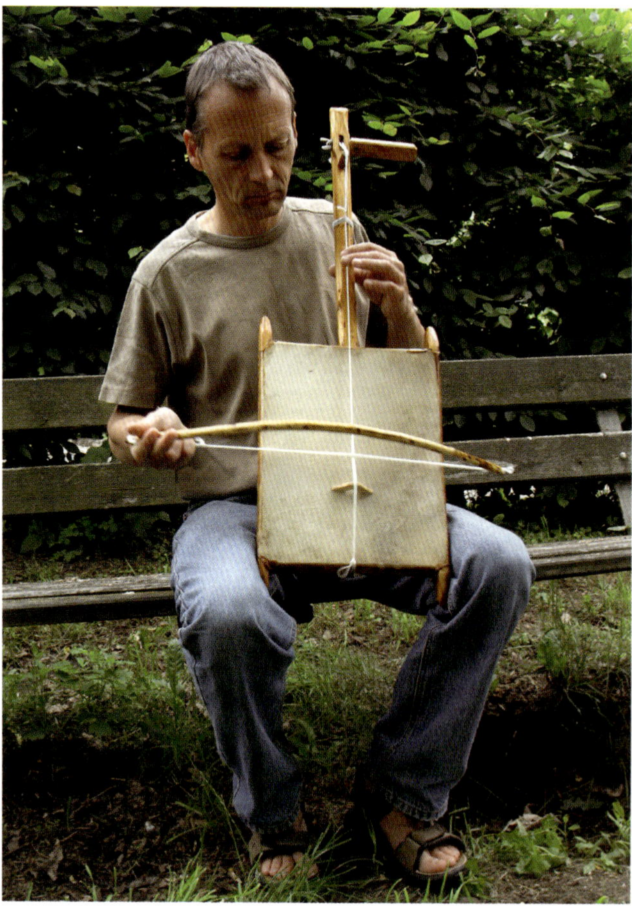

109 Spiel auf der Rababe der Berber, Nordafrika.

Bei Zweisaitern bevorzuge ich, diese im Intervall einer Quart zu stimmen, da sich der Quart-Quint-Rahmen als vertraut erweist. Die für das Melodiespiel abgegriffene Saite ist die höhere. Bei Abgreifen einer großen Sekund darauf erklingt die Quinte (M 53).

Fideln sind gestrichene Lauten. Die Erfahrung, die ein Streichinstrument vermittelt, ist ganz anders als die eines Zupfinstruments. Beim Streichen geht es um das Aufspüren und Halten einer gefühlten und sicheren Verbindung der Bogenhaare mit der Saite, so dass eine gleichmäßige Schwingung entsteht. Dies verlangt bestimmte Fähigkeiten bzw. führt zur Entwicklung dieser. Eine solche Fähigkeit lässt sich in den zwischenmenschlichen Bereich übertragen: In-Verbindung-Bleiben ist für ein harmonisches Zusammenleben elementar wichtig (M 54). Bei der zweisaitigen chinesischen Geige Er-Hu bzw. der einfachen Recyclingvariante aus Tibet ist typisch, dass Bogen und Saiten unlösbar miteinander verbunden sind, was auch symbolisch verstanden werden kann.

Je nach Kulturkreis und Umwelt der Hersteller der Instrumente werden für Saiten und Bögen verschiedene Materialien verwendet. In einigen Kulturen werden die Saiten nicht bis zum Hals hin abgedrückt, sondern nur auf der Saite abgegriffen, so auf der zweisaitigen mongolischen Pferdekopfgeige Morin Chuur und der einsaitigen Fidel der Berber oder der Gusle der jugoslawischen Ziegenhirten. Morin Chuur und Gusle sind Beispiele dafür, wie sich das Zusammenleben mit der Natur – hier mit den lebenswichtigen Pferden oder Ziegen – im Instrumentenbau und Spiel reflektiert. Die Berberfidel Rababe kann durch doppelseitige Fellbespannung auch als Kastentrommel gespielt werden.

Ob die Saiten auf den Steg gedrückt werden oder nicht, ist ebenso von Bedeutung wie die Tatsache, ob das Instrument Bünde hat oder nicht. Ein Streich- oder Zupfinstrument ohne Bünde stellt dem Spieler die Aufgabe und Chance, Töne nach eigenem Empfinden und Gehör zu finden. Wenn Bünde die Töne von vornherein festlegen, besteht der Reiz dahin, dass dadurch wie bei der türkischen oder bosnischen Saz Rückschlüsse auf traditionelle Intervalle, die in der westeuropäischen klassischen Musik nicht vorkommen, möglich sind.

Fideln sind Vorläufer der heutigen klassischen Geigenfamilie (M 55).

Themen:

- Sinneserfahrungen mit gezupften und gestrichenen Instrumenten
- »Wie habe ich die Welt im Griff?«
- ein-, zwei- und dreisaitige bzw. -seitige Weltzugänge
- vom Spiegel der Lebensumwelt im Musikinstrument (Morin Chuur, Gusle)
- Kokosfidel (Spießlauten-Eigenbau) als musikalischer Wegweiser zu Material und Spielweise von Natur-Musik-Streichinstrumenten
- Verbundenheit oder Abgetrenntheit – Symbolik und übertragbare Erfahrungen von heutigem Kontakt zur Welt auf das Streichinstrument

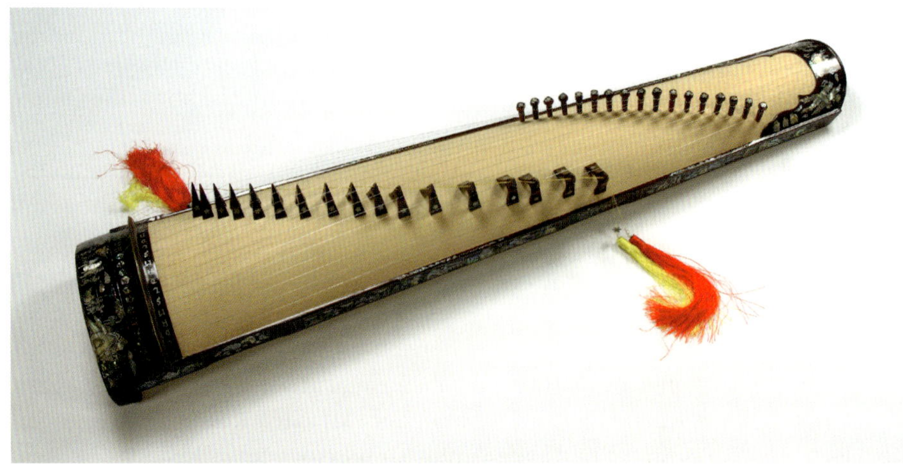

110 Wölbbrettzither Dan Tranh, Vietnam.

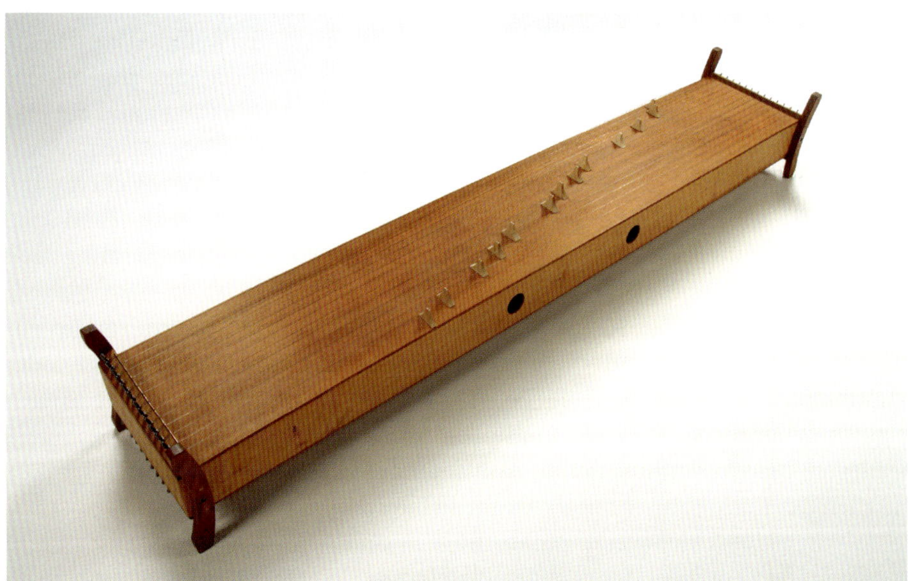

111 Monochord, Eigenbau.

Zithern

Bei dieser Instrumentengruppe sind die Saiten parallel zum Korpus über dessen gesamte Länge gespannt. Zithern unterscheiden sich in der Korpusform (Brett, Trog, Floß, Röhre, Stab), dem Material der Saiten (gleiches Material wie der Korpus, z. B. herausgelöste Bambusstreifen bei Röhrenzithern, oder aufgezogene aus Metall, Darm, Pflanzenfasern) und der Anschlagart (Zupfen, Schlagen, Streichen, mit oder ohne Stege oder Bünde). Prinzipiell kann von der einfachen Erdzither, einer Mulde mit Resonanzblatt und Stab darüber sowie einer vom Stab bis zum

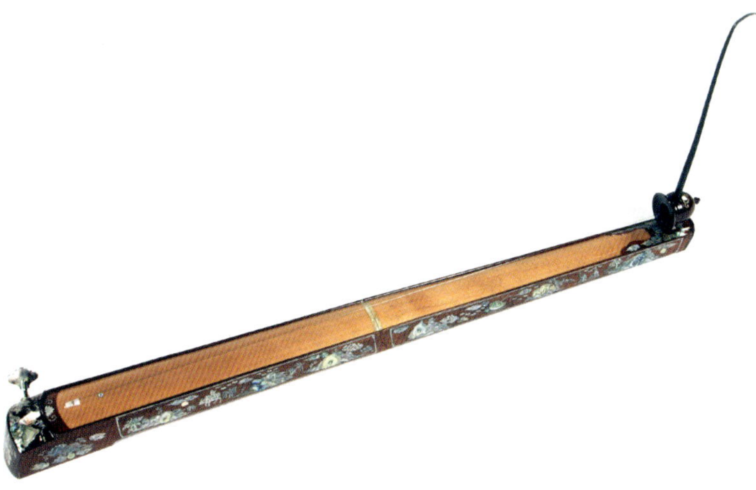

112 Monochord Dan Bau, Vietnam.

Resonanzblatt gespannten Schnur bis zum Klavier alles als Zither bezeichnet werden. Damit ist diese Unterfamilie die vielfältigste der Chordophone überhaupt, und die Auswahl fällt nicht leicht.

Gegenüber anderen Instrumenten wird die Zither in der Mythologie seltener erwähnt. Aus China ist überliefert: »Fo Hi, der erste Herrscher, der ›Brütende Atem‹, erkannte die fünf Wandelzuständc Wasser (alles Herabströmende), Feuer (alles Emporsteigende), Holz (alles sich organisch Gestaltende), Metall (alles sich von außen her Zusammenziehende) und Erde (innerer Ausgleich der vier anderen Elemente) im Menschen und verteilte die Wandelzustände auf die vier Jahreszeiten. Er unterwies die Menschen im Kochen, dem Fischfang und brachte Ordnung in die zwischenmenschlichen Beziehungen. Er lehrte die Menschen die Anfänge von Schrift und Musik und erfand die ersten Instrumente, die ehrwürdige Zither K'in und die Mundorgel Scheng.« (Pfrogner, H. 1981)

Auch der Zither werden ordnende und schöpferische Kräfte zugeschrieben. Klassische Wölbbrettzithern sind in China die Gu Zheng, in Japan die Koto, in Vietnam die Dan T'ranh oder in Korea die Kayagum. Die langen und oft ästhetisch aufwendig verzierten Instrumente werden als Ausdruck göttlichen Schöpfertums gesehen und gespielt. Inspiriert davon und im Zeichen des »New Age« wurde im 20. Jahrhundert in Westeuropa das Monochord entwickelt, eine gerade Kastenzither. Der Name stammt vom »Einsaiter« des Pythagoras aus Griechenland, der damit Mathematik und Musik gemeinsam erforschte (siehe Abschnitt 4.4).

Das für Therapie und Entspannung eingesetzte Monochord hat auf einer Seite bis zu zwanzig und mehr auf den gleichen Ton gestimmte Saiten – und müsste deshalb richtig Polychord heißen. Diese können einfach überstrichen werden und lassen, je

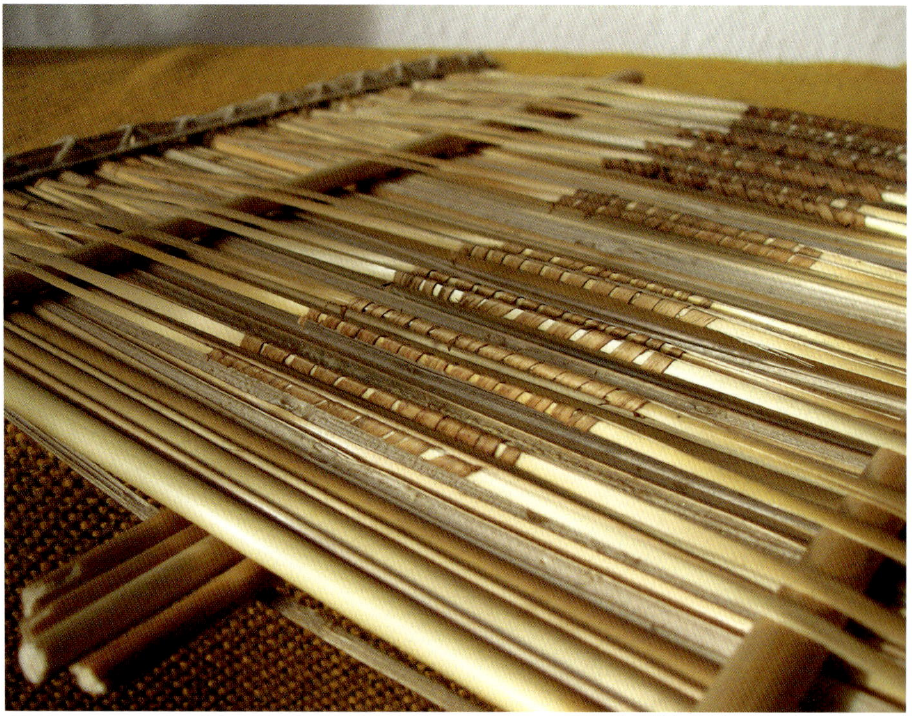

113 Grasharfe, Afrika.

nach Position und Art der Berührung, unterschiedliche Obertöne mitspielen. Setzt man Stege unter die Saiten, ergeben sich wie bei der Koto durch unterschiedliche Saitenlängen verschiedene Töne. Im Unterschied zu klassischen Wölbbrettzithern, wo Position und Skala vorgegeben sind (meist pentatonisch) kann auf dem Monochord jede beliebige Skala gestimmt werden. Das Instrument in Abbildung 111 ist 1,40 Meter lang.

Ein Monochord im eigentlichen Namenssinn ist das vietnamesische Dan Bau. Eine einzige Saite ist über den länglichen Korpus gespannt und wird in der Tonhöhe durch einen beweglichen Stab aus Büffelhorn um etwa eine Quart gehoben oder gesenkt. Die anderen Töne werden durch Aufsuchen der harmonischen Obertonpunkte gebildet (siehe Abschnitt 4.4).

Auch bei Saiteninstrumenten sind naturnahe Formen zu finden. Ein Kuriosum stellt die afrikanische Grasharfe (eine Zither aus Stroh) dar. Durch Material und Bauweise ist das Instrument für die Umweltbildung von besonderem Interesse. Wie kann aus einfachsten Materialien wie ausschließlich Stroh, das eigentlich nicht klingt, ein anspruchsvolles Instrument entstehen? Die Grasharfe lässt sich durch die Umwicklung der Saiten leichter zupfen und ist sogar stimmbar. Aufgrund der fragilen Bauweise ist sie allerdings für den kräftigeren Zugriff von Kinderhänden und häufige Gruppenarbeit weniger geeignet (M 57).

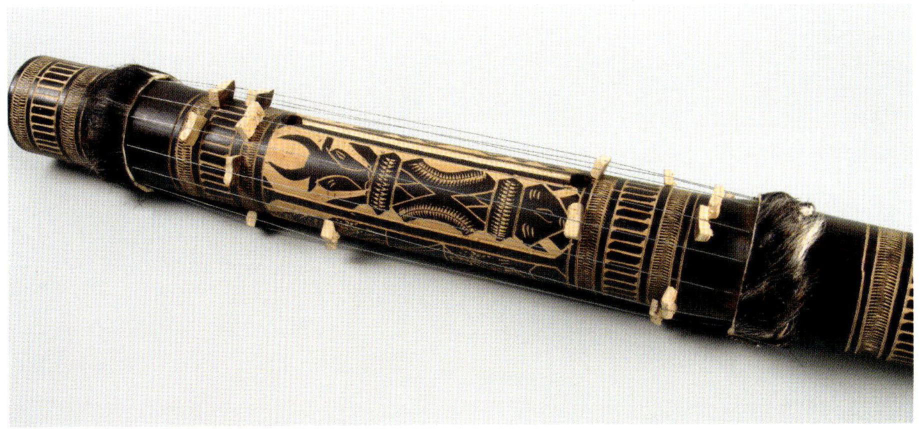

114 Valiha, Madagaskar.

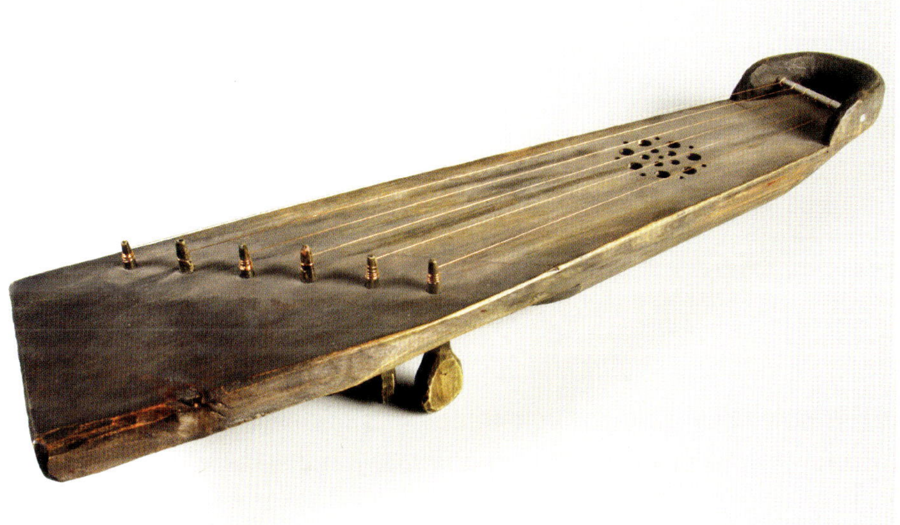

115 Kannel, Estland.

Die Röhrenzither Valiha aus Bambus stammt aus Madagaskar. Um den gesamten Umfang herum sind gleich lange Drähte gespannt, die durch kleine Korkstücke in verschieden lange Abschnitte geteilt werden. Kürzere Saitenlängen ergeben bei gleicher Spannung einen höheren Ton. Auffällig ist die geschnitzte Verzierung mit Menschen- und Tierwesen, Bäumen und Häusern (M 58).

Die estnische Kannel ist ein Beispiel für geschnitzte Brettzithern. Sie stand Pate für die im letzten Jahrhundert zu Therapiezwecken entwickelten Streichpsalter. Die Kannel (in Finnnland »Kantele« genannt) mit ihren sechs Saiten ermöglicht einfache, repetitive Melodien oder Akkorde. Das traditionelle Spiel unterscheidet sich hier vom freien Spiel, in dem man improvisiert und exmperimentiert (M 59).

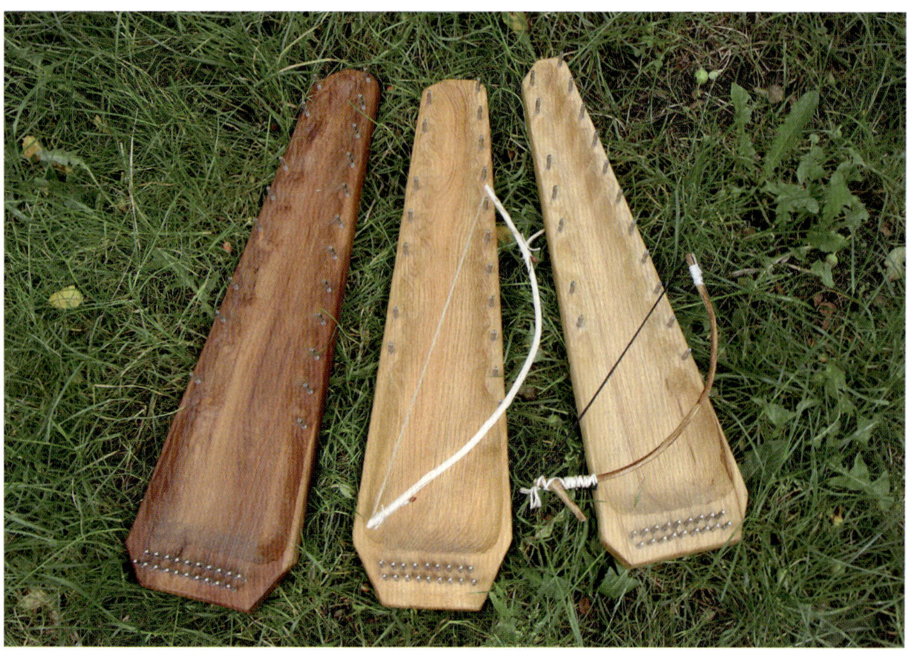

116 Streichpsalter, Eigenbau.

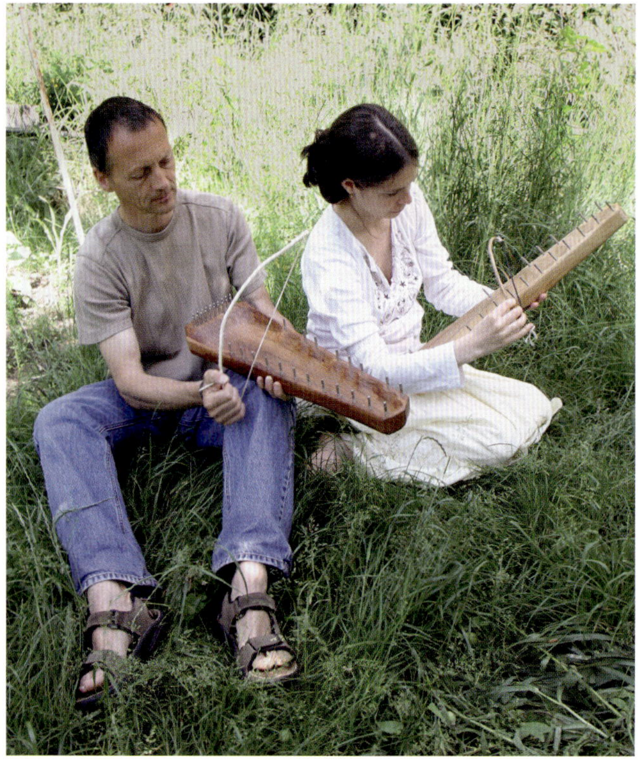

117 Streichpsalter im Spiel.

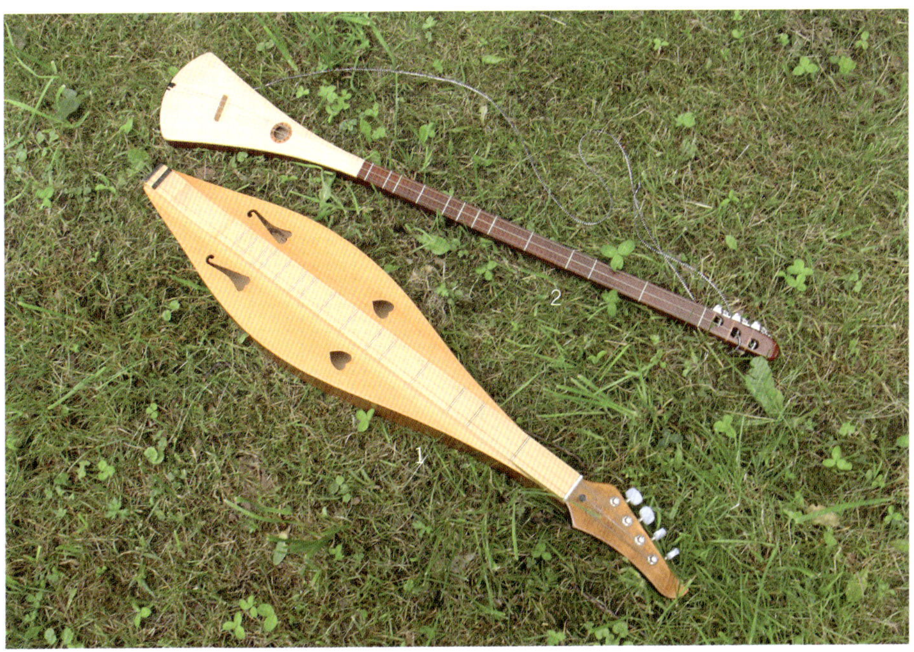

118 Mountain-Dulcimer (1), Rumänien, und Strumstick (2), USA.

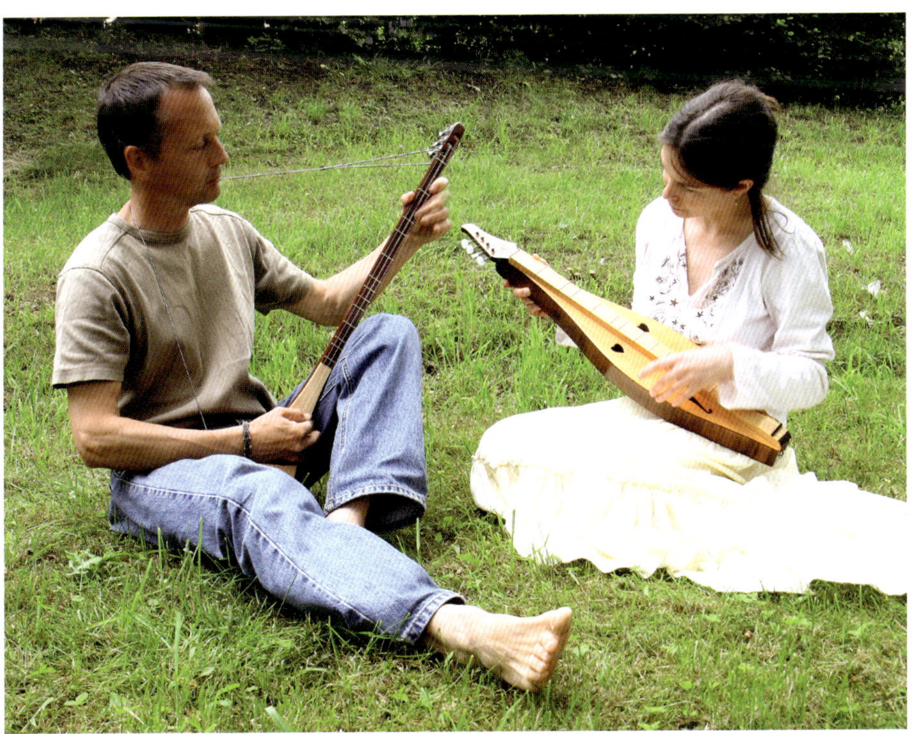

119 Strumstick und Dulcimer im Spiel.

Im finnischen Epos »Kalevala« ist die Kantele Attribut des weisen Sängers Vainemoinen. Bei der Kannel werden die Saiten nicht durch Abgriff verkürzt, höchstens durch Abdämpfen ruhig gestellt, um die anderen Saiten im gewünschten Akkord zu hören.

Der von mir verwendete Streichpsalter hat seine Wurzeln auch im Psalterium des Mittelalters, einer gezupften, trapezförmigen Kastenzither. Die Dreiecksform ermöglicht, die auf fixe Tonhöhen gestimmten Saiten zwischen den Wirbeln anzustreichen. Im Baukurs wird der Psalter aus heimischen Harthölzern geschnitzt und mit 18 Stahlsaiten bespannt. Er hat einen obertonreichen Klang und ermöglicht pentatonisches (schwarze Klaviertasten), diatonisches (Kirchentonarten, Volkslieder) und chromatisches Spiel (alle zwölf Töne der klassischen Tonleiter).

Der Bogen aus Haselnussholz ist mit Pferdehaar bespannt. Grundsatz ist auch beim Streichpsalter die unmittelbare Spielbarkeit ohne großes Üben. Das darf nicht mit der oft verbreiteten Haltung »alles egal, alles geht« verwechselt werden. Worauf es ankommt, ist ein sensibles Sich-Einlassen auf jedes Instrument (M 60). Im Handel sind auch Psalter mit Korpusformen erhältlich, die einen scharfen und lauten Klang erzeugen und gern auf Mittelalterfesten gespielt werden.

Der Dulcimer ist eine Zither mit Bünden; in seinem Namen steckt das italienische Wort »dulce« für »süß«. Dabei überwiegt das Harmonieelement in einer Tonart. Die Bünde markieren auf dem Griffbrett eine diatonische Leiter in Dur. Der in Abbildung 118 gezeigte Mountain-Dulcimer, der in dieser Form im Amerika des 19. Jahrhunderts entwickelt wurde, ist ein Nachbau aus Rumänien. Die vier Saiten sind auf drei Töne im Quart-Quint-Abstand gestimmt und eignen sich zur Liedbegleitung und Improvisation auch ohne Gitarrenkenntnisse (M 61).

Eine Neuentwicklung aus den USA ist der Strumstick, der die gleiche Stimmung und diatonische Skala aufweist wie der Dulcimer. Im Klang lauter und banjoähnlich, eignet er sich zum einfachen Spiel auf Reisen und der voraussetzungslosen Improvisation. Beide Instrumente passen somit gut zusammen und regen an, mit Spielhaltungen freier umzugehen und zu experimentieren.

Auch die Äolsharfe, seit biblischen Zeiten im Gebrauch, gehört zu den Zithern. Sie stellt im europäischen Umkreis insofern eine Seltenheit dar, als sie allein den Wind entscheiden lässt, wann und wie Töne erklingen. Die Haltung des Geschehenlassens ist sonst eher im buddhistischen Zusammenhang (siehe Shakuhachi), in Ostasien (Windspiele) oder Japan (Windglocken) verbreitet. Die Windharfe verbindet in einmaliger Weise Naturkräfte, zahlenharmonisch-mathematische und physikalische Phänomene mit entstehender Musik. Die fünf Saiten sind auf den gleichen Ton gestimmt und werden je nach Windstärke, -art und -dauer in den Grund- oder Obertönen zum Schwingen angeregt. Der Klang bewegt sich zwischen leisem Chorgesang und elektronischer Musik (M 62). Abbildung 120 zeigt eine Äolsharfe von Jutta Kelm aus Oldenburg, die von mir 2006 im »Klangerlebnis Schellerhau« installiert wurde.

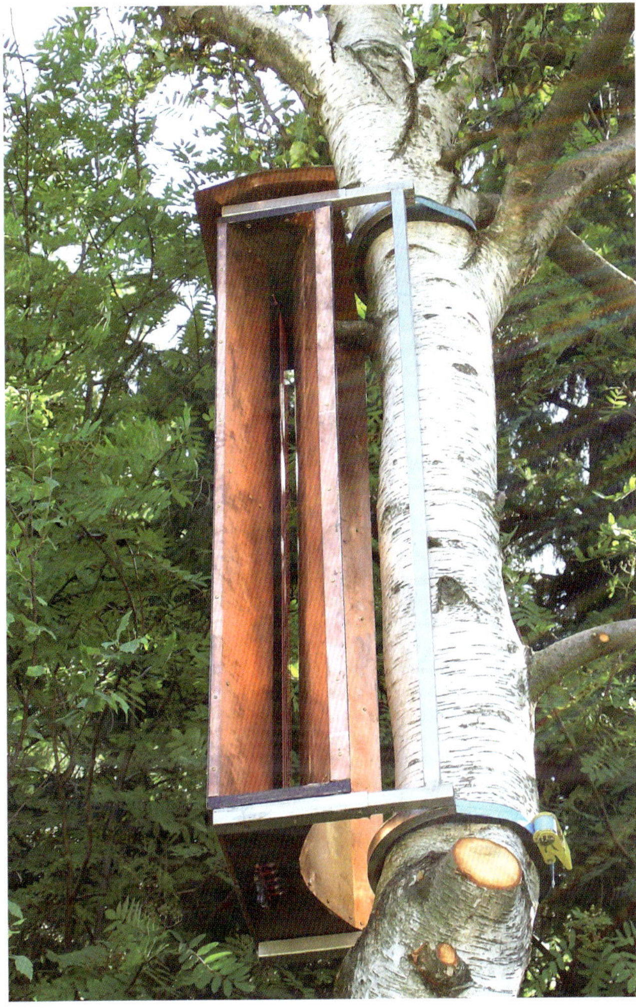

120 Äolsharfe, »Klang-erlebnis Schellerhau«.

Themen:

- Saiteninstrumente aus Stroh
- Rolle der Saiteninstrumente im Instrumentenkreis (letzterer steht für die Umwelt als Ganze)
- Vielfalt der Zithern in Material, Form, Klang und Gestaltung
- Skalengestalten als Ausdruck von Bewusstseinszuständen und Bewusstseinsentwicklung des Menschen
- Weg vom Kollektiven zur Freiheit des Individuums
- Spiel des Streichpsalters als Gang durch die Musikentwicklung
- Selbstentwicklung und soziales Abenteuer
- Äolsharfen: Natur als Musikant
- Monochord: realer Zusammenhang von Natur, Mathematik und Musik

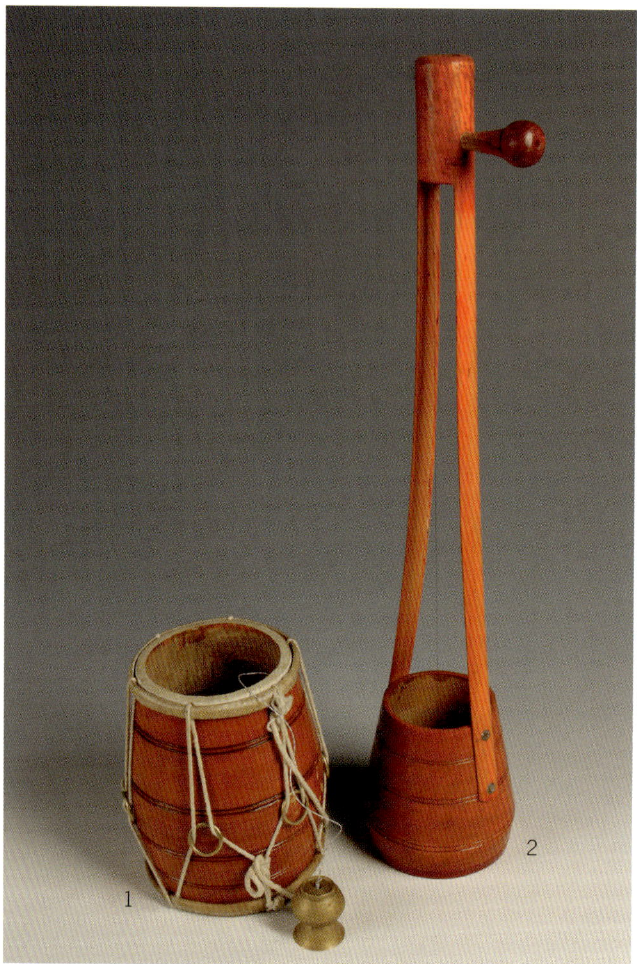

121 Zupftrommeln Khamak (1) und Ektar (2), Indien.

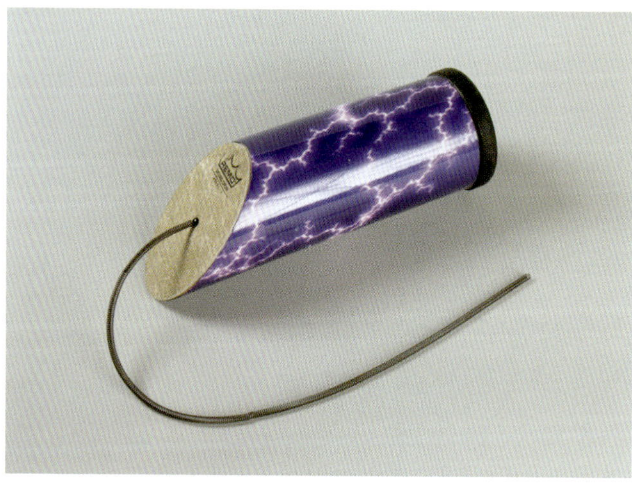

122 Springdrum, USA.

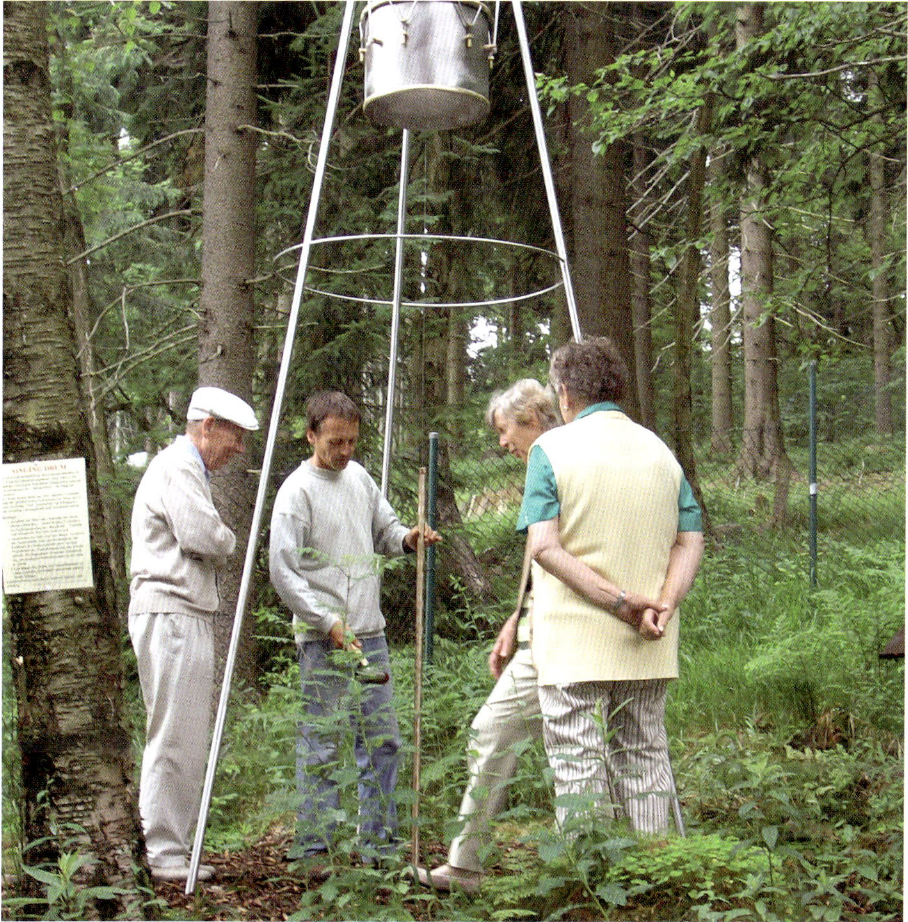

123 Singing Drum von Sona-Sounds, »Klangerlebnis Schellerhau«.

Vermischte Chordophone

Zupftrommeln entstehen aus der Verbindung von Fellklinger und Saite. Traditionell verwenden sie z. B. in Indien Straßensänger als Gopichand oder Ektar zur Begleitung der Stimme. Meist ist eine Saite am Rahmen oben sowie am Fell unten befestigt oder wird, wie beim Khamak, einer kleinen, einfelligen Holztrommel, mit der Hand gespannt. Eine entfernte Verwandtschaft besteht zum europäischen Brummtopf oder dem rumänischen Buhai.

Beim Brummtopf wird über einen offenen (Keramik-)Topf ein Trommelfell gespannt. Mittig auf dem Fell ist ein schmaler Holzstab befestigt. Dieser wird mit der angefeuchteten Hand oder einem Lederläppchen rhythmisch angerieben, was brummende, ulkige Klänge produziert. Beim Buhai sind statt dem Holzstab ein Büschel Pferdehaare befestigt, die, auf Zug gespannt, gerieben werden. Das Khamak ist für das Spiel zu zweit bestens geeignet (M 63).

Aufgrund ihrer klanglichen Besonderheiten und der Vielfalt der Erlebnisse beim Spielen sollen abschließend noch zwei Instrumente beschrieben werden, die neu entwickelt wurden:

Die Springdrum aus den USA (Stahlfedertrommel) gilt als Gewittermacher, da sie den Donner grollen und Blitze zucken lässt. Besonders Kinder lieben die erstaunlichen und lauten Klänge dieses simplen Instruments als »offenbares Geheimnis« (Abb. 122) (M 64). Von indonesischen Kooperativen wurde, wie so oft, versucht, das Instrument mit einem Bambuskorpus nachzubauen.

Die Singing Drum aus der deutschen Klangwerkstatt Sona Sounds wurde aus einer Klangplastik des Bildhauers Paul Fuchs weiterentwickelt (Abb. 123). Sie verbindet Trommel, Saite und Metallstab. Die Saite kann gezupft, gestrichen und angeschlagen werden. Wird der Stab mit einem weichen Hammer angeschlagen, ertönt ein singender Klang ähnlich einem Frauenchor, entlastet man die Saite, indem man den Klangstab ein wenig anhebt, kann der Klang bis zum Löwengebrüll gehen (M 65).

Beim Aufstellen von Klangobjekten in der Natur ist darauf zu achten, wo welche Klänge in Interaktion mit den Pflanzen, der Landschaft, den Spielern und den spezifischen Bedürfnissen der Umgebung treten, um Konflikte zu vermeiden.

4.4 Mathematik und Musik – Naturgesetze, Obertöne und Skalen

(siehe auch Spielesammlung Buchstabe T, ab Seite 222)

Die mögliche Verbindung von Mathematik und Musik wird von Hermann Hesse in seinem »Glasperlenspiel« als Zukunftsvision beschrieben: »Ein Schweizer Musikgelehrter erfand für das Glasperlenspiel Grundsätze einer neuen Sprache, nämlich einer Zeichen- und Formelsprache, an welcher die Mathematik und die Musik gleichen Anteil hatten, in welcher es möglich wurde, astronomische und musikalische Formeln zu verbinden, Mathematik und Musik auf einen gemeinsamen Nenner zu bringen.« Dies ist kein Traum, sondern Realität, und es muss lediglich die bestehende Verbindung in verständlicher Weise in allen Facetten aufgedeckt werden.

Über die Zusammenhänge von Maßrelationen und Klängen wurde schon eine Unmenge geforscht und geschrieben. Wesentliches zur harmonikalen Grundlagenforschung findet sich bei Hans Kayser (1946), Rudolf Haase (1970) und Ernst Bindel (1985). Für die in diesem Buch vorgestellte Arbeit ist es wichtig, zu unterscheiden, wo es sich bei den beschriebenen Zusammenhängen um Sinnesphänomene und wo um bloße Denkverbindungen handelt. Ich konzentriere mich lediglich darauf, was sich aus beiden Bereichen an nachvollziehbarer Schlüssigkeit, also an Erfahrungswissen entwickeln lässt.

Joachim-Ernst Berendt schreibt begeistert über die Musik, die sich überall im Kosmos finden lässt – in den Atomen, Pulsaren, Genen, Kristallen oder Maß-

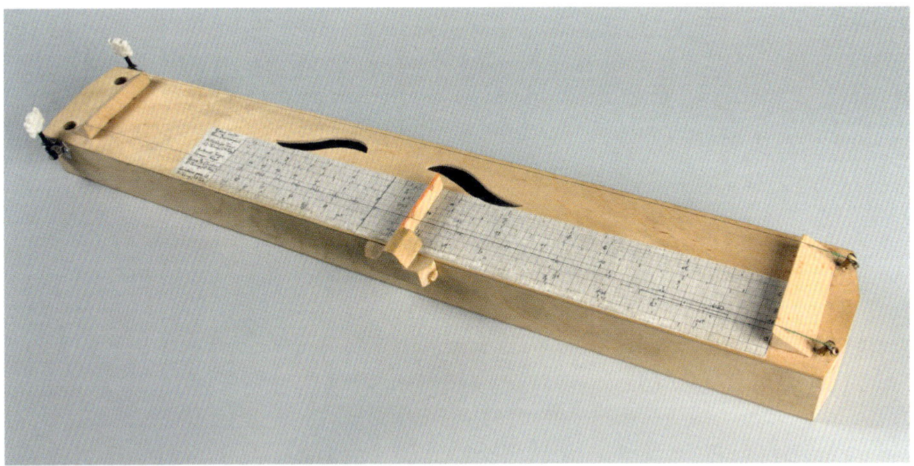

124 Messmonochord nach Ruland.

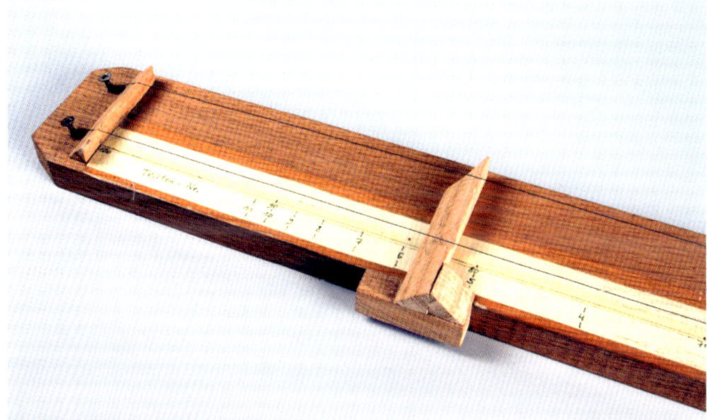

125 Ein-Meter-Monochord, Eigenbau.

verhältnissen menschlicher Knochen (2008). Diese Schlussfolgerungen setzen bestimmte Annahmen voraus, auf die einfach und praktisch eingegangen werden kann. Besonders das Prinzip des Oktavierens wird gern und ohne weiteren Kommentar verwendet, wenn es um Intervalle der Planeten und Moleküle geht. Jede neue Oktavstufe, ob nach oben oder unten, beinhaltet einen grundlegenden Qualitätssprung, der nicht weniger bedeutsam ist als der Schritt vom göttlichen Ganzen (Eins) zur ersten Teilung (Zwei). Dies und andere elementare Dinge versuche ich, hier einfach und praktisch nachvollziehbar zu beschreiben.

Neben den musikalischen und mathematischen Bezügen ist den Zahlen selbst eine Qualität eigen, die in die Betrachtung einfließt. Als Voraussetzung zum praktischen Experimentieren empfehle ich unbedingt den Bau oder wenigstens die Verwendung eines Monochords. Heiner Ruland setzt deshalb an den Anfang seines Buchs »Ein Weg zur Erweiterung des Tonerlebens« die Bauanleitung für ein Messmonochord (1988).

Zum einfachen Experimentieren eignet sich ein Brett, auf dem eine Saite zwischen einer Schraube und einem verstellbaren Wirbel in genau einem Meter Abstand gespannt wird. Abbildung 125 zeigt eine zweisaitige Variante mit Steg, der die Grundtonsaite frei schwingen lässt (T 1 bis T 6).

Der Grundton

Am Anfang war bzw. ist das Eine, ungeteilte Ganze (nennbar als Gott, Universum, Zahl Eins). Als Mensch kann ich dies in seiner Unendlichkeit kaum fassen, deshalb schaffe ich mir eine anschauliche und anhörbare Hilfe: das Maß Eins als ein Meter. In der Versuchsanordnung des Monochords ist dies ein Brett, auf dem eine Saite von einem Meter Länge zwischen zwei Punkten so gespannt ist, dass sie beim Anzupfen einen klaren Grundton der Frequenz 256 Hz ertönen lässt. Die Einheit Hz ist nach dem Physiker Heinrich Hertz (1857–1894) benannt und bezeichnet die Anzahl der Schwingungen in der Sekunde. Eine Saite, die 256-mal in der Sekunde schwingt, lässt musikalisch das »eingestrichene c« oder »c′« erklingen. Frequenz bedeutet generell die Anzahl der Wiederholungen eines periodischen Phänomens innerhalb eines Zeitintervalls, also Schwingungen je Zeiteinheit. Periodische Phänomene wie Tage, Jahre oder Mondumläufe sind auch Schwingungen.

Die Frequenz ist nicht dasselbe wie der Ton an sich, sondern nur seine physikalische Entsprechung. Zur Gesamtheit des Tons gehört ebenso mein Erlebnis beim Erzeugen, Hören und Verklingen (T 1). Das griechische Wort τονος bedeutet auch »Spannung«. Die Saite muss gespannt sein, um einen Ton erzeugen zu können. Beim Anzupfen, Anreißen oder Streichen setze ich mich im direkten physischen Kontakt mit dieser Spannung auseinander. Als Intervall ist der Eins die Prime zugeordnet. Es ist die Wiederholung desselben Tons. Intervalle brauchen immer zwei Töne als »Berandung«, um sich zwischen ihnen zu entfalten. Die Prime bewegt sich nicht vorwärts, sie ist das im Einen verbleibende, auf dem Einen insistierende, sich wiederholende Gleiche.

Die Oktave

Im nächsten Schritt teile ich das Ganze in zwei gleiche Teile: Auf der Monochordsaite findet sich bei Teilung nach Augenmaß ein Punkt in der Mitte, der einen klaren Ton erklingen lässt und der ähnlich wie der Grundton, aber deutlich höher als dieser klingt. Dazu legt man eine Fingerkuppe auf diesen Punkt, zupft mit der anderen Hand die Saite leicht an und hebt unmittelbar nach dem Anzupfen den auf die Mitte der Saite gelegten Finger wieder hoch (T 2). Einige Millimeter rechts oder links von diesem Punkt geht dieser klare Ton verloren, es bleibt ein stumpfes Geräusch der abgedämpften Saite. Welcher Ton ist das, der bei genauer Halbierung, also durch Teilung – einer ersten Teilung, einem »Ur-Teilen« – entsteht? Wir nennen dieses Intervall in der westlichen Welt Oktave, da es sich mit acht uns eingängig bekannten Tonschritten füllen lässt.

Pythagoras nannte das Intervall »Diapason«, »das Geteilte«. Im alten Griechenland war die Division (von lateinisch »dividere«: »ein Ganzes in Teile zerlegen«, aber auch »divinus«: »göttlich«) die erste Rechenoperation. Der heutige Mensch findet durch die Kumulation, das Addieren, zum Namen der Oktave. Sie führt uns von der Zahl eins zur Zahl zwei, symbolisch gesprochen zu Polaritäten wie Ent-Zweiung, Zweifel, Paar, Gott und Göttin, Zwielicht, Realität und Spiegelbild, Ordnung und Chaos, oben und unten, gut und böse usw.

Welche Qualität hat dieses erste Intervall, das nicht mehr das All-Eins ist (T 3)? Es ist das aus dem Einen herausgesetzte, andere. Vergleicht man die Singstimmenhöhen von Mann und Frau, reproduzieren sie beim Hören des gleichen Tons diesen im Abstand einer Oktave. Es ist wie ein Ankommen auf einer höheren Stufe, wenn man die acht Schritte aufsteigend bis zum Oktavton hinaufgeht, wie ein Hinaufgehobensein auf eine Säule, auf etwas Haltbares, Statisches. Bei der Oktave taucht die Frage auf: Ist es derselbe Ton oder nicht? Dabei kommt man zur Erkenntnis, dass beides richtig ist, der zweite Ton unterscheidet sich, weil er höher ist, aber im Grund ist es der gleiche Ton, nur auf einer höheren Stufe wiedergefunden. Meist wird darüber gestritten, weil einer sagt: Es ist der gleiche Ton, und der andere: Auf keinen Fall!

Oktavieren bezeichnet eine gedankliche Transformation dieser Qualität sowie mathematisch ein Vervielfältigen oder Teilen von Frequenzen um den Faktor zwei. Wenn z. B. die Frequenzen des Umlaufs der Erde um die Sonne »hochoktaviert« oder die des sichtbaren Lichts »herunteroktaviert« werden in einen Bereich guter Hörbarkeit, um dann den »Erdenton« oder den »Blauton« zu hören, müssen diese Qualitätsunterschiede beachtet werden. Physikalisch bedeutet Oktave die Verdoppelung der Frequenz, also $256 \times 2 = 512$ Hz. Der Ton heißt dann »zweigestrichenes c« oder »c''«. Festzuhalten ist, dass für die Saitenlängenverhältnisse 1 : 2, für die Schwingungsverhältnisse (Frequenz) der Oktave aber 2 : 1 gilt. Dies ist ein spezifischer Ausdruck für Reziprozität. Die Punkte auf der Saite, an denen diese nicht schwingt, d. h. die Amplitude Null ist, heißen Schwingungsknoten.

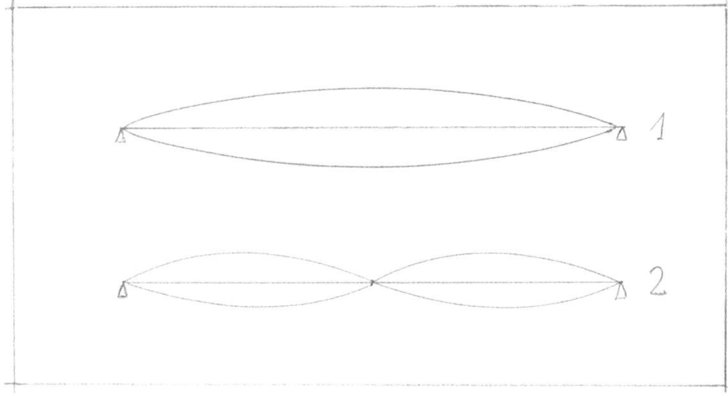

Das Schwingungsverhältnis 1 : 2.

Setzt man die Eins als Grundton, kann die Zwei als erster harmonischer Oberton bezeichnet werden. Dem einfacheren Verstehen dient, wenn man sich die weiteren Obertöne als Teiltöne des ersten denkt und bei der ganzzahligen Numerierung bleibt. Der Punkt, den wir mit dem Finger berührten, existiert nicht nur durch den auf die Saite aufgelegten Finger. Merkt man sich im Gedächtnis den Oktavton und zupft danach noch einmal den Grundton an, ist der Oktavton nach einigen Sekunden auch innerhalb des Grundtons als Oberton zu hören. Dies bedeutet, dass die Eins (das Göttliche Eine) schon die Zwei (und alles Folgende) enthält. Spielt man Grund- und Oktavton gleichzeitig, scheinen sie zu einem Ton zu verschmelzen.

Die Quinte

Wird die Monochordsaite nach Augen- und Handmaß in drei gleiche Abschnitte geteilt und auf einem dieser Drittelpunkte der Finger wie oben aufgelegt, ertönt bezüglich des vorher gefundenen, höheren Oktavtons die Quinte (T 4). Auch dieser Name ergibt sich aus dem Zählen: Lateinisch bedeutet »quintus« »der Fünfte«. Im Kinderreim »Eins, zwei, drei, vier, fünf – strick mir ein paar Strümpf« ist dies urbildlich enthalten. Das mathematische Verhältnis 2 : 3 bedeutet musikalisch also die Quinte. Es ist der Schritt von der Zweiteilung zur Dreiteilung. Das heißt, die Quinte erklingt in der Obertonreihe nicht im Vergleich zum Grundton der ungeteilten Seite, sondern zur ersten Oktave über diesem Grundton.

Blieb die Oktave quasi ihrem Ursprung so nahe, dass sie den gleichen Tonnamen (c′, c″) behielt, stellt die Quinte etwas wirklich Neues dar. Wird dieses Intervall nach oben gesungen oder gespielt, fühlt sich die Klangfolge an wie ein Einatmen, sich Öffnen für die Welt. Diese Weitung kann auch wie eine Frage sein. Wenn wir von der Quinte auf den Ausgangston zurückgehen, entspricht dies dem Ausatmen, der Antwort. Die Quinte wird auch Atemintervall genannt. Das Dritte bringt zweien Versöhnung, vielleicht ein Kind. Die Zahl Drei ist mit vielfältiger Symbolik aufgeladen: drei Weise aus dem Morgenland, Trinität Vater – Sohn – heiliger Geist, Vater – Mutter – Kind, Sonne – Mond – Sterne, Stabilität (Dreibein), drei Kreuze machen, drei Dimensionen, dreimal Anklopfen ...

Eine Quinte entsteht am Monochord auch, wenn bei zwei Saiten, die gleich dick und gleich stark gespannt sind, das Saitenlängenverhältnis von Quintton zu Grundton 2 : 3 ist. Musikalisch ist die Quinte zu c′ das g′. Es hat physikalisch die Frequenz von $512 \times 3 : 2 = 768$ Hz. Spielt man den unteren und den oberen Ton einer Quinte zusammen, scheint sie ihre Atemkraft und Weitung zu verlieren und gerät in eine eigenartige Starre, wohl weil sich gleichzeitiges Ein- und Ausatmen ausschließen.

Die Quarte

Mit dem vierten Teilton erscheint eine Wiederholung. Die Vier bildet als das Doppelte von zwei eine Oktave zum ursprünglichen Grundton der ungeteilten Saite. Es ist die Doppeloktave zur Eins. Durch die erste Teilung haben wir zur Oktave über den Grundton c′, zum zweigestrichenen c″ gefunden. Bei der Quinte führte uns die Frage von dort aus weiter hinauf, dann als Antwort wieder zur ersten Oktave zurück nach unten. Mit der Quarte ist es nun möglich, die Frage nach oben hin weiterzuführen: Will man von der Quinte noch weiter hinauf und bei der nächsten Oktave, dem dreigestrichenen c‴ ankommen, entsteht ein vier Töne umfassendes Intervall, die Quarte (T 5). Auf dem Monochord muss man die Seite vierteln und von einem Ende der Seite her einen Viertelpunkt abgreifen, um eine Quarte zu spielen.

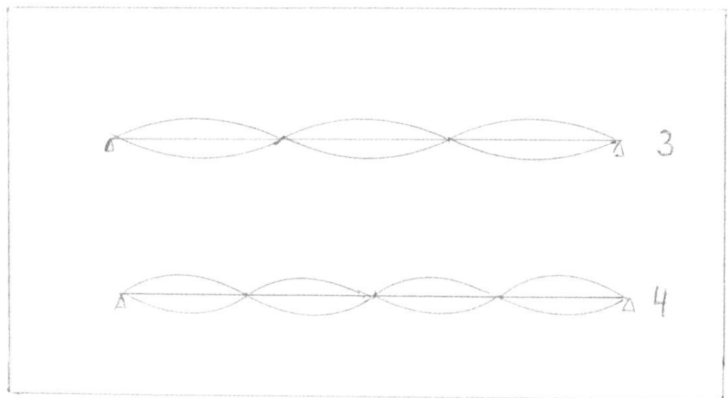

Das Schwingungsverhältnis 3:4.

Jagd- oder Wanderlieder beginnen häufig mit einer Quarte. Das Intervall ist selbstbewusst und aktiv. Im Vergleich zur Oktave kann die Quinte als etwas Neues, Andersartiges, aus dem Starren Befreiendes wahrgenommen werden. Im Vergleich zur nun auftauchenden Quarte wirkt die Quinte auf uns nun sehr harmonisch und vertraut. Die Quarte kann eigenartig rauh und dissonant erlebt werden.

Diese Qualität des Schroffen, Vertreibenwollenden macht sich das Notsignal von Feuerwehr und Krankenwagen zu Nutze. Wird die Quart unterhalb eines Grundtons zu diesem hin gespielt, heißt sie »Ansprungquart«. In griechischen Tänzen ist sie häufig zu finden. Sie enthält dann etwas Drängendes, Antreibendes.

Zur Symbolik der Zahl Vier gehören die vier Elemente, Himmelsrichtungen und Jahreszeiten, das Kreuz, das Quadrat, Materie, Festigkeit oder die vierte Dimension der Zeit, die die ersten drei Raumdimensionen ergänzt.

Die Monochordsaite ist bei der Quarte in vier gleiche Teile geteilt. Das ist per Augenmaß sogar leichter zu finden als die Dreiteilung, denn man kann zweimal nacheinander halbieren. Musikalisch heißt dieser Quartschritt nach oben »Ergänzungsintervall«, d. h. c″ – g″ – c‴ sind Quinte + Quart = Oktav. Mathematisch bedeutet das für die Frequenzverhältnisse $3:2 \times 4:3 = 12:6 = 2:1$.

Was musikalisch als Addition von Intervallen erlebt wird, ist mathematisch durch Multiplikation zu gewinnen. Die multiplizierten Brüche können dann gekürzt werden und ergeben das jeweilige Intervall als Ergebnis, hier die Oktav 2 : 1.

Die Obertonreihe

Wenn nun die Monochord-Saite durch immer größere ganze Zahlen in immer kleinere gleiche Abschnitte geteilt würde, entstünde theoretisch eine unendliche ganzzahlige Reihe von Obertönen als Ergebnis der Intervalle zwischen Tönen aus der Saitenteilung durch n und jener mit n + 1. Wird die zur Teilung verwendete Ordnungszahl um eins erhöht, folgt ein zum vorherigen Intervall jeweils kleineres. Es entsteht die »physikalische« Obertonreihe. Physikalisch deshalb, da hier ein Naturgesetz auch ohne weiteres Zutun des Menschen wirkt, vorausgesetzt, eine gespannte Saite schwingt und wird verschieden stark angeregt, wie eine Äolsharfe, die im Wind schwingt, oder eine Luftsäule, die unterschiedlich stark, vielleicht durch den Wind, überblasen wird. Eine andere Bezeichnung der Obertonreihe ist auch Teiltonreihe oder »die Harmonischen«.

Da die Intervalle in diesem Prozess stetig kleiner werden, entstehen dabei immer neue Intervalle sowie Oktavwiederholungen. So ist vier die Oktave zu zwei, sechs ist Oktave zu drei (T 6). Wer im Hören und Zuordnen der Töne ungeübt ist, kann als »Gehhilfe« auch umgekehrt damit beginnen, anhand eines Metermaßstabs die Teilungspunkte auf einem Papierstreifen unter der Saite zu markieren und dann an den Markierungen den Finger auf die Saite legen und hören.

Die einfache Übersicht rechts zeigt den Beginn der Obertonreihe und die daraus hervorgehenden Intervalle, wobei als Grundon das tiefe Kontra-C (»$\underline{C}$«, 32 Hz) zugrunde liegt, da sich höhere Töne dann besser darstellen und anhören lassen. Die Intervalle entstehen zwischen den Tönen im Fortschreiten von Ton zu Ton. Die den Intervallen zugeschriebenen Qualitäten sind persönlich nach langer Hörpraxis gefunden. Jeder ist eingeladen, selbst zu hören, anderes zu finden und weiteres hinzuzufügen. Praktisch sind der Hörbarkeit weiterer Obertonintervalle jedoch Grenzen gesetzt. Die immer mehr in den Mikrobereich gehenden Intervalle sind ab Oberton 32 nur noch ein Glissando, d. h. ein tonstufenloses, weiteres Ansteigen. Gute Obertonsänger können diese Skala etwa bis dahin hörbar machen.

Die Intervalle wurden hier aus der Obertonreihe abgeleitet, weshalb verschiedene in der europäischen Musik übliche Intervalle fehlen, z. B. kleine und große Sexte, Tritonus und Septime. Auch diesen Intervallen sind Zahlenverhältnisse zugeordnet. Dazu verweise ich auf die bereits am Anfang des Abschnitts genannte Fachliteratur, da hier die elementare Stufe verlassen wird und die »höhere Mathematik« beginnt.

Bei Saiteninstrumenten und Flöten, wo klare Saitenlängen- oder Luftsäulenlängen existieren, bei Maultrommeln, dem Alphorn und beim Obertongesang ist die entstehende Obertonreihe harmonisch, das heißt ganzzahlig fortlaufend. Durch Resonanz- und Dämpfungsphänomene der Instrumente klingen manche Obertöne stärker, andere schwächer, gefärbt oder verschwinden ganz. Die Klangfarbe von Musikinstrumenten wird dagegen von sogenannten Formanten gebildet: der Konzentration akustischer Energie in einem bestimmten Frequenzbereich. Formanten

Ordungszahl	Tonname	Fequenz	Intervall	Qualitäten
1 (Grundton)	C	32 Hz		
			Oktave 1:2	Gleiches auf höherer Stufe Mann – Frau, Heraufheben
2	C	64 Hz		
			Quinte 2:3	Atem, Öffnen – Schließen, Frage – Antwort, als Zusammenklang leere Klarheit, ins Licht
3	G	96 Hz		
			Quarte 3:4	Jagdruf, Selbstbewusstsein, selbst gefundene Antwort, rauh, fast dissonant
4	c	128 Hz		
			große Terz 4:5	begründet aufsteigenden Dur-Dreiklang zur Quinte hin, Gemütlichkeit, Harmonie
5	e	160 Hz		
			kleine Terz 5:6	vollendeter Dur-Dreiklang zur Quinte hin, kleinräumig, zögernd, als Beginn zum Molldreiklang hörbar
6	g	192 Hz		
			verminderte kleine Terz 6:7	»mollhafter« als Moll, geschlossen, bedrückt
7	b↓	224 Hz		
			Suprasekunde 7:8	Intervall im Gamelan-Orchester Indonesiens und in der afrikanischen Pentatonik, ekstatisch, wird schnell zur großen Sekunde »zurechtgehört«
8	c'	256 Hz		
			große Sekunde 8:9	ein Schritt vorwärts, als Zusammenklang Unentschiedenheit
9	d'	288 Hz		
...				
15	h'	480 Hz		
			kleine Sekunde 15:16	zögernd, dissonanter Schritt vorwärts
16	c''	512 Hz		

Die Teiltonskala und die sich ergebenden Intervalle, bezogen auf den Grundton Kontra-C.

sind jene Frequenzbereiche, die durch die konkreten Resonanzeigenschaften des Instruments (Material, Form, Verbindung etc.) verstärkt werden. Diese sowie der Ein- und Ausschwingvorgang des auf dem Instrument erzeugten Tons tragen dazu bei, dass wir einen gleich hohen instrumental erzeugten Ton der Geige von dem einer Flöte unterscheiden können. Der Einschwingvorgang ist der komplexe Prozess, um einen Ton zu erzeugen, bis er »steht«, z. B. das Anblasen einer Flöte, Anzupfen oder Anstreichen einer Saite. Der Ausschwingvorgang ist das komplementäre Ereignis, das sofort nach dem Einschwingen beginnt und bis zu seinem Verklingen ins Unhörbare fortfauert (T 7).

Die bisher angesprochene Technik der Obertonerzeugung auf einem Monochord produziert die sogenannten Flageolett-Töne. Diese lassen sich auf allen Saiteninstrumenten an den betreffenden Stellen finden. Dies gelingt um so besser, je größer die Saitenlänge des Instruments ist (T 8). Auch durch entsprechend vorsichtiges Anblasen von blocklosen Flöten, wie der Shakuhachi, kann man die Flageoletts hervorbringen.

Skalen und Leitern

Obwohl alle Intervalle in der physikalischen Obertonreihe zur Verfügung stehen, haben die verschiedenen Kulturen von der Vergangenheit bis heute davon immer nur spezifische ausgewählt, um ihre jeweils eigene Musik zu machen. Manche (Ton-)Leiter, wie z. B. das »Zigeuner-Moll«, erscheint durch ihren Charakter schon selbst als eigene Musik.

In bestimmter Abfolge aneinandergereihte Intervalle bezeichne ich als Skalen. Diese können auch die Oktave übersteigen oder auslassen. Leitern sind für mich auf- und absteigende Skalen mit kleineren Tonabständen, die in der Regel Abstände zwischen einem Halbtonschritt (= kleine Sekunde) und einem Anderthalbtonschritt (= kleine Terz) umfassen. In manchen Leitern der indischen oder arabischen Musik kommen auch Drittel- oder Vierteltonschritte vor. In vielen Fällen erreicht eine Leiter die Oktave als markanten Punkt.

Als Beispiel soll die pentatonische Leiter Chinas (siehe pentatonische Leier) im Verhältnis zu unserer heutigen Dur-Tonleiter erläutert werden. Eine Urform der Pentatonik ergibt sich aus den Tönen:

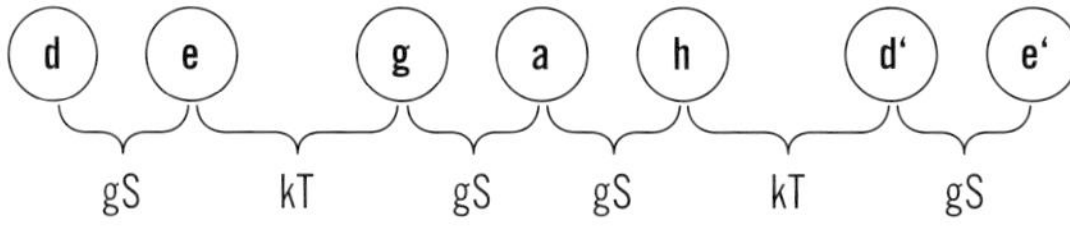

Die Abkürzung »gS« bedeutet »große Sekunde«, »kT« bedeutet »kleine Terz«. Der alte Sonnenton a steht im Zentrum und ermöglicht eine Quinte nach oben (einatmen, fragen) und nach unten (ausatmen, antworten). Von d bis d′ und e bis e′ reicht jeweils eine Oktave. Die Pentatonik genannte Fünftonreihe enthält immer fünf aufeinanderfolgende Tonschritte in der Oktave, im sechsten Ton findet sich eine Wiederholung des ersten (T 9).

Alle Töne lassen sich durch Oktavieren aus Oktave und Quinte ableiten. Da es in einer Pentatonik keine Halbtonschritte gibt (ein Halbton ist z. B. das Intervall h – c, also eine kleine Sekunde oder 15 : 16 als Relation in der Obertonreihe, Abkürzung kS), empfinden wir die Skala als durchweg harmonisch und schwebend. Aus der erlebten Skala heraus lässt sich kein Grund-, Anfangs- oder Schlusston finden. Die Melodie schwingt in Rhythmen und Atembögen.

Werden die »fehlenden« Halbtöne in diese pentatonische Tonleiter eingefügt, erhält man die bekannte C-Dur-Skala (T 10):

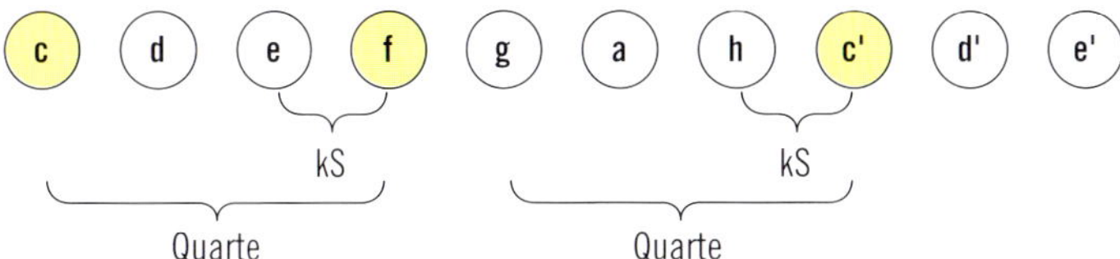

Die beiden Quarten bringen durch den Halbton am jeweiligen Ende Ordnung und Richtung in die Skala, c manifestiert sich als Grundton, c' als Zielton. Ein erster Halt ergibt sich beim f durch den Leitton e, der zweite beim c' durch den Leitton h. Eine schöne Übung ist es, gesungene oder gespielte Tonleitern auf dem Boden durch Schritte zu begleiten. Aufsteigende Leiterschritte führen nach vorn, absteigende rückwärts. Eine große Sekunde ist dann ein etwa doppelt so großer Schritt wie die kleine. Wer noch mehr in das physische Auf- und Absteigen hineinkommen möchte, kann auch die Arme zu Hilfe nehmen.

Durch das Schreiten wird z. B. das Ankommen bei f und c' wesentlich eindrucksvoller erlebbar als beim bloßen Singen (T 11). Der Unterschied von Dur (lateinisch »durus«: »hart«) und Moll (»mollis«: »weich, sanft«) liegt wesentlich in der Terz. Die Dur-Terz (große Terz) geht vom Grundton aus zwei Ganztonschritte: c–d–e. Sie schreitet also wacker in die Welt hinaus, um dann zur Quarte f hinzuleiten. Die Moll-Terz (kleine Terz) dagegen macht nach dem ersten großen Schritt c–d, den sie mit Dur gemeinsam hat, einen kleinen Schritt zum es, dem um einen Halbton erniedrigten e, zögert also, wendet sich gar zurück. Dur und Moll bilden als Tongeschlechter Grundgefühle in der europäischen Musik aus, die mit der einfachen Übung im Gehen deutlich werden.

Die pentatonische Leiter (T 9) enthält Dur und Moll, ist aber selbst für keines von beiden entschieden. Innerhalb dieser Tonfolge hängt es vom gewählten Ausgangspunkt ab, ob als erstes eine große Terz (z. B. g–h) oder kleine Terz (z. B. e–g) steht. Die Verwandlung der Pentatonik in die Diatonik (eigentlich Heptatonik, weil es sich um sieben Schritte handelt), Eigenschaften der Intervalle im Auf- und Abstieg, Entstehung von Dur und Moll und vieles mehr lassen sich schon mit der pentatonischen Leier erlebbar machen (T 12). Diatonische oder chromatisch gestimmte Leiern oder andere Instrumente mit klarer Teilung in zwölf Halbtöne, wie das Klavier, sind ebenso geeignet.

Die Entwicklung des Menschen von einem wenig individualisierten, gruppenseelenhaften Wesen in der Urzeit, das später in den Hochkulturen von Eingeweihten wie

Priestern oder Pharaonen geführt wurde, hin zum individuellen, freiheitsliebenden und selbstbewussten Menschen der Gegenwart (was auch die entsprechende individuelle Verantwortung fordert) kann im Gang durch die Musik- und besonders die Skalenentwicklung der Völker hörend und spielend erlebt werden (T 13). Musikinstrumente anderer Kulturen, wie Flöten oder Saiteninstrumente mit Bünden, sind mir oft ein Hinweis darauf, dass andere Skalen- und Leitersysteme vorliegen als unsere gewohnten auf dem Klavier oder in deutschen Volksliedern. Dann geht es darum, diese Fremdheit nicht nur als »schräg« und »falsch« zu bezeichnen, sondern mit Hilfe der verschiedensten praktischen Übungen und gedanklicher Forschung ihre Qualität und ihren Ausdruck zu erschließen.

Außer den harmonischen kennen wir auch »unharmonische« Obertöne. Harmonisch und disharmonisch tritt als Empfinden und Zustand nicht nur im Musikalischen sondern auch im sozialen und zwischenmenschlichen Bereich auf. Das lässt sich auf das Leben mit der Natur und der Erde ausweiten. Neben der europäischen Hörgewohnheit, dass Obertöne mit kleineren Ordnungszahlen (1 bis 6) harmonisch, die höheren dann disharmonisch sind, spielen vor allem das musikalisch-kulturelle Umfeld und das subjektive Empfinden eine Rolle, etwas als harmonisch oder disharmonisch zu erleben. Unharmonische Obertöne treten z. B. bei Glocken, unregelmäßigen Formen von Metall, Holz- und Steinklingern und Didjeridoos auf. Welche klingen harmonisch, welche nicht? Das ist eine Frage, der sich spielerisch nachgehen lässt (T 14). Nach manchem »Regenspiel« mit Steinen kam z. B. von den Spielern die Rückmeldung, dass diese Musik voller Harmonie gewesen sei. Tonharmonische Verhältnisse waren damit freilich nicht gemeint.

Neben dem mathematischen Aspekt der Klangentstehung ist der physikalische von Interesse, was anhand einfachster Experimente gezeigt werden kann. Zunächst kommt ein Altmeister der Phänomenologie zu Wort: »Das musikalisch Hörbare entspringt aus der materiellen Reinheit und dem Maße des erschütterten oder erschütternden Körpers. Um zu diesem Maße zu kommen, nehmen wir erst einen klingenden Körper als ein Ganzes an. Der entschiedene Klang, den das Ganze von sich gibt, nennen wir einen Grundton. Das Ganze verkleint, gibt einen höheren, vergrößert einen tieferen Ton.« So schreibt Johann Wolfgang von Goethe in seiner Tonlehre (2007).

Des weiteren spielt die Form des Klingenden eine Rolle. In Anknüpfung an die bei Saiten entdeckten Gesetzmäßigkeiten ist es sinnvoll, beim Experimentieren zu Formwirkungen mit stabförmigem, starrem Material fortzufahren. Auf der Suche nach dem »klingenden Ganzen« finden sich Holzstöcke, Metallstäbe und längliche Steine (Lithophone). Voraussetzung ist, dass beim Anschlagen ein klarer Grundton auftritt. Bei Hölzern eignen sich tote, harte, astfreie, entrindete, nicht gespaltene Äste (z. B. Esche, nicht Essigbaum), bei Metallen harte, homogene Materialien wie Stahl, nicht Blei, und bei Steinen harte und ungebrochene, nicht körnige, z. B. Schiefer statt Sandstein. Ich sage kaum: »Das klingt nicht.« Mit Rissen oder Rinde klingt ein Material lediglich anders, z. B. stumpfer, scheppernd, weich, klirrend. Auch das kann wiederum selbst Thema sein. Hörvorlieben spielen kulturspezifisch und individuell eine Rolle.

Ein erstes Experiment prüft, welche Klänge und Töne z. B. ein Klangholz von fünfzig Zentimetern Länge und vier Zentimetern Durchmesser abgibt, wenn es mit zwei Fingern an unterschiedlichen Punkten der Länge senkrecht gehalten und mit einem kleineren Holz angeschlagen wird. Dies kann allein oder in der Gruppe im Gesamtklang geschehen (T 15).

Hält man den Stock ganz oben, ergibt das ein stumpfes, hölzernes Klacken. Je mehr man sich einem Punkt bei einem Fünftel der Länge nähert, umso klarer tritt der Grundton hervor. Weiter unten greifend, wird der Ton wieder stumpfer. Ein weiterer Versuch ergibt, dass es einen zweiten Haltepunkt mit gleichen Klangeigenschaften gibt, wenn man von der anderen Seite her abgreift.

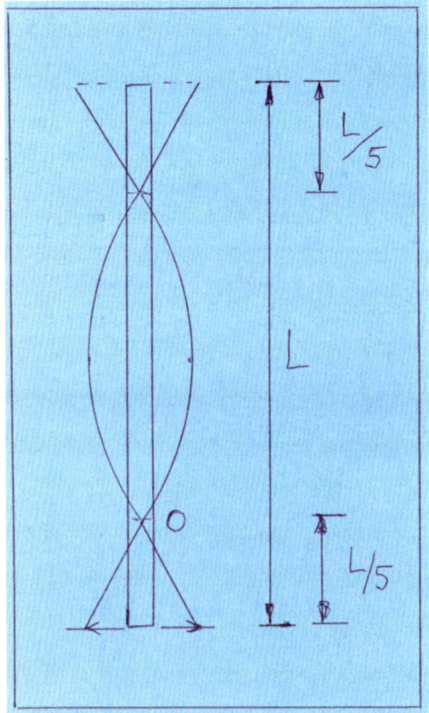

Schwingung am Klangholz.

Dieser Punkt liegt beim unteren Fünftel des Stocks. Beim Entdecken der Welt mit allen Sinnen geht es darum, diese Dinge selbst herauszufinden. Jemand bemerkt z. B. dass ein ovaler Holzquerschnitt beim Anschlag von verschiedenen Seiten zwei unterschiedliche Töne ergibt. Was lässt sich daraus schlussfolgern? Experimente sind in Fülle möglich: unterschiedliche Länge – gleicher Durchmesser, gleiche

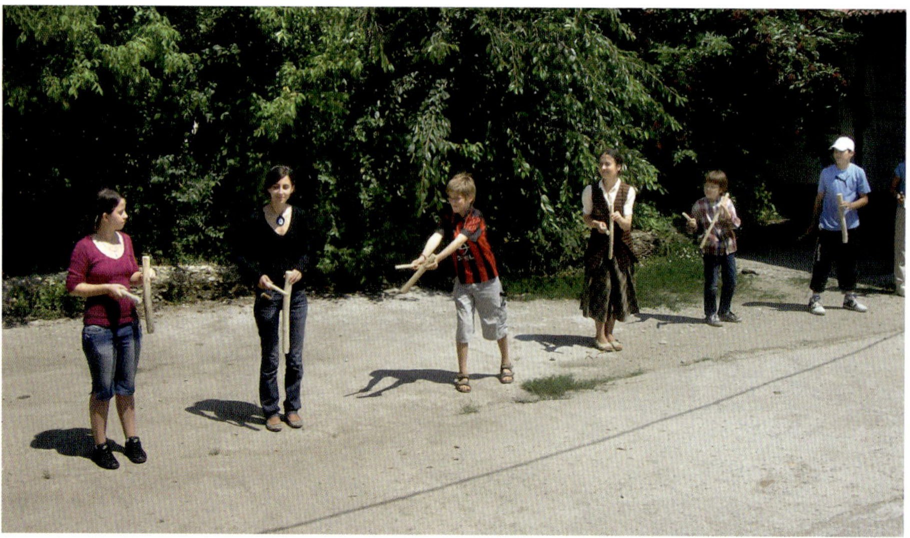

126 Holzklangkette in Simeria, Rumänien.

Länge – unterschiedlicher Durchmesser, gleiche Länge und Durchmesser – unterschiedliche Holzart, unterschiedlicher Trocknungsgrad (T 16).

Das Spiel mit Stöcken kann freilich weit über das forschende und musikalische Element hinausgehen und lädt zu Pantomime, Werfen, Jonglieren und Theaterspielen ein.

Andere Materialien länglicher Ausdehnung weisen gleiche Gesetzmäßigkeiten auf, klingen aber anders (Metall, Stein). Bei natürlichen Steinformen ist das Fünftelmaß nicht mehr einhaltbar. Sie können durch Probieren gehalten oder auf einem Seil am optimalen Punkt aufgelegt werden. Dieser Punkt heißt Schwingungsknoten oder Nullpunkt. Das genaue Maß liegt bei 22,4 % der Gesamtlänge. Bei Metallstäben gibt es weitere Modi und Schwingungsknoten, die durch Abgreifen an verschiedenen Punkten der Länge herausgefunden werden können (Hopkin, B. 1996).

Auch an Flächen lassen sich Schwingungsphänomene untersuchen. Legt man bespielsweise eine rechteckige Metallplatte von 15 × 20 Zentimetern und 1 Millimeter Stärke auf eine wenig schwingungsdämpfende Unterlage, bestreut diese mit feinem Sand und schlägt sie mit einem kleinem Gummihammer an, entstehen an vier Punkten Sandhäufchen. Damit haben wir die vier Hauptschwingungsknoten nach dem Prinzip der Chladnischen Klangfiguren gefunden (T 17).

Diese bereits 1802 vorgeführten Experimente wurden durch Hans Jenny erweitert und sind bei Alexander Lauterwasser ausführlich beschrieben. Der Autor forscht an vielen weiteren Phänomenen, wie aus Klängen Wirkungen und Formen in festen und flüssigen Medien entstehen. Die Werke beider Autoren gehören zur Pflichtliteratur für Musiker, Wissenschaftler und Umweltpädagogen (Lauterwasser, A. 2003; Jenny, H. 2009).

Viele Phänomene im Zusammenspiel von Musik, Mathematik und Physik wurden in diesem Abschnitt nicht benannt oder nur angedeutet. Ein Grund dafür ist ihr umfassender, komplexer Charakter, der schnell das Einfache und praktisch Nachvollziehbare überschreitet. Ich habe eine Auswahl getroffen, die für mich zu den elementarsten und grandiosesten Erfahrungen und Erkenntnissen führt, die zum Allgemeinwissen gehören und in jeder Schule – altersgemäß aufbereitet – von Anbeginn bis zum Abitur zur Pflicht gehören sollten. Es geht um nichts Geringeres als den erlebbaren Zusammenhang von Musik, Schöpfung, Materie und Mensch.

4.5 Musikalische Improvisation und Spielregeln

(siehe auch Spielesammlung Buchstabe I, ab Seite 226)

Improvisation bedeutet, das Unvorhersehbare zu tun, wofür auch das Sehen Pate steht. Im allgemeinen Sprachgebrauch hat Improvisation einen negativen Beigeschmack: Etwas ist »nur« improvisiert, also nichts Richtiges, nur vorübergehend oder eben irgendwie zusammengezimmert. In der klassischen Musik war Improvisation streng geregelt und wurde als letzter Ausbildungsschritt an der Hochschule gelehrt. Nur die Kirchenmusikstudenten belegen Improvisation obligatorisch. Hier wird sogar zur Aufnahmeprüfung die Improvisation auf der Orgel zu einem Lied erwartet. Die Musik der alten Völker ließ und lässt in unterschiedlichem Maß freies Spiel zu. Zwischen sehr strikter Vorgabe, was genau von wem gespielt und gesungen werden darf, bis hin zu freiem, unkontrollierten Spiel sind viele Zwischenformen anzutreffen. Die Regeln dafür werden mündlich weitergegeben. In den meisten Kulturen wird Kindern ein größerer Freiraum im Probieren aller Musizierweisen zugestanden als bei uns, wobei später zu beachtende Tabus noch nicht gelten.

Mit dem Auftreten des Free Jazz, der Weltmusik und vielfältiger Angebote in Pädagogik und Therapie verbreitete sich das Spiel und die Reflexion von improvisierter Musik als gleichberechtigte Spielweise. Man unterscheidet zwischen freier und gebundener Improvisation. Von frei wird meist gesprochen, wenn Musiker mit ihren Instrumenten zusammenkommen und keine Absprachen über Beginn, Dauer, Länge, Art und Abfolge des Spiels treffen. Noch freier scheint dann die Weise, die Instrumente in die Mitte zu legen, zu wechseln, miteinander zu tauschen, den Raum zu verlassen, nicht aufeinander zu hören usw. Die Freiheit ist aber immer eine relative: Sie kann Freisein von äußeren Regeln bedeuten, aber auch frei sein als Fähigkeit, etwas wahrzunehmen, Soziales mit Verantwortung entstehen zu lassen oder musikalisch zu werden. Das Bedürfnis nach äußerer Freiheit wird meist zuerst geäußert und endet, auf die Selbstverwirklichungsspitze getrieben, in Egoismus, grenzenlosem Konsum und Rücksichtslosigkeit gegenüber der Erde.

Erst die zweite Art von Freiheit, jene Fähigkeit, nicht von, sondern für etwas frei zu sein, bildet Sozial- und Umweltbewusstsein weiter. Dieser Erkenntnis entsprechend, sind für die Improvisation Vereinbarungen sinnvoll, die bereits mit dem Betreten eines Raums, der Auswahl und Anordnung von Stühlen und Instrumenten, den Licht- und Luftverhältnissen oder den Abständen der Spieler zueinander beginnen können. Sofern ein Leiter und eine Gruppe auftreten, ist dafür der Leiter zuständig. Beliebigkeit und Willkür wären fehl am Platz. Improvisation bedeutet keineswegs, unvorbereitet zu sein, selbst wenn das Spiel dann ganz aus dem Moment heraus beginnt.

Spielregeln werden von manchen Menschen als Einschränkung ihrer Freiheit erlebt. Wenn sie sinnvoll ausgewählt und angewendet werden, öffnen sie jedoch neue Wahrnehmungsräume und Freiheiten. Jede Spielregel kann erweitert, zurückgenommen, verändert oder aufgelöst werden. Auch wenn man sich bewusst oder unbewusst nicht an die Spielregel hält, hat dies Bedeutung. Ich verwende in meinen Workshops gern Spielregeln, die es den Teilnehmern ermöglichen, in einer konkreten Situation zu beginnen. Meine Improvisation beginnt damit, dass die erste Spielregel nicht vorher feststeht. Sie wird aus der Situation ergriffen.

Im Kontext einer Forschungsarbeit im Schnittfeld von Sinneserfahrung und Musik habe ich formuliert, welche Kriterien eine gute Spielregel erfüllen sollte (Heyne, H. 1998): Sie soll Anregung sein, um miteinander, nicht gegeneinander zu spielen. Dabei geht es nicht in erster Linie um Gewinnen oder Verlieren, nicht um Konkurrenz, sondern darum, sich gemeinsam einer Aufgabe zu stellen, die nur unter Mitwirkung anderer lösbar ist. Dabei können durchaus kämpferische und wettstreitende Elemente vorkommen und das Ganze befeuern. Das Spielen eines Solos knüpft eine Partnerschaft des Solisten mit sich selbst.

Die Grundspielregel enthält in »zusammengerollter« Form schon die folgenden Varianten und Möglichkeiten. Ihre Entwicklung geschieht durch Leiter und Mitspieler als eigener Weg zur Freiheit und künstlerischen Befähigung.

Die beiden Pole »Form« und »Bewegung« sollten in einem ausgewogenen Verhältnis stehen, z. B. Spielregularium als Formpol, freudiges Spieltreiben als Bewegungspol. Ein einseitiges Übertreiben ist gerechtfertigt, wenn es dann umso bewusster in die Balance führt. Im Spiel lassen sich die Grenzen und Einseitigkeiten von Form und Bewegung (Ordnung und Chaos) und ihre Aufhebung erfahren. Echte Spielqualität löst paradoxe Situationen, das heißt, sich scheinbar Widersprechendes kann miteinander existieren und sich gegenseitig fördern. Eine Spielregel soll klar und einfach formuliert sein, so dass jeder mit dem Spiel beginnen kann. Sie soll nicht zu viele Details festlegen, um den lebendigen Spielverlauf mit allen Überraschungen nicht einzuschränken.

Die Spielregel ist Schutzraum für individuelle Ausgangsbedingungen. Durch die Vorprägung – unterschiedliche Charaktere und Temperamente, motorische, seelische, intellektuelle und soziale Fähigkeiten der Teilnehmer – entstehen verschiedene Wahrnehmungs- und Spielweisen innerhalb einer Spielregel. Die Regel sollte insgesamt einen integrierenden, helfenden, ausgleichenden Duktus haben. Man kann viel gewinnen, indem man sich in das jeweils andere Extrem der eigenen Verhaltensweise hineinversetzt, z. B. wird jemand, der zu ständigem Wechsel neigt, durch einen stoischen Trommelpartner lernen können. Ist der Partner ebenso quirlig, geschieht eher ein Aufwachen durch die direkte Spiegelung.

Die Spielregel ist Hilfestellung, selbst zu entdecken und Phantasie zu entwickeln. So kann z. B. schon in der Spielregel eine »Verwandlungspflicht« enthalten sein, die je nach aktueller und individueller Wahrnehmungsfähigkeit frei erfüllbar ist. Eine Spielregel ist kein Selbstzweck. Ist ihre Aufgabe erfüllt, kann sie übertreten und abgelegt werden.

Mindestens eine Prise Humor anstelle von Albernheit tut jedem Spiel gut! Auch in Spielregeln kann schon ein Augenzwinkern vorkommen. Fritz Hegi schreibt: »Spielregeln sind zerbrechlich wie Glas. Sie bilden nötige Einschränkungen, Ordnungsmuster und Ablaufformen, aber sie provozieren auch zur Übertreibung, zum Falschspielen und Spielverderben. Ihre Anwendungsmodi zwischen stur und wirkungslos müssen jeder Situation eigens angepasst werden. Ihre Erklärung darf weder zu ausführlich, noch zu knapp ausfallen. Der Umgang mit Spielregeln ist selbst ein Spiel, zwischen Begrenzung und Ausweitung.« (1997)

Spiel als Menschheitsideal

Friedrich von Schiller beschrieb in seinen berühmten Briefen »Über die ästhetische Erziehung des Menschen« einen zunächst unversöhnlichen Urgegensatz, jenen von sinnlichem Trieb und Formtrieb, Materie und Form oder auch Bewegung und Gesetz (1795). In einer musikalisch-sozialen Gedankenreise entwickelt Schiller das versöhnende Dritte – den Spieltrieb. Dies hat nichts mit Wett-, Sport- und Konkurrenzspielen oder »sein Spiel mit etwas treiben« zu tun.

Form ist alles, was Struktur, Ordnung, Gesetz schafft und verlangt. Im musikalischen oder tänzerischen Tun ist das der Raum, sind es Festlegungen, was, wie und wo gespielt werden soll. Dies ins Extrem getrieben, führt zur völligen Erstarrung. Der Bewegungspol in seiner Einseitigkeit ist chaotisch, willkürlich, quellend, keine Regeln akzeptierend. Beide Pole bezeichnet Schiller als Grundtriebe der Menschheit, Grundgesten, die sich unversöhnlich gegenüberstehen.

Und er entwickelt – paradoxerweise – dann doch das Dritte, den Spieltrieb. Im Spiel bleiben beide Pole erhalten und steigern sich gegenseitig. Schiller versteht Spiel in diesem Sinn als Menschheitsideal. Der Spielpädagoge und -therapeut Werner Kuhfuß beschäftigt sich seit Jahrzehnten mit dem praktisch-lebendigen Spiel von Menschengruppen und hat wesentlich dazu beigetragen, dies praktisch erlebbar zu machen (1976).

Auch der phänomenologische Spielansatz von Herbert Kersberg, bei dem Lebensfreude, Bewegungsbedürfnis, Konkretheit des Tuns und Sinnlichkeit der Erfahrung wesentlich sind, kommt dem Spielbegriff bei Schiller nahe (1994). Die Verarbeitung von Erlebnissen im Spiegel ihrer Biografie tritt bei Erwachsenen temporär beim Spiel in den Vordergrund, wenn die Schizophrenien einer umweltzerstörenden

Gesellschaft nicht mehr verdrängbar sind – was in der psychoanalytischen Spieltheorie aufgegriffen wird.

Vom sozialisationstheoretischen Ansatz ist beim Musizieren und Spielen mehr die Praxisseite relevant: sich selbst und andere wahrnehmen, soziale und individuelle Muster erkennen und verändern, kooperieren, entscheiden, sich einmischen oder verzichten.

Spiel mit gleichen und ungleichen Instrumenten

Im Spiel mit Gruppen eröffnen sich durch diesen Unterschied verschiedenartige Zugänge zu Wahrnehmungen, Prozessen und Reflexionen. Auch wenn der Unterschied später zugunsten des freien Spiels aufgehoben wird, ist vorher eine differenzierte Erfahrung im Rahmen von Regeln und Spielhinweisen von Nutzen.

Gleiche Instrumente für alle Teilnehmer heißt z. B., dass jeder einen oder zwei Steine hat, Hölzer, Metallstäbe, Gongs, Leiern oder Ähnliches. Auch ohne Instrumente (also nur mit Händen, Füßen, Körper, Stimme) ist das gegeben. Methodisch bedeutet dies einen oder mehrere Reduktionsschritte der Vereinfachung, des Weglassens oder Verzichts. Es kann auch ein Miteinander-Teilen bedeuten: Zwei Spieler teilen sich ein Steinpaar. Durch die reduzierte Quantität können sich Qualität, Kreativität, Solidarität und Interaktion intensivieren, allerdings nicht zwangsläufig.

Ein zweites Ziel der Reduktion ist die Erfahrung einer (noch) nicht individualisierten und egoismusgesteuerten Bewusstseinsstufe, die im Musizieren reaktiviert werden kann. Die Freiheit und das Erfülltsein in Gemeinschaft und Eingebundensein lässt sich so erleben. Dafür bietet sich das Bild oder auch der Spielhinweis an, statt die Instrumente zu spielen, sich von ihnen spielen zu lassen – ein Umkehr- oder Umstülpungsvorgang.

Steinkreis

Beim Herumgeben des Steinklangs im Kreis – für einen Kreis sind mindestens sieben Teilnehmer nötig – gibt es den Hinweis, den Klang wie Wasser fließen oder auch einfach die Steine ohne besonderen Rhythmus klackern zu lassen. Der Klang soll von Spieler zu Spieler im Kreis herumfließen. Als das Spiel einmal an einer Musikhochschule mit Professoren stattfand, war dies schlechterdings unmöglich. Man fragte nach Dynamik und Überlappung, und jeder gab sich hör- und sichtbar Mühe, etwas Besonderes zu spielen. Kinder im Kindergartenalter dagegen spielten immer. Für sie war nicht verständlich, dass das Geräusch nur an einem Punkt oder engen Bereich des Kreises sein sollte. Die Erfahrung, um die es geht – die Vorgabe ist zwar strikt, aber nicht detailgenau –, ist, Klang als Gruppe im Kreis so durchfließen zu lassen, dass ein lebendig bewegtes Geräusch ohne abzusetzen weitergegeben wird – ohne Willkür oder übermäßiges Zeigebedürfnis.

Dieses lebendige Eingetauchtsein in den Fluss des Steinklangs kann als Geborgensein in einer Gemeinschaft erlebt werden, der einzelne fühlt sich wie ein Was-

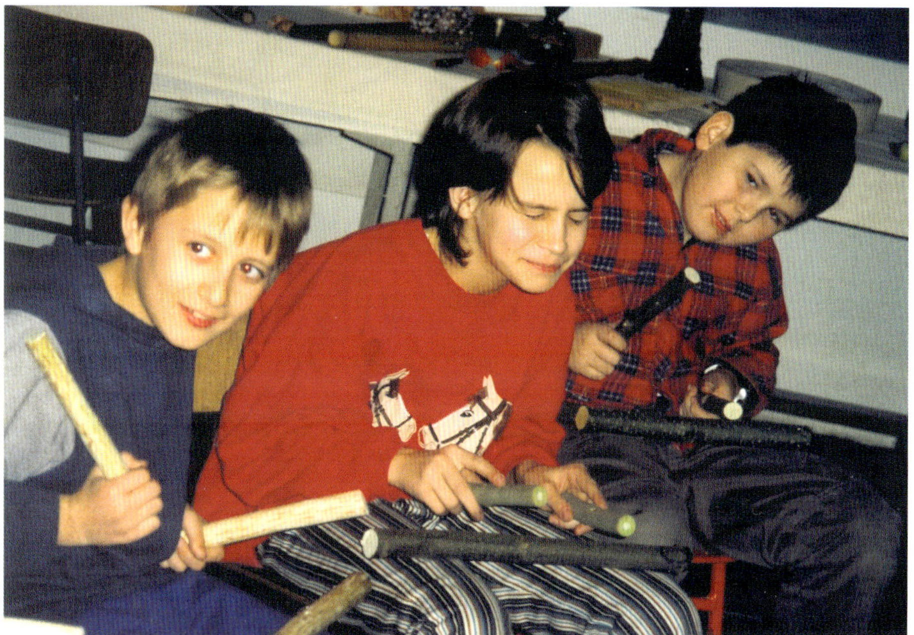

127 Stockspiel mit Kniehölzern in Sarajevo, Bosnien.

sertropfen in einem großen See der Gemeinsamkeit. Ein nächster Schritt ist das Wechseln der Richtung des Geräuschs durch einzelne klare Impulse, wobei meist fließende Anpassung erfolgt (I 2). Stauen zu provozieren und auszuhalten setzt den Willen zur ehrlichen Auseinandersetzung voraus oder schult ihn – dieser Schritt fällt vielen heute schwer.

Als Gegensatz zum »See« folgen dann individuelle Zweiergespräche, wobei irgendjemand im Kreis den See verlassen, den Klackerstrom abbrechen und ein Gegenüber klar meinen und ansprechen muss (I 3). All dies geschieht nonverbal. Würde man dem Stauen zu schnell ausweichen, wie z. B. beim »durch den Kreis werfen« des Klangs in analogen Spielen mit Händeklatschen und Stimme, wäre ein wichtiger Schritt zu Gunsten von schnellem Spaß übersprungen. Später kann auch im Herumgeben des Steinklangs ganz individuell und frei gespielt werden. Oder die Gruppe wird gebeten, sich eine eigene Spielregel vorzugeben. Ganz selten, und auch nur in östlichen Ländern, geschah es, dass die Gruppe bereits beim ersten Herumgeben der Steinklänge so sensibel und erfinderisch vorging, gleichzeitig in den Strom von Dauer und Intensität eintrat, dass sich weitere Spielregeln erübrigten.

Dann tritt dazu das Bewegen im Kreis, Pantomime, gemeinsame Aktionen von Paaren etc., denn das Steinspiel ist beliebig weiterentwickelbar. Eine über viele Jahre gewachsene Erkenntnis ist: Je einfacher die Instrumente sind, umso vielfältiger quellen immer neue Spielideen aus den Gruppen hervor.

Ähnlich den Steinspielen sind die Spiele auch mit Kniehölzern (ein im Sitzen auf den Knien liegendes großes Holz und zwei kleine Schlaghölzer für jeden) (I 4), mit Rasseln, Panflöten, Trommeln oder anderen gleichartigen Instrumenten möglich. Werden Steine, Hölzer oder andere Materialien nacheinander gespielt, ist ein Vergleich ihrer Klangeigenschaften möglich.

Trommeln

Das gemeinsame Trommeln schafft durch die Haut- und Fellberührung mit den Händen die Möglichkeit, einen verschmelzenden oder divergierenden Rhythmus zu spielen. Lässt man das Spiel länger dauern, öffnet sich ein Weg, der in andere Bewusstseinsschichten eintauchen lässt.

Ein weitverbreitetes Spiel ist »einfach miteinander trommeln«, ohne Vorgaben, eventuell mit der Ansage, dass es ruhig länger dauern darf, aber ein gemeinsamer Schluss gefunden werden sollte. Meist trommelt sich die Gruppe dann miteinander ein, und es entstehen interessante Wandlungsphasen (I 5). Obwohl das Spiel einfach erscheint, wird es in der Reflexion von Erwachsenen recht unterschiedlich bewertet.

Mancher fühlt sich beim lauten Trommeln recht wohl, aber die anderen nicht mit ihm, weil er nur sich hört und die anderen zudröhnt. Ein anderer langweilt sich, hätte längst aufgehört, spielt aber aus Solidarität gelangweilt weiter. Ein dritter versucht, mehr Dynamik hineinzubringen, scheitert aber an der allgemeinen Trommelsuppe. Und dann gibt es die »Patternspieler«: Sie trommeln immer das, was sie an Rhythmen gelernt haben, egal, ob es zu dem passt, was sich soeben entwickelt, oder nicht. Trotzdem, oder gerade weil es nicht voraussagbar ist, ob das Spiel gelingt, bleibt es ein interessanter Ansatz, der auch bestehende Gruppen über viele Jahre begleiten kann.

Die Natur und Menschen gleichermaßen betreffenden polaren Archetypen wie »Ordnung und Chaos« können mit Trommeln gut erfahren werden. Aus dem Chaos kommend – jeder spielt, was er will, und hört nicht auf die anderen – gibt der Leiter nach einem Zeichen, zum Beispiel einem Pfiff, einen einfachen Rhythmus vor, den alle mitspielen. Es ist gut, dabei beide Hände zu verwenden, um mit Rechts-Links-Ausgleich zu arbeiten, sowie mit den Händen – ohne Trommelstöcke – auf der Trommelhaut zu spielen (M 1).

Die vorgegebenen Rhythmen richten sich nach dem, wie die Gruppe im Spiel mitgeht. Manchmal ist Wiederholen wichtig, ein anderes Mal eine schnelle Steigerung. Oder der Rhythmus war zu schwierig: Dann gilt es, einfacher zu werden. Eine Variante des Spiels ist, dass beim Signal für »Ordnung« die Gruppe nicht einer Vorgabe des Leiters folgt, sondern ihren eigenen, gleichmäßigen Rhythmus findet. Die Gruppe kann auch im Spiel oder durch Zeichen selbst die Punkte, an denen die Improvisation von Chaos zu Ordnung umschlägt und ihren Anfang und Schluss findet, setzen.

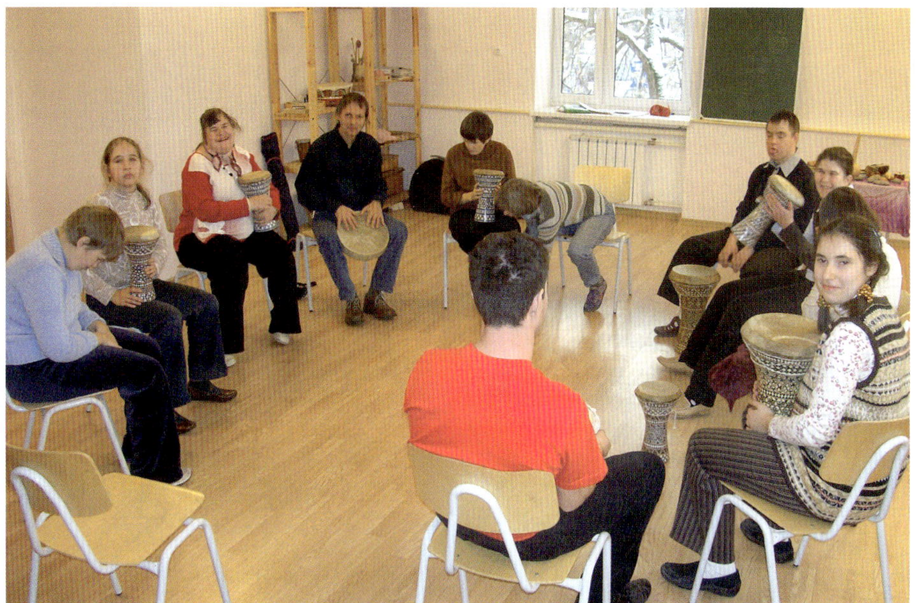

128 Trommelspiele in der Heilpädagogik, Moskau.

Beim Thema »Fließen und Stauen« wird ein unterschiedlich schneller, mit beiden Händen abwechselnd gespielter Trommelwirbel zunächst in einer Richtung im Kreis herumgegeben. Später wird auf nonverbales Zeichen hin die Richtung gewechselt. Zum Stau kommt es, wenn zwei benachbarte Spieler aufeinander zu den Klang in verschiedene Richtungen weitergeben wollen. Der Stau kann zu Sturheit, Kampf oder Humor führen. Er kann bei seiner Auflösung Energie und Schwung freisetzen, die die Gruppe im Kreis auffangen, nutzen und ableiten kann. Das Spiel steigert die Energie der Gruppe, fördert das Sich-Einmischen aber auch Nachgeben. Das soziale Gefühl wird durch die Verantwortung für eine Gesamtbalance zwischen Fließen und Stauen geschult. Dies stellt eine Trommelvariante von (I 2) dar.

Metall in Statik und Bewegung

In der Abfolge des bewegten und statischen Spiels von Gongs, Metallplatten und Stäben lassen sich Zusammenhänge von Mensch und Umwelt, seiner früheren Eingebundenheit und späteren Loslösung, vom Verlust des Zusammenhangs mit dem Ganzen und heutiger Individualisierung, aber auch soziale Verantwortung durch Klang- und Spielwirkung erfahren (I 6). Ich bevorzuge dabei, mit dem bewegten Spiel (schwingendes Läuten) zu beginnen. Dies wird im Klang oft angenehmer, einbettend, den Raum umgreifend erlebt, ist aber spieltechnisch schwieriger zu handhaben. Da die Hand mit dem Gong und jene mit dem Klöppel wie bei der Kirchenglocke in die gleiche Richtung pendeln, ist man irritiert, da sonst immer »dagegen geschlagen« wird. Die Gongs werden unkontrollierbar. Ihre Klangwirkung führt

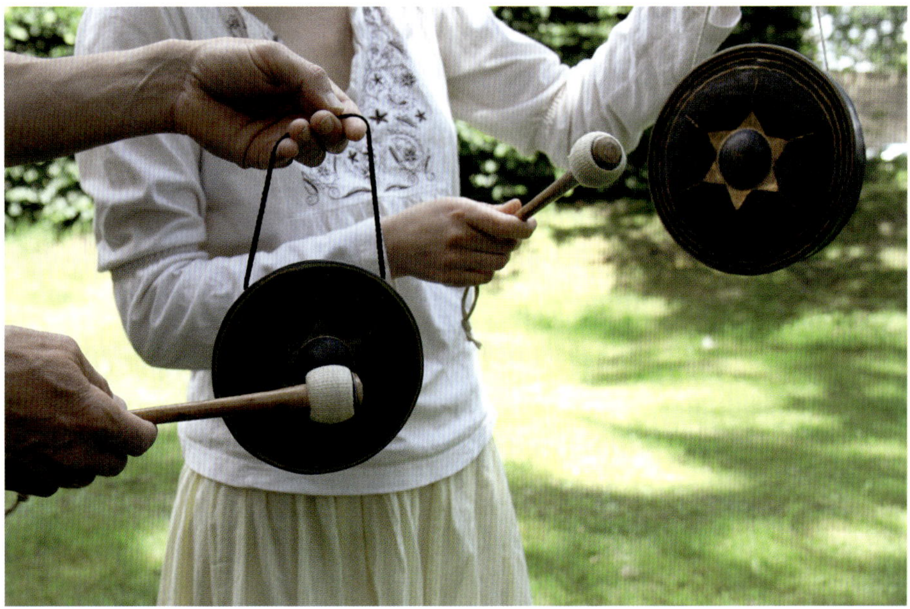

129 Thai-Gongs in Bewegung.

zum Träumerischen, das Spiel aber erfordert Wachheit (auch M 18). Der statische Anschlag ist vertrauter: Der vor sich gehaltene Thai-Gong wird leicht in der Mitte getroffen. Das freie Spiel (einen Rhythmus oder auch nicht spielen) ist ein bewusst eingebautes Paradox. Es führt hin zum Hören und zur Kommunikation im Kreis. Klangstäbe nehmen das Räumliche der Thai-Gongs und das Flächige der Platten nochmals zurück. Ihre Linearität macht sie zur idealen klingenden Schwungform und gestattet sogar die direkte Berührung aller klingenden Stäbe. Dabei bestehen wesentliche Unterschiede im Klang, je nachdem welches Material (z. B. Eisen, Bronze, Kupfer) verwendet wurde und wie der Schmiedeprozess war (I 7). Das Beste, das man hier finden kann, stammt von Manfred Bleffert, Schmied aus Heiligenberg am Bodensee.

Leier und Kantele

Mit pentatonischen Leiern gleicher Stimmung lässt sich des Weg vom Urrhythmus des Meers, dem individuellen Welle-Sein, über springende Klang-Delphine bis zum wandernden Einzelspiel von Tönen in Skalen oder Liedern beschreiten (I 8). Noch bevor einzelne Töne angezupft werden, streicht man gemeinsam nach einer weit ausholenden Handbewegung über alle Saiten.

Im nächsten Schritt teilt sich dies in ein Geben und Nehmen, zu sich heran und von sich weg. Dabei wendet sich auch die Hand, so dass sie eine pendelnde Geste vollführt. Im dritten Schritt wird dann der Klang durch den Kreis geschickt, er wird selbständig und braucht die richtige Zeit, um beim nächsten Spieler anzukommen.

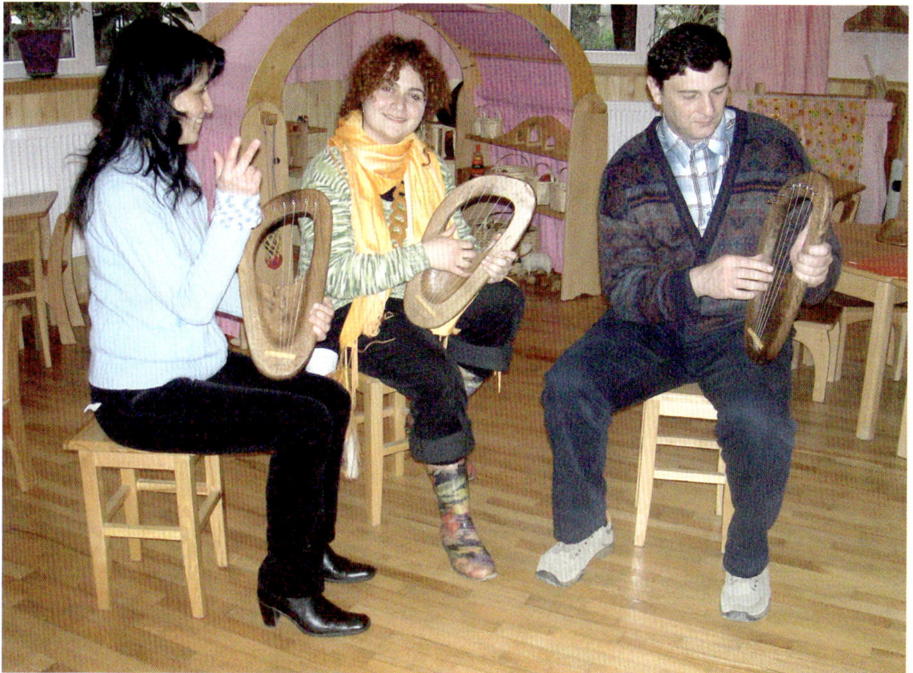

130 Spiel mit selbstgebauten pentatonischen Leiern, Georgien.

Auch Kantelen oder diatonische Leiern sind für diese Spiele im Kreis geeignet. Die Diatonik (vgl. Abschnitt 4.4) erfüllt den Raum mit einer anderen Grundstimmung.

Eine Spezialform der Spiele mit gleichem Instrument sind die Spiegel- und Nachahmespiele, die oft zu zweit oder zu dritt gespielt werden (I 25). Dabei ist wichtig, wie die Instrumente ins Spiel gebracht werden. Jede Geste – die Art, wie die Instrumente ausgeteilt oder ob sie selbst ausgewählt werden, welchen Raum es gibt – hat Bedeutung. Am Beispiel von Kieseln erklärt: Wenn man die Kinder durch Hören raten lassen will, welches Instrument jetzt gespielt wird, müssen die Steine zu Beginn noch im undurchsichtigen Sack sein und dürfen nicht im Raum liegen. Dann hört man im Sack einen interessanten Klang und kann eigene innere Bilder entstehen lassen.

Die Konzentration auf eine Art oder einen Typ von Instrument ermöglicht die volle Ausrichtung auf die unterschiedlichen Aspekte dieses einen. Eine besondere Form der Klangverschmelzung mit gleichen Instrumenten ist mit Didjeridoos und Maultrommeln erlebbar (M 38). Im ununterbrochenen Atemstrom trägt zuerst das Gemeinsame. Aus diesem heraus bilden sich nach und nach Nuancen, Eigenheiten und Muster. Durch meist unterschiedliche Grundtöne und deren relative Konsonanz oder Dissonanz zueinander entstehen Bereiche der Ruhe oder Aktivität. Als gleiche »Instrumente« können auch menschliche Stimmen bezeichnet werden, was nahezu unbegrenzte Improvisationsmöglichkeiten eröffnet.

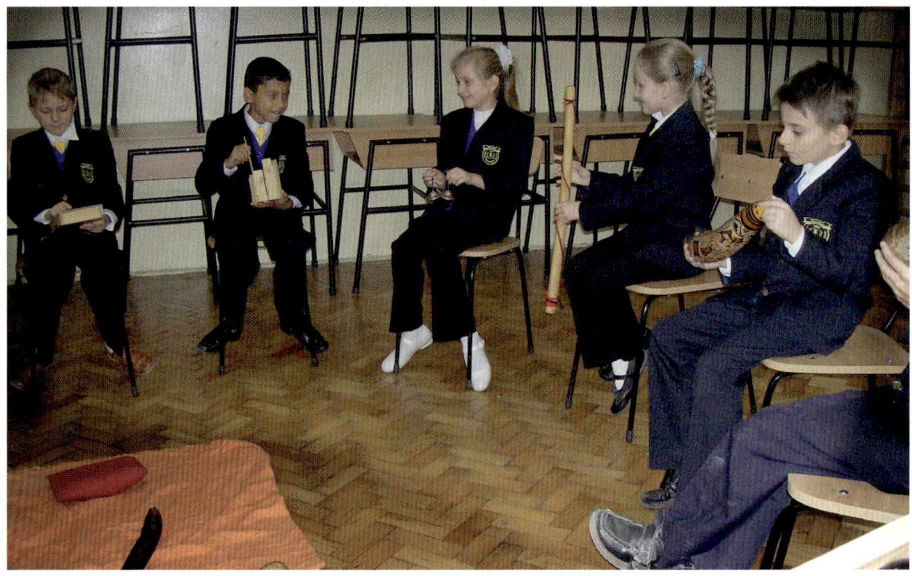

131 Instrumentenkreis in Bukarest, Rumänien.

Spiel mit ungleichen Instrumenten

Das Spiel mit ungleichen Instrumenten betont zunächst die Vielfalt des Klangspektrums und der Auswahlmöglichkeiten und hilft besonders bei Kindern und Jugendlichen, Begeisterung zu wecken. Andererseits kann es ein Spiegel der heutigen Gesellschaft sein: Alles steht zur Verfügung, eigentlich zu viel, und ich muss das Richtige für mich wählen, mich entscheiden.

Individuelles Fühlen, Ausdruck und Wirkung stehen am Anfang jedes Spiels. Dann brauchen wir Spielregeln und setzen uns mit den daraus entstehenden Chancen, Problemen, Bedürfnissen, Aufgaben und Grenzen auseinander. Womöglich führt uns dies in die notwendige Verwandlung, hin zur Möglichkeit des spielregelfreien Spiels. Ein dritter Komplex von Spielen und Übungen ergibt sich aus dem Anliegen, Instrumente in ihrer Vielfalt teils im traditionellen Kontext, teils mit neu entwickelten Spielweisen vorzustellen und konkrete Themen zu bearbeiten.

Der Fokus im Spiel mit bestimmten Gruppen von Instrumenten kann verschieden gesetzt werden:

- Naturklänge (Steine, Muscheln, Schoten)
- Naturmagie (Regen- und Windmacher, Schwirrholz, Muschelhorn, Didjeridoo, Trommeln, Gesänge und Tänze)
- Material (Steine, Holz, Nüsse, Kalebassen, Fasern, Felle)
- Pflanzen- und Tierarten (Bambus, Schilf, Stroh, Eukalyptus, Teakholz, heimische Holzarten, Rind, Ziege, Fisch, Schlange)
- Geografie

- Ökologie
- Natureinbindung
- Lebensweise der Völker, aus denen die Instrumente stammen
- Vorstellen konkreter Kooperativen von Instrumentenmachern aus Einer Welt mit ganzheitlichem Hintergrund und sozialen Aspekten
- Musikethnologie und traditionelle Spielweise von Instrumenten versus freiem Erkunden

Sind die Instrumente den Spielern noch unbekannt, empfiehlt es sich, diese zunächst vorzustellen. Als Leiter kann ich die Instrumente sowie ihre Herkunft kurz benennen, gegebenenfalls auch Spielmöglichkeiten andeuten. Mir ist wichtig, die Vorstellung nicht auf »falsch« und »richtig« auszurichten und nicht zu viele Informationen zu geben. Viel interessanter ist, durch geeignete Spiele die Instrumente sich selbst vorstellen zu lassen (vgl. M 29, I 35). In manchen Workshops werden die Spieler gleich zu Beginn aufgefordert, ihr gerade gewähltes Instrument solo vorzustellen. Im richtigen Moment ist dies sicherlich gut, kann aber durch zu viel Erfolgsdruck das Gegenteil von Spielfreude auslösen. Meist nehme ich dann andere Spiele, wo man gemeinsam mit anderen transparent hörbar wird, aber nicht Solist sein muss (z. B. I 15).

Instrumentenkreis

Im Instrumentenkreis sitzend, erhält oder sucht sich jeder ein unterschiedliches Instrument. Bei sechzehn Teilnehmern könnten das sein: Klangsteine, Muschelratsche, Holzblock, Regenmacher, Windspiel, Panflöte, Querflöte, Schilfklarinette, Didjeridoo, Basstrommel, Udu- oder Wassertrommel, Zupftrommel, Maultrommel, Metallstab, Gong, Leier. Ausgangspunkt ist die Individualität, die uns als Menschen auszeichnet, aber auch die Ähnlichkeit zur Diversität der Pflanzen und Tiere in einem nachhaltigen Ökosystem, wo Pflanzen, Tiere und Menschen als Klänge eine Rolle spielen.

In einer ersten Probierphase spielt jeder sein Instrument so, dass er hauptsächlich sich selbst hört. Auch wenn es recht laut werden kann, sollte nicht dabei geredet werden. Nach einem Signal folgt die Umkehrung: möglichst gut auf die anderen zu hören (I 9). Oft sind sehr laute und leise Instrumente und Spieler im Kreis vertreten. Dann kann man eine gemeinsame Grundlage für improvisiertes Spiel schaffen, indem sich zunächst jeder zu seiner Lautstärke bekennt. Nach nochmaligem Beginn hört langsam und nacheinander der Lauteste, Zweitlauteste usw. auf, bis zuletzt der Leiseste allein spielt (I 10).

Auch bei anderen Kriterien wie Tonhöhe, Harmonie oder Rhythmus ist es wichtig, dass durch nachträgliches Verändern und Anpassen wenig geschummelt wird. Das heißt, jeder Spieler sollte seine einmal gewählte Spielart beibehalten und nicht z. B. nachträglich leiser werden, um länger spielen zu können. Man übt, dazu zu stehen, was man sagt.

Danach können die Spieler im Kreis ihre Instrumente tauschen oder wechseln. Sind zu wenige Instrumente vorhanden, können die meisten auch durch zwei benachbarte Spieler gespielt werden (I 11). Dieses Teilen schult den Gemeinsinn und macht Spaß.

Ein Motiv, das solche Sensibilität unterstützt, ist »Auffüllen – Abnehmen« (I 12). Hier beginnt ein Spieler im Kreis ein einfaches Motiv oder einen Rhythmus wiederholt zu spielen. Der Nachbar kommt nach einer Weile des Zuhörens dazu und spielt etwas Passendes, darauf folgt der nächste Nachbar, bis alle gemeinsam harmonisch miteinander spielen. Dann hört jener, der zuerst begann, zuerst auf, dann der nächste usw., bis am Schluss der letzte Spieler allein ist. Das Spiel hat Parallelen zum Wachsen und Vergehen in der Natur und macht die Änderung von Wichtigkeiten deutlich.

Der Instrumentenkreis kann Symbol für das Ökosystem Erde, die ganze Vielfalt menschlichen Ausdrucks, der Völker – aus vielen Erdteilen sind Instrumente vertreten – oder einer Gruppe von Menschen (Volk, Schulklasse, Freundeskreis) sein. Einzelne Instrumente stehen für Individualität, Charakter, Herkunftsland, verschiedene Sprachen, Pflanzen, Tiere, Naturphänomene, Landschaften, Geräusche. Die Spiele im Instrumentenkreis schulen Wahrnehmung, Zuhören, Ausdrucks- und Interaktionsfähigkeit, Sinn für das Wesentliche, Einmischen oder Verzicht im richtigen Moment, Politikfähigkeit, Selbstbewusstsein und fördern die Persönlichkeitsentwicklung.

Wandernde Instrumente

Aus der Not eine Tugend machen hieß es auf einem Workshop in Rumänien, wo nur wenige Instrumente zur Verfügung standen. Wie kann man mit zwei Trommeln und zwanzig Teilnehmern sinnvoll und ohne zu langes Warten arbeiten? Mir kam die Idee, die Trommeln auf Wanderschaft im Kreis zu schicken, und zwar unter Beibehaltung eines bestimmten Rhythmus. Dabei sollte es nicht so ablaufen, dass jeder viermal schlägt, damit sein »Pensum erfüllt«, dann eine Kunstpause entstehen lässt und zum nächsten weitergibt, sondern dass ein rhythmischer Gesamtfluss durch den Kreis geht, unabhängig davon, wer gerade an der Reihe ist und wie lange man spielt (M 3). Varianten mit mehreren Trommeln, Rhythmen und Instrumenten steigern die Schwierigkeit (I 13). Als Leiter begleite ich das Ganze oft mit einer einfachen afrikanischen Querflöte, die dem Kreis Hülle und Musikalität gibt. Als Instrumente sind für dieses Spiel mittelgroße Rahmentrommeln, Regenmacher, Kokosnusshälften, Rasseln, Steine oder Klanghölzer geeignet. Die jeweilige Aktion beim Weitergeben fördert Kreativität, Geschicklichkeit, Verantwortung und Sozialgefühl.

Die Hörtransparenz und das Zusammenspiel fördert die »Wandernde Drei« (I 14): Drei benachbarte Spieler beginnen gemeinsam oder auf ein Zeichen miteinander zu spielen. Die Spielweise ist einfach und repetitiv: Ihre Aufgabe ist, ein Motiv zu

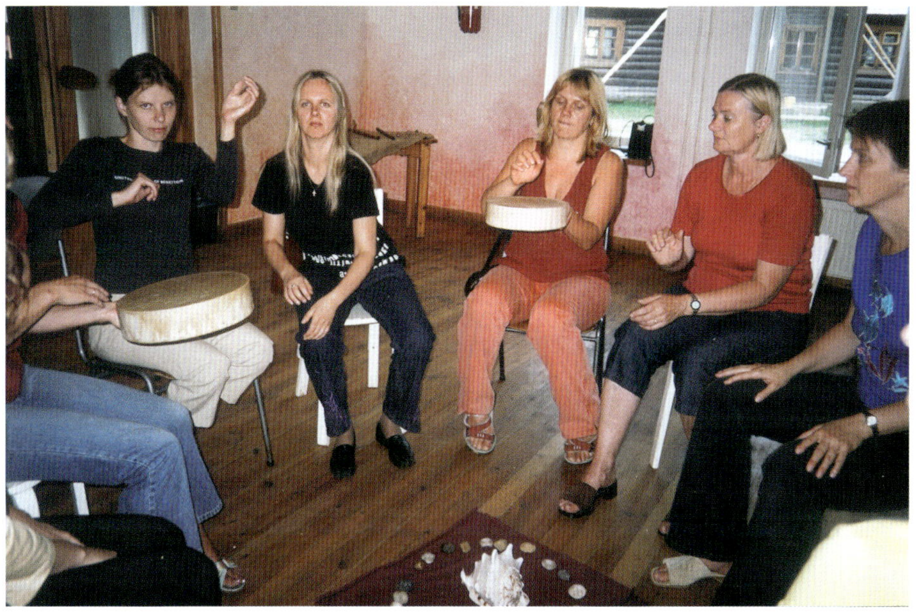

132 Wandernde Trommeln im Erwachsenenworkshop, Estland.

finden, dass sie immer wieder in ähnlicher Form wiederholen, jedoch in lockerer Weise. Wenn Rhythmusinstrumente verwendet werden, sollte es möglichst nicht der gleichen Rhythmus wie der des Nachbarn sein, sondern einer, der gut dazu passt. Beim Dazukommen und Wegbleiben von Spielern kann sich auch die Spielweise jener verändern, die gerade spielen. Wenn der vierte zu spielen beginnt, hört der erste auf.

So wandert das Spiel als Trio mit wechselnder Besetzung im Kreis herum, bis ein oder zwei Kreise vollendet sind. Die Drei kann sich auch vom Kreis lösen, indem freie Einsätze gewählt werden. Eine Variante dieser Spielregel: Von dreien muss der erste aufhören, damit der vierte einsetzt – was die Langsamkeit stärkt. Im Spiel »Solo-Duo-Wanderung« geht das Spiel von einem Solisten in ein Duo und von diesem zum nächsten Solo über (I 15). Ein Bild dafür sind drei Blumen: Einer beginnt, bietet etwas an, ein zweiter Spieler kommt dazu und bringt einen spannenden, gegensätzlichen Kontrapunkt – eine ganz andersfarbige Blume –, und der dritte rundet die Musik ab, gleicht aus, »würzt« das Ganze. Alle drei sind herausgefordert, einen gemeinsamen Schluss zu finden (I 16). Statt Blumen kann man sich auch verschiedene Tiere, Charaktere oder Landschaften vorstellen. Interessant ist der Schritt vom Spiel im Kreislauf (nach rechts oder links immer der nächste) zur Lösung davon. Man sitzt zwar noch im Kreis, setzt aber nach Maßgabe der eigenen Hörempfindung ein oder aus.

Dabei wird ein wichtiger Übergang vom Vorgegebenen, Unselbständigen zum selbständigen und verantwortungsvollen Handeln, ein Stück »Erwachsenwerden«

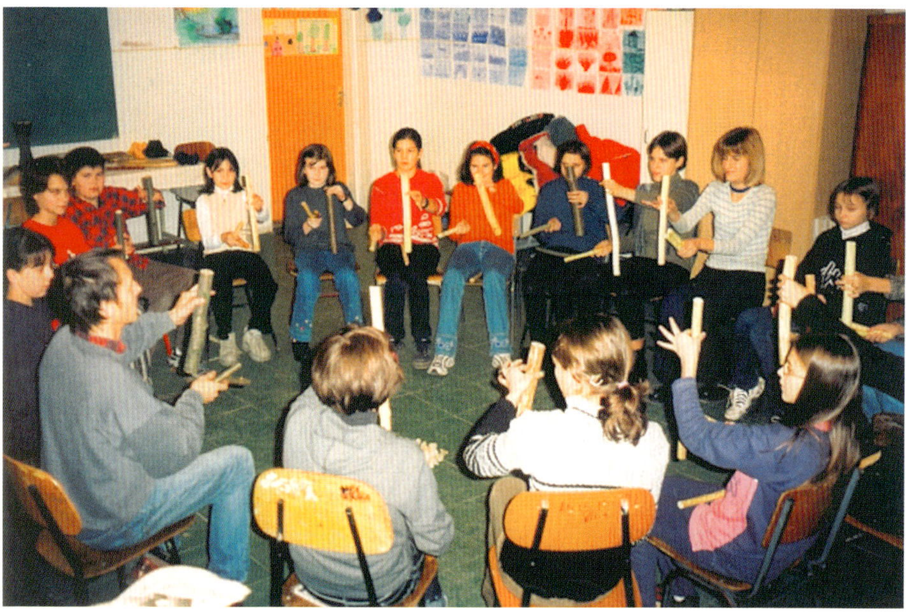

133 Wie klingt das Holz am besten? Sarajevo, Bosnien.

(nach-)vollzogen. In der Arbeit mit Erwachsenen versuche ich das in der Reflexion danach auch bewusstzumachen.

Als Weiterentwicklung in Richtung Freiheit kann dann der Sitzkreis verlassen werden, und die Gruppe geht zum freien Spiel im Raum über.

Naturprozesse und Sozialprozesse spielen

Aus der Natur bekannte Prozesse wie Chaos und Ordnung, Fließen und Stauen, Kreislauf des Wassers, Keimen – Wachsen – Reifen – Welken, Jahres- und Tageszeiten, Wind und Wetter, Landschaften in Veränderung, Lebenslauf, Geburt – Leben – Tod oder die vier Elemente haben Analogien oder Spiegelungen in sozialen Prozessen wie Willkür und Gesetz, Anpassung und Auflehnung, Ignoranz und Einmischung, Solo und Gemeinschaft, vier Temperamente, Gleichgültigkeit und Interesse, Verantwortung, Führen und Folgen etc. Sowohl in Kreisen, in denen alle Teilnehmer die gleichen Instrumente verwenden, als auch im Spiel mit unterschiedlichen Instrumenten können solche Natur- und Sozialprozesse nachvollzogen werden. Im Erleben der Ähnlichkeiten und Differenzen kann ein Gefühl und Verständnis dafür entstehen, dass wir als Menschen ganz ähnlichen Strömungen und Rhythmen unterliegen wie die Natur. Es weckt den Wunsch, die anderen Lebewesen und die Erde als lebendig und beseelt anzuerkennen und nicht mehr verantwortungslos mit ihr umzugehen.

Im Folgenden stelle ich ausgewählte Spielregeln näher vor und betrachte sie unter dem Aspekt ihres Ablaufs sowie möglicher Zielstellungen und Lerneffekte:

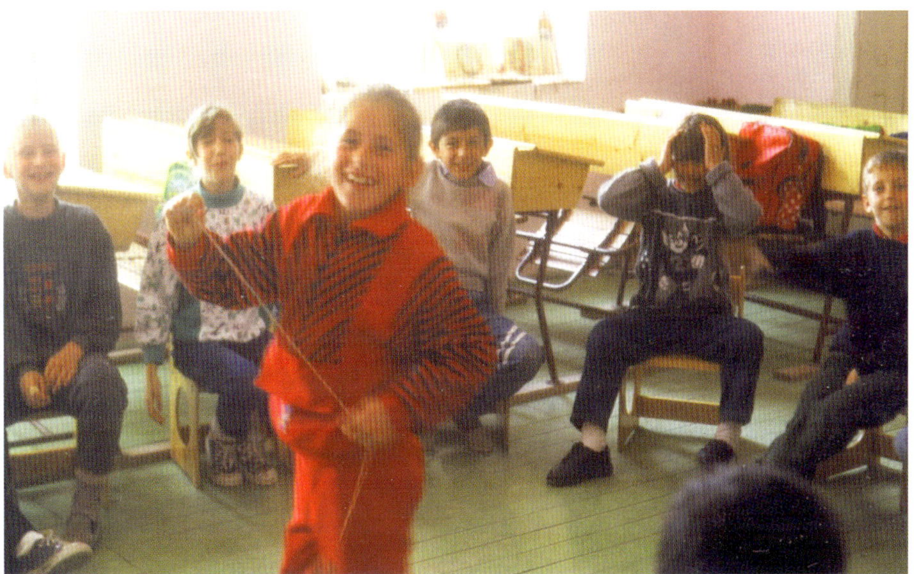

134 Schwirrholz-Sturm im Klassenzimmer, Turda, Rumänien.

Im Spiel »Wasserkreislauf« (I 17) wird, beginnend beim Meer und seinem Rhythmus, der Kreislauf des Wassers nachgespielt. Dabei lassen sich verschiedene Szenen aneinanderreihen und Übergänge gestalten. Ob man als Leiter einen Ablauf dazu liest, die Instrumente vorher vorstellt und einteilt oder aus der Mitte wählen und dann entdecken lässt, was zu welchen Phänomenen passt – klanglich, symbolisch, namentlich –, hängt vom Alter und der konkreten Situation der Gruppe ab. Für kleinere Kinder (fünf bis acht Jahre) wird der Ablauf in eine Geschichte mit agierenden Wesen eingebunden. Ähnlich der Geschichte »Vom Hirten und dem Klang des Himmels« (siehe Anhang) geht ein Mensch oder Tier auf Reisen und vollzieht die Geschehnisse mit, er trifft dann den Regen, die Sonne, die ihn verdunsten lässt, den Bachlauf usw., alles als klingende Erfahrungen. Für ältere Kinder wird es »wissenschaftlicher«.

Mehr Freiräume in der Art des Spiels und des Zeitverlaufs werden eingeräumt: Beispielsweise klingt, wenn es länger regnet, auch der Fluss lauter. In der Erde versickernde Tropfen (Trommel, Stimme) werden zum Grundwasser usw. Weitere Ideen zum Wasserkreislauf finden sich in dem Buch »Der Regenstab, 18 praktische Vorschläge zum pädagogischen Einsatz des Regenstabes« (Esbach, J. 2005).

Konkret könnte die Geschichte zum Wasserkreislauf so ablaufen:

- Der Rhythmus der Meereswellen wird gehört und gespielt – Floßrassel
- Winde und Stürme – Schwirrholz, Windmacher (Windstab M 47) ertönen
- Seeungeheuer – Didjeridoo, je nach Alter und Situation nur vorspielen oder selbst probieren lassen
- Beruhigen und Glätten der Wellen – Leier bzw. pentatonische Leiern, Flöten

- Sonne, Verdunstung – Zimbeln, Sonnentrommel (Abb. 28)
- ziehende Wolken – Stein auf Stein geriebene Lithophonklänge
- Inseln, Land, Gebirge – Steine am Strand (N 9, M 24)
- Spielende, arbeitende, sprechende Menschen am Ufer: Rhythmen auf Trommel, Holzblock, Talking Drum, Maultrommel
- Regen: Regenmacher oder Kieselsteinklänge
- Gewitter – Springdrum
- Bachlauf – Steinklangfluss oder horizontal geschüttelter Regenmacher
- Nutzung der Wasserenergie – Rührxylophon als Wassermühle
- Städte mit Stadtlärm – Autos (Schwirrholz)
- Spülen: Stimme oder Wasser in Schüsseln
- Essen bereiten – Wassertrommel
- Kanalisation (Didjeridoo, Stimme)
- Großer Strom – Schiffssignale mit Hörnern, Rhythmus für Maschinen
- Zurück zum Meer – gemischte Instrumente, Trommeln, Rasseln

Lieder mit Bewegungen und Naturbezug ergänzen und beleben das Ganze (z. B. »Navajo Stonegame«, »Mother I feel you«, siehe Feinbier, H. 2004) und haben im richtigen Moment eine die Gruppe verbindende Wirkung.

Die gespielten Naturprozesse haben in allen Facetten Parallelen zu dem, was in der Gruppe im konkreten Spiel passiert. Zuhören oder Nichtbeachten, Flexibilität (Fließbereitschaft) in der Weitergabe von Klängen, das richtige Zeitmaß finden, um auch andere spielen zu lassen, alles kann unter dem Gesamtzusammenhang von Natur und Sozialem gestaltet werden.

Zu Beginn der Spielrunde ist es natürlich, dass jeder, der ein Instrument hat, auch spielen möchte. Sowohl aus sozialer Notwendigkeit (auch die anderen wollen drankommen) als auch in musikalischer Hinsicht würde das »Immer-Spielen« den weiteren Entwicklungsweg verbauen. Deshalb führe ich als einen folgenden Schritt Spiele zum »Aufhören« ein (in der deutschen Sprache bedeutet das »Beenden« und ist ein echtes Hör-Wort). Dabei hilft die Elefantenglocke (Abb. 52) (I 18). Mit der praktisch hörbaren Erkenntnis, dass nicht alle immer spielen müssen, sondern nur jene, die für die Musik gerade gebraucht werden, wird durch einen Verzicht auf eigenes Tun der Gewinn in der Gruppe erlebbar. Geteilte Verantwortung, im richtigen Moment für die anderen und das Ganze dasein, aber auch Nicht-Spiel, Nicht-Handeln werden geübt und sind Voraussetzung für ein letztlich immer freier werdendes Spiel »ohne Regeln« (I 19).

Weitere Spiele mit gleichen oder ungleichen Instrumenten

Wandernde Klänge werden im Kreis meist mit gleichen Instrumenten, z. B. mit Kniehölzern oder auch nur mit Händen und Füßen herumgegeben, sei es mit einzelnen Schlägen, durchgehenden oder unterbrochenen Rhythmen (I 20). Dies kann durch die Einführung des Gegensatzes von Regelmaß und Ametrik (ungleiche Zeitabstände zwischen den Schlägen und Spielern im Kreis) weiterentwickelt werden. Rhythmen, die durch mehrere Spieler mit dem Einsatz von Händen und Füßen gehen, schulen Koordinationsvermögen und Rhythmusgefühl (I 21). Das Akzentesetzen (Zweier-, Dreier-, Fünfer-Kombinationen) in einer umlaufenden Hand- oder Fußabfolge fügt dem noch etwas Wichtiges hinzu: präsent zu sein im richtigen Moment und auch ohne eigenen Akzent dem Ganzen zu dienen (I 22).

Komplexere Strukturen entstehen durch das aufeinanderfolgende Hineingeben mehrerer kurzer und zueinander passender Rhythmen in den Kreis, die umlaufen und, ohne ihr Tempo zu verändern, in der Gesamtaufmerksamkeit bleiben (I 23). Als Variante ist dies auch auf ungleiche Instrumente übertragbar. Auf jedem Instrument klingt der vorgegebene Rhythmus dann anders.

Spiegelspiele werden vorzugsweise zu zweit und mit ähnlichen Instrumenten gespielt. Prototyp ist der »Trommelspiegel« (I 24). Zwei Spieler sitzen oder stehen sich gegenüber mit je einer indischen Rahmentrommel in der Hand. Im Sitzen klemmt man die Trommel am besten zwischen die Knie. Kleinere Kinder oder Frauen mit Röcken können einen oder zwei Mitspieler um Halteassistenz bitten. Einer, der als erster führt, spielt auf seiner Trommel etwas Einfaches – was nicht rhythmisch sein muss, aber sein darf. Der andere versucht, dies gleichzeitig mitzuspielen. Wenn der Führende das Gefühl hat, dass sein Gegenüber dasselbe spielt, soll er sein Spiel verändern. Nach einer Weile wird die Führung gewechselt. Bewährt hat sich, mit leicht unterschiedlichen Trommelgrößen zu spielen sowie die Spieler untereinander vereinbaren zu lassen, wer als erster führt. Zu beachten ist, dass der Führende nicht zu kompliziert oder schnell wechselnd spielt, so dass sein Mitspieler nicht von vornherein keine Chance hat, mitzukommen.

Die Führung im Spiel kann auch einmal oder mehrfach nonverbal wechseln, beispielsweise indem Signalgesten vereinbart werden. Mit Trommel, Bewegung und Stimme lässt sich dieses Spiel auf den ganzen Raum ausdehnen. Sehr schön ist auch das Zuhören und Spielen mit geschlossenen Augen. Ein Leiter oder ein Mitglied aus dem Kreis kann zum Trommelspiegel-Spiel noch ein anderes Instrument spielen (I 25). Die Variante, mit ungleichen Instrumenten zu spielen, ist sehr phantasiefördernd: Wenn etwa ein Flötenspieler den Rhythmus einer Trommel nachahmen muss, entdeckt man die rhythmische Komponente eines Melodieinstruments, wenn die Leier von einer Rassel nachgespielt wird, finden ganz unterschiedliche, auf den ersten Blick wenig verwandte Klänge zueinander. Die verschiedensten Fragen, Begeisterungen, Frustrationen und Musikstile werden in solchem Zusammenspiel auftreten.

Das Spiegelspiel trägt zum praktischen Kennenlernen und Üben von Schillers Spielbegriff als Menschheitsideal und Lebenspraxis bei. Es ist mit fast allen Musikinstrumenten oder auch ohne Instrumente spielbar und lässt sich ohne Lehrer bis zu erstaunlicher Musikalität führen. Dieses Spiel stärkt die Fähigkeit, sich in den anderen hineinzuversetzen, Empathie zu entwickeln, die Facetten von Autorität,

Führerschaft, Disziplin, Dienen und Anpassen kennenzulernen und dies alles spielerisch und mit Humor zu meistern.

In der Natur Musik hören und spielen

Nichts liegt näher, als bei einigermaßen schönem Wetter in die Natur zu gehen und zunächst der Musik der Landschaft, in der man sich gerade befindet, zu lauschen. Einige Spiele und Übungen, die man aus diesem Lauschen entwickeln kann, wurden bereits in Abschnitt 4.1 beschrieben.

Mit dem Spiel von Instrumenten in der Natur kommt ein neues Element hinzu. Auf verschiedensten Veranstaltungen und Forschungsreisen in vielen Ländern in der ganzen Welt habe ich seit 1990 Erfahrungen zum Spiel mit Instrumenten in freier Natur gesammelt. Einige Grundsätze seien hier zusammengefasst:

- Bevor ich Instrumente in der Landschaft spiele, höre ich, was an Klängen schon da ist. Ist es schön oder sinnvoll, dem etwas hinzuzufügen? Wenn ja, was?
- Wer in einer stillen Abendlandschaft etwa das Muschelhorn spielen möchte, um das Echo zu hören, sollte vorher an die Tiere und Wesen dieser Landschaft denken: Möchten sie diesen Klang wirklich hören, oder lieber nicht?
- Jede Landschaft, Wiese, Blume, jeder Baum, jedes Tier hat ein Eigenwesen, zu dem ich durch Stille oder entsprechendes Tönen oder Spiel Kontakt aufnehmen kann. Wie sich dieser Kontakt gestaltet, kann jeder selbst herausfinden.
- Am besten ist es, den Geräuschen und Klängen der Natur so lauschen, dass man nicht mehr darüber nachdenkt, ganz tief in sie eintaucht und in diesem Zustand bleibt, aber nicht einschläft. Man kann einen Ton singen oder ein Instrument spielen und sich selbst als ganz zugehörig zu der Landschaft, in der man sitzt, empfinden. Manchmal werden Tiere nahe herankommen und ihren neuen Freund erstaunt ansehen.
- Es ist eine Mutprobe, sich zu trauen, über die Dämmerung hinaus bis in die Nacht hinein in der Natur zu bleiben und weiter auf all ihre Klänge zu hören – ohne dabei ständig zu benennen, was da knackt und quietscht (»ach, das war ja nur ein Ast ...«).
- Jede Landschaft hat einen Gesamtklang, dem sich nachspüren lässt. Womöglich kann man einen Platz finden, um der Natur ein Ständchen zu spielen.
- Die Gestalten von Felsen, Bäumen, Gräsern, Wolken oder z. B. sich bewegende Käfer sind eine lebendige Partitur, zu der gespielt werden kann.
- Klingendes Material in der Natur kann man suchen, es gleich vor Ort oder später mit einer Gruppe spielen.
- Ein unbekanntes Tal oder einen Flusslauf, einen Bergrücken mit der Aufmerksamkeit des Hörens zu verfolgen, ist ein wunderbares Abenteuer, aber es ist auch spannend, einen bekannten Weg wieder und wieder neu zu hören. Ob ein Weg nun zehn Minuten oder eine Stunde dauert: Man kann darin das Konzert, die Komposition des Wegs hören, für sich allein oder in der Gruppe.

- Zu Hause oder in anderen Ländern und Kontinenten laden unbekannte wie bekannte Umgebungen dazu ein, spürend über die Erde zu gehen. Die Erde fühlt unseren Gang. Am Baikal erlebte ich, wie die Erde unter meinen Schritten nachgab. Sie ging auf mir statt ich auf ihr.

Zentrum und Peripherie

Beim Spiel mit der Polarität von Zentrum und Peripherie stellt sich die Gruppe an einen Ort, der für einen bestimmten Landschaftsteil – für einen Garten, Wald, Heide oder Strand – zentral erscheint. Als Instrumente besonders geeignet sind Metallstäbe mit Klöppel, da man sie zu Beginn gemeinsam ins Zentrum schwingen und klingen lassen kann, aber auch mit einem Kreis verschiedener Instrumente lässt sich das Spiel realisieren. Nach einer Anfangsstille wird miteinander gespielt, kräftig und dicht beieinander. Dabei entsteht das Gefühl eines Zentrums, von dem wie von einer Sonne Strahlen in alle Richtungen ausgehen. Nach einer Weile geht jeder auf seinem (Sonnen-)Strahl ins Weite, spielt weiter, lauscht, hört die Natur und die anderen immer leiser spielen, bis man in der Natur allein ist. Man kann sich Steinen und Pflanzen zuwenden und ihnen etwas vorspielen oder schweigen. Irgendwann spürt man den Impuls, zum Ausgangsort, dem Zentrum, zurückzukehren. Vielleicht ist dort etwas zu hören oder zu sehen, was anzeigt, dass man sich auf den Weg zurück machen sollte. Hörend und spielend bleiben alle miteinander in Verbindung, bis zusammen im Zentrum ein Abschluss gefunden wird. Während der Dauer des Spiels wird nicht miteinander gesprochen (I 26).

Das Spiel ist Spiegel des Ankommens des Menschen auf der Erde, seiner Geburt, seiner Aufgabe, den Umraum zu betreten und zu ergreifen – dabei manchmal verloren zu sein, aber doch verbunden – und zurückzufinden. Es kann aber auch als Nachvollziehen des Urknalls und des pulsierenden Weltalls verstanden werden oder einfach als Übung, mit der Natur zu kommunizieren.

Spiel auf dem Weg

Man nimmt sich einen Weg, eine Strecke vor, z. B. einen Strandabschnitt am Meer bis zur nächsten Klippe oder einen Abschnitt in einem Gebirgstal bis zum nächsten großen Felsen. Die Spieler machen sich gemeinsam auf den Weg – entweder hat jeder ein Instrument dabei, oder man geht ohne Instrumente. Es wird nicht miteinander gesprochen. Die Gruppe soll so zusammenbleiben, dass sie einander hören und gemeinsam musizieren kann. An bestimmten Orten bleibt man stehen und spielt oder singt etwas zusammen. Diese Orte kann der Leiter wählen, aber auch eine einfache Absprache kann gelten: Wenn einer stehen bleibt, bleiben alle stehen. Die Orte werden intuitiv gewählt (I 27).

Möglich ist auch, während des Gehens zu spielen, den Rhythmus der Füße aufzugreifen, nonverbal neue Spielideen oder Varianten einzubringen. Fliegt z. B. ein Schwarm Vögel vorüber, imitiert und verwandelt man dessen Geräusche und Bewegungen. Jemand ist zufällig über einen Stein gestolpert – andere machen daraus ein Spiel.

Die Idee ist, durch Aufmerksamkeit, Wachheit und Initiative sowie durch Zusammenbleiben die Spielkreativität der Gruppe gemeinsam mit der durchquerten Landschaft zu entfalten. Dabei kann es schnell, langsam, laut, emotional, mit unerwarteten Aktionen, still, fließend zugehen – je nach Stimmung der Gruppe oder der Stimmung, die die Landschaft vermittelt. Auf dem Rückweg (so es einen gibt) geht jeder allein.

Mit Steinen reden

Mit Steinen, Pflanzen, Tieren oder auch mit Wesen in der Natur, die man nicht direkt sehen, aber vielleicht spüren kann – oft Elementarwesen genannt –, kann jeder auf seine Art sprechen und einen individuellen Weg der Kommunikation finden. Stellen wir uns vor, wir sind mit einer Gruppe an einem steinigen Strand. Viele verschieden große Findlinge liegen im Meer. Jeder wählt sich einen Stein aus, hält etwas Abstand zu den anderen, nähert sich dem Stein an, setzt sich darauf und nimmt sich Zeit, durch Schweigen, Berühren, Singen, Phantasiesprache oder auch das Spielen eines Instruments mit dem Stein ins Gespräch zu kommen (I 28).

Es lohnt sich, für so einen Prozess viel Zeit einzuplanen, eine Stunde ist nicht übertrieben. Danach kann man wieder zusammenkommen und sich gegenseitig von den Erlebnissen erzählen. Das Spiel dient der Selbsterfahrung sowie der realen Möglichkeit, mit Dingen und Lebewesen zu kommunizieren, von denen wir normalerweise glauben, das sie stumm seien. In abgewandelter Form kann dieses Spiel auch zum Erkunden und Beschreiben der Eigenschaften von Pflanzen, Tieren, Mineralien, Landschaften dienen. Eine fünfblättrige Blüte könnte sich in fünf Tönen oder einem Fünfertakt äußern und ein Kristall sich in klaren Tönen oder Steinklängen wiederfinden (I 29).

Spiel der Elemente

Für die abendländische Elementelehre (Feuer, Wasser, Luft, Erde, gegebenenfalls dazu der Äther als Ursprung des Lebens) oder die chinesische Lehre von den fünf Wandlungsphasen (Holz, Erde, Wasser, Feuer, Metall) wird je Element ein geeignetes Instrument gewählt. Die Zimbel steht beispielsweise für Feuer, die Wassertrommel für Wasser, die Panflöte für Luft, Klangsteine für Erde und die Rahmentrommel für den Äther. Vier Instrumente liegen in Kreuzanordnung auf einem Tuch, das fünfte gegebenenfalls in der Mitte. Aus den Teilnehmern entscheiden sich vier oder fünf Menschen, die Elemente zu spielen.

Nach einer Anfangsstille beginnt ein Element, die anderen kommen dazu. Nachdem der Bogen der Improvisation zu Ende ist, findet man einen gemeinsamen Schluss oder hört nacheinander auf. In der folgenden Reflexion kann man über die Charaktere der erlebten Elemente sprechen und z. B. berichten, wo im eigenen

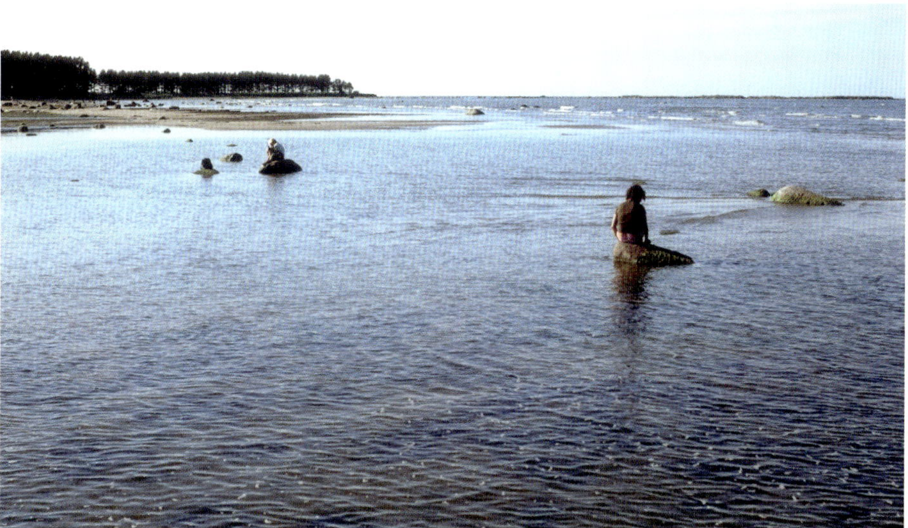

135 Mit Steinen reden.

Körper eine Resonanz zum gespielten Element oder dem eines anderen Spielers spürbar war. Das Spiel lässt erleben, zu welchem Element jeder welche Bezüge und Resonanzen hat, ebenso wie sich die Elemente aufeinander beziehen und wie sie im sozialen Kontext wirken (I30).

Einen Ort suchen, gestalten und dort spielen

In der Landschaft schwärmt die Gruppe für eine genügende Zeit aus – nicht weniger als eine Stunde –, und jeder sucht sich einen individuellen Ort, der ihn anspricht, den er wieder besuchen, gegebenenfalls verändern und gestalten möchte. Mit Material vor Ort und einem mitgebrachten Instrument besucht man den Ort aufs neue, nimmt Kontakt mit ihm auf und gestaltet ihn, wenn gewünscht, mit Naturmaterialien wie Steine, Erde, Ton, Gras, Sand oder Wasser. Zwischendrin kann man den Ort wieder verlassen, einen kleinen Spaziergang machen, vielleicht etwas Neues für seine Gestaltung finden. Man hält sich aber immer wieder an diesem Ort auf, lauscht seinen Klängen und spielt dazu sein Instrument. Wer möchte, kann auch in einer kleinen Performance für die anderen seinen Ort vorstellen: musikalisch, tänzerisch oder pantomimisch. Ein solches Spiel eröffnet die Chance, selbst zu wachsen und im Geben und Nehmen mit der Natur zu sein (I 31).

Instrumentenkreis in der Natur

Dieses Spiel läuft wie der bereits beschriebene Instrumentenkreis ab, aber im Freien (I 32). Die Natursilhouette dient als »Partitur« – entweder nimmt man die Landschaft so, wie sie gerade ist, oder man zeichnet eine Partitur in den Sand, legt ein Muster aus Steinen, um es musikalisch umzusetzen, oder bittet einen Tänzer, sich in der Natur zu bewegen, so dass man seinen Tanz spielen kann. Man kann sich auch jeweils zu dritt zusammentun – zwei Musiker und ein Tänzer – und sich gemeinsam auf die Reise machen. Immer neue Ideen entstehen. Dieses Spiel fördert Kreativität, Mut, soziale und emotionale Intelligenz und kann als künstlerische Performance aufgeführt werden.

Klanggeschichten erfinden

Für Kinder im Kindergartenalter ist es wichtig, nicht abstrakt an das Musizieren herangeführt zu werden. Sinnesschulung findet seit den ersten Lebenstagen und hörend bereits im Bauch der Schwangeren statt. Die ersten Klanggeschichten können also bereits singend und mit einer kleinen Leier auf dem Bauch der werdenden Mutter gespielt werden. Klanggeschichten sind eine Art Märchen, die durch den Erzähler und zunehmend auch durch die Kinder selbst mit Singen, Bewegen und Spielen auf Naturmusikinstrumenten gespielt werden. Auch wenn manche vielleicht Scheu davor haben, sich Geschichten auszudenken – es ist ganz einfach: Man setzt in Gedanken ein Wesen – sei es ein Mensch, ein Tier oder eine Phantasiegestalt in einen Raum oder eine Landschaft und schickt dieses Wesen auf eine Reise, gibt ihm eine Aufgabe oder führt es zur Begegnung mit anderen Menschen, Tieren, Orten, Phänomenen die klingen. Eine meiner Geschichten »Vom Hirten auf der Suche nach dem Klang des Himmels« ist eine Art Rahmenhandlung, die je nach Alter, Gruppenstärke, Stundenanzahl, Zielstellung, Raumbeschaffenheit variiert werden kann (2006).

Beim Improvisieren über diese Geschichte befasst man sich mit den Dingen, die am jeweiligen Tag möglich und wichtig sind. Die Haupthandlung beschreibt einen Hirtenjungen im Gebirge, der eine Herde Kühe (oder auch Schafe oder Ziegen) zu hüten hat und als Echo auf das Spiel seiner Flöte einen anderen Klang hört, einen, der nicht von dieser Welt zu sein scheint. Diesen möchte er finden und erlebt die verschiedensten Abenteuer, bis er nach langer Reise und vielen Begegnungen, oft musikalischer Art, wieder zu Hause anlangt, mit dem Zauberklang in den Händen.

Themen sind hier natürliches Leben, Pflichten, Fleiß und Faulheit, Verantwortung, Freunde, Tiere, Wasserkreislauf, Rhythmen der Natur und der Menschen, Meer, Wind und Wetter, Reise, andere Kulturen und Instrumente, Kommunikationsweisen, Leier und Flöte. Die Geschichte lässt sich um beliebige Aspekte erweitern, z. B. um Stadtlärm, Hektik, Polarmeer, Eisberge, Tropen usw.

Es ist sehr bereichernd, eigene Klanggeschichten zu erfinden und die entsprechenden Instrumente dafür vorzubereiten (I 33). Übrigens: Auch Erwachsene und Senioren hören und spielen gerne Klanggeschichten. Methodisch zieht die Geschichte alles Nötige nach sich. Die Instrumente werden einzelnen Spielern in die Hand gegeben, oft schon mit einer Klangart oder einem Rhythmus. In manchen Teilen der Geschichte spielen alle gemeinsam, so dass niemand auf die Idee kommt: »Das kann ich nicht.«

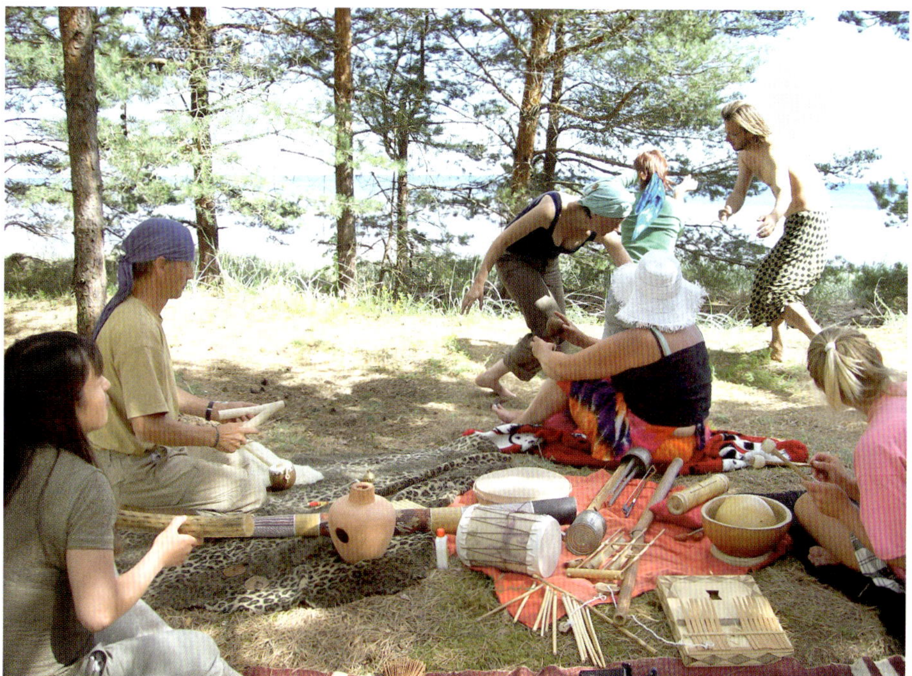

136 Spiel und Bewegung in der Natur: Ostsee, Estland.

Bewegung und Stille

Auch wenn der Schwerpunkt in diesem Buch nicht auf Bewegungsspielen liegt, möchte ich doch erwähnen, dass in einem kreativen musikalisch-gestalterischen Prozess eine wirkliche Balance – ein Zustand, der zu Veränderung und Heilung führt – nur dann entstehen kann, wenn auf Ausgeglichenheit zwischen stillsitzenden, stehenden, sich durch den Raum oder die Landschaft bewegenden, hörenden und spielenden Tätigkeiten der Gruppe oder einzelner geachtet wird.

Wer glaubt, dass nur Kinder der Grundstufe Bewegung brauchen, sollte einmal erleben, was für zusätzliche Energie, Aufnahmebereitschaft und Begeisterung andere Lernformen, integriert mit Bewegung, Tanz, Singen und Spielen (und Zuhören, Sprechen, Schreiben) auch bei Jugendlichen und Erwachsenen freisetzen. Nach einem lebendigen Bewegungsspiel kommt man wie von allein zur Stille, kann wieder zuhören und sich konzentrieren (I 34).

Über die Bedeutung von und den Mangel an Stille ist viel gesagt und geschrieben worden. Die Stille war Thema eines »Unesco Kuriers«, wobei Schweigen, Leere, Zuflucht, Jenseits, Musik und Kunst eine Rolle spielten (1996). Was Justin Winkler über den Unterschied des Zuhörens im sprachlichen Dialog, nämlich Platz zu machen für den anderen, und dem Zuhören in der Klanglandschaft, nämlich einen Platz einzunehmen, ausführt, wird beim Spielen und Singen im Klangraum beides wirksam (Winkler, J. 2002).

Indem ich in einem Raum oder in der Natur allein oder mit anderen spiele, nehme ich einen Platz ein. Im Spiel kann ich sowohl auf mich, die anderen und die Umwelt hören als auch Klänge selbst erzeugen, was dem lebendigen sprachlichen Dialog nahekommt. Sowohl das apollinische Lauschen und Ordnen als auch dionysische Lautheit und der damit verbundene Aufruhr kommen zum Zug. Stille und Nicht-Stille treten ein und verbinden sich in lebendiger Abfolge. Es geht also nicht um Stille an sich, sondern in Bezug zu etwas, als Fähigkeit, im rechten Moment still zu werden. Das heißt nicht, dass der im Tiefflug dahindonnernde Düsenjet in jedem Fall integriert oder »transzendiert« werden soll. Es werden aber durch das Spiel Willen und Fähigkeiten entwickelt, die Einzelne und Gruppen dann aufbegehren lassen, wenn es an der Zeit ist. Sie entwickeln die Kraft, öffentliche und politische Aktionen umzusetzen, um die Natur, die Mitwelt und sich selbst zu schützen und zu verändern.

Dranbleiben an einer Sache

Die heutige Zeit ist schnelllebig. Das Gefühl macht sich breit, keine Zeit zu haben. Schaut man die Werbung, Kinofilme und Videospiele an, wird dieses Hasten mit »Action« noch befördert. Andererseits wird die mangelnde Aufmerksamkeit der Kinder beklagt, bis hin zum Aufmerksamkeits-Defizit-Syndrom (ADS) als Krankheitsbild. Sind das nur Zufälle? Die an ständige Abwechslung, Gameboys, Computerspiele und Fotohandys gewöhnten (und damit verwöhnten) Kinder und Jugendlichen sehnen sich nach Abenteuern. Sie ergreifen das, was sich bietet. Manche aber spüren, dass sie bei dem »Immer-schneller-immer-Mehr« eigentlich hungrig bleiben, leer ausgehen.

Da fühlt es sich anders an, wenn man am frühen Morgen zum Lieblingspferd geht, es striegelt und dann ausreitet. Sich Zeit zu nehmen für etwas, sich jemandem zuzuwenden mit Aufmerksamkeit und Liebe, ist der Schlüssel zur Verlangsamung einer immer schneller werdenden Kultur.

Als Beispiel für das Dranbleiben an einer Sache kann die Einführung eines Instruments dienen – hier des Regenmachers (I 35): Im normalen Unterricht stellt der Lehrer diesen vor, sagt, dass es ein Regenmacher ist, und führt dessen traditionelle Verwendung vor. Vielleicht gibt es Arbeitsblätter, ein Video. Im Stuhlkreis mit fünfzehn Kindern sage ich, dass ich ein interessantes Instrument mitgebracht habe ...

Am besten ist, wenn es allen noch unbekannt ist und niemand sagt: Das kenne ich schon, das ist ein ... Ich gebe eine Spielregel vor: Das Instrument senkrecht halten, bis zum Ende spielen lassen, umdrehen und zum nächsten weitergeben. Worauf es ankommt: Dabei nicht reden, die Zeit bis zum Aufhören abwarten. Das Interessante ist: Es rauscht unterschiedlich lang, bei jedem anders. Die Regel des Senkrechthaltens soll strikt beachtet werden. Ansonsten nämlich schüttelt jeder irgendwie herum und findet das ganz lustig, kommt aber nicht ins Hören. Nach der Hälfte des Kreises heißt es dann: Dasselbe weiter mit geschlossenen Augen.

Nicht nur das Hören ändert sich, auch das Tasten, Vertrauen, die gesamte Stimmung. Danach meine Frage: Woran hat das Geräusch erinnert? Oder: Wie war das? Was kommt, hat manchmal mit Wasser zu tun: Wasserfälle, Hagel, aber auch trockene Herbstblätter, Kies abkippen, Spiegelei braten ... Die Vielfalt ist größer als »Regen machen«. Dazu trägt die Vereinfachung und Reduktion bei: Der Eindruck von Meereswellen kann nur entstehen, wenn jeder den Stab einfach senkrecht hält und nicht zu lange mit dem Weitergeben wartet. Im Alter ab der dritten bis fünften Klasse kommt dann die Frage: Was ist da drin, wie funktioniert das? Langsam tasten wir uns heran. Diejenigen, die zu schnell herausposaunen, was sie schon wissen, kann man bitten, es noch nicht zu verraten. Das Material Kaktus kann eine Art Ratespiel auslösen: Pflanzen aus einem Land, wo es trocken ist, wo es Regen- und Trockenzeiten gibt. Später widmen wir uns dem fließenden Wasser (Lied »Wishi Ta Tuja« aus: Feinbier, H. 2004), dem rhythmischen Weiterwandern des Instruments, der Verbindung mit anderen Themen.

Dieses Beispiel soll verdeutlichen: Klarheit und Strenge können Räume öffnen. Geschlossene Augen helfen, vom Bewerten wegzukommen und in eine andere Zeit einzutauchen. Das Spiel geht alle an. Jeder kommt an die Reihe, aber nicht sofort ... und es bleibt spannend. Am Ende oder in einer nächsten Stunde malen die Kinder aus der Erinnerung, was ihnen wichtig war, es entsteht vielleicht eine Sammlung der Geräusche, die die Gruppe gehört hat, oder man spricht über den Aufbau, die Stacheln innen, die Samen, die sich im Instrument befinden. Welche Pflanzen könnten das gewesen sein, wie stellen wir sie uns vor?

Am Ende dieses Kapitels steht die Hoffnung, dass sich die Leser selbst auf den Weg machen, vielleicht zunächst mit einfachen Spielregeln, und in ihren Gruppen etwas probieren und eigene Erfahrungen sammeln. Gemeinsam die Spielregeln zu verändern und einen Weg zu immer freierem Spiel zu finden, ist ein lohnendes Ziel.

5 Alter und Zielgruppenspezifik

Die Methodik des (musikalischen) Spiels ist alters- aber auch kulturspezifisch. Jede Kultur hat für das Einbeziehen der Kinder in musikalische Prozesse andere Wege und Regeln. Natürlich können kleinere Kinder nur etwas aufnehmen, wenn sie von Erwachsenen oder älteren Kindern an Hörerkundungen und Musizierweisen praktisch herangeführt werden. Meine Erfahrung ist, dass dabei in verschiedenen Altersstufen eine ganz unterschiedliche Weise des Aufnehmens und Lernens vorherrscht.

Für ganz kleine Kinder ist das liebevolle Heranführen an (Um-)Welt und Natur durch Berühren, Schmecken, Hören, durch den Einsatz aller Sinne die wichtigste Voraussetzung für weiteres Lernen und Leben. Wachse ich von Anbeginn in einer Welt mit Computern, voller Plastikbausteine und ferngesteuerter Autos, Puppen mit Stimmen und Ausmalheften auf, wird mein Verhältnis zur Natur und zu meinen Mitmenschen ein anderes sein, als wenn ich in der Kindheit gemeinsames Spielen in der Natur mit Sand, Erde, Matsch, mit selbstgemachten Puppen, Märchen, Singen und Tanzen erlebe. Klar ist, dass dies keinesfalls zur Ideologie oder zum Zwang gemacht werden darf. Die Neigungen der Kinder selbst sind zu respektieren.

In früheren Jahrhunderten waren Singen und Tanzen selbstverständliche Bestandteile des Familienlebens. Weil diese Elemente heute zunehmend verlorengehen, gibt es viele Einrichtungen und Initiativen, denen es ein Anliegen ist, Kindern Musik nahezubringen. In Familienzentren wird vielfach Mutter-Kind-Singen und -Tanzen angeboten. Das gemeinsame Musizieren und Tanzen mit der Mutter ist wichtig, weil Kind und Mutter sozusagen in einer gemeinsamen »Fühl- und Seins-Kugel« leben. Zur Praxis vieler Kindergärten gehören Lieder, Tänze und manchmal auch das Spiel mit einfachen Musikinstrumenten. In jedem Fall ist es kreativer und sinnvoller, mit den Kindern gemeinsam selbst Musik zu machen, als Tonaufnahmen abzuspielen. Kleine Kinder nehmen viel durch Nachahmung auf. Dafür ist das Spiel mit gleichen Instrumenten (Steinen, Hölzern, Rasseln, Leiern) gut geeignet:

Alles, was man vormacht, wird sofort aufgenommen und mitgespielt. Ein Entwicklungsschritt ist dann das Pendel: Einer macht etwas vor – die anderen spielen es nach. Das ist dem Atem ähnlich, der Quinte.

In einer mehrere Jahre praktizierten Reihe »Kinderharfenspielrunde« für die Vorschulkinder in einem Waldorfkindergarten, die jeweils vom Winterende bis zum späten Frühjahr dauerte (zwölf Spielrunden), nahmen wir direkten Bezug auf Natur und Wetter bis dahin, dass wir durch die geöffneten Fenster Klänge hereinließen, die wir musikalisch aufgriffen und nachahmten.

Bewegte Geschichten sind in diesem Alter ein wesentliches methodisches Mittel. Die Kinder lernen, das Saiteninstrument über ein selbst gesungenes Lied zu spielen, was beim Mittelton a beginnt (I 36). Kleine Kinder leben oft in einer eher umkreishaften Atmosphäre, was musikalisch durch die Quintenstimmung und Pentatonik zum Ausdruck kommt. Das heißt allerdings nicht, dass nur leise und harmonisch gespielt werden darf, sondern bedeutet eher einen kindlich staunenden Grundgestus. Als Ausgleich gibt es dann auch Stampfen, Tanzen und Bewegen mit Tüchern.

Auch in der ersten und zweiten Klasse wird dies teilweise fortgesetzt, wobei schon ein viel differenzierteres Spiel mit gemischten Instrumenten möglich ist. Mit Begeisterung proben die Kinder verschiedene Spielformen wie Trios und Quartette und achten sehr genau auf die Gerechtigkeit, dass auch jeder an die Reihe kommt und nicht mehr Zeit beansprucht als die anderen. Dabei ist die Elefantenglocke ein unentbehrlicher Helfer für das Schlusszeichen.

Dann tauchen vermehrt Fragen und Rückmeldungen der Kinder auf, wie z. B.: »Was ist da drin?« (Regenmacher), »Wo kommt das her?« (Didjeridoo), »Hast du das selbst gebaut?« (kleine Leier).

In der Altersgruppe um neun Jahre weht ein kräftiger, neuer Wind. Das Harmonische wird in Frage gestellt, und das Kind will die Erde ganz ergreifen. Die Pentatonik in ihrer Dauerharmonie wird langweilig, es müssen jetzt »richtige« Lieder sein, also diatonische, in Dur und Moll, wobei die Terz eine wichtige Rolle spielt.

Einige Kinder preschen mit intellektuellem Wissen vor, heute oft schon aus Computerspielen oder dem Internet aufgeschnappt, das sie aber nicht wirklich innerlich verarbeiten können. Es vollzieht sich eine Spaltung der wahrgenommenen Welt in Selbst und Welt, eine erste Entfremdungsstufe. Diese kann in guter Weise aufgefangen werden, indem man die Fragen durch praktisches Tun selbst zu klären hilft: also die Instrumente auf mögliche Klänge und Spielweisen untersuchen, selbst neue Spielregeln erfinden, Dirigierspiele vorschlagen (I 37). Die Kinder wollen sich und ihre Möglichkeiten erkunden. Projekte zum Spielen und Bauen von Instrumenten sind die beste Kombination in diesem Alter.

Rhythmische Lieder mit Terzen, Stampftänze und Geschicklichkeit sind in diesem Alter besonders gefragt. Der Wunsch nach praktischem handwerklichem und künstlerischem Tun geht aber wesentlich weiter. An der Waldorfschule werden deshalb auch in der Mittelstufe Kupfertreiben, Schmieden, Holz- und Steinhauen, Instrumentenbau usw. fortgeführt, während in vielen Ländern an den konventionellen Schulen Werkunterricht nur bis zur vierten Klasse – oder überhaupt nicht – angeboten wird.

Die Fünftklässler sind sehr offen und vielseitig interessiert, stellen ihr Wissen gerne vor und gehen differenziert mit den Instrumenten um. Hier käme es in der Schule darauf an, die Improvisation nicht fallenzulassen, sondern in jeweils altersgerechter Form weiterzuentwickeln. Eigene Spiele und Spielregeln zu erfinden, kleine Abläufe zusammenzustellen und etwas aufzuführen, ist dabei hilfreich.

Etwa ab der sechsten bis zur achten Klasse vollzieht sich mit der Adoleszenz nochmals ein Wandel. Ästhetik, das Mögen und Ablehnen, Sich-Hervortun oder Zurückziehen gehen in andere Extreme. Fragen nach dem wirklichen Zusammenhang von Ich und Welt werden kontrovers durchlebt. Hier bieten sich Spiele in und mit der Natur an, in denen Grenzen aufgesucht und besondere Erlebnisse möglich werden. In den alten Völkern war dies die Zeit der Initiation, und ein Fehlen entsprechender moderner Rituale ist unter anderen ein Grund für die Suche der Jugendlichen nach Gruppenerlebnissen in rechtsextremen Zusammenhängen, Drogen oder – ins Positive gewendet – Naturerlebnissen, früher durch die Wandervogel-, heute die Pfadfinderbewegung. Gerechtigkeit, Solidarität, Engagement für Tiere, Freundschaften und Vertrauen sind Themen, die spielerisch mit jungen Menschen dieser Altersgruppe bearbeitet werden können. Im gemeinsamen Trommeln lassen sich in diesem Alter viele der genannten Themen spielerisch umsetzen.

Dazu können solistische oder chorische Einlagen mit Melodieinstrumenten und Liedern kommen. Auch die Gitarre ist ein dankbar angenommenes Instrument und kann in kleineren Gruppen im Unterricht oder gewählten Projekten eingebracht werden.

Mit beginnender Oberstufe, ab Klasse neun, bieten sich komplexere Themen an, die die Einbindung des Menschen in ökologische, ökonomische und soziokulturelle Bereiche thematisieren. Bau und Spiel von Didjeridoo, Cajontrommel, Instrumente im fairen Handel, länder- oder projektspezifische Vertiefung sind mögliche Ansätze. Das selbständige Arbeiten spielt eine größere Rolle, die Verbindung mit anderen Ausdrucksmitteln wie Theater, Malen, Tanzen. In der Umweltbildung werden kleineren Gruppen Aufgaben gestellt, die sie mit Phantasie selbständig umsetzen. Dabei helfen Bilder wie z. B. das musikalische Gestalten einer Reise durch heutige Landschaften (und ihre verschmutzten oder sauberen Orte), durch die Zeit oder auch Tonaufnahmen heutiger Klanglandschaften und deren spielerische Umsetzung (I 38). Es kommt nun mehr auf die Herausbildung des selbstbestimmten Individuums, der Persönlichkeit, an. Auch mit der Betreuung von Jahresarbeiten im Spannungsfeld von Musik, Instrumentenbau und Umwelt habe ich gute Erfahrungen gesammelt.

Mit siebzehn, achtzehn Jahren kann sich das Selbst- und Weltgefühl nochmals verändern: Die Jugendlichen engagieren sich bewusst für Themen, die ihnen wichtig sind, übernehmen Verantwortung, organisieren selbständig Proteste gegen Missstände und vieles mehr. In Improvisationskursen wird dies z. B. im Rahmen der FÖJ-Gruppenzeiten (Freiwilliges Ökologisches Jahr) oder FSJ (Freiwilliges Soziales Jahr) thematisiert. Dies ist das Alter, wo auch freie Experimente mit der Stimme nicht mehr nur »peinlich« sind. Freies Singen kann selbstverständlich die ganze Entwicklung vom Kleinstkind zum Erwachsenen begleiten, wenn es durchgängig praktiziert wird. Für mich gehört die freie Stimme ganz natürlich zur Improvisation, sie ist in manchen Übungen in den Varianten auch anzutreffen. Da der Schwerpunkt im vorliegenden Buch auf Instrumenten liegt, habe ich allerdings Spiele mit Stimme pur nicht aufgenommen.

Themen wie Anpassen und Einmischen, Initiative und Gleichgültigkeit, Führen und Folgen spielen eine Rolle und leiten zum Erwachsensein über. Das Bauen von Instrumenten geschieht selbständiger und mit bewusster Auswahl der Erarbeitung des zu Bauenden, bei manchen schon unter dem Aspekt der späteren eigenen Anwendung mit Kindergruppen.

In Kursen für Erwachsene überwiegt die Spezifik des gewünschten oder vereinbarten Themas: Für Erlebnispädagogen wird man beispielsweise Erfahrungen im Innen- und Außenraum anbieten, die Extreme berühren. In der Lehrerweiterbildung geht es um fächerübergreifende und -verbindende Projekte, methodische Übungen und eigene Befähigungen. Ergotherapeuten interessiert dic Wirkung von Klängen auf die Psyche und des instrumentalen Spiels auf Grob- und Feinmotorik. In der Arbeit mit Ökonomen, Bankern oder Politikern ging es um Kommunikation, Gewinn, Präsenz und Darstellung, Aufführung und Feedback sowie den richtigen Moment von Handeln und Nicht-Handeln.

Die Reflexion spielt bei Erwachsenen eine große Rolle. Schnell wird klar, dass jeder vom scheinbar »objektiv« abgelaufenen Prozess eine völlig andere Wahrnehmung hat, es sich also nicht lohnt, um »richtig« und »falsch« zu streiten. Vielmehr ist jede Wahrnehmungsschilderung ein Beitrag, sich der Wahrheit in ihrer Komplexität und facettenreichen Wirklichkeit anzunähern.

Mit Behinderten geht es je nach Art und Schwere der Beeinträchtigung um physische Fähigkeiten, Stabilität, Freude, Selbstwertgefühl und die Fähigkeit, zu kooperieren. Behinderte sind oft sehr direkt, offen und dankbar für Klänge, gemeinsames Spiel und Zuwendung.

Mit Gefangenen habe ich unter schwierigen Bedingungen (zusammen auf einer Etage mit dem Fitnessraum!) versucht, in der gegebenen Situation Freude am Spiel und einen Weg zur Freiheit zu entwickeln. Auch Eisenklangstäbe waren dabei. Am Anfang war das der Wache sehr suspekt, die Stäbe seien auch gefährlich, da als Schlagutensilien verwendbar. Am Ende ging es damit sehr humorvoll zu.

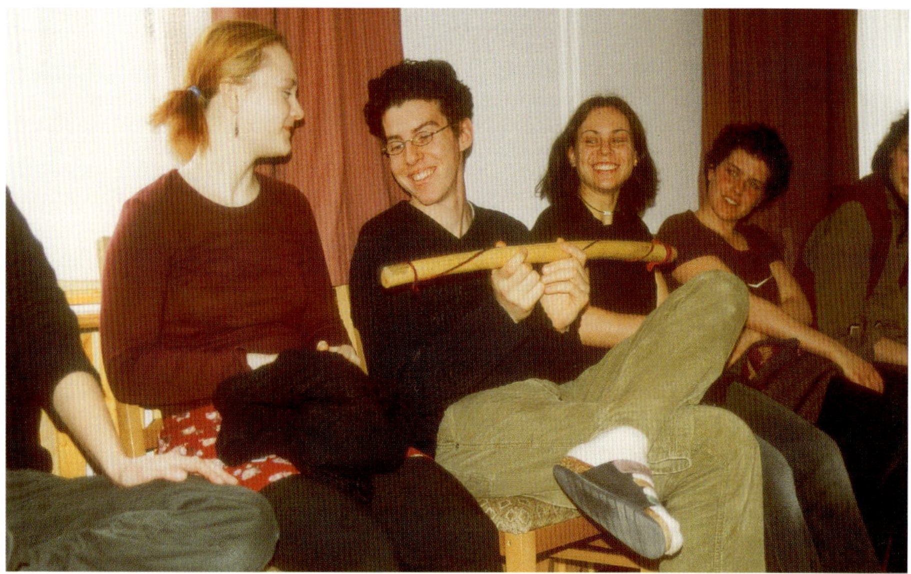

137 Spielkreis von Jugendlichen im Freiwilligen Ökologischen Jahr.

Bei der Arbeit mit Erwachsenen verschiedener Berufsgruppen, seien es Manager, Wissenschaftler oder auch Arbeitslose, kommt es darauf an, die jeweilige Problemstellung zu erfassen und persönliche und gesellschaftliche Lösungsansätze zu finden.

In einem Pilotprojekt mit der Evangelischen Akademie Meißen waren zum Thema »Vor und hinter dem Amtstisch« Mitarbeiter der Arbeitsagenturen und Arbeitslose eingeladen, um in der direkten Begegnung einen Perspektivenwechsel ihrer gegenseitigen Wahrnehmung zu versuchen. Methodisch wurde mit Theater und Rollenspielen und musikalischer Improvisation gearbeitet. Musikinstrumente aus Einer Welt dienten als nonverbale Ausdrucksmittel, um konkrete oder erfundene Situationen vorzuspielen und in eine Veränderung zu führen.

In langwierigen Verhandlungen von Juristen, Bankern und anderen »Vielrednern« hilft oft ein kurzer »Energizer« – eine Sing- oder Klatschrunde, um die nächsten Redestunden mit frischer Energie anzugehen.

Für Senioren sind Spiele sinnvoll, die zum sinnlichen wie geistigen Lebendigbleiben beitragen. So wächst ein Verständnis, dass »Lebendigsein« nicht nur von körperlicher Fitness abhängig ist, und Altersweisheit und Humor werden gefördert. Neben dem in Altersheimen üblichen Singen von Volksliedern und der zugehörigen Erinnerung an die Jugend können auch einfache und interessante Instrumente verteilt werden. Bei Schwerhörigkeit und ungenauem Erkennen hilft Dirigieren und das Setzen von deutlich sichtbaren und hörbaren Zeichen.

6
Voraussetzungen für die Leitung und Durchführung

Wie kann das Spiel mit den beschriebenen Instrumenten dazu beitragen, ein anderes Zeitgefühl, die Hinwendung zum Klang und die Begeisterung am real-sinnlichen Abenteuer zu wecken? Dafür gibt es kein Rezept. Der Mensch, der leitet und etwas vermittelt, sollte wesentlich an sich selbst arbeiten. Er bzw. sie sollte zu Hause sein in beiden Welten, jener der Hast und Moderne, um die anderen abholen zu können, und jener der Ruhe, Wesentlichkeit, der Ursprünge. Unterrichtsformen der 60er- und 70er-Jahre, die ich unter sozialistischer Färbung erlebte und die teilweise in Osteuropa bis heute gängig sind, also strenger Frontalunterricht von der ersten Klasse an, unbewegliche Schulbänke, Stillsitzen als wichtigstes Kriterium, sind heute in Deutschland Vergangenheit. Wenn das Pendel zu lange und heftig in eine Richtung ausgelenkt war, wird es danach in die andere ausschlagen. Das scheint ein natürliches und soziales Gesetz zu sein, und so wird heute auch in den Familien mit eher antiautoritären Methoden – oder Ratlosigkeiten – Pädagogisches versucht. Die Kinder machen, was sie wollen, und suchen vergebens nach Strukturen und Grenzen. Methodisch und pädagogisch stellt sich die Frage, was anstelle der äußeren Formen wie feste Bänke, Frontalunterricht, 45-Minuten-Stunden, die mit brachialem Klingelton beendet werden, Betragensnoten etc. nach ihrem Wegfall folgen könnte.

Der Formpol (nach Schiller) darf nämlich nicht verschwinden. Er bleibt als potenzielle Kraft in jeder Improvisation, im lebendigen Unterricht erhalten. Wenn der Lehrer oder Leiter dies nicht übt, entstehen Willkür, Beliebigkeit und Langeweile.

Die Befähigung des Leiters sowie die Klarheit der Zielstellung sind Voraussetzung dafür, das hier vorgestellte Anliegen in positiver Weise in die Gesellschaft zu bringen. Ich habe das meiste im praktischen Mittun gelernt, nicht aus Büchern. Durch ständige Wiederholung und Weiterentwicklung, die Arbeit mit den schwierigsten Gruppen und in unmöglichen Situationen, aber auch durch den Mut, ins kalte Wasser zu springen und etwas Neues auszuprobieren, dessen Wirkung und Erfolg ich nicht kenne, wachsen die eigene Kompetenz und Gelassenheit.

Bei der Planung sollten je nach Thema vorab verschiedene Fragen geklärt werden:

- Welches Ziel hat die Arbeit, welches Thema steht an?
- Welche Menschen als Individuen und Gruppen nehmen teil, was ist ihr Anliegen oder inneres Thema, was das Anliegen des Leiters mit ihnen?
- Welche Methode soll zur Anwendung kommen, und welche Form soll die Arbeit haben (z. B. wissenschaftlich, künstlerisch, spielerisch, heilend, Demonstration, Experiment, Austoben, Entspannen, Lernen)?
- Welche Bedingungen wären optimal, und welche sind real möglich (in der Landschaft, im Innenraum, Größe der Areale und Räume, Anordnung von Stühlen, Tischen usw. im Raum, Zeitstruktur, Jahres- und Tageszeit, Teilnehmerkreis und -zahl)?
- Welche Mittel werden benötigt, welche Vorbereitung ist erforderlich (gegebenenfalls eine Materialsammlung, das Herstellen von Materialien, Instrumenten, Werkzeugen, Organisation des Transports, Vorbereitungen der Teilnehmer)?
- Was sollen und können Teilnehmer selbst sammeln und mitbringen (Wegführen vom Vorgefertigten)?
- Das Entwicklungskonzept der Arbeit, die mögliche Fortführung und Kombination mit anderen Themen und Dozenten ist zu bedenken.
- Welche Formen der Reflexion, Auswertung und Dokumentation bieten sich an?
- Ist ein Leiter ausreichend? Wird Assistenz benötigt?
- Generell wird gebeten, Mobiltelefone oder andere Störquellen vor Beginn abzuschalten.

Bei Spielkursen in Gebäuden ist es wichtig, einen Raum zu haben, der

- groß genug für die Gruppe ist, um einen Stuhlkreis und zwei bis drei Tische zur Instrumentenablage aufzustellen,
- Platz zum freien Bewegen im Raum ermöglicht,
- nicht an einer Hauptstraße oder anderen störenden Lärmquellen liegt,
- kein Durchgangszimmer für andere ist oder öfters durch hereinschauende, kommende und gehende Leute frequentiert wird.

Wenn die Arbeit in getrennten Gruppen geplant ist, sollten weitere Zimmer zur Verfügung stehen.

Für die Anzahl der Teilnehmenden ist zu beachten:

- Optimal und individuell lässt sich mit zwölf Personen in einem Kreis sinnvoll arbeiten. Die Untergrenze für Kreiserfahrungen sind sieben Teilnehmer – also mit dem Leiter acht Personen.

- Obergrenze für individuelles Arbeiten sind fünfzehn bis dreißig Menschen.
- Die Arbeit in Großgruppen ist mit bis zu hundert Teilnehmern möglich.

Für die Raumanordnung gilt:
- Hauptform ist der Kreis oder die freie Arbeit im Raum. Dasselbe gilt auch für das Arbeiten im Freien, wobei dort die Stühle durch andere Sitzgelegenheiten ersetzt werden; ein ebener Fleck Wiese oder Erde reicht meist aus.
- Frontalunterricht sollte nur in Ausnahmefällen praktiziert werden, z. B. wenn Bänke in einer Schule noch fest installiert sind. Manchmal eignet sich in Schulklassen die frontale Situation zur Auswertung des Erlebten.
- Wichtig für die Atmosphäre im Raum ist die Gestaltung einer Mitte, die je nach Alter, Thema und Situation variieren kann. Eine Mitte kann ein leeres Tuch mit Muschelhorn sein, ein Kieselsteinkreis, ein Mandala (Kreisbild) aus bestimmten Instrumenten oder der gesamte Instrumentenkreis. Für kleinere Kinder in Kindergarten und Grundschule empfiehlt sich, nur einige Instrumente in die Mitte zu legen, die anderen zum Vorstellen nach und nach ins Spiel zu bringen und dazuzulegen. In der Arbeit mit Erwachsenen über mehrere Stunden und Tage sollte die Raumanordnung öfter wechseln. Auch der leere Raum ohne Stühle und Instrumente sollte vorkommen.

Für Baukurse oder kombinierte Spiel- und Baukurse ist zu beachten:
- Werkzeuge und Material müssen für die geplante Anzahl an Teilnehmern und zu bauenden Instrumenten vorhanden sein.
- Man sollte bei der Einrichtung, die den Kurs veranstaltet, anfragen, ob und welche Werkzeuge und Materialien vorhanden sind. Gegebenenfalls steht am Anfang des Kurses die Aufgabe, Holz oder andere Naturmaterialien zu sammeln.
- Optimal für einen Instrumentenbauworkshop sind sieben bis zwölf Teilnehmer. Mit sechzehn Teilnehmern lässt sich nur in einem gut ausgestattem Werkraum noch produktiv arbeiten.
- Zum Spiel der fertigen Instrumente sollte ein separater Raum verfügbar sein, gegebenenfalls ist dies auch im Flur, Schulhof oder draußen realisierbar.

Generell sollte klar angesprochen werden, ob das Dazukommen oder Weggehen während des Kurses möglich oder nur in Ausnahmefällen zulässig ist.

7 Thesen und Fragmente

Das Folgende ist eine Zusammenfassung und gedankliche Verdichtung des bisher praktisch Erprobten und Ausgeführten. Fragmente meint: nicht bis zu Ende ausgeführt. Dies bedarf der vielfältigen Praxis und Weiterentwicklung durch viele hörende und spielende Menschen.

- Der aktiv gebrauchte und geschulte Hörsinn ist als sozialer Sinn erste Voraussetzung auf das Hinhören und Verstehen anderer, also auch anderer Mitwesen sowie der Erde und deren Bedürfnisse. Das spielerische und freilassende Sensibilisieren ist unbedingte Notwendigkeit, denn aus der Geschichte heraus ist bekannt, dass Zuhörzwang das Gegenteil von Interesse und Anteilnahme bewirkt. Die Schulung des Hin- und Zuhörens ist damit notwendige, elementare Menschenbildung.
- Musik im einfachen und archaischen Kontext bedeutet die Erfahrung von Eingebundensein in kultur- und zeitspezifische Gesetzmäßigkeiten, Grundlagen und Spielformen der Materie, des Lebens und der menschlichen Kommunikation. Besonders im Spiel mit einfachen Klingern, wie Steinen, Hölzern, Metallen, Trommeln, lassen sich Grundprozesse aus Natur und Gesellschaft, wie Chaos und Ordnung, Fließen und Stauen, Stille und Tätigsein, Dominanz und Anpassung, praktisch erfahren und damit tiefer verstehen als durch theoretische Darstellung. Durch das musikalische Element erfährt die Pädagogik eine wesentliche Erweiterung: Das bewegte und lustvolle Spiel ermöglicht in Ergänzung durch Denken und sprachliche Reflexion eine erhöhte Aufnahmefähigkeit des Menschen durch Ansprache beider Hirnhemisphären.
- Durch die Verwendung von Musikinstrumenten aus weitgehend natürlichen Rohstoffen oder Recyclingmaterial werden Themen aus Musik, Biologie, Kulturkunde, Ethik, Religion, Kunst etc. fächerübergreifend vermittelt. Spezielle kultische Instrumente der alten Völker wie Didjeridoo und Schwirrholz (australische Aborigines), Muschelhorn (Tibet, Indien, Polynesien, Mexiko), Regen-

macher und Rasseln (Mittelamerika), Trommeln, Wassertrommeln und Zupfzungeninstrumente (Afrika), Maul- und Schamanentrommeln (Asien) weisen auf einen direkten Zusammenhang praktizierbarer Kommunikation mit Naturgeistern und enger Naturverbindung nativer Völker hin. Im Spiel dieser Instrumente ist somit ansatzweise erfahrbar, welche Haltungen und Bewusstseinsformen im Umgang mit der Natur und von Mensch zu Mensch wesentlich sind.

- Im gemeinsamen Spiel mit verschiedenen Natur-Musikinstrumenten nach Spielregeln und in freier Improvisation kann im Kontext von Menschwerdung und Bewusstseinsentwicklung Grundlegendes spielerisch erlebt und verstanden werden: Die Entwicklung vom un-individuellen Strömen und Gruppenbewusstsein über zentralistische Organisationsformen bis hin zur individuellen, selbstbestimmten Persönlichkeit wird spielerisch und hörend nachvollzogen. Im direkten Hören des Selbsterzeugten wird die Beeinflussung der Mitwelt und Verantwortung für sich selbst und das Ganze direkt erleb- und reflektierbar. Es wird deutlich, dass gerade in der bewussten Entscheidung für eine Zurücknahme an Quantität (Menge der Instrumente, nicht ständig spielen müssen) ein erheblicher Gewinn an Qualität liegt. Damit werden Basismodelle einer nichtasketischen Kultur freiwilligen Verzichts geübt, die das Diktat des Wachstumszwangs, aber auch den Druck illusionären Befriedigens von Bedürfnissen durch ständig steigenden Konsum aufheben. Die musikalische Improvisation lehrt, sich im richtigen Moment und in geeigneter Weise einzumischen oder nicht zu spielen bzw. aufzuhören, wenn sich ein Bogen erfüllt hat. Dies vermittelt Selbst- und Sozialkompetenz.
- Hören und Spielen werden generell als sich gegenseitig befördernde Gesten betrachtet: Hören als Geste des Aufnehmens, Etwas-anderes-in-sich-Hineinlassens (mehr weiblich) und Spielen als tätiges Erzeugen und Verändern von Klängen (mehr männlich). Ein Nur-Hören und Lauschen würde den Menschen genauso einseitig belasten wie das Nur-Spielen (und nicht mehr auf andere Hören). Dem Wechsel der Aufmerksamkeit zwischen dem gemeinsamen Spiel und dem Hören wird eine ausgleichende und heilende Funktion zugeschrieben (vgl. Völkel, K. 2004). Ebenso von Bedeutung beim Lernen und Spielen ist der Ausgleich zwischen Innen- und Außenraum, also z. B. zwischen Klassenzimmer und der Natur (oder zumindest dem Schulhof). Dem Hören als umlaufende, nicht primär fixierende Tätigkeit wie das Sehen adäquat ist eine Arbeitsform im Kreis oder in freier Raumbewegung. Dafür bevorzuge ich als Anfangsform einen Sitzkreis auf Stühlen.
- Das Musizieren mit ungewöhnlichen und selbstgebauten Instrumenten öffnet neue Möglichkeiten für das Wahrnehmen und das Denken. Eingefahrene Denk- und Verhaltensmuster werden aufgebrochen, z. B. »ich bin unmusikalisch«, »das ist Kinderkram«, »Musik ist nur was zur Unterhaltung oder für Profis«, »Umweltgeräusche sind Lärm und uninteressant«. Wichtig ist, wie begonnen wird. Die

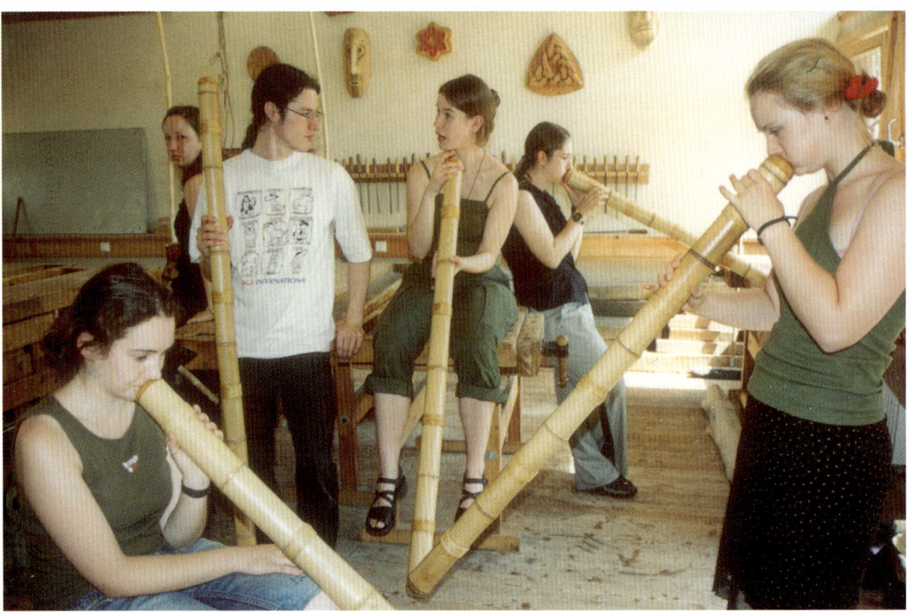

138 Bau- und Spielkurs Didjeridoo im Freiwilligen Ökologischen Jahr.

Vorbereitung (Ankündigung, Einrichtung des Raums) ist ebenso von Bedeutung. Nicht lange theoretische oder moralische Ausführungen befördern das Lernen- und Denkenwollen, sondern ein passendes Wecken von Interesse und Begeisterung. Auch dabei ist Improvisation gefragt (italienisch »improvviso«: »unmittelbar«). Musikimprovisation hat den Vorteil, dass sie in jeder Ausgangslage das Passende einbringen kann. Eine müde Gruppe kann z. B. mit einem bewegten Tanz oder Lied aufgeweckt, eine aufgedrehte Runde beim Klangschalen-Hören zur Ruhe gebracht werden. Voraussetzung für die Arbeit mit Klängen und Instrumenten ist das Wissen über die Wirkung und das immer wieder neue Erproben der verschiedensten Klänge und Spiele mit Gruppen und Altersstufen. Unterschiedliche Temperamente, Charaktere und Persönlichkeiten nehmen die gleichen hörbaren Klänge und Spiele völlig unterschiedlich auf.

- Methodisch gehe ich den Weg, an einer Sache, einem Thema länger dranzubleiben. Dies wirkt der oft vorhandenen Zerstreuung, der Suche nach bequemen »Shortcuts« und der Wegwerfmentalität entgegen. Instrumente wie der Regenmacher aus Chile werden im Musikunterricht oft mit ihrer traditionellen Spielweise und Funktion eingeführt, was sie von vornherein in ein System einordnet und gerade durch das »ich weiß, was das ist und wie das geht« uninteressant macht. Um mit einfachen, natürlichen Stoffen im Wettlauf mit den virtuellen Verheißungen der Computerspiele abenteuerlich genug mithalten zu können, bedarf es gekonnter Überraschungen für die Hörer und Mitspieler. Das Schwirrholz diente in ostasiatischen Kulturen der Mutprobe von Initianden und kann bei richtiger Spielweise auch in der Gegenwart ein »heiliges Erschrecken« auslösen. Der Regenmacher enthüllt bei jahrelanger Anwendung immer wieder neue Spielweisen und Zusammenhänge, wie den akustischen Wasserkreislauf, waagerechtes Zu-zweit- Spiel als soziale Übung, Kombination von Körperbewegung und Klang, die bei nur traditionellem Spiel unerschlossen bleiben. Instrumente der Altkulturen zeichnen sich durch ein geronnenes Erfahrungswissen aus, das durch sensible Spielweise in der Gruppe wiederentdeckt werden kann. Dabei geht es nicht in erster Linie um die Verwendung traditioneller Instrumente für aufzuführende Spielstücke oder die Darstellung musikalischer Charaktere, sondern um die Befragung des Eigenwesens und -wissens der Instrumente jetzt.

- Jedes Instrument hat entsprechend seinem Material, seiner Größe, Form und Konstruktion eine besondere Klangwirkung. Diese kann entspannend, beruhigend, weckend, kräftigend, auslaugend, nervend, störend ... sein. Ein Anteil darin erscheint in der Beschreibung objektiv, ein anderer sehr subjektiv bis konträr. Zum Klingen gebracht wird es mit je spezifischen Bewegungen der Hände, Füße oder manchmal des ganzen Körpers. Der Gesamtkontext dieser Bewegungen sowie ihrer Voraussetzungen, Folgen und Möglichkeiten auf verschiedenen Ebenen nenne ich Spielwirkung. Beim individuellen Reflektieren entsteht die Einsicht, dass jeder aus seinem Erleben heraus »recht« hat, dass aber ein Streit um »richtig« und »falsch« ohne Sinn ist. Ein Bild dafür ist die Vielfalt eines in der Gruppenmitte stehenden Blumenstraußes, der für jeden im Kreis eine andere Blumengruppe deutlich zeigt. Und es hätte absolut keinen Sinn zu behaupten, der ganze Strauß bestehe nur aus Tulpen oder Rosen. Aber genau das wird meist getan – ein Streit wird ausgefochten um das, was man schon (oder nur) erkannt zu haben glaubt. Dass noch ganz andere Dimensionen verborgen sind – insbesondere in unserer Natur und Umwelt, aber auch in uns selbst –, von denen wir kaum etwas ahnen, lässt sich durch das Hören und Spielen ungewöhnlicher Instrumente sehr gut erfahren. Schließlich hat jedes Instrument sowohl in seiner Ursprungs- als auch in unserer Gegenwartskultur eine bestimmte Symbolik. Diese kann im Klang liegen (z. B. harter Metallklang mehr männlich; weicher Holzklang mehr weiblich) in der Form (Klangschale – empfangend, weiblich; klangerzeugender Klöppel – männlich) aber auch in der Bedeutung des Instruments (z.B Regenmacher aus Kaktus – das Trockengewächs dient dem Ruf nach seiner Ergänzung, dem Wasser). Die Symbolik eines Instruments in seiner Herkunftskultur weicht möglicherweise von der heute gefühlten und erlebten stark ab, kann ihr aber auch ganz ähnlich sein. Symbolik und Ästhetik der Instrumente spielen bei ihrer Auswahl in der Gruppe eine oft unterschätzte Rolle. Näheres zur Symbolik von Musikinstrumenten findet sich in dem Buch »Die Symbolik der Musik und ihrer Instrumente« von Roger Cotte (1992).
- Beim Spiel mit vielen unbekannten Instrumenten steht die Entdeckerfreude und das exzessive Ausprobierenwollen am Anfang, vergleichbar mit der Phase

des Kleinkindes, das sich die ganze Welt aneignet. Zu Beginn will jeder, der ein Instrument in der Hand hat, auch spielen. Würde man nun in späteren Runden dabei bleiben, käme es durch das automatische oder mechanische Tun zur Stagnation (es sei denn, dies wird bewusst als musikalischer Ausdruck gewählt). Der nächste Schritt heißt also, zu erkennen: Nicht jeder muss immerzu spielen. Ich kann auch wieder in den Status des Zuhörenden gehen. Schließlich kommen Musikalisches und Soziales zusammen, wenn ich nur spiele, wenn ich gebraucht werde, und das spiele, was gebraucht wird, um die Musik zu erfüllen und rund werden zu lassen. Dazu gehören auch Solostücke und Stille als Musik. Wird, was oder wie ich spiele, nicht gebraucht, höre ich auf oder ändere mein Spiel.

- Musikalische Improvisation ist etwas für alle Altersgruppen. Aber es kommt darauf an, was und wie in welchem Alter gespielt wird. Für ganz kleine Kinder, die stark in der Nachahmung leben, ist es hilfreich, wenn vertraute Erwachsene mit ihnen gemeinsam spielen, singen und sich bewegen. Später führen Klanggeschichten und wandernde Figuren und Instrumente weiter. In der dritten und vierten Klasse ist das Untersuchen und Fragen, wie etwas funktioniert, ganz stark ausgeprägt. Selbst nachbauen, ins handwerkliche Tun kommen steht an. In manchen Ländern gibt es bedauerlicherweise keinen Handwerksunterricht. Die einzige Chance sind mobile Werkstätten oder außerschulische Arbeit im Club. Hier muss das Fächerübergreifende einsetzen, um die universelle Welt nicht zu früh in Fachwissen zu zerpflücken. Auch Komplexes wie die Obertonreihe und die Saitenteilung kann in Klasse fünf einfach dargestellt werden. Dem Klischee, dass Musik und Improvisation nur in Rhythmen funktioniert, kann durch ametrische Klatsch- und Spielübungen entgegengewirkt werden. Im normalen Schul- und Musikschulbetrieb hört das freie Spiel nach der dritten Klasse auf. Dann muss »etwas Richtiges« kommen, Spielen und Singen nach Noten und Interpretation von Werken. Wer legt das fest und bewertet eines als höherwertig als das andere? In der Mittelstufe kommt Lust zum Trommeln auf – den Überschuss an Lebenskräften herauszulassen, Solo und Gruppe, sich heraustrauen und zeigen, die Kraft der Gemeinschaft spüren. Ein Teil fast jedes Unterrichts könnte eine Sequenz von freiem Spiel sein, in das Inhaltliches vom Fach einfließt. Ob es um das Messen von Klangdauern bei Glocken und Klangschalen (Physik), die Beschreibung von Gefühlen bei Dur und Moll (Muttersprache), die Besprechung von fremdsprachlichen Einflüssen (»Woodblock«, »Woodpecker«, »Thunder Drum«, »Ocean Drum«), Zen-Flöte und Stille in Religion geht – Gruppe und freies Spiel wachsen bis zum Erwachsenwerden miteinander.
- Improvisation mit der Stimme nimmt oft eine Sonderrolle ein. Kleine Kinder singen meist ganz frei, was ihnen häufig schon ab Kindergartenalter durch Ansprüche und Hörgewohnheiten der älteren ausgetrieben wird. »Sing nicht so laut und schief …« Jugendliche schämen sich oft, im freien Singen Gefühle zu zeigen, was auch akzeptiert werden muss. Erwachsene aber können zunehmend die eigene

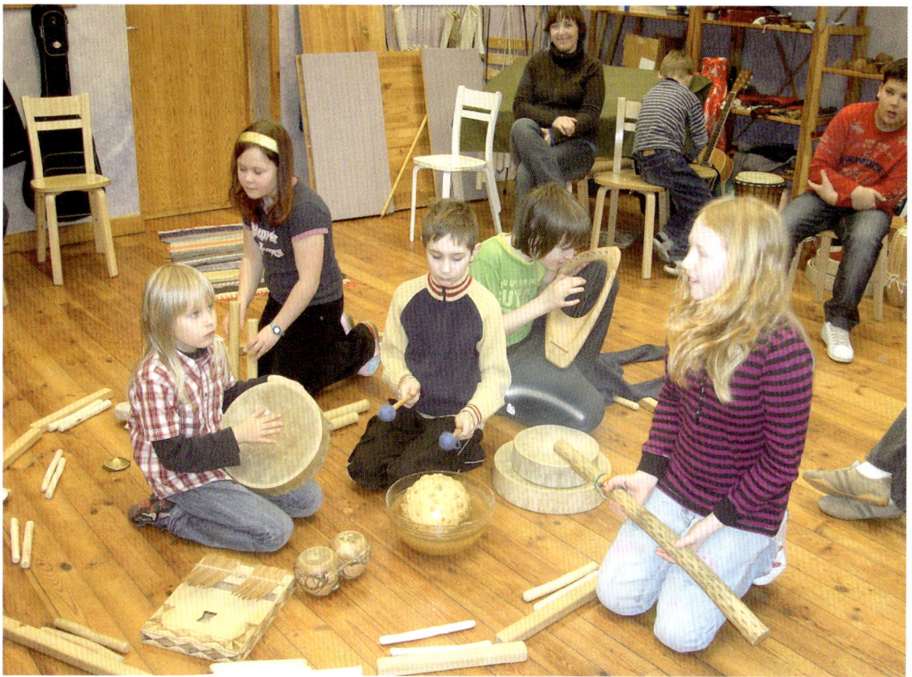

139 Spiel mit oder ohne Regeln?

freie Lautäußerung üben, allein und miteinander. Das Singen, Brummen, Tönen, Geräuschemachen ist dann in der Improvisation entweder ein eigens gewähltes oder begleitendes »Instrument«.

- Spielregeln sind nicht Selbstzweck, sondern notwendige Geburtshelfer auf dem Weg zur Freiheit. Ohne Grenzen und Widerstände kann niemand auf der Erde den Weg zur Freiheit gehen. Erhält eine Gruppe am Anfang die Aufgabe: »Spielt ganz frei!«, kommt in den seltensten Fällen freies Spiel heraus. Alte Muster, bekannte Melodien, Albernheiten, Hörgewohnheiten und Selbstbewertungen verhindern das unmittelbare, Neues schöpfende Spiel. Aus meiner Erfahrung sind oft jene Spielregeln die besten Lehrer, die die meisten Dinge ausschließen und Solist und Gruppe einen strengen Weg vorgeben. Die Konzentration auf ein Thema, eine Spielweise, einen Ton schärft die Sinne, trotz der Einschränkungen und gerade durch sie frei zu spielen. Dann kann es passieren, dass jemand aus musikalischen Gründen die Spielregel vergisst oder überschreitet. Ihr Zweck ist erfüllt, und sie kann aufgehoben werden. Sind die Instrumente unbekannt, kommt der selbstgemachte Anspruch in die Quere, gut spielen zu wollen, es aber nicht zu können. Es geht darum, diesen Anspruch loszulassen, aber nicht das Spielen aufzugeben, das heißt, in einer fragilen Balance alles anzunehmen, was Instrumente und Klänge mit einem tun. Dies könnte eine Komposition und geübtes Wiederholen von Stücken niemals leisten. Das Nicht-Vorgeben von Spielregeln heißt nicht, dass keine Regeln existieren. Jede Gruppe entwickelt in Windeseile nonverbal eigene Regelstrukturen, die aus mitgebrachten Verhaltensweisen, Nachahmen, Führungs- und Unterordnungsgesten etc. bestehen. Diese werden in der »freien« Improvisation sichtbar und können in der Reflexion bewusster werden.

- Improvisation, wie ich sie hier vorstelle, ist keine Konkurrenz zur Komposition. Zu allen Zeiten gab es große Komponisten, die Melodien, Choräle und Sinfonien aus der Welt des Geistes durch Intuition auf die Erde holten. Auch Improvisation bringt etwas intuitiv in die Welt, aber anders. Die Spieler von komponierten Stücken müssen ihre Instrumente und deren Spiel auf das Spielenkönnen des Vorgegebenen ausrichten. Schwierig zu spielende Stücke brauchen Professionalität im traditionellen Sinn. Spieler und Dirigent sind verantwortlich, das schon Gedachte, Bestehende, Aufgeschriebene zu neuem Leben zu erwecken. Es muss quasi aus dem Totenreich auferstehen. Wenn dies nicht gelingt, bleibt das Abgespielte mechanisch und tot. Improvisation ist keine Garantie für gute Musik. Sie kann steckenbleiben in Überaktion, Albernheit, Belanglosigkeit und Ungeduld. Persönliche Dissonanzen zwischen den Spielern, hochkommende Erinnerungen, soziale Bedürfnisse und Selbstdarstellungen mischen sich direkter in das Geschehen ein als bei der Interpretation bekannter Stücke. Als Kursleiter hat man die Aufgabe, diese »Fremdelemente« anzunehmen und nach Möglichkeit zu integrieren. Je nach Thema und Zeit kann ich entscheiden, wie stark und tief ich mit einer Gruppe mehr in musikalische, soziale oder heilende Prozesse einsteige. Die Teilnehmer bleiben dabei voll in ihrer Verantwortung. Dies kann bei therapeutischen Prozessen anders sein, was allerdings nicht Gegenstand des Buchs ist.
- Die von mir vorgestellten Gedanken, Übungen und Spiele sind Anregungen zur eigenen Arbeit. Sie können jederzeit verändert und den eigenen Einsichten und Bedürfnisssen entsprechend weiterentwickelt werden. Ich bin dankbar für Kritik, Berichte und Austausch von Erfahrungen. Jeder Mensch, jede Gruppe, jede Region und jedes Land wird seinen und ihren ganz eigenen Zugang zum Thema haben oder entwickeln, der real vielleicht konträr ausfällt. Kinder in Russland sind anders als in Mexiko, in Georgien anders als in Japan. Einer lernt durch Improvisation, das Ordnende, der andere ein lebendiges Chaos zuzulassen. Jede Gruppe hat zu bestimmten Zeiten ihr »Thema«. In östlichen Ländern mit autoritären Regimen war dieses oft das Auskommen ohne Dirigent, das Zutrauen zu sich selbst und die Aufgabe, Verantwortung zu übernehmen. In Ländern Westeuropas und den USA ist es häufig das Wegkommen vom Ego und vom schönen Schein, die Reduzierung auf das Wesentliche. Das Schönste ist, wenn man im gemeinsamen Spiel den anderen vom Zuviel abgeben und bei einem Zuwenig etwas erhalten kann.

8
Spiele und Übungen

In diesem Kapitel führe ich ausschließlich Spiele und Übungen auf, die ich in der Praxis erprobt habe. Viele Spiele wurden in den bisherigen Kapiteln mehr oder weniger ausführlich besprochen. Hier geht es um eine kompakte Übersicht in der Art eines Handbuchs, das nicht nur zum Nachschlagen dient, sondern in seiner Reihung die eigene Fantasie und Kreativität anregen soll.

Die Numerierung der Spiele geschieht fortlaufend nach folgendem Schema:

- H – Hören, Abschnitt 4.1
- N – Natur, Abschnitt 4.2
- M – Musik, Abschnitt 4.3
- T – Töne, Abschnitt 4.4
- I – Improvisation, Abschnitt 4.5

Die Beschreibung der Spiele ist bewusst stichpunkthaft und knapp gehalten und bedarf der eigenen Vervollständigung und Variation durch die Fähigkeiten von Spielerfahrung, Selbstentwicklung und lebendiger Formkraft.

Nach einem längeren oder auch zwei bis drei kürzeren Spielen wird generell ein sprachlicher Austausch in der Gruppe empfohlen, bei dem jeder etwas sagen kann und alle zuhören. Dafür sollte Ruhe sein, die Gruppe sollte stehen oder sitzen.

Wo es sinnvoll erschien, habe ich in dieser Spielesammlung Angaben zum Alter in Jahren, zur Teilnehmerzahl, zum Material bzw. zu den Instrumenten und zu den räumlichen Gegebenheiten gemacht. Auch gebe ich Hinweise auf mögliche Gefährdungen.

Mit der Altersangabe »ab 16 Jahren« sind prinzipiell Erwachsene gemeint, wobei spezielle Reflexionen ganz individuell gehandhabt werden müssen und zum Teil erst mit achtzehn oder später relevant werden.

Es wird vorausgesetzt, dass der Leiter eine Uhr trägt, es sei denn, sie soll bewusst weggelassen werden. Alle Angaben sind nur Empfehlungen und können in allen Punkten verändert werden.

H – zu 4.1, Schule des Hörens und Hörspaziergang

H 1 – *Geräusche notieren*

In einer vorher vereinbarten Zeit von einigen Minuten notiert jeder für sich, was er gerade hört. Wird die Übung in einer Gruppe ausgeführt, kann anschließend jeder für alle seine Notizen vorlesen. Akustisches Anfangs- und Schlusszeichen (Glocke) geben, dazwischen nicht sprechen.

- *Varianten:* Die Übung am gleichen Ort zu verschiedenen Zeiten wiederholen. – An unterschiedliche Orte gehen, und dort jeweils Geräusche notieren (siehe auch H 3).
- *Altersstufe:* Die Teilnehmer können flüssig schreiben.
- *Teilnehmerzahl:* 1–30.
- *Material:* Schreibzeug, gegebenenfalls Schreibunterlage, Glocke.

H 2 – *Geräuschekarte*

An einem akustisch interessanten Ort setzen sich die Teilnehmer in Rufweite ins Gelände. Den Beginn der Übung markiert ein akustisches Zeichen (Glocke), dann wird nicht mehr gesprochen. Jeder trägt in zehn bis fünfzehn Minuten alle Geräusche, die er hört, in eine selbstgefertigte Karte ein: Worte, Symbole, Entfernungen, Lautstärken, mehrfach Gehörtes, Besonderes, nennt gegebenenfalls dazu Orientierungspunkte (Baum, Kirchturmspitze, Himmelsrichtungen). Abschließend ein Schlusszeichen geben. Danach treffen sich alle, zeigen sich die Karten und diskutieren.

- *Altersstufe:* Schulalter.
- *Teilnehmerzahl:* 5–30.
- *Material:* Schreibzeug, gegebenenfalls Farbstifte, Farbe, Unterlage, Glocke.

H 3 – *Hörerinnerung*

An einem akustisch interessanten Ort oder einem gewöhnlichen Ort (z. B. im Klassenzimmer) gemeinsam ein bis zwei Minuten schweigen. Anfangs- und Schlusszeichen geben. Danach wird das Gehörte aufgeschrieben oder zusammentragen.

- *Variante:* Mit der Gruppe zu verschiedenen Hörstationen gehen. Reihum berichtet jeder etwas noch nicht Genanntes. Andere, die Gleiches hörten, ergänzen die Qualitäten des Klangs.
- *Altersstufe:* Ab Schulalter.
- *Teilnehmerzahl:* 5–30.
- *Material:* Gegebenenfalls Schreibzeug, Glocke.

H 4 – *Hörspaziergang*

Als Vorbereitung geht der Spaziergangsführer den Weg vorher ab, nimmt die Zeit und verändert ihn, wenn nötig, je nach zu erlebenden Spezifika, Zielgruppe, Anliegen etc. Die Gruppe wird eingeführt, und man versammelt sich am Anfangsort. Auf ein Glockenzeichen hin wird nicht mehr gesprochen. Der Leiter geht voran, die Gruppe bleibt zusammen. Alle gehen denselben Weg in mittlerem Tempo. Unmittelbar nach dem Schlusszeichen werden die Erfahrungen im gemeinsamen Gespräch ausgetauscht.

- *Varianten:* Ein Tonaufzeichnungsgerät mitnehmen. – An besonderen Plätzen stehenbleiben. – Die Teilnehmer wahren einen größeren Abstand zwischen den Einzelnen, ohne dass der Zusammenhalt verlorengeht.
- *Altersstufe:* Ab 14 Jahren.
- *Teilnehmerzahl:* 2–40.
- *Material:* Schreibzeug, Audiorecorder, Glocke.

H 5 – *Hörstationen*

Als Vorbereitung verschiedene Stationen im Gelände entsprechend der Zielgruppe auswählen, eine Abfolge festlegen und Entfernungen kennenlernen. Die Gruppe macht sich gemeinsam auf den Weg, an der ersten Station wird geläutet. Jeder schreibt ein bis zwei Minuten schweigend auf, was er oder sie gerade hört. Nachdem an allen Stationen so verfahren wurde, kommt man zusammen, wertet aus, vergleicht die Wahrnehmung von Lautstärke, Diversität, fragt nach der Herkunft der Geräusche. Kamen sie aus der Natur, von der Technik oder von Menschen? Welche Station wurde als musikalisch erlebt?

- *Altersstufe:* Ab Schulalter.
- *Teilnehmerzahl:* 5–30.
- *Material:* Schreibzeug, Glocke.

H 6 – *Klänge finden*

Als Vorbereitung den Weg abgehen, mögliche interessante Klangorte einbeziehen. Einer oder mehrere der Teilnehmenden erhalten eine Glocke oder einen anderen akustischen Zeichengeber. Die Gruppe geht mit gedämpfter Lautstärke oder ganz schweigend zusammen los. Die Glockenträger läuten an interessanten Hörorten (z. B. singender Vogel, Bachgluckern, Kühlaggregat). Sofort schweigen alle für genügend lange Zeit, um gut zuzuhören.

- *Variante:* Vor Ort aufschreiben, was wie klingt.
- *Alter:* Ab 5 Jahren.
- *Teilnehmerzahl:* 5–20.
- *Material:* Glocke bzw. Glocken, gegebenenfalls Schreibzeug, Recorder.

H 7 – *Blindführen in Paaren*

Vorbereitung wie H 4, zusätzlich mögliche Gefährdungen und Möglichkeiten der Gruppe abschätzen (Engstellen, Mauerkanten, Treppen). Jeder findet einen Partner. Einer schließt die Augen (auch mit Augenbinde möglich, besser ohne). Nach einem

Glockenzeichen gehen alle Paare den ganzen Weg schweigend. Der andere führt den Blinden so, dass dieser keiner Gefahr ausgesetzt ist. Die Führenden achten auf das Zusammenbleiben der Gruppe und folgen dem Leiter. Am Umkehrpunkt oder in der Zeitmitte des Spaziergangs wird die Glocke geläutet. Die Blinden öffnen die Augen, alle tauschen sich über das Erlebte aus. Nun erfolgt ein Wechsel von Führen und Blindsein. Nach einem Glockenzeichen gehen alle den Rück- oder Weiterweg schweigend in den veränderten Rollen. Schlusszeichen und Austausch.

- *Altersstufe:* Ab 14 Jahren.
- *Teilnehmerzahl:* Ab 3 Paaren.
- *Material:* Glocke, gegebenenfalls Schreibzeug zur Auswertung.

H 8 – *Blindes Abenteuer*

Vorbereitung wie H 7, zusätzlich das Gelände nach interessanten Stellen (Tastobjekte, Bäume, Sumpf, Duftpflanzen) oder Schwierigkeiten (Balken, Kuhlen, Hänge) aussuchen. Nach dem Glockenzeichen gehen die Paare (jeweile ein »blinder« und ein sehender Partner) schweigend auf je eigenen Wegen im Gelände umher. An Stellen, die den Blinden interessieren, wird länger verweilt. Nach einiger Zeit (fünf bis dreißig Minuten) wechseln die Paare ihre Rollen. Glockenzeichen für das Ende, Austausch.

- *Varianten:* Der Blinde wird an den interessanten Stellen eine Weile alleingelassen. Auf ein Zeichen hin wird er wieder abgeholt und weiter begleitet. – Im Gelände werden vorher Musikinstrumente verteilt. Es können auch Früchte etc. verteilt werden, die blind gegessen werden.
- *Altersstufe:* Ab 14 Jahren.
- *Teilnehmerzahl:* Ab 3 Paaren.
- *Material:* Glocke, gegebenenfalls Instrumente, Objekte.

H 9 – *Blinde Schlange*

Als Vorbereitung einen Weg oder ein Gelände mit interessanten und der Gruppe angemessenen Abenteuern wählen. Die Gruppe spricht auf ein Zeichen hin nicht mehr (Glocke) und stellt sich hinter denjenigen, der vorne den Schlangenkopf bildet. Die Hände liegen locker auf den Schultern des jeweils Vorderen. Alle außer dem Schlangenkopf schließen die Augen. Der sehende Kopf führt seine blinde Gefolgschaft nach eigenen Kriterien (z. B. Hören, Licht – Schatten, Tasterlebnis der Füße bei Barfußvariante). Nach einer Weile die Führung wechseln, z. B. wird das letzte Glied der Kopf.

- *Achtung bei Gefahren:* Der Führende muss die ganze Schlange im Bewusstsein haben (Äste von oben, Nägel in Zaunlatten, Brennesseln, Sumpf ...).
- *Alter:* Ab 14 Jahren.
- *Teilnehmerzahl:* Ab 7.
- *Material:* Glocke.

H 10 – *Klänge aufnehmen*

In bekannter oder unbekannter Umgebung auf Hörpirsch gehen. Allein, einzeln oder in kleinen Gruppen nach interessanten Hörereignissen suchen, die länger dauern oder wiederkehren, diese mit einem Audiorecorder aufnehmen. Notieren, was wo und wann aufgenommen wurde. Gegebenenfalls Vorgaben für die minimale bzw. maximale Länge der Aufnahmen geben. Nach vereinbarter Zeit (z. B. eine Stunde) treffen sich alle zum Austausch und Vorspielen.

- *Variante:* Die Gruppe raten lassen, welcher Klang wo wie aufgenommen wurde.
- *Altersstufe:* Ab 12 Jahren.
- *Teilnehmerzahl:* 1–30 (in Kleingruppen mit maximal 3 Personen).
- *Material:* Recorder; falls nötig, Wiedergabegerät.

H 11 – *Sprach-Musik*

Unbekannten oder unverständlichen Sprachen wie einem Musikstück, das gerade für einen gespielt wird, zuhören: Menschen am Nachbartisch, im Radio. Einen Fremdsprachler bitten, einen Text in seiner Sprache zu lesen, dabei den Inhalt nicht verstehen wollen, sondern musikalisch hören: Tonhöhen, Intervalle, Dynamik, Pausen, Betonungen etc. Anschließend über solche Erlebnisse einen Erfahrungsaustausch führen.

- *Variante:* Ein Märchen erst in einer, dann in anderen Sprachen lesen, dazu Muttersprachler einladen.
- *Altersstufe:* Erwachsene.
- *Teilnehmerzahl:* Einzeln oder kleine Gruppe.
- *Material:* Gegebenenfalls Tonträger, Radio, Recorder.

H 12 – *Handy-Sinfonie*

Jeder, der ein Handy besitzt, stellt als Vorbereitung sein Handy so ein, dass auf Tastendruck ein Klingelton ertönt, vielleicht sogar mehrfach. Jeder spielt seinen Ton kurz vor und stellt zu Beginn etwa die gleiche Lautstärke ein. Dann wird ein Musikstück gespielt, entweder frei improvisiert oder mit Zeichen bzw. einem Dirigenten. Mit Pausen arbeiten, Lautstärken variieren. Anschließend über das Thema das Stücks diskutieren.

- *Altersstufe:* Ab 14 Jahren.
- *Teilnehmerzahl:* 5–30.
- *Material:* Handys mit abrufbaren Klingeltönen, gegebenenfalls Recorder.

H 13 – *Blinde Kuh*

In einem geschützten Kreis oder Raum (z. B. geschlossener Stuhlkreis der Mitspieler) bewegen sich zwei Menschen. Beide sind blind. (Die Augen zu schließen ist besser, als die Augen mit einem Tuch zu verbinden.) Einer versucht, den anderen zu fangen. Die Partner sprechen sich ab, wer der Fänger und wer der zu Fangende ist.

Durch Stimme, Fußstampfen, Fingerschnipsen etc. machen sich beide von Zeit zu Zeit gegenseitig auf sich aufmerksam. Nachdem der Fänger erfolgreich war (durch Berühren oder Festhalten), wechseln die Paare ihre Rollen.

- *Varianten:* Der zu Fangende hat ein Instrument und spielt dieses ab und zu (z. B. Leier, Rassel). Der Fänger hört das ab und zu gespielte Instrument, ist durch seine Schritte aber auch selbst hörbar. Bei Berührung wird das Instrument übergeben. – Beide haben ein Instrument, das beim Treffen getauscht werden soll. – Statt Instrumente tragen beide Gläser mit Wasser, das sie sich dann gegenseitig zu trinken geben. Jedes »Zubehör« ändert die Bewegungs- und Begegnungsweise.
- *Achtung:* Auf gute Bodenhaftung achten, am besten barfuß. Einfach beginnen, gefährliche Objekte nur mit Erwachsenen und freier Entscheidung.
- *Altersstufe:* Ab 5 Jahren, je nach Alter andere Vorbereitung und Objekte.
- *Teilnehmerzahl:* Mindesten 10 für Schutzkreis, die Übung ist gut mit großen Kreisen von bis zu 100 Menschen.
- *Material:* Instrumente, Objekte.

N – zu 4.2, Klingende Natur

N 1 – *Das Meer hören*

Allein oder in der Gruppe schweigend am Meeresufer sitzen. Eine Zeitlang zuhören, entweder ohne Zeitbegrenzung oder für eine vereinbarte Zeit. Versuchen, nichts zu denken. Ganz beim Meer sein.

- *Varianten:* Den Rhythmus in eigene Bewegungen umsetzen. Am Meer entlanggehen. – Vom Vorland, wo man das Meer erstmals hört, langsam auf das Meer zugehen und, wenn möglich, ins Meer hinein. Denselben Weg zurückgehen.
- *Altersstufe:* Ab 7 Jahren (kürzere Zeit), ab 16 Jahren (längere Zeit).

N 2 – *Bach-Klang-Spiele*

An einem kleinen Bach mit Gefälle entlanggehen und auf dessen Geräusche hören. An interessanten Stellen kleine Dinge verändern: Stöckchen werfen, Staustufen bauen und mit der Klangveränderung spielen.

- *Achtung:* Wassertiefe und Temperatur prüfen.
- *Altersstufe:* Ab 2 Jahren, für kleine Kinder.

N 3 – *Wasser-Klang-Spiele*

Am Meer oder anderem Gewässer mit sandigem Ufer und einigen Steinen alles ausprobieren, was mit Wasser Geräusche erzeugt: Etwas ins Wasser werfen, spritzen, im Wasser laufen, auf dem Wasser trommeln, mit Wasser in die Hände klatschen, allein, zu zweit, als Gruppe. Dann sich gegenseitig die Aktionen und Klänge vorstellen.

- *Varianten:* Steine musikalisch ins Wasser werfen, durch Art des Wurfs, Größe, Zeitabstand. – Steine auf der Oberfläche hüpfen lassen und hören, auch andere Naturdinge ausprobieren.
- *Zu beachten:* Auch das Wasser ist lebendig und will nicht willkürlich geschlagen werden. Im Wasser sollten keine spitzen Steine und Glasscherben sein.
- *Altersstufe:* ohne Begrenzung.

N 4 – *Schöpferklänge*

Mit Schüssel, Kalebasse oder hohlen Händen Wasser aus der Natur schöpfen. Dieses bewusst langsam und tropfenweise klingend ausgießen.

- *Variante:* Bei Trinkwasser das Trinken einbeziehen. Dabei dem Wasser danken.
- *Altersstufe:* Wenn die Hände eine Schüssel bilden können.

N 5 – *Regen-Klang-Atlas*

Immer wenn es regnet, zuhören. Den Regenklang zu beschreiben versuchen, gegebenenfalls zu Hause die Wahrnehmung aufschreiben. Wo und wann hatte bzw. hat der Regen welchen Klang? Worauf regnet es? Unterschiede notieren bei Anfang, Dauer, Ende, Temperatur, Abstände und Töne von Tropfen, Lautstärke, Geräuschfrequenz (hoch, mittel, tief etc.).

- *Altersstufe:* Ab Schulalter.
- *Teilnehmerzahl:* 1–20.
- *Material:* Gegebenenfalls Aufnahmegerät.

N 6 – *Klingende Eisschollen*

Aus gefrorenen Pfützen oder Seen längliche Eisschollen von maximal 2 Zentimeter Dicke herausnehmen oder -brechen, am Schwingungsknoten halten oder auf einen Strick legen (wie Lithophon) und mit dem Finger oder weicherem Holz anschlagen. Der Tonhöhe nach ordnen.

- *Gefahr:* Vorsicht bei dünner Eisdecke!
- *Teilnehmerzahl:* 1–20.

N 7 – *Gefrorener Teich*

Sobald eine Eisschicht über einem Gewässer entstanden ist, Eicheln oder kleine Steine darüberschlittern lassen. Wie verändern sich die Klänge mit zunehmender Eisdicke oder Entfernung vom Rand zur Mitte des Eises hin?

- *Gefahr:* Vorsicht bei dünner Eisdecke. Kleine Kinder sichern!
- *Teilnehmerzahl:* 1–20.

N 8 – *Unterwasserhören*

Je Teilnehmer zwei gerade Haselgerten am besten frisch schneiden (aber auch trocken oder aus anderem Holz möglich). Der dickere Teil erhält eine mit dem Messer geschnitzte Rundform, die gut in die Hörmuschel des Ohrs passt (Achtung: Keine spitzen Formen schnitzen!). Am kleinen Bachlauf nach turbulenten Stellen suchen (keine größeren Wasserfälle) und dort den Stock 10 bis 20 Zentimeter in das Wasser eintauchen, das runde Stockende in die Ohrmuschel legen. Der Unterwasserklang wird direkt durch das Holz übertragen. Mit etwas Geschick kommt in einiger Entfernung der zweite Stock ins Wasser und an das andere Ohr, um einen Stereo-Effekt zu erzeugen. Oder man bleibt bei einem Stock und hört mit dem anderen Ohr die Überwassermusik. Die Teilnehmer können sich gegenseitig interessante Hörstellen zeigen. (Joller, K. 2008)

- *Altersstufe:* Ab 5 Jahren.
- *Teilnehmerzahl:* 2–20.

N 9 – *Kieselsteinmusik*

Am Meer oder an Flüssen, im Gebirge oder in der Kiesgrube, auf dem Acker, im Wald oder dem Großstadtpark wassergerundete, harte Kiesel von drei bis fünf Zentimetern Durchmesser sammeln und säubern. Quarz, Porphyr, harter Kalkstein, Grauwacke, Basalt, Schiefer eignen sich gut. Sandstein und körniger Granit nicht. Jedem Spieler ein Steine-Paar geben. Die Steine rhythmisch oder frei aneinander schlagen. Eine hohle Handform unter einem Stein (dem flacheren) bilden und damit die Klänge verändern. In der Gruppe gemeinsam abwechselnd spielen und schweigen, als Variante auch mit geschlossenen Augen. Klangvarianten entdecken: Steine reiben, in der Hohlkugel beider Hände klappern lassen. Im Kreis: Klänge auf die Reise schicken. Klänge fließen lassen mit verschiedener Geschwindigkeit, Richtung usw.

- *Altersstufe:* Ohne Begrenzung.
- *Teilnehmerzahl:* Bei Kreis ab 7 bis über 100.

N 10 – *Klingende Steine*

In Flüssen, am Strand, auf Schotterkegeln oder im Gebirge längliche, harte Steine auf Eigenklang prüfen: Senkrecht und am Fünftel-Punkt (Schwingungsknoten: ein Fünftel der Länge jeweils vom Ende gemessen) halten und anschlagen. Kommt ein klarer Ton, kann der Stein als Lithophon verwendet werden. Phonolith, Schiefer, harter Kalkstein, Basalt, Feuerstein eignen sich, Sandstein, Granit, weicher Kalk, brüchiger Schiefer nicht. Weiche Stöcke oder Schilf, gedrehtes Gras, Moos oder ein Seil als zwei Längsholme unter die Fünftelpunkte der Steine legen. Diese nach verschiedener Weise ordnen: Tonhöhe, Größe, Gesteinsart. Welcher Stein klingt rauh, warm, spitz, licht?

- *Altersstufe:* Ab 7 Jahren.
- *Teilnehmerzahl:* 1–20.
- *Material:* Gegebenenfalls Rucksack zum Mitnehmen der Steine, Seil mit 1 bis 2 Zentimetern Durchmesser, 2 Meter lang.

N 11 – Nachts im Wald

In der Dämmerung oder während einer Nachtwanderung in den Wald gehen und warten, bis es ganz dunkel ist. Ohren und Füße übernehmen das Sehen. An verschiedenen Orten bleibt man sitzen oder stehen, schweigt und lauscht.

- *Varianten:* Alles, was knackt, zirpt usw. wird benannt. – Oder: nicht benennen, nur zuhören.
- *Altersstufe:* Ab 7 Jahren.
- *Teilnehmerzahl:* 2–20.

N 12 – Naturrasseln

In Wald und Feld trockene Früchte, Schoten, Zapfen suchen und damit spielen. Wenn sie noch am Busch hängen, wie Ginsterschoten, erst dort probieren und nur die benötigte Menge abnehmen. Im Kreis oder zu Hause ein Rasselspiel initiieren.

- *Altersstufe:* Ab 4 Jahren.
- *Teilnehmerzahl:* 7–30.
- *Material:* Behältnisse, gegebenenfalls Stift und Papier.

N 13 – Holzblock-Orchester

In einem Windbruch im Wald oder bei umgefallenen Baumstämmen mit einem Holz gegen Stämme klopfen und je nach Hohlraum verschiedene Töne erzeugen. In Hörweite bleiben, jeder stellt seine Klänge vor, dann gemeinsames rhythmisches Spiel.

- *Altersstufe:* Ab 7 Jahren.
- *Teilnehmerzahl:* 4–20.

N 14 – Akustische Baumkunde 1

Von Sommer bis Herbst vor Blätterfall bei mittlerem oder kräftigem Wind zu einzeln stehenden Bäumen oder Buschgruppen gehen und die unterschiedlichen Geräusche von Blättern, Zweigen, Ästen untersuchen und dokumentieren.

- *Variante:* Die Baumklänge mit Tonaufnahmen, Fotos, Video, Zeichnungen etc. dokumentieren.
- *Altersstufe:* Ab 12 Jahren.
- *Teilnehmerzahl:* 7–30.
- *Material:* Papier, Stifte, Farbe, gegebenenfalls Audiorecorder.

N 15 – Blätterrascheln

Im Spätherbst durch den Wald streifen und mit dem trockenen Laub geräuschvoll spielen, abgefallene Äste mit Blättern (z. B. Eiche) rhythmisch schütteln. Herbstlieder dazu singen oder erfinden.

- *Altersstufe:* Ab 3 Jahren.
- *Teilnehmerzahl:* 1–20.

N 16 – Zapfen zupfen

Abgefallene und möglichst trockene Tannen-, Fichten- oder Kiefernzapfen daraufhin untersuchen, wie die einzelnen Schuppen klingen. Verschiedene Zupftechniken erproben. Auch ausprobieren, wie es klingt, sie aneinanderzureiben. Im Wald oder Zimmer musizieren.

- *Altersstufe:* Ab 3 Jahren.
- *Teilnehmerzahl:* 1–20.

N 17 – Tierstimmen hören

In verschiedener Umgebung bewusst auf Tierstimmen hören. Eine Hörart: Erkennen, was es ist, und analysieren (z. B. Kohlmeise, Lock- oder Warnrufe). Eine andere Hörart: Musikalisch hören (Tonhöhe, Dauer etc.). Eine weitere: Zuhören, ohne zu denken. Bei geöffnetem Fenster kann die Übung auch im Innenraum stattfinden. Das Gehörte und Herausgefundene wird aufgeschrieben: Zeit, Ort, Umstand, Tier, Wirkung etc.

- *Variante:* Einzeln oder in Kleingruppen ausschwärmen, Tonaufnahmen von Tieren machen und auswerten.
- *Altersstufe:* Nur hören: ab Schulalter, mit Dokumentation: ab 7 Jahren.
- *Teilnehmerzahl:* 2–30.
- *Material:* Stift, Zettel, Recorder.

N 18 – Tierstimmenaufnahmen hören

Auf Tonträgern oder im Internet allein oder in Kleingruppen Tierstimmen recherchieren. Tierstimmen nach Kriterien ordnen, z. B. Tierart, Tonhöhe, Lautstärke, Dauer, Wiederholung, Lautentstehung, Gründe, Musikalität. Gefundenes gemeinsam anhören. Suche nach Musikstücken und Liedern, in denen diese Tiere vorkommen, sowie nach Musikinstrumenten, mit denen ähnliche Klänge gespielt werden können (Beispiel: australisches Emu – Wassertrommel).

- *Altersstufe:* Schüler ab Klasse 9.
- *Teilnehmerzahl:* 10–30.
- *Material:* CDs, Internet, Abspielgerät.

N 19 – Tierstimmen nachahmen

Die in N 17 gefundene Tierlaute und Geräusche mit der Stimme nachahmen, dabei so genau wie möglich sein, gegebenenfalls üben.

- *Variante:* Vier oder mehr Tierarten mit ihren Stimmen vereinbaren und in je gleich großen Gruppen blind (für Kinder: Augen verbinden) die »Tiere« gleicher Art finden.
- *Altersstufe:* Ab 5 Jahren.
- *Teilnehmerzahl:* 8–20.
- *Material:* Augenbinden.

N 20 – Eigengeräusche hören

Einen gewissen physischen Abstand von den anderen halten und sich auf sich selbst konzentrieren. Zunächst nicht bewegen und nur hören, dann sonst übliche Bewegungen machen.

- *Variante:* Ohren zuhalten, Hände als Muschel ans Ohr halten und nach vorn öffnen. Gegebenenfalls die Erfahrungen aufschreiben, abschließend gemeinsam besprechen.
- *Altersstufe:* Ab 10 Jahren.
- *Teilnehmerzahl:* 4–20.

N 21 – Natur oder Kultur

Gesucht werden Klänge und Geräusche im Grenzbereich von natürlich – künstlich, Mensch – Technik. Wo sind diese hauptsächlich zu hören? Mit eigenen Klängen, Atem, Berührungen experimentieren und dokumentieren, diskutieren, eventuell Tonaufnahmen machen.

- *Altersstufe:* Ab 16 Jahren.
- *Teilnehmerzahl:* 4–30.

N 22 – Blitz und Donner

Mit Stoppuhr oder Uhr mit Sekundenzeiger die Zeit zwischen Blitz (sichtbares Signal) und Donner (hörbares Signal) nehmen. Berechnen der Entfernung des Blitzes (oder mehrerer) vom eigenen Standort. Schallgeschwindigkeit in der Luft: 330 m/s. Auf Unterschiede der Donnerschläge in einem und verschiedenen Gewittern hören, auch mit Regen- und Windgeräuschen kombinieren, eventuell Tonaufnahmen machen.

- *Altersstufe:* Ab 6. Klasse.
- *Teilnehmerzahl:* 1–30.

N 23 – Fuchtelspiel

Aus Weidenruten oder stärkerem Schilf etc. Abschnitte von 50 Zentimetern bis zu 1 Meter anfertigen und schnell durch die Luft bewegen. Verschiedene Geschwindigkeiten und Luftlinien probieren. Dann zu zweit oder in einer Reihe etwa im gleichen Abstand zueinander positionieren, einer beginnt zu spielen, der nächste ahmt nach, gibt weiter usw. Verschiedene Rhythmen fuchteln.

- *Variante:* Spießfuchtellauf: Die Gruppe bildet aus zwei Reihen eine Gasse, in der jeder in eigenem Rhythmus zur Mitte hin fuchtelt (schneidende Klänge). Einer geht durch, ohne getroffen zu werden. Besonders Mutige gehen mit geschlossenen Augen durch.
- *Achtung:* Spießfuchtellauf nur bei vollem Vertrauen!
- *Altersstufe:* Ab Schulalter.
- *Teilnehmerzahl:* 2–200.

N 24 – *Grashalmmusik*
Einen ca. 10 Zentimeter langen und 4 Millimeter breiten Grasstreifen (flach und ohne Mittelrippe, nicht zu hart) zwischen beide Daumenseiten und Daumenballen klemmen und längs spannen. Vorsichtig hineinblasen. Töne durch Spannung verändern, mit Übung kann sogar ein Motiv wie die Arie der »Königin der Nacht« aus Mozarts Zauberflöte gespielt werden.

- *Variante:* Dickeren Löwenzahnstengel ca. 15 Zentimeter lang abbrechen. An einem Ende ca. 1 Zentimeter lang spalten, dieses Ende in den Mund nehmen (Vorsicht, bitter!) und mit Druck zum Tuten bringen. Es können auch Löcher in das Längsstück geschnitten werden, um eine Melodie zu spielen. Nach einer Weile reißt der Spalt ein, und der Halm spielt nicht mehr.
- *Altersstufe:* Ab 7 Jahren.

N 25 – *Fischmund am Wind*
Bei mittlerem bis kräftigem Wind: Den wie zum Pfeifen oder etwas mehr geöffneten Mund schräg gegen den Wind halten und auf die verschiedenen geräuschhaften Pfeiftöne hören. Mit etwas Geduld gelingt eine Melodie. Achtung: Der Wind pfeift, nicht man selbst.

- *Altersstufe:* Ab 7 Jahren.

N 26 – *Körperklänge*
Mit Händen, Füßen und Stimme alle möglichen Klänge, Laute und Geräusche probieren, z. B. im Sommer auf nackter Haut, mit unterschiedlich gewölbten Handformen, vor leicht geöffnetem Mund so klatschen, dass ein kurzer, gezielter Luftstrom ein kurzes Ploppen in verschiedenen Frequenzen in der Mundhöhle erklingt. Sich gegenseitig das Gefundene vorstellen und daraus ein Rhythmusstück entstehen lassen (siehe auch Übungen I 14 oder I 15).

- *Altersstufe:* Ab 7 Jahren.

N 27 – *In die Hocke rauschen*
In beliebiger Hörumgebung, besonders interessant aber am Meer oder an rauschenden Bächen: Höhe und Richtung der Ohren über dem Erdboden verändern, z. B. indem man in die Hocke geht. Was verändert sich vom Stehen zum Hinlegen?

- *Altersstufe:* Ab 6 Jahren.

N 28 – *Körperrhythmen*
Frei und ruhig im Raum oder in der Landschaft gehen. Dann stehenbleiben, seinen Puls fühlen und durch Zungenschnalzen oder Instrument (z. B. Klanghölzer) für alle hörbar machen. Dann schnell laufen (drinnen) oder rennen (draußen), stehenbleiben und Puls erneut hörbar machen. Dann auf den natürlichen Rhythmus des Atems achten. Bei jedem Ausatmen einen Schritt machen.

- *Varianten:* Beim Ausatmen tönen. Dann: eigene Schritte bewusst setzen und hörbar machen. – Mal Puls, mal Atemtempo wählen. Damit Spiele erfinden und reflektieren, wie diese Rhythmen Leben und Musikempfinden prägen.
- *Altersstufe:* Ab 9 Jahren (im Tun), ab 14 Jahren (mit Reflexion).
- *Teilnehmerzahl:* 7–20.

M – zu 4.3, Musikinstrumente der Völker

M 1 – Ungeteilter und geteilter Puls

Trommeln nach Größe so auswählen, dass beide Hände nebeneinander auf das Fell gelegt werden können. Trommelfell muss frei für beide Hände verfügbar sein (z. B. Conga, Djembe oder Rahmentrommeln), Trommel muss zwischen den Knien gehalten werden können. Langsamen, gemeinsamen Puls mit beiden Händen zugleich spielen. Nach einer Weile nur rechts, nur links und wieder beidhändig einen Puls spielen. Dabei den Atem spüren und den Körper aufrecht halten mit gutem Sitzkontakt. Wenn überhaupt, zählt man: 1 – 1 – 1 – 1 – 1 oder spricht wa – wa – wa – wa. Dann in gleichmäßige Rechts-Links-Abfolge und zurück wechseln, ohne dass der Puls »wackelt« oder Pausen eintreten.

- *Variante:* Verschiedene Berührungen und Bewegungen auf dem Fell im gleichen Puls probieren, z. B. entlangschleifen, Knöchel, Fäuste, Fingernägel, Handrücken. Sprechsilben dazu erfinden.
- *Altersstufe:* Ab 9 Jahren, bei mehr Reflexion ab 16 Jahren.
- *Teilnehmerzahl:* 5–15.
- *Instrumente/Material:* Für jeden Teilnehmer eine Trommel und einen Stuhl.

M 2 – Fellton und Basston

Kelch- oder Fasstrommeln gerade auf den Boden stellen, anschlagen und ankippen oder anheben. Anschlagen an jeweils unterschiedlichen Stellen. Herausfinden, wie die Stand-, Kipp- und Halteposition und der Anschlagort den Klang verändern. Damit Spiele erfinden: Fellton – Basston abwechselnd beid- und einhändig, linksrechts, mit weggezogener oder liegenbleibender Hand spielen.

- *Altersstufe:* Ab 9 Jahren.
- *Teilnehmerzahl:* 3–20.
- *Instrumente/Material:* Djembe, Darabuka, Kpanlogo, Bugarabu und andere Trommeln, eine für jeden Teilnehmer, Stühle.

M 3 – Trommelwandern

Im Stuhlkreis sitzend oder im Stehkreis eine im Durchmesser ca. 30 Zentimeter große Rahmentrommel im Einer-Puls (ohne Akzente) im Kreis herum weitergeben. Beim Weitergeben gemeinsam spielen, dabei vom Vorgänger lernen (z. B. Lockerheit von Finger und Schlag, Anschlagsweise und -punkt). Die Trommel kann waagerecht oder in anderen Richtungen gehalten werden. Langsame Wandergeschwindigkeit ohne Pausen einhalten.

- *Varianten:* Geschwindgkeit verändern. – Zwei Trommeln kreisen lassen. – Der Leiter spielt dazu auf der Flöte (siehe auch I 13).
- *Altersstufe:* Ab 9 Jahren.
- *Teilnehmerzahl:* 7–20.
- *Instrumente:* Indische Rahmentrommeln.

M 4 – *Talking Drum*

Sprechtrommeln mit den zugehörigen gebogenen Trommelstöcken ausprobieren (Klang bei gespanntem und entspanntem Fell). Dann Gespräche miteinander führen und auf den Klang des Gesprächsverlaufs achten.

- *Variante:* Als Antwort das Motiv des ersten Spielers wiederholen, dann ein neues Motiv dazusetzen, den begonnenen Satz zu Ende führen.
- *Altersstufe:* Ab 7 Jahren.
- *Teilnehmerzahl:* 2–20.
- *Instrumente:* Je Teilnehmer eine Sprechtrommel mit Stick, gegebenenfalls teilen.

M 5 – *Trommelmix*

Trommeln unterschiedlichster Art in die Mitte legen. Die Teilnehmer selbst probieren lassen; ein gemeinsames Stück spielen. Dann Trommeln und ihre Herkunft vorstellen, Spieltipps geben und ein weiteres Stück spielen. Was hat sich verändert?

- *Achtung:* Am Anfang keine Sticks auslegen.
- *Altersstufe:* ab 9 Jahren.
- *Teilnehmerzahl:* 7–20.
- *Instrumente/Material:* Rahmen-, Sprech-, Schüttel-, Paddletrommel, Basstrommel, Djembe, Darbuka, für jeden Teilnehmer eine Trommel; Decke, Stühle.

M 6 – *Auf Kisten trommeln*

Alle setzen sich so auf Cajon-Kistentrommeln, dass die Schlagfläche nach vorne weist. Klänge auf dem Holz der Schlagfläche und den verschiedenen Wänden probieren. Der Anschlag oben klingt heller und schärfer, Richtung Mitte wird der Basston stärker. Die Übungen M 1 und M 2 lassen sich auch auf die Cajon übertragen.

- *Altersstufe:* Ab 14 Jahren.
- *Teilnehmerzahl:* 2–8.
- *Instrumente:* Für jeden eine Cajon.

M 7 – *Klangstöcke (siehe auch T 15, T 16)*

Im Wald totes Holz sammeln oder trockenes Schwemmholz am Meer auflesen. Weiche Unterlagen unter die Fünftel-Punkte der Hölzer legen (Schwingungsknoten: ein Fünftel der Länge, vom Ende her gemessen). Nach Tonhöhe, Länge, Dicke, Farbe, Baumart oder ähnlichem ordnen und mit anderen Hölzern darauf spielen.

- *Altersstufe:* Ab 7 Jahren.
- *Teilnehmerzahl:* 2–20.
- *Material:* Sägen, Messer.

M 8 – *Astxylophon*

Dieses im Freien aufgestellte Instrument sollte mindestens zwei Paar Klöppel haben, für jeden Spieler aber ein Paar. Mögliche Spiele: ein Spieler sucht zwei Töne (Hölzer), die im Ostinato (wiederholend) im Wechsel angeschlagen werden. Zu diesem Basisrhythmus spielt der andere frei. Aus dem Spiel sucht der »freie« zwei Töne und wechselt ins Ostinato. Der andere wird frei und improvisiert dazu.

- *Altersstufe:* Ab 7 Jahren.
- *Teilnehmerzahl:* 2–4.

M 9 – *Holzspielkreis*

Im Kreis auf Stühlen sitzend, je ein großes Holz auf den waagerechten Knien, wird zunächst ohne weitere Klöppel mit den Fingern ein leises Tremolo (schnelles, aber nicht am exakten Maß orientiertes Spiel) auf die Hölzer geschlagen. Spiel – Stille, geschlossene Augen. Klänge wandern lassen.

- *Varianten:* Anstelle der Finger zwei kleine Holzklöppel verwenden. – Einzeltöne hören: Jeder schlägt reihum erst viermal, dann drei-, zwei- und einmal auf sein Holz, regelmäßig, in gleicher Geschwindigkeit und ohne Pause. – In einer weiteren Runde spielt jeder nur einmal, aber mit ganz ungleichen Zeitabständen. Hier kann man selbst einfache Regeln erfinden! – Hölzer nach Tonhöhe ordnen, Gespräche mit Holz durch den Kreis führen, Rhythmen wandern lassen. – Eines von zwei kleinen Klanghölzern (Claves) auf die hohle Hand legen, mit dem anderen Holz auf die Mitte schlagen. Klangunterschiede bei anderen Handhaltungen untersuchen. Klangweitergabe ohne und mit Stopp.
- *Altersstufe:* Ab 16 Jahren; bei Kleineren rollen Rundstöcke leicht von den Knien, deshalb große Hölzer auf weichen Teppich oder Unterlagen legen (Fünftel-Punkt beachten) und davor knien.
- *Teilnehmerzahl:* 7–20.

M 10 – *Balafon-Verzahnung*

Ein schönes und großes afrikanisches Originalinstrument mit intakten Kalebassen und ganzen Kokonplättchen (für den »Buzzing Sound«) in die Mitte stellen. Gegebenenfalls Mythos und Herkunft erzählen. Zwei Spieler stehen mit je zwei Klöppeln auf jeder Breitseite bzw. sitzen, knien oder stehen vor einem kleineren Tisch. Jeder schlägt einmal, aber regelmäßig mit dem anderen wechselnd, den gleichen Ton (Klangstab) an. Dann schlägt jeder, wenn er an der Reihe ist, zwei verschiedene

Töne. Dann einer erst rechts, dann der andere rechts, der erste links, der andere links, so dass ein verzahnter Vierer entsteht. Bevor das Spiel komplexer gemacht werden kann (z. B. Doppelschläge, weitere Spieler) soll das Gespielte eine Weile sicher erklingen, damit man sich dabei entspannt fühlt.

- *Altersstufe:* Ab 16 Jahren, einfache Spiele sind auch mit Jüngeren möglich.
- *Teilnehmerzahl:* 2–12.
- *Instrument:* Balafon mit mindestens 14 Klangstäben.

M 11 – *Holzblock-Trommeln*

Holzblöcke aus verschiedenen Ländern oder handgearbeitete »Woodblocks« verschiedener Tonhöhen in die Mitte auf ein Tuch legen. Mit Fingern und Sticks die Klänge und Tonhöhen ausprobieren. Nacheinander spielt jeder rechts-links, bei manchen werden zwei verschiedene Töne hörbar, bei anderen nur ein Ton, es wird auch ausprobiert, wie zwei Woodblocks gleichzeitig angeschlagen klingen. Weiter wie M 9.

- *Altersstufe:* Ab 7 Jahren.
- *Teilnehmerzahl:* 7–20.
- *Instrumente/Material:* Für jeden einen Holzblock und zwei Sticks, Tuch.

M 12 – *Rührxylophon*

Jeder hält ein Instrument an der Unterplatte aufrecht nach oben. Mit dem Holzkugelklöppel locker innen oder außen entlangstreichen oder einzelne Klangzungen anschlagen.

- *Varianten:* Weichere Klöppel. – Tonhöhen mitsingen. – Klänge weitergeben. – Das Rührxylophon in eine Klanggeschichte einbauen (I 33, als Wassermühle), auch im Instrumentenkreis verwenden.
- *Altersstufe:* Ab 5 Jahren.
- *Teilnehmerzahl:* 4–20.
- *Instrumente:* Rührxylophone.

M 13 – *Pferd trabt um die Herde*

Zwei Hälften einer leeren Kokosnuss (vorher aufbohren, Kokosmilch trinken, dann aufsägen, Kokosmark essen, dann Schalen säubern) so in beiden Händen halten, dass eine Hälfte unten, eine von oben schlägt und ein Pferdehufrhythmus (Vierer) erzeugt wird. Das Pferd langsam im Kreis wandern lassen, ohne dass es stolpert, d. h. Rhythmus und Klang bleiben beim Weitergeben erhalten (siehe auch Übung I 13). Andere Gegenschlagidiophone ausprobieren und auf ihre »Wanderfähigkeit« prüfen.

- *Altersstufe:* Ab 5 Jahren.
- *Teilnehmerzahl:* 7–20.
- *Instrumente:* Kokosnüsse, Gegenschlagidiophone.

M 14 – *Hängebrücke*
Instrument so um die Nacken zweier Spieler hängen, dass es genügend gespannt ist, aber das Seil am Hals sich nicht unangenehm anfühlt. Jeder Spieler sollte mit seinen zwei Klöppeln alle Töne erreichen können. Spiele wie M 8, M 10 oder Spiel »Brückenspiegel«: Wenn einer auf dem ihm nächsten Klangstab spielt, tut das der andere auch. Wiederholen auf dem je zweiten oder entferntesten Klangstab. Mitspiel oder Nachspiel üben, die Brücke von oben und unten anschlagen etc.
- *Altersstufe:* Ab 12 Jahren.
- *Teilnehmerzahl:* 2–12.
- *Instrument:* Hängebrücke, zwei Paar Klöppel.

M 15 – *Wind – Holz – Hand (siehe auch T 16)*
Bambus oder Hölzer heimischer Bäume und Sträucher in trockenem Zustand in verschiedenen Längen zuschneiden, beim Fünftel-Punkt bohren und an einer Querleiste oder Platte so aufhängen, dass sie durch Wind- oder Handbewegung leise klingen. Unterschiede der Klänge hören und untersuchen. Mit bereits fertigen Windspielen experimentieren.
- *Altersstufe:* Ab 7 Jahren.
- *Teilnehmerzahl:* 5–20.
- *Material/Instrumente:* Holz, Sägen, Faden, Bohrer oder fertige Windspiele.

M 16 – *Akustische Baumkunde 2*
In Tischlereien aus Abfallholz von Brettern heimischer Hölzer (Laubhölzer: Robinie, Esche, Eiche, Ulme, Ahorn, Obstbäume, Birke, Linde; Nadelhölzer) Klangstäbe herstellen. Diese sollten eine der folgenden Voraussetzungen erfüllen:
- gleiche Breite und Stärke, aber verschiedene Länge,
- gleiche Länge und Breite, aber verschiedene Stärke,
- gleiche Länge und Stärke, aber verschiedene Breite (eventuell sägen lassen).

Die Hölzer werden nach sich aus der Sache ergebenden Kriterien geordnet und an den Fünftel-Punkten auf zwei Seile gelegt. Das Experiment dokumentieren und dann musizieren.
- *Tipp:* Am besten klingen Hölzer, wenn das Verhältnis Breite : Stärke : Länge etwa 4 : 1 : 20 beträgt.
- *Altersstufe:* Ab 12 Jahren.
- *Teilnehmerzahl:* 7–20.
- *Material:* Holzreste ohne Äste, Werkzeug, Seile, gegebenenfalls Stimmgerät, Lineal.

M 17 – *Gong-Kontakt*
Einen oder mehrere verschieden große und geformte bzw. aus verschiedenen Ländern stammende Gongs aufhängen und mit entsprechenden Klöppeln nacheinan-

der erkunden. Dabei vom leisen Tasten ausgehen, auch mit Fingerkuppen und Händen. Es gilt die Regel: »Tu nur das, was dir selbst und dem Gong gut bekommt.« Untersuche die Anschlagfrequenz mit dem Klöppel. Stetiges, leichtes Anschlagen kann die Lautstärke langsam steigern. Die Übung sollte an einem Ort stattfinden, an dem andere nicht durch den Gongklang gestört werden können.

- *Varianten:* Mit Flöte oder Singen den Gong zur Resonanz bringen. – Mit Geigenbogen am Rand streichen. – Verschiedene Gongs nach- und miteinander anschlagen.
- *Altersstufe:* Ab 7 Jahren, für genaueres Beschreiben ab 12 Jahren.
- *Teilnehmerzahl:* 2–20.
- *Instrumente:* Gongs mit Ständer ab Durchmesser ca. 50 Zentimeter.

M 18 – Metall-Klang-Spiel

Mit zugeschnittenen und/oder im Feuer geschmiedeten Metallplatten, -scheiben, -stäben und anderen Formen am Ständer experimentieren. Verschiedene Klöppel, Anschlagtechniken, Formen, Metalle, Größen usw. probieren und eigene Experimentieranordnungen und -aufgaben wählen. Was klingt ähnlich – verschieden, hoch – tief, lang – kurz, warm – kalt, weich – hart etc.? Nach oder vor dem Experiment mit den Metallklingern musizieren. Für eine Fortführung des Spiels siehe I 6.

- *Altersstufe:* Ab 12 Jahren.
- *Teilnehmerzahl:* 5–20.
- *Material:* Ständer, Metallformen, Klöppel, gegebenenfalls Stimmgerät.

M 19 – Klangschalen

Eine oder mehrere Klangschalen verschiedener Art und Größe auf Klangschalenkissen oder eine weiche Unterlage stellen. Mit zugehörigen oder anderen Klöppeln die Schalen nacheinander einmal mittelstark anschlagen, die nächste, wenn die erste verklungen ist.

- *Varianten:* Anreiben: Mit Holz- oder Hartlederklöppel senkrecht entlang der Außenkante entlangreiben. Dabei mit leichten Druck- und Geschwindingkeitsveränderungen spielen, bis ein oder mehrere stabile Töne aus dem Umkreis heraufklingen. Beim Verstärken der Vibration stößt die Schale den Klöppel ab und klirrt, wenn dies nicht bewusst unterdrückt wird. – Verschiedene Klöppel verwenden, mit Wasser füllen, kippen, auf der Handfläche oder dem Körper spielen (gegebenenfalls anwärmen).
- *Achtung:* Im Sitzkreis bzw. in einer Gruppe sollten nicht alle jeweils dieselbe Klangschale länger als zehn Minuten hören und spielen, da dann Ermüdung eintreten kann.
- *Altersstufe:* Ab 9 Jahren.
- *Teilnehmerzahl:* 1–20.
- *Instrumente:* Klangschalen mit Kissen und Klöppel.

M 20 – Zimbelklänge

Zimbelpaare aus verschiedenen Materialien, Formen und Kulturen im Raum oder im Freien verteilen. Zimbeln kurz oberhalb des Metalls am Lederband halten und waagerecht hängend mit den Außenkanten aneinanderschlagen. Danach etwas kreisend voneinander wegbewegen. Größe, Material, Form, Tonhöhe, Klangfarbe der Zimbeln untersuchen.

- *Varianten:* In größerem Abstand, aber noch in Sichtweite in der Natur oder im gemischtem Gelände aufstellen. – Eine Klangkette bilden; der Klang wandert in beiden Richtungen durch die Kette, indem jeder ein- bis zweimal anschlägt. – Beispiel für ein Bewegungsspiel: Einmal schlagen = alle gehen in die Kreismitte, zweimal schlagen = alle gehen nach außen.
- *Altersstufe:* Ab 9 Jahren.
- *Teilnehmerzahl:* 2–20.
- *Instrumente:* Verschiedene Zimbelpaare, für jeden Spieler eines.

M 21 – Glocken läuten

Suche nach Glockengeläut in der Stadt oder auf dem Land: Welche Glocken klingen, wieviele, welcher Zweck (z. B. Zeitglocke, Melodie, Gottesdienst), wann und wie läuten sie? Welche Töne und Intervalle? Welche Namen und Bedeutung haben sie? Bei Dorfkirchen fragen, ob noch von Hand geläutet wird, und dies ausprobieren. Unterwegs in anderen Ländern Glocken und deren Gebrauch studieren. Tonaufnahmen machen mit Angaben wie oben: Zeit, Wetter, Entfernung des Hörers von der Glocke etc. Die Komposition »Glockenrequiem« von Johannes Wallmann für 129 vernetzte Kirchenglocken in Dresden hören (Hörbeispiel: Wallman, J. 1995).

- *Altersstufe:* Ab 12 Jahren, für genauere Recherchen ab 16 Jahren.
- *Teilnehmerzahl:* 7–20.
- *Material:* Aufnahmegeräte, Schreibzeug, Stimmgerät.

M 22 – Glockenkomposition

Mit Glocken aus verschiedenen Kulturen experimentieren: afrikanische Einfach- und Doppelglocken, Kuhglocken, Elefantenglocken, Schiffsglocken etc. Jeder sucht eine eigene Anschlagsart, einen eigenen Rhythmus, der sich wiederholt, und verteilt sich im Raum oder im Gebäude (im Schulhaus oder in der Fabrik …). Bei einem vereinbartem Zeichen oder einer bestimmten Uhrzeit beginnen alle, ihre Glocke zu schlagen, läuten und bimmeln. Alle Glocken sollten – wenn auch leise – von jedem Punkt des gewählten Raums hörbar sein.

- *Variante:* Nach einen Probelauf setzen sich alle zusammen, besprechen den Ablauf des Stücks und notieren ihn grafisch.
- *Altersstufe:* Ab 16 Jahren.
- *Teilnehmerzahl:* 7–20.
- *Instrumente:* Diverse Glocken aus verschiedenen Kulturen.

M 23 – *Wasserspringschalen*
Wasserspringschalen verschiedener Größe auf eine mitgelieferte Gummiunterlage oder stabil in die Wiese stellen, bis zur Markierung mit klarem Wasser füllen. Keine fettigen Hände! Hände mit Wasser befeuchten und gegenläufig oder in gleicher Richtung mit mäßigem Druck über die Griffe reiben. Wenn kein Klang entsteht, Reibedruck und/oder -geschwindigkeit ändern. Diagonal und schneller über die Griffe gerieben, entsteht ein höherer Ton, der ein anderes Muster auf der Wasseroberfläche schafft.

- *Altersstufe:* Ab 5 Jahren.
- *Teilnehmerzahl:* Die Gruppe wechselt sich an den vorhandenen Instrumenten ab.
- *Instrumente:* Eine oder mehrere Wasserspringschalen.

M 24 – *Lithophon (siehe auch N 9, N 10)*
Mit Lithophonsteinen, Unterlagen und Resonanzräumen experimentieren: Die Art der Steinzusammenstellung variieren (z. B. nur Kalkstein, nur Flint, nur Schiefer), Steine aus einer oder verschiedenen Landschaften, Steine verschiedener Formen verwenden. Durch verschiedene Klöppel (Stein, Holz, Glas, Hartgummi) und Unterlagen (Seile, Gras, Filz, über Hohlräumen) werden Klangveränderungen getestet. Die Tonhöhen messen und die Tonskalen aufschreiben, interessante Skalen für eine bestimmte Stimmung oder einen bestimmten Ausdruck zusammenstellen. Eine Lithophon-Musik entwerfen und aufführen.

- *Altersstufe:* Ab 16 Jahren.
- *Teilnehmerzahl:* 3–12.
- *Material:* Vorhandene Klangsteine verschiedener Gesteinsart, Größe, Form, Herkunft; Seile, diverse Klöppel; Holzkästen oder Kalebassen als Resonatoren.

M 25 – *Steinspiele der Völker*
Traditionelle Spiele recherchieren, ausprobieren und sich über Erlebnis, Anspruch, Beziehung zwischen Mensch, Natur und Umwelt austauschen. Beispiele: Navajo-Stonegame (Nordamerika; Feinbier, H. 2004), Obwisanna-Spiel (Ghana; http://www.8ung.at/hansjoergbrugger/obwisana.htm). Zu bestehenden Liedern Spiele mit Steinbewegungen erfinden (»Das Wandern ist des Müllers Lust«).

- *Altersstufe:* Ab 9 Jahren, bei Zurücknahme der Spielkomplexität ab 5 Jahren.
- *Teilnehmerzahl:* 7–20.
- *Material:* Kieselsteine (siehe N 9).

M 26 – *In hohle Steine summen*
Natürliche oder künstliche kugelförmige Steinhohlräume (Summsteine) aufsuchen und am Rand oder mit hineingestecktem Kopf summen (Achtung: Kopf nicht in eine zu kleine Öffnung zwängen!). Tonhöhe nach oben und unten verändern und bestimmte Frequenzen entdecken, wo das Summen von allein stärker wird (Reso-

nanzeffekt). Zuhörer können dies in größerer Entfernung hören, obwohl leise gesummt wird. Auch mit Sprechstimme experimentieren.

- *Altersstufe:* Ab 3 Jahren.
- *Teilnehmerzahl:* Allein oder zu zweit.

M 27 – *Daumenklavier*

Verschiedene Zupfzungenspiele verteilen und entdecken lassen. Zuerst mit den beiden Daumen, dann mit den anderen Fingern (Schreibmaschinentechnik) spielen. Jeder spielt seinen tiefsten, höchsten, mittleren, klarsten, schnarrigsten, schönsten Ton. Als nächsten Schritt zwei Töne hintereinander spielen, dann ein Dreiermotiv erfinden, Motive wiederholen. Duos als Gespräche zweier Spieler improvisieren.

- *Altersstufe:* Ab 5 Jahren.
- *Teilnehmerzahl:* 5–12.
- *Instrumente:* Für jeden ein Daumenklavier.

M 28 – *Rasselkette*

Im Raum oder Haus bzw. Treppenhaus eine Schlangenform mit der Gruppe bilden, wobei der Abstand der Spieler nicht unter 3 Meter betragen sollte. Der Kopf und Schwanz der Schlange trägt eine laute Tanzrassel aus Jujubohnen, die anderen Teilnehmer der Schlange besitzen ebenfalls Rasseln. Am Kopf beginnt das Rasseln und läuft langsam oder schneller durch die Schlange und zurück.

- *Variante:* Die Schlange bewegt sich durch den Raum, auch mit Gesten und der Stimme. Auf akustisches Zeichen (Elefantenglocke) löst sich die Schlange auf und bildet einen Kreis. – Kopf und Schwanz können auch durch andere Instrumente dargestellt sein, z. B. durch Gong, Muschelhorn oder Stimmen.
- *Achtung:* Rasseln mit kleineren Kindern nicht auf volle Lautstärke »ausfahren« und nicht dicht ans Ohr halten.
- *Altersstufe:* Ab 7 Jahren.
- *Teilnehmerzahl:* 12–30.
- *Instrumente:* Rasseln für jeden, Elefantenglocke.

M 29 – *Regenmacher*

Im Stuhlkreis so sitzen, dass das Instrument gut zum Nachbarn weitergegeben werden kann. Der Leiter beginnt, einen größeren Regenmacher (70 Zentimeter) senkrecht zu halten und bis zum Ende rieseln zu lassen. Er dreht ihn um und gibt ihn dem nächsten, der lässt den Regen weiter rieseln und reicht anschließend das Instrument wieder zu seinem Nachbarn weiter. Nach der Hälfte des Kreises machen alle mit geschlossenen Augen weiter. (siehe auch I 11, I 13, I 35).

- *Altersstufe:* Ab 5 Jahren.
- *Teilnehmerzahl:* 7–20.
- *Instrumente:* Regenmacher, Elefantenglocke.

M 30 – Meereswellen
Eine afrikanische Floßrassel im Wellenrhythmus schwingen bzw. ankippen. Diese Welle weitergeben bzw. durch einen Kreis geben. Bei zwei Instrumenten synchron oder alternierend spielen.
- *Altersstufe:* Ab 5 Jahren.
- *Teilnehmerzahl:* 7–20.
- *Instrumente:* Floßrasseln (siehe auch I 13).

M 31 – Walfisch-Rassel
Die »Raspel« in ihren Klangmöglichkeiten erkunden. Zwei bis drei Instrumente kreisen lassen, dabei jeweils eine Art von Geräusch erzeugen, z. B. Regenklänge oder Klänge wie auf einem Shaker oder einem südamerikanischen Guiro. Auf ein Zeichen hin wechselt die Spielweise. Regenklänge sollen unisono sein, Rhythmen passend zusammengestellt werden.
- *Variante:* Mit geschlossenen Augen spielen.
- *Altersstufe:* Ab 9 Jahren.
- *Teilnehmerzahl:* 7–20.
- *Instrumente:* Raspeln mit Sticks, Elefantenglocke.

M 32 – Wassertrommel
Die Unterschale bis ca. 1,5 Zentimeter unter dem Rand mit Wasser füllen, auf einen Ring setzen und die obere Schale mit der Öffnung nach unten auf der Wasseroberfläche zum Schwimmen legen. Mit weichem Klöppel langsamen Puls schlagen. Ein zweiter Spieler schlägt den Offbeat zwischen zwei Schlägen.
- *Varianten:* Jeder schlägt zweimal, um verschiedene Rhythmen zu erfinden. – Mit Fingerkuppen spielen. – Mit der oberen Schale Wasser schöpfen, ausgießen und den Wasserklang hörbar machen. – Mehrere Wassertrommeln verwenden.
- *Altersstufe:* Ab 7 Jahren.
- *Teilnehmerzahl:* 4–20.
- *Instrumente:* Wassertrommeln, Ringe, Wasser, weiche Klöppel.

M 33 – Maultrommelsprache
Instrumente mit Lippenfixierung so vor den leicht geöffneten Mund halten, dass die Maultrommelzunge frei schwingen kann und ein leichter Luftstrom aus- und einzieht. Mit Daumen oder Zeigefinger das Ende so anzupfen, dass ein deutlicher Ton erklingt. Vokalstellung des Mundraums verändern (U-O-A-E-I und zurück). Alles probieren, was Klangfarbe, Tonhöhe, Rhythmus verändert. In der Gruppe gemeinsamen einfachen Rhythmus spielen.
- *Altersstufe:* Ab 7 Jahren Bambusmaultrommel, ab 12 Metallinstrumente.
- *Teilnehmerzahl:* 2–12.
- *Instrumente:* Verschiedentönige Maultrommeln ohne Zahnfixierung.

M 34 – *Vasentrommeln*
Eine oder mehrere Udus in die Kreismitte stellen, jede auf ihren Unterlegring. Der Leiter stellt Klangmöglichkeiten vor und bittet danach um einen Mitspieler bzw. Assistenten. Er spielt Einfaches und schwieriger Werdendes vor, was der Mitspieler wiederholt. Daraus wird ein gemeinsamer Rhythmus geflochten.

- *Varianten:* Leiter und Mitspieler wechseln. – Es gibt zwei Mitspieler. Auf mehrere Instrumente (und Töne) reihum verteilen. – Anschlag der Hände mit Sticks kombinieren. Gemeinsamen Rhythmus entstehen lassen.
- *Altersstufe:* Ab 9 Jahren.
- *Teilnehmerzahl:* 4–12.
- *Instrumente:* Mehrere Udu-Trommeln mit Unterlegring, dünne Sticks.

M 35 – *Schwirrholz-Gespräche*
Als Vorbereitung den Ort oder Innenkreis markieren (z. B. mit Tuch oder Steinen), wo gefahrlos für andere gespielt werden kann. Auch die Spieler brauchen genügend Abstand zueinander. Der Leiter beginnt in der Kreismitte, das Schwirrholz über dem Kopf zu drehen. Vor dem Start ist darauf zu achten, dass es sich an der Schnur um sich selbst dreht. Im richtigen Moment beschleunigt, heult es auf, dass man erschrecken kann. Beobachten lassen: Welche Form erzeugen Holz und Faden in der Luft? Gibt es einen Wechsel, einen Umschlag? Wie verhält sich der Klang dazu? Man kann einen zweiten Spieler bitten, ein weiteres Schwirrholz zu spielen. Durch unterschiedliche Geschwindigkeiten und Beschleunigungen dynamisch spielen und »sprechen«.

- *Achtung:* Nicht vor dem Körper spielen. Nicht bei stärkerem Wind spielen.
- *Altersstufe:* Ab 10 Jahren.
- *Teilnehmerzahl:* 3–20.
- *Instrumente:* Schwirrhölzer.

M 36 – *Insekten summen, Vögel zwitschern*
Aus der Palette der selbstgebauten Schwirrer und Summer (Schwirrhölzer, Insektenstimmen, Zwitscherrollen, Summscheiben) wählt sich jeder Teilnehmer ein Instrument und übt, es schnell zum Klingen zu bringen und wieder verstummen zu lassen. Ein Dirigent lässt gleiche und ungleiche Gruppen spielen und gibt Einsätze für Einzelne.

- *Achtung:* Auf Sicherheitsabstände achten, siehe oben.
- *Varianten:* Ohne Dirigent die Gruppen selbst ihre Komposition finden lassen. – Untersuchen: Wie entstehen Klang und Rhythmus bei den einzelnen Instrumenten?
- *Altersstufe:* Ab 7 Jahren.
- *Teilnehmerzahl:* 5–20.
- *Instrumente:* Schwirr- und Summinstrumente.

M 37 – Summscheibe

An beiden Holzscheiben-Griffen das Seil mit der Scheibe so halten, dass dieses etwas durchhängt. Etwa 20 Umdrehungen eindrillen und dann mit kurzem Ruck spannen, um die Scheibe in eine schnelle Drehung zu versetzen. Dabei gleichzeitig das Seil entspannen und im Umkehrpunkt der Scheibe wieder spannen. Der meereswellenähnliche Rhythmus kommt in Gang, wenn zwischen Spannung und Entspannung eine Balance besteht. Die Scheibe selbst gibt den optimalen Rhythmus vor. Mechanisch ist das Instrument nicht spielbar. Beobachten: Schwingungsknoten des Seils, schnell drehende Kerben oder Löcher werden transparent für den Hintergrund, aufgemalte farbige Fächer verschmelzen zu Farbmischung.

- *Achtung:* Faden mit Scheibe nie senkrecht halten. Scheibe im schnellen Drehen nicht an Körper oder Gegenstände halten – Verletzungsgefahr!
- *Varianten:* Im Stuhlkreis weitergeben, sich dem Nachbarn zuwenden, dieser übernimmt Holzgriffe und Rhythmus, eine Weile gemeinsam spielen, bis der nächste das Spiel »begriffen« hat. So durch den ganzen Kreis gehen. Welche Gruppe schafft es eine ganze Runde? – Zwei Spieler halten eine Scheibe im Schwung. – Zwei Scheiben kreisen. – Wenn jeder eine Summscheibe hat, einen gemeinsamen Atem finden.
- *Altersstufe:* Ab 10 Jahren.
- *Teilnehmerzahl:* 7–20.
- *Instrumente:* Eine oder mehrere Summscheiben.

M 38 – Didjeridoo-Anfänge

Vorübung: Lippenvibrieren (»Traktormotor«) über längere Dauer und mit wenig Luftverlust. Ton in Sprechstimmenhöhe oder hoher Lage (»Bellen«) unterlegen. Dies auf bereitgestellte oder von den Teilnehmern mitgebrachte Didjeridoos übertragen und den tiefen Grundton jedes Instruments finden. Alle Klangveränderungen mit Stimme und Lippen, Luftdruck, Zunge, Vokalen usw. ausprobieren. Um sich selbst zu hören, in anderen Räumen, Zimmerecken oder in leere Eimer spielen. Der Leiter spielt etwas vor, was Rhythmen, Tierstimmen, Modulation und Obertöne erzeugt. Hilfreiche Übung: Maultrommeln (siehe M 33). Den weiteren Weg zum Didjeridoo-Spiel erklärt das Buch »Traumzeit« von David Lindner (2004). Für Klanggeschichten Didjeridoo als Seeungeheuer, Riese, Walfisch, Elefant, Ahnenwesen einsetzen. Kombinationen mit Klangstöcken und Schwirrhölzern bieten sich an.

- *Altersstufe:* Ab 16 Jahren.
- *Teilnehmerzahl:* 3–12.
- *Instrumente:* Didjeridoos, Maultrommeln.

M 39 – Muschelhörner

Zum Lauschen: Ein größeres Instrument ans Ohr halten und das Meer rauschen hören. Als expressive Trompete: die Mundstückseite. Jeder kann kurz probieren.

Mundstück wieder abwischen. Als Vorübung spannt man die Lippen, presst sie gleichzeitig zusammen und versucht mit Druck und Willen, aus der Mundmitte Luft in das Muschelhorn zu blasen. Einige Muschelhörner mit verschieden großen Mundstücken und Schneckendurchmessern probieren. Für eine Klanggeschichte könnte die große Muschel mit einer kleinen Muschel sprechen, sie könnte ein bestimmtes Wesen rufen (z. B. durch dreimaliges Blasen) oder Häuser zum Wackeln bringen. Sie ist ein Bote aus dem Ozean, Signal- und Gebetsrufinstrument.

- *Altersstufe:* Ab 7 Jahren (lauschen, probieren), ansonsten ab 16 Jahren.
- *Teilnehmerzahl:* 3–12, in Kombination mit anderen (Blas-)Instrumenten sind auch 20 Teilnehmer möglich.
- *Instrumente:* Einige Muschelhörner, kleine Muscheln.

M 40 – *Alphörner und Landschaften*

Luren, Tier- und Muschelhörner, Alphörner in Gebirgslandschaften mitnehmen und besonders in Tälern mit Echo spielen. Zunächst einen einzigen Ton spielen und die Reaktion der Landschaft abwarten.

- *Varianten:* Gruppe mit mehreren Instrumenten in der Landschaft weiträumig verteilen. Vorher Signale vereinbaren, z. B. kurz-lang = Beginn, dreimal lang = Ende. – Wenn ein Alphorn vorhanden ist, Melodien spielen und dadurch mit der Landschaft in Kontakt treten.
- *Alterstufe:* Fähigkeit, klare Töne zu spielen.
- *Teilnehmerzahl:* Einzeln oder in kleiner Gruppe.
- *Instrumente:* Divcrsc Hörncr.

M 41 – *Flötenatem*

Verschiedenste Flöten, wie Panflöte, einfache Block- und Querflöten, Quena, Shakuhachi, so mit den Lippen ansetzen, dass beim Ausatmen ein Windgeräusch mit Tönung (tongefärbtes Rauschen) entsteht. Jeder lässt dies einfach zu und verändert nach einer Weile die Pfeife (Panflöte), die Anzahl von zugehaltenen Löchern, den Ansatzwinkel etc., ohne etwas erreichen zu wollen.

- *Altersstufe:* Ab 16 Jahren.
- *Teilnehmerzahl:* 5–20.
- *Instrumente:* Diverse Flöten (ohne Klappen).

M 42 – *Den Atem finden*

Auf einfachen Quer- oder Blockflöten mit den Fingern einige oder alle Löcher schließen, sich vergewissern, dass die Löcher geschlossen sind. Dann mit spürendem Atem hineinblasen und die Atemstärke sowie die »Stütze«, den Zwerchfellatem, so lange verändern, bis ein optimaler bzw. ein dem Spieler gefallender Ton kommt. Grenzbereiche austesten – fast kein Atem (Verhauchen), starke Luft (Pfeifen, Schrillen) – und wieder zur Mitte zurückkehren.

- *Altersstufe:* Ab 12 Jahren.
- *Teilnehmerzahl:* 2–12.
- *Instrumente:* Diverse einfache Block- und Querflöten.

M 43 – *Gefäßflöten-Gezwitscher*
Auf verschiedenen Ton- und Bambusokarinas mit den Fingern und Daumen alle Grifflöcher schließen. (M 41 und M 42 sind als Vorübung sinnvoll.) Jeder Finger kann dann einmal tremolieren (sich schnell vom Loch abheben und wieder senken). Später auch längere Töne aushalten. Welche Flöten und Töne passen gut zusammen?

- *Altersstufe:* Ab 9 Jahren.
- *Teilnehmerzahl:* 5–20.
- *Instrumente:* Diverse Gefäßflöten.

M 44 – *Tastloch-Töne*
Auf einfachen Blockflöten mit sechs Löchern oben (kein Daumenloch hinten) vom höchsten Ton ausgehend (alle Löcher offen) Loch für Loch schließen. Dabei bewusst den Tastsinn »wissen« lassen: das Loch ist dicht und zu. (Als Vorübung eignet sich M41.) Den Ton spielen, bis zum tiefsten Ton alle Löcher schließen und dann rückwärtsgehend, wieder Loch für Loch öffnen. Hinweis: Bei Flöten mit 6 Grifflöchern sind in der Regel nur Zeige-, Mittel- und Ringfinger beider Hände beteiligt.

- *Varianten:* Größere Tonsprünge und Verbindungen. – Gespräche zwischen mehreren Spielern. – Motive und Rhythmen nachspielen.
- *Altersstufe:* Ab 12 Jahren.
- *Teilnehmerzahl:* 2–12.
- *Instrumente:* Diverse 6-Loch-Blockflöten.

M 45 – *Überblas-Sprünge*
Auf einfachen Quer- und Obertonflöten alle Löcher dicht zuhalten und dann stärker hineinblasen. Meist erklingt die Oktave. Dann noch stärker hineinblasen: Die Quinte erklingt (siehe Abschnitt 4.4). Auf Obertonflöten oder einfachen Überblasrohren brauchen keine Löcher zugehalten werden.

- *Altersstufe:* Ab 12 Jahren.
- *Teilnehmerzahl:* 2–12.
- *Instrumente:* Diverse Flöten.

M 46 – *Nichts spielen*
Dies ist eine Übung für die schwierig zu spielende Shakuhachi. Eine einfache, selbstgebaute oder Übungs-Shakuhachi mit dem unterem Teil des Mundstücks an die Unterlippe drücken. Beim Ausatmen durch die leicht gespannten Lippen über den oberen Teil des Mundstücks (die Anblaskante) auf die Geräusche, Zwitscher-

töne und Rauschfärbungen hören. Keine »schönen« oder »richtigen« Töne erzeugen wollen – wenn sie kommen, ist es ein Geschenk. Mit Lippenspannung, Luftdruck und -richtung, Anblaswinkel etc. spielen und die Veränderungen in Klang und Spielgefühl wahrnehmen.

- *Altersstufe:* Ab 16 Jahren.
- *Teilnehmerzahl:* 1–5.
- *Instrumente:* Diverse Shakuhachi-Flöten.

M 47 – *Windstab und Heulrohre*

Durch unterschiedliche Geschwindigkeit der Bewegung (Heulrohre über dem Kopf im Kreis drehen) kommen verschiedene Obertöne zum Klingen. Je schneller gedreht wird, desto höhere Obertöne. Darauf hören, welcher Oberton gerade anspringt, und diesen Effekt musikalisch einsetzen.

- *Achtung:* Beim Schwingen der Rohre ausreichend Abstand zueinander halten.
- *Altersstufe:* Ab 9 Jahren.
- *Teilnehmerzahl:* 3–20.
- *Instrumente:* Windstab, Heulrohre.

M 48 – *Schlangenbeschwörer*

Mit einfachen Klarinetten probieren, welchen Luftdruck diese benötigen, um alle Töne (Überblasen ist nicht möglich) hörbar zu machen (M 41 analog anwenden). Einer ist die Schlange, liegt zusammengerollt in der Mitte. Die Spieler versuchen, die Schlange mit Tönen zu bewegen und zum Tanzen zu bringen. Dann wechseln Spieler und Tänzer. Als Schlange auch eine Rasselschote verwenden.

- *Variante:* Auf einer Rahmentrommel Rhythmus kurz-kurz-lang dazu spielen.
- *Altersstufe:* Ab 12 Jahren, für Kleinere spielt der Leiter.
- *Teilnehmerzahl:* 5–20.
- *Instrumente/Material:* Diverse einfache Klarinetten, Schotenrassel, Rahmentrommel, gegebenenfalls Decke, Kiste, Korb für die Schlange.

M 49 – *Klatschorgel-Tanz*

Vietnamesische Klatschorgel mit Paddles und Klatschen spielen. Ein Teil der Gruppe bildet die Spieler, ein anderer Teil die Tänzer. Auf einem Basis-Puls einfache Rhythmen einander abwechselnd spielen.

- *Altersstufe:* Ab 7 Jahren.
- *Teilnehmerzahl:* 7–20.
- *Instrumente:* Klatschorgel mit Paddles.

M 50 – *Mundbögen*

Verschiedene Mundbögen, am besten die eigenen, selbstgebauten, ausprobieren. Ein Ende der Saite an den leicht geöffneten Mund halten und durch Änderung der

Mundöffnung bzw. Vokalstellung Klangveränderungen des Tons bewirken. Ein Ende des Bogens kann an die Zähne gedrückt werden.

- *Varianten:* Nur einer spielt, andere hören zu und versuchen, hörbare Obertöne mitzusingen.
- *Alterstufe:* Ab 12 Jahren.
- *Teilnehmerzahl:* 2–12.
- *Instrumente:* Mundbögen.

M 51 – *Orpheus' Leiern in China*

Auf quintenrein pentatonisch gestimmten Leiern die Töne vom tiefsten zum höchsten und zurück spielen, dabei singen alle mit. Kleine Motive von drei bis vier Tönen wählen, diese nachspielen, beantworten oder fortsetzen. Darauf achten, wo natürlicherweise eine Atempause eintritt. Melodien und Lieder selbst erfinden (siehe auch T 9, T 11, I 8).

- *Altersstufe:* Ab 5 Jahren.
- *Teilnehmerzahl:* 3–12.
- *Instrumente/Material:* Je Spieler eine Leier, Stuhlkreis, Tuch für Instrumente.

M 52 – *Mit Harfen und Leiern*

Verschiedene Harfen und Leiern so stimmen, dass keine störenden Dissonanzen auftreten. Jeder sucht seinen tiefsten Ton und zupft diesen im Rhythmus seines Atems, Pulses oder seiner selbstgewählten Schritte. Das Gleiche auf dem höchsten Ton wiederholen. Als Arpeggio spielen, indem alle Saiten in schneller Abfolge in einem Zug gespielt werden.

- *Varianten:* Der Spieler singt seine Töne mit.
- *Spiel:* Wilde Tiere besänftigen. Zwei bis drei Teilnehmer in der Mitte stellen die Tiere dar, jeder im Kreis versucht, sie mit besonders schönen Tönen zum Hinlegen oder Zahmsein zu bringen.
- *Altersstufe:* Wilde Tiere ab 5 Jahren; Atem, Puls, Schritt ab 9 Jahren.
- *Teilnehmerzahl:* 5–12.
- *Instrumente:* Diverse Harfen und Leiern.

M 53 – *Saiten abgreifen*

Auf Lauten ohne Bünde Saiten an verschiedenen Punkten abgreifen (auf den Hals oder auf eine Saite drücken) und die Saite zupfen, so dass klare Töne entstehen. Diese Töne mitsingen, auch kleine Melodien erfinden, später auch Tonleitern versuchen. Den Punkt des Abgreifens und die Art des Zupfens verändern (zu den Obertönen siehe T 1, T 2).

- *Altersstufe:* Ab 7 Jahren.
- *Teilnehmerzahl:* 2–9.
- *Instrumente:* Einfache Lauten ohne Bünde.

M 54 – *Saiten streichen*

Auf ein- oder zweisaitigen Streichinstrumenten, z. B. einer Kokosgeige, eine Saite langsam mit den Bogenhaaren anstreichen, so dass ein klarer Ton erklingt. Den Richtungswechsel des Bogens im Rhythmus des Atems, Pulses oder von Schritten machen. Wenn die »leere«, d. h. nicht abgegriffene, Saite gut klingt, Töne abgreifen und mitsingen.

- *Altersstufe:* Ab 9 Jahren.
- *Teilnehmerzahl:* 2–9.
- *Instrumente/Material:* Streichinstrumente, Stühle, Tuch zur Ablage.

M 55 – *Tierfideln*

Einfache ethnische Fideln mit Tierkopf oder Motiven wie in Übung M 54 erschließen. Thematisch zur Herkunftskultur und deren Bezug zu Tieren arbeiten. Traditionelle und eigene Spielweisen erkunden. Tonaufnahmen hören (z. B. Pferdekopfgeige aus Mongolei).

- *Altersstufe:* Ab 16 Jahren.
- *Teilnehmerzahl:* 7–20.
- *Instrumente/Material:* Tierfideln, Abspielgerät, CDs mit traditioneller Musik, Tuch zur Ablage, Stuhlkreis.

M 56 – *Engelschöre und Asien-Melodien*

Ein großes Monochord mit zwei oder mehreren Ebenen in die Kreismitte stellen und stimmen. Bei einem Instrument mit zwei Spielebenen die Saiten auf der einen Seite auf den gleichen Ton stimmen oder einige Saiten im Grundton, andere dazu in der Quinte stimmen. Auf der anderen Seite mit beweglichen Stegen Quintenpentatonik stimmen. Thematische Arbeit: Mythos, Ozean, Schöpfung, große Wellen, Grund- und Obertöne, mit geschlossenen Augen zuhören. An verschiedenen Punkten über alle Saiten streichen. Themen der pentatonisch gestimmten Seite: chinesische Tonleiter, Mythologie, Harmonien, Pentatonik, Anschlagsarten verändern (z. B. mit Klöppeln). Auch traditionelle Wölbbrettzithern können mitspielen.

- *Altersstufe:* Ab 16 Jahren.
- *Teilnehmerzahl:* 2–12.
- *Instrumente:* Monochorde, Wölbbrettzithern, Klöppel.

M 57 – *Grasharfe*

Instrument vorführen und spielen. Konstruktion zeichnen (jeder zeichnet selbst aus dem Gedächtnis). Thematisch arbeiten zu Herkunftskultur, Stroh, Bauweise, Klang oder Stimmen. Zwei bis drei Instrumente im Kreis spielen lassen.

- *Altersstufe:* Ab 16 Jahren.
- *Teilnehmerzahl:* 5–20.
- *Instrumente:* Grasharfen.

M 58 – Röhrenzither Valiha

Das Instrument stimmen, z. B. grob pentatonisch, und den Zuhörern vorstellen. Thematisch arbeiten zu Herkunftskultur, Bambus, Motiven, Konstruktion, Spielweise und Skalen. Im Kreis herumgeben, der Leiter könnte Flöte oder ein anderes Instrument dazu spielen.

- *Altersstufe:* Ab 12 Jahren.
- *Teilnehmerzahl:* 5–20.
- *Instrumente:* Valihas, Begleitinstrumente.

M 59 – Trogzither Kannel

Die sechs Saiten diatonisch stimmen. Dazu den Mythos Kalevala erzählen. Mit zwei gleich gestimmten Instrumenten Duos improvisieren. Gezupfte Töne mitsingen.

- *Altersstufe:* Ab 12 Jahren.
- *Teilnehmerzahl:* 3–12.
- *Instrumente/Material:* Kanneln, Tuch, Stuhlkreis, Literatur.

M 60 – Erste Schritte auf dem Streichpsalter

Auf der rechten Seite des Instruments (Diatonik) mit dem Bogen im rechten Winkel zu den Saiten und in der Mitte zwischen zwei Wirbeln die Saite so berühren und den Bogen langsam bewegen, dass ein klarer und ausgeglichener Ton entsteht. Vom tiefsten Ton beginnend, die Skala bis zum höchsten Ton und zurück langsam spielen. Gleiches auf der linken Seite (Pentatonik). Bogen so halten wie auf der rechten Seite, bei größeren Abständen näher am Wirbel spielen. Drei bis fünf Töne langsam spielen, danach Atempause. Beliebige Töne kombinieren. Melodien in der Diatonik und Pentatonik improvisieren, auch beide Seiten gemischt spielen.

- *Altersstufe:* Ab 9 Jahren.
- *Instrumente:* Zwei Streichpsalter (oder für jeden Spieler einen).

M 61 – Dulzimer und Bundinstrumente

Das Dulzimer auf dem Tisch oder Erdboden am besten auf ein Tuch legen. Beim Stimmen (Grundton – Quinte – Oktave) beachten, dass die Position der tiefsten Saite umgekehrt wie bei der Gitarre sein kann. Einen leeren Akkord spielen. Zwei oder mehrere Spieler schlagen alle Saiten im Wechsel an und versuchen dabei, im Puls oder Rhythmus des gemeinsamen Spiels zu bleiben.

- *Varianten:* Ein Spieler greift eine oder mehrere Saiten hinter den Bünden ab, der andere schlägt weiter an. Dazu Lieder singen. – Von der Stimmung her passende Flöte als Begleitung einsetzen. – Zwei Instrumente mit gleicher oder verschiedener Stimmung einsetzen.
- *Altersstufe:* Ab 12 Jahren.
- *Teilnehmerzahl:* 2–9.
- *Instrumente:* Dulzimer oder andere Bundzithern.

M 62 – *Äolsharfe*
Ein fest installiertes Instrument bei mäßigem Wind aufsuchen oder eine mobile Windharfe im Freien so halten, dass sie tönt (Trichter gegen die Windrichtung halten). Die Saiten sollten auf einen gemeinsamen Grundton oder Grundton und Quinte gestimmt sein. Aus Saitenlänge bzw. Grundton (Frequenz) Obertöne, deren Teil-Saitenlängen und Frequenzen berechnen. Gegebenenfalls Tonaufnahmen bei verschiedenen Windstärken und -arten (z.B. stetig, böig) machen.
- *Altersstufe:* Ab 16 Jahren.
- *Teilnehmerzahl:* 2–20.
- *Instrumente/Material:* Windharfe, Messgerät oder Stimmgabel, Aufnahmegerät.

M 63 – *Zupftrommeln*
Je zwei Spieler erhalten eine Zupftrommel mit loser Saite und spannen die Saite so, dass sie frei schwingen kann. Beide Spieler sind für die Spannung und deren Veränderung zuständig, einer oder beide zupfen die Saite. Zunächst wird nur mit einem Instrument gespielt, das andere Spielerpaar hört zu. Gopichand: Die Saite ist bereits im Rahmen gespannt. Gegebenenfalls auf gewünschten Grundton stimmen. Leicht auf das Trommelfell drücken und einen Vibratoeffekt erzeugen. Am Wirbel erst drehen, wenn dies so sicher beherrscht wird, dass die Saite nicht reißt. Zwei oder mehrere Instrumente spielen im Kreis zusammen.
- *Altersstufe:* Ab 7 Jahren.
- *Instrumente:* Zupftrommeln.

M 64 – *Gewitterspiel*
Alle bewegen sich im freien Innenkreis. Einer hat eine Springdrum und muss sich so ruhig bewegen, dass diese nicht tönt. Dann beginnt er, sie zu schütteln. Sobald der Gewitterklang hörbar ist, legen sich alle auf den Boden. Der letzte, der liegt, ist der neue Gewittermacher. Gab es keinen letzten, ist der erste noch einmal an der Reihe.
- *Varianten:* Wird durch rhythmisches Abdecken der Trommel mit der Hand ein »Wah-Wah«-Effekt erzeugt, machen alle diese Bewegung im Raum mit. – Blitze zucken durch den Anstoß der Stahlfeder an harten Gegenständen. – Weitere Spielideen siehe Instrumentenkreis (I 9, I 10). – Kombination mit Regenmacher bietet sich an.
- *Altersstufe:* Ab 7 Jahren.
- *Teilnehmerzahl:* 5–20.
- *Instrumente:* Springdrum, Regenmacher.

M 65 – *Singing Drum*
Das Instrument aufbauen oder ein bereits aufgebautes aufsuchen. Spielweisen wie Anschlagen des Stabs mit einem weichen Hammer und Hervorholen von Obertö-

nen durch Abgreifen des Stabs oder Streichen der Saite anfänglich demonstrieren und danach selbst probieren lassen. Instrument zeichnen, Entstehung der verschiedenen Klänge reflektieren. Auch Bogen, Sticks, Gummihammer etc. einsetzen, Zuordnung der entstehenden Klänge zu anderen verwandten Klängen (z. B. Anstreichen mit Bogen bei entlasteter Saite: »Löwengebrüll«).

- *Altersstufe:* Ab 12 Jahren.
- *Teilnehmerzahl:* 2–20.
- *Instrument:* Singing Drum und Zubehör.

T – zu 4.4, Mathematik und Musik

T 1 – *Grundton: Eins*

Auf einfachem Messmonochord mit einem Meter Saitenlänge eine gespannte Saite mit klarem Grundton an verschiedenen Punkten anzupfen. Den Grundton singen und seine Frequenz messen, Klangveränderungen beschreiben. Den Anzupfpunkt finden, wo der Grundton am klarsten klingt. Physikalisch: Maximalen Auslenkpunkt der Saite beobachten (Amplitude). Zahlenbedeutung: Alles zusammentragen, was »Eins« ausmacht.

T 2 – *Oktave: Zwei*

Eine ganze Länge der Saite (1 Meter) nach Augenmaß halbieren. Dort den Finger leicht auflegen, und die Saite nahe am Steg anzupfen. Sofort nach dem Anzupfen den Finger von der Saite lösen (dies muss etwas geübt werden). Den Punkt gegebenenfalls um einige Millimeter korrigieren, bis ein klarer Ton als Oktave zum Grundton erklingt. Diesen Punkt auf Papierstreifen markieren. Der Versuch kann auch durch den Leiter vorgeführt werden, dann aber die Teilnehmer selbst probieren lassen. Anschließend über die Qualität der Zahl Zwei sprechen.

T 3 – *Oktavieren*

Den Grundton spielen und – Männer und Frauen gemischt – diesen nachsingen lassen. Dann singen jeweils nur Frauen und nur Männer, um anschließend das Ergebnis zu besprechen. Vom Grundton bis zum Oktavton mögliche und bekannte Skalen singen und spielen. Hängt die gefundene Qualität des Oktavtons (oder, beim Zurückgehen, des Grundtons) von der Skala ab, und wenn ja, wie?

T 4 – *Quinte*

Die ganze Länge der Saite nach Augenmaß in drei gleiche Teile teilen. Den Punkt mit dem Finger suchen, an dem ein klarer Ton klingt (siehe T 2). Vom Auflagepunkt für die Okatve auf der Mitte der Seite zu demjenigen Punkt finden, der die Saite bei zwei Drittel ihrer Länge teilt. Beide Töne spielen: Die Quinte erklingt als Ausdruck des Verhältnisses 2 : 3. Die Qualität der Quinte und der Zahl Drei erforschen.

T 5 – Quarte

Die ganze Länge der Saite einmal und dann noch einmal halbieren. Den Finger nach Augenmaß bei einen Viertel der Saite auflegen und anzupfen. Wenn ein klarer Ton gefunden ist, das Intervall vom Zweidrittel-Punkt zum Dreiviertel-Punkt hören (Quarte). Das Intervall Quarte und die Zahl Vier als Qualität erschließen.

- *Altersstufe für T 1 bis T 5:* Ab 12 Jahren.
- *Teilnehmerzahl:* 2–20.
- *Instrument/Material:* Monochord, Papierstreifen von 1 Meter Länge.

T 6 – Obertöne 5 bis 9

Auf einer 1 Meter langen Saite vom Viertelpunkt (Quart) mit dem auf der Saite aufgelegten Finger bei ständigem Zupfen auf der Saite weiter zum Steg nach außen wandern und folgende klare Töne finden (hören und markieren): 4 : 5 – große Terz, 5 : 6 – kleine Terz, 6 : 7 – verminderte kleine Terz, 7 : 8 – Slendro-Sekunde, 8 : 9 – große Sekunde.

- *Altersstufe:* Ab 16 Jahren.
- *Teilnehmerzahl:* 2–20.
- *Instrument:* großes Monochord.

T 7 – Instrumente erkennen

Einen gleichen Ton (z. B. a′ mit 440 Hz) auf verschiedenen Instrumenten spielen (Flöte, Geige, Cello, Gitarre, Klarinette, ethnische Instrumente), ohne diese zu sehen. Die Zuordnung finden und beschreiben, was die typische Klangfarbe ausmacht. Gegebenenfalls mit einem Computerprogramm arbeiten (z. B. Samplitude oder ähnliche).

- *Altersstufe:* Ab 16 Jahren.
- *Teilnehmerzahl:* 2–20.
- *Instrumente:* Diverse Instrumente, die einen gleichen Tön erzeugen können.

T 8 – Flageolett-Töne finden

Auf diversen Saiteninstrumenten eine Saite mit dem Greiffinger halbieren oder dritteln und klare Obertöne (Flageoletts) zum Klingen bringen. Flageolettstimmweise der Gitarre untersuchen und Übereinstimmungen den Teilungsverhältnissen zuordnen (Oktave, Quinte, Quarte).

- *Altersstufe:* Ab 12 Jahren.
- *Teilnehmerzahl:* 2–12.
- *Instrumente:* Saiteninstrumente.

T 9 –Pentatonik

Eine kleine pentatonische Leier analog der auf Seite 146 angegebenen Skala stimmen: Vom Mittelton a′ eine Quinte je nach oben und unten stimmen (a′ – e″, a′ – d′), dann das hohe e″ nach unten oktavieren (e′), das tiefe d′ nach oben (d″) oktavieren, von e′ eine Quinte nach oben zum h′ und von d″ eine Quinte nach unten zum g′ stimmen. Die Reinheit der Intervalle Quinte und Oktave kann mittels eines Monochords gefunden und kontrolliert werden (Anwendung T 3 und T 4)

- *Altersstufe:* Ab 16 Jahren.
- *Teilnehmerzahl:* 2–20.
- *Instrument/Material:* Pentatonische Leier, Stimmschlüssel, Monochord.

T 10 – *Von der Pentatonik zur Diatonik*

In einer wie in T 9 gestimmten Skala eine Dur-Tonleiter zu den Tönen singen. Dort, wo ein größerer Tonabstand ist (sowohl beim Instrument als auch im Intervall eine kleine Terz), die zur Diatonik fehlenden Töne f′ und c″ hineinsingen.

- *Variante:* Auf einem Xylophon mit abnehmbaren Klangstäben ohne die Töne f und c pentatonisch spielen. Dann die Töne hinzufügen und die Gesamtveränderung der Stimmung durch die neue Skala erforschen.
- *Altersstufe:* Ab 12 Jahren.
- *Teilnehmerzahl:* 2–20.
- *Instrumente:* Pentatonische Leier, Xylophon mit weichen Klöppeln.

T 11 – *Tonleitern gehen*

Beginnend mit der einfachen Leiter C-Dur (c-d-e-f-g-a-h-c′ oder, nach der Solmitationsmethode: Do-Re-Mi-Fa-Sol-La-Si-Do) begleitet man sich selbst oder andere beim Singen oder Spielen mit Schritten. Bei der aufsteigenden Leiter ist der Grundton bzw. tiefste Ton noch kein Schritt, bei der absteigenden Leiter bleibt man analog beim obersten Ton noch stehen. Aufsteigende Leitern werden nach vorn geschritten, absteigende rückwärts. In C-Dur kommen nur große Sekunden (als größere Schritte) und kleine Sekunden (kleine Schritte) vor. Wer genau Maß nehmen will, kann die Leiter auch auf dem Boden mit einem Papierstreifen markieren. Bei der Pentatonik wird es noch weiter: Anderthalbtonschritte (kleine Terzen) kommen dazu. Alle Leitertypen, auch hier nicht behandelte, sind so fühlbar zwischen Weite, Ausschreiten, und Enge, Zögern bis in die Füße erlebbar.

- *Variante:* Auf- und Abstieg der Töne mit den Armen ausdrücken, Enge und Weite entsprechend vermitteln.
- *Altersstufe:* Ab 7 Jahren.
- *Teilnehmerzahl:* 2–12.
- *Instrumente:* Saiteninstrumente mit Bünden im Halbtonschritt (z. B. Gitarre), Klavier, Flöten etc.

T 12 – *Spiel mit pentatonischer Leier*

Alle Instrumente im Kreis genau stimmen, dazu gemeinsam die Töne der in T 9 berschriebenen Reihenfolge beim Stimmen spielen (Stimm-Melodie). Dabei bewusst auf Quint- und Oktavqualität achten. Andere Intervalle ebenfalls spielen, singen und beschreiben.

- *Altersstufe:* Ab 16 Jahren.
- *Teilnehmerzahl:* 5–12.
- *Instrumente:* Für jeden eine pentatonische Leier.

T 13 – *Skalen der Kulturepochen*

Mit einem kleinen Messmonochord nach Ruland (Ruland, H. 1988) verschiedene Skalen (z. B. Quintenpentatonik, persische Leiter, Slendro) abgreifen und auf ein anderes Saiteninstrument übertragen. Darauf für die Zuhörer Melodien in diesen Skalen spielen und über deren Wirkung reflektieren.

- *Variante:* Sich zur Musik frei durch den Raum bewegen.
- *Altersstufe:* Erwachsene.
- *Teilnehmerzahl:* 2–12.
- *Instrumente/Material:* Kleines Messmonochord 50 Zentimeter, andere Saiteninstrumente, Leier, Kantele, Stegmonochord, Zither; Stimmgabel, Literatur.

T 14 – *Unharmonische Obertöne*

Auf Didjeridoos und anderen eher zylindrischen Blasinstrumenten durch Erhöhung der Lippen- und Zwerchfellspannung weitere stabile Töne suchen (Trompetentöne). Welches Intervall bilden diese zum Grundton und zueinander?

- *Altersstufe:* Ab 16 Jahren.
- *Teilnehmerzahl:* 2–12.
- *Instrumente:* Diverse Blasinstrumente.

T 15 – *Schwingungsknoten am Stab*

Mit Metallstäben oder -röhren probieren, welche Klänge bei welchen Haltepunkten (zurerst generell senkrecht, Stab mit zwei Fingern greifen) entstehen. Immer wenn klare Töne auftreten, das Längenmaß im Vergleich zur Gesamtlänge notieren. Wieviele Punkte gibt es, und wo liegen die Punkte, an denen ein klarer Ton auftritt?

- *Altersstufe:* Ab 12 Jahren.
- *Teilnehmerzahl:* 5–20.
- *Material:* Diverse Stäbe, mindestens 40 Zentimeter und maximal 60 Zentimeter lang, Durchmesser zwischen 4 und 6 Zentimeter (Holz), 1 bis 2 Zentimeter (Metall), 2 bis 4 Zentimeter (Röhren), Maßband oder Lineal.

T 16 – *Holzklangexperimente*

Holzstöcke verschiedener Baumarten vorbereiten (trocken, entrindet, ohne Risse, runde und ovale Profile, Längen 10 bis 70 Zentimeter, Durchmesser 3 bis 6 Zentimeter) oder auch gesägte Formen. Folgende Varianten bei gesägtem Holz sind klanglich interessant:

- Breite 5 cm, Stärke 1 cm, Länge variabel 10–25 cm,
- Breite 5 cm, Länge 20 cm, Stärke variabel 3–25 mm,
- Stärke 1 cm, Länge 20 cm, Breite variabel 2,5–10 cm.

Die verschiedenen Hölzer alle mit gleichen Maßen sägen. EineAuflage aus Seilen und gegebenenfalls einem Hohlraum konstruieren, die Hölzer auflegen und anschlagen. Welches Holz erzeugt welchen Klang? Wie kann dies interpretiert werden? Holz- und Baumkunde miteinander verbinden. Auch Trocknungsgrad, Einschlagdatum, Alter der Bäume etc. können einbezogen werden, wenn diese Daten verfügbar sind.

- *Altersstufe:* Mit einfachen Hölzern ab 12 Jahren, bei genauen Experimenten ab 16 Jahren.
- *Teilnehmerzahl:* 7–20.
- *Material:* Vorbereitete Hölzer, Unterlagen, Stimmgerät.

T 17 – *Chladnische Klangfiguren*

Auf dünnen Metallplatten verschiedener Größe und Form, die so befestigt sind, dass die Ränder der Platte frei schwingen können, feinen, hellen Sand gleichmäßig dünn verteilen. Mit einem kolophonierten Geigenbogen den Rand an einem Punkt der Außenkante anstreichen, bis ein stabiler, hoher Ton entsteht. Den Sand beobachten und die gebildete Figur abzeichnen oder fotografieren. Dann den Sand wieder glätten. Den Anstreichpunkt wechseln und eine andere Frequenz suchen: Andere Figuren entstehen. Mit verschiedenen Größen und Formen der Platten experimentieren.

- *Altersstufe:* Ab 16 Jahren.
- *Teilnehmerzahl:* 5–20.
- *Material:* Experimentieranordnung, Bogen, Sand, Kamera, Papier.

I – zu 4.5, Musikalische Improvisation

I 1 – *Sich spielen lassen*

Übung N 9 »umstülpen«, d. h. anstelle die Steine zu spielen und klackern zu lassen, sich vorstellen, dass die Steine uns spielen. Unsere Hände bewegen sich, um zu tönen. Diesem Spiel freien Lauf lassen.

I 2 – *Stauen und Fließen*

Eine Weiterführung von Spiel N 9: Im Richtungswechsel einmal »durchlässig« sein, d. h. an den Nachbarn angepasst alle Wechsel flüssig weitergeben, dann »resistent« sein und den Prozess stauen. (Es kommt nicht nur auf Lautstärke an!) Wenn genug Energie durch den Stau erzeugt ist, wieder frei fließen lassen.

- *Variante:* Pulsation oder den Rhythmus fließen lassen, die Geschwindigkeiten verändern.

I 3 – Ausbruch aus dem Stau

Bei starkem Stau im Spiel I 2 (Nachbarn geben nicht nach) ausweichen, indem der Klangfluss unterbrochen und der Klang über die Mitte des Kreises zu einem gegenüberstehenden Teilnehmer hinübergeworfen wird.

- *Variante:* Den im Kreis fließenden Klang unterbrechen und ein kurzes Stein-»Gespräch« mit dem Gegenüber führen. Einer der beiden Redner entscheidet nonverbal über das Ende und setzt den Fluss im Kreis wieder in Gang.

I 4 – Holzkreis

Wie in Übung M 9 beschrieben, hat jeder Teilnehmer ein Klangholz auf den Knien, das wie in I 1 bis I 3 gespielt wird. Beim »Ausbruch aus dem Stau« das Gespräch mit dem Gegenüber immer mit beiden Händen bzw. Klöppeln führen. Anschlagsvarianten auch nur mit kleinen Hölzern. Pantomime und Stimme etc. einbeziehen.

- *Altersstufe:* I 1 bis I 4 ab 16 Jahren, einfache Formen ab 9 Jahren.
- *Teilnehmerzahl:* 7–30.

I 5 – Trommelkreis

Jeder hat eine Trommel zwischen den Knien, die sich bequem halten lässt oder aufgestellt beidhändiges Spiel ermöglicht (Djembe, Bugarabu, Kpanlogo, indische Rahmentrommeln, Darbuka usw.). Zu Beginn spielt jeder seinen Rhythmus (Chaos, aber nicht notwendigerweise laut), nach einer Weile (auf Zeichen oder durch gemeinsames Spüren) hören alle mehr auf die Gruppe und lassen einen gemeinsamen Rhythmus zu. Dieser muss nicht unisono sein.

- *Varianten:* Spielzeit vorher vereinbaren (z. B. mit Glockensignal Beginn und Ende, 2 bis 10 Minuten, halbe Stunde), auf ein Signal hin oder in einem frei erspürten Moment den Rhythmus wieder auflösen und aus sensitivem Chaos Neues entstehen lassen. – Gemeinsam schneller und langsamer werden. Auf ein Zeichen hin (Trommelbreak, Klangholz) abbrechen oder neu beginnen.
- *Altersstufe:* Ab 12 Jahren.
- *Teilnehmerzahl:* 7–30.
- *Instrumente/Material:* Trommeln, Stühle, Glocke, Klanghölzer.

I 6 – Metall dynamisch-statisch

Mit kleineren Thai-Gongs, die harmonisch aufeinander abgestimmt sind, verschiedene Klang-Zustande ausprobieren:

A) Dynamischer Zustand: Aus der schwingenden Bewegung mit dem Gong und später dem Schlegel (Bild: Kirchenglocke, der Klöppel wird durch die Glocke in Resonanzbewegung versetzt) den Gongmittelpunkt im Bewegungsumkehrpunkt sanft berühren (Bild: Schwung geben beim Schaukeln). Beginn und Ende können durch die Gruppe selbst gefunden werden, eventuell den Gongklang mit einer Flöte begleiten.

B) Statischer Zustand: Gongs vor sich stabil halten und auf dem Buckel in freier Weise (mit oder ohne Rhythmus) gemeinsam spielen.

Anschließend die beiden Klangarten vergleichen: Wo fühle ich mich mehr zu Hause? Was fühlt sich freier an? Auch das Spielgefühl in den beiden Zuständen hinterfragen, dabei die Themen Eingebundensein, Freiheit, alte und neue Zeit und Bewusstseinsverfassung erkunden.

- *Variante:* Metallplatten statt Gongs verwenden.
- *Altersstufe:* Ab 16 Jahren.
- *Teilnehmerzahl:* 5–12.
- *Instrumente:* Gongs, Metallplatten, Klöppel.

I 7 – Klangstäbe

Geschmiedete oder einfache, gut klingende Eisen- oder Bronzestäbe verschiedener Länge mit Bohrung am Fünftel-Punkt mit geeigneter Handschlaufe (Faden, Leder) im Kreis austeilen. Dazu Klöppel aus gleichem Material, bei Eisen sind auch große Nägel ohne Kopf möglich. Jeder schlägt im Kreis seinen Stab einmal an, der Klang wird im langsamen Schrittpuls herumgegeben. Den Gegensatz zwischen einem frei klingenden Stab und einem nach dem Anschlagen abgedämpften Klang bewusst hören.

- *Varianten:* Gleiches Metrum, schneller oder langsamer werden, ungleiches Metrum (ametrisch), mit Pausen, frei gewählt gedämpft oder frei spielen, sich aus dem Kreis herauslösen etc. – Ein schöner Beginn ist das gemeinsame Einschwingen der Stäbe im Kreis (ohne Klöppel). Nach dem Finden einer gemeinsamen Schwingung diese halten und die Stäbe in der Mitte zusammenklingen lassen. – Die Übung vorzugsweise im Freien ausführen und genügend Platz zum Schwingen einkalkulieren.
- *Altersstufe:* Ab 16 Jahren.
- *Teilnehmerzahl:* 7–12.
- *Instrumente:* Metallstäbe, Klöppel.

I 8 – Saitenwellen und Klangsprünge

Mit kleinen Leiern oder Kantelen, die für alle Spieler im Stehkreis harmonisch aufeinander abgestimmt sind, aus weiter Handbewegung heraus auf den Saiten gemeinsame Klangwellen im Meereswellenrhythmus spielen.

- *Varianten:* Rhythmus schneller oder langsamer werden lassen. Dabei Atem beobachten. Jeder im Kreis spielt eine Welle im gleichen Puls. Jeder streicht einmal zu sich hin über die Saiten (»nehmen«) und von sich weg (»geben«). Dazwischen die Spielhand umwenden. – Das Spielen mit weichen Fingerkuppen üben. – Klänge werfen: Der Leiter wirft einem anderem Spieler eine »Klanggarbe«, ein Bündel an Saitenklängen, zu. Diese fliegt wie ein springender Delfin, und der Angesprochene nimmt sie spielend entgegen und gibt sie zum nächsten weiter.

- *Altersstufe:* Ab 16 Jahren.
- *Teilnehmerzahl:* 7–12.
- *Instrumente:* Leiern, Kantelen.

I 9 – Instrumentenkreis: Aufmerksamkeit lenken

Jeder bekommt oder nimmt aus der Mitte ein unterschiedliches Instrument. Nach kurzem Probieren spielt jeder so, dass er hauptsächlich auf sich selbst hört. Nach einem Zeichen spielt man weiter, hört aber hauptsächlich auf die anderen.

- *Altersstufe:* Ab 12 Jahren.
- *Teilnehmerzahl:* 7–15.
- *Instrumente:* Unterschiedliche Instrumente; bei Melodieinstrumenten aufeinander abstimmen.

I 10 – Instrumentenkreis – der Lauteste hört auf

Jeder wählt mit seinem Instrument eine gleichbleibende Lautstärke und spielt mit dieser mit allen gemeinsam im Kreis. Auf ein Zeichen hin oder selbständig hört der jeweils Lauteste auf, zu spielen. Alle hören, was sich jeweils verändert und wer der Nächstlauteste ist. Bis zum nächsten Aufhören läst sich die Gruppe etwas Zeit. Das Spiel gelingt nur, wenn die Gruppe eine gleichbleibenden Spieleigenschaft aufrechterhalten kann.

- *Varianten:* Anstelle des Lautesten hört der am höchsten, tiefsten, langsamsten, schnellsten, unruhigsten, ruhigsten Spielende auf.
- *Altersstufe:* Ab 12 Jahren.
- *Teilnehmerzahl:* 7–20.
- *Instrumente:* Unterschiedliche Instrumente; bei Melodieinstrumenten aufeinander abstimmen.

I 11 – Instrumente teilen

Zu zweit spielbare Instrumente, wie Rasseln, Trommeln, Regenmacher, Zupftrommeln, im Kreis für je zwei Spieler verteilen oder selbst finden und teilen lassen. Spiele siehe die Folgenden.

- *Altersstufe:* Ab 12 Jahren, bei »Wandernde Drei« ab 7 Jahren.
- *Teilnehmerzahl:* 8–30.

I 12 – Auffüllen – Abnehmen

Im Instrumentenkreis beginnt ein Spieler (vorher benennen oder ohne Absprache beginnen), ein einfaches, wiederholtes Motiv oder einen solchen Rhythmus zu spielen. Nach einer Weile kommt der Nachbar mit eigenem Motiv dazu, bis alle im Kreis spielen. Derjenige, der zuerst begonnen hat, hört zuerst mit seinem Spiel auf. Nach einer Weile hält der nächste an, bis zum Schluss jener allein spielt, der als Letzter begann. Die Zeitangabe »eine Weile« richtet sich danach, zuzuhören, was an Musik gerade gespielt wird, und dann erst sein Eigenes dazuzubringen oder wegzulassen. Vor allem beim Abnehmen gibt es die Tendenz, dass alle schnell aufhören, dem kann der Leiter des Spiels bewusst entgegenwirken.

- *Einfachere Variante:* Einer dirigiert die Ein- und Aussätze. In der nächsten Runde ein anderes Instrument beginnen lassen.
- *Altersstufe:* Ab 12 Jahren.
- *Teilnehmerzahl:* 7–20.

I 13 – Wandernde Instrumente

In Anknüpfung an M 3 auf leichten Trommeln, Rasseln oder Gegenschlagidiophonen einen Rhythmus vorspielen und in den Kreis hineingeben, so dass der Rhythmus jeweils vom Nachbarn aufgenommen wird. Beim Weitergeben darf der jeweilige Rhythmus nicht »wackeln«. Die Art der spielenden Übergabe richtet sich danach, ob das Instrument ein- oder zweiteilig ist, lange und kurze Rhythmuszeiten und -bewegungen hat und ob die Spieler das Instrument eine Weile gemeinsam spielen wollen. Die Anzahl wandernder Instrumente und die Schwierigkeit der Rhythmen hängt vom Spielerkreis und dessen Alter und Fähigkeiten ab.

- *Altersstufe:* Ab 9 Jahren.
- *Teilnehmerzahl:* 7–20.
- *Instrumente:* Leichte Trommeln, Rasseln, Kokospferd, Regenmacher, Klanghölzer, Rührxylophon.

I 14 – Wandernde Drei

Im Instrumentenkreis beginnen drei benachbarte Spieler, zusammen zu spielen. Jeder spielt einfache, wiederholte Strukturen, aber bei Rhythmusinstrumenten nicht denselben Rhythmus wie der Nachbar, sondern etwas anderes, gut dazu Passendes. Wenn der vierte (als Nachbar des dritten Spielers) beginnt, hört der erste der drei auf, zu spielen. So wandert ein Trio im Spielerkreis herum, bis es wieder am Ausgangspunkt angekommen ist.

- *Varianten:* Wenn der erste der drei Spieler aufhört, kommt ein vierter dazu. – Man spielt mit einem Dirigenten, der Dazukommen und Wegbleiben vorgibt. – Nach einer Runde können die Instrumente gewechselt werden. Statt einer strengen Abfolge im Kreis ist auch eine freie Wahl der drei und weiterer Spieler möglich.
- *Altersstufe:* Ab 7 Jahren, bei freier Abfolge ab 16 Jahren.
- *Teilnehmerzahl:* 7–20.
- *Instrumente:* Diverse.

I 15 – Solo-Duo-Wanderung

Im Instrumentenkreis beginnt ein Spieler, ein einfaches Motiv oder einen einfachen Rhythmus wiederholt zu spielen. Der nächste kommt dazu, beide spielen eine Weile zusammen, dann der zweite allein, bis der dritte dazukommt und nach einer Duo-

Strecke das Solo übernimmt. So wandert das Duo-Solo durch den Kreis, bis alle gespielt haben.

- *Varianten:* Ohne Vorgaben spielen. – Im Wechsel zum Solo spielen alle, dann der nächste Solist.
- *Altersstufe:* Je nach Schwierigkeitsgrad ab 9 oder ab 16 Jahren (freies Spiel).
- *Teilnehmerzahl:* 7–15.

I 16 – *Drei Blumen*

Im Instrumentenkreis bietet ein Spieler etwas frei an, nach einer Weile kommt ein zweiter dazu, der einen spannenden Gegensatz zum ersten schafft. Später soll noch ein dritter dazukommen, der das Ganze abrundet und in einen guten Ausgleich (Dreierbalance) bringt. Gemeinsam einen Schluss finden.

- *Varianten:* Gemeinsam beginnen, einzeln aufhören. – Glocke zeigt Schluss an.
- *Altersstufe:* Ab 16 Jahren.
- *Teilnehmerzahl:* 7–15.

I 17 – *Klingender Wasserkreislauf*

Den Meeresrhythmus spielen (Floßrassel, Summscheibe, Regenmacher), Attribute des Meers (Muschelhorn), Sturm (Schwirrholz, Windmacher), ziehende Wolken (Lithophon), Gebirge (Hirtenflöte, große Trommel), Regen und Sonne (Regenmacher, Steine, Zimbel), Bachläufe (Regenmacher, Steine), Tiere und Menschen (Kokospferd, Kuhhorn, Froschstimme, Insekt, Vogelstimmen, Wassermühle, Sprache, Maultrommel, Talking Drum), großer Fluss (Dampfertuten), Stadt (laut, chaotisch), Rückkehr zum Meer. Auch Lieder vom Wasser singen, z. B. das indianische Lied zur Wertschätzung des Wassers »Wishi Ta Tuja« (siehe Feinbier, H. 2004).

- *Altersstufe:* Ab 5 Jahren, für Kleine als Geschichte, für Kinder mittleren Alters als Geschichte, Information und Reflexion, für Ältere als konkretes Spiel mit Information und eigenständigem Verändern.
- *Teilnehmerzahl:* 7–15.

I 18 – *Anfangen, aufhören, nicht spielen*

Aus einer bewusst länger gehaltenen Stille spielen Einzelne oder kleine Gruppen kurze Stücke, um dann wieder zu schweigen. Alle bemühen sich, aus dem Gemeinsamen einen Schluss zu finden.

- *Varianten:* Ein Glockenträger hat Verantwortung für den Schluss. – Jeder, der das Gefühl hat, dass sich ein Schluss anbahnt, hebt die Hand. Nach zu vereinbarender Anzahl an Schlusszeichen hören alle auf. – Im gemeinsamen Spiel entscheiden sich einige aus dem Zuhören heraus, nicht zu spielen und die Musik dadurch intensiver und transparenter werden zu lassen.
- *Altersstufe:* ab 12 Jahren (Variante mit Glocke), ab 16 Jahren (freiere Formen).
- *Teilnehmerzahl:* 5–15.

I 19 – Freies Spiel

Jeder wählt ein bis mehrere Instrumente und nimmt sie mit an seinen Spielort. Freier Einsatz, freies Spiel und freier Schluss. Mögliche Zusatzregularien: Nicht sprechen, freies Bewegen (auch ohne Instrument), Trennen von Räumen für Spieler und Zuschauer.

- *Altersstufe:* Ab 16.
- *Teilnehmerzahl:* 3–15.
- *Insttrumente:* Instrumentenkreis, eigene Instrumente.

I 20 – Wanderrhythmus

Dieses Spiel lässt sich mit verschiedenen Instrumentenkreisen durchführen, z. B. im Stockkreis (siehe M 9), im Steinkreis (siehe N 9), in einem Trommelkreis (siehe I 5) oder einem anderen Kreis, in dem alle Teilnehmer auf gleichartigen Instrumenten spielen. Einer gibt ein kurzes Rhythmusstück vor (Zweier, Dreier, Vierer oder ametrisch), der rechte Nachbar spielt ohne Pause das Gleiche nach, so wandert der Rhythmus im Kreis herum.

- *Altersstufe:* Ab 12 Jahren.
- *Teilnehmerzahl:* 7–30.

I 21 – Hand- und Fußkreise

Alle stehen im Kreis. Einer stampft den linken, dann den rechten Fuß hörbar auf, dann übernimmt der rechte Nachbar, so dass der Stampfrhythmus im Kreis ohne Pause im gleichen metrischen Maß herumwandert. Alle Füße sollen dabei gleichermaßen als 1-1-1-1... und nicht 1-2-1-2-1... gedacht werden. Im nächsten Kreis kommt auf den linken Fuß ein Händeklatschen dazu. Auch Kombinationen Fuß-Fuß-Klatsch sind interessant, auch ametrische Varianten: Jeder klatscht einmal, aber in ganz unregelmäßigen und spannenden Abständen.

- *Altersstufe:* Ab 9 Jahren aufwärts.
- *Teilnehmerzahl:* 7–30.

I 22 – Hand- und Fußakzente

Diese Übung erweitert I 21, indem man sich entscheidet, dass die einzelne Fußstampfer bestimmte regelmäßige Rhythmen bilden. Mit den Füßen werden beim Zweier, Dreier, Vierer, Fünfer Akzente auf die Eins gesetzt. Dabei spielt es keine Rolle, wem die Füße mit oder ohne Akzent gehören.

- *Varianten:* Das Spiel »Fußnähen«: Ein Fuß wird übersprungen, dann springt der Rhythmus wieder einen Fuß zurück, dann wird wieder einer übersprungen, einer zurück etc. Dabei kann ein Rhythmus wie z. B. kurz-kurz-lang durch die Fußkette laufen.
- *Altersstufe:* Ab 16 Jahren.
- *Teilnehmerzahl:* 7–30.

I 23 – Polyrhythmen

Zwei oder mehrere Hand- oder Fußrhythmen werden so in den Kreis hineingegeben, dass sie sich ergänzen, unterstützen oder Kontraste schaffen. Allerdings nur so viele, wie die Gruppe verkraftet. Der Leiter oder die Teilnehmer können Rhythmen wieder herausnehmen oder hinzufügen. Dazu kann gesungen werden.

- *Altersstufe:* ab 16 Jahren.
- *Teilnehmerzahl:* 7–30.

I 24 – Trommelspiegel

Zwei Spieler sitzen sich gegenüber auf Stühlen, etwa 1 Meter voneinander entfernt, und wählen jeweils eine kleinere und eine etwas größere indische Rahmentrommel. Sie halten diese so zwischen den Knien, dass beide Hände auf dem schrägen Trommelfell bequem spielen können. Einer ist »Führender«: Er spielt etwas Hörbares, Wiederholtes auf seiner Trommel. Der andere ist »Folgender« und versucht, dies zur gleichen Zeit mitzuspielen (zu spiegeln). Hat der Führende den Eindruck dass es Dasselbe ist, verändert er sein Spiel. Nach einer Weile (ca. fünf Minuten oder länger) wird Führen und Folgen gewechselt. Danach eine Reflexion: Wie ging es mir beim Führen oder Folgen? Aus dem Kreis der Zuhörer heraus: Was wurde wahrgenommen?

- *Varianten:* Führungswechsel während des Spiels. – Schlussmarkieren mit Glocke. – Flötenbegleitung.
- *Altersstufe:* Ab 16 Jahren.
- *Teilnehmerzahl:* 2, weitere Zuhörer.
- *Instrumente:* Zwei indische Rahmentrommeln, Durchmesser 30–35 Zentimeter, Glocke, Flöte.

I 25 – Trommelspiegel für Fortgeschrittene

Aus der Anfangsposition heraus können Spieler alles einsetzen: Trommel des jeweils anderen, Hände, Füße, Pantomine, Tanz, Stimme, um als Führender mit dem Folgenden zusammen ein Spiegelspiel aufzuführen. Fließende Führungswechsel, Begleitinstrumente oder -orchester ohne Instrumente, mit Materialien, in der Natur (Sand, Wasser, Erde), mit anderen Instrumenten (je zwei gleiche), zu dritt oder »zu vielt« (einer führt jeweils). Anschließend Reflexion wie bei I 24.

- *Altersstufe:* ab 16 Jahren.
- *Teilnehmerzahl:* 2–15.
- *Instrumente:* Zwei Trommeln, Begleitinstrumente, Material.

I 26 – Zentrum und Peripherie

Mit gleichen Instrumenten (z. B. Metallstäben) oder ungleichen Instrumenten (Instrumentenkreis) im gewählten Zentrum einer überschaubaren Landschaft zusammen intensiv und kurz (nicht länger als fünf Minuten) spielen. Dann geht jeder auf gedachten »Sonnenstrahlen« in die Peripherie, noch etwas spielend, mehr und mehr hörend. Alle Spieler sollen sich noch sehen können, zumindest aber den Zentrumspunkt. In der Peripherie kann man »sich verlieren«, z. B. spielerisch mit Pflanzen in Kontakt kommen. Nach einer Weile spüren alle dem Impuls nach, zum Zentrum zurückzukehren, und machen sich spielend auf den Rückweg. Dort trifft sich die Gruppe wieder und spielt zusammen ein Schlussstück.

- *Altersstufe:* Ab 16 Jahren.
- *Teilnehmerzahl:* 7–30.
- *Instrumente:* Geeignete transportable Instrumente.

I 27 – *Spiel auf dem Weg*

In der Landschaft einen Weg wählen. Nach kurzer Anfangsstille oder auf ein Zeichen hin spielt die Gruppe zusammen mit Instrumenten oder nur mit Stimme und Körper. Alles findet nonverbal statt: ob sich die Gruppe in eine Reihe auseinanderzieht, zusammenkommt, wie und wie lang gespielt oder gesungen wird. Wichtig ist, aufeinander und auf die umgebende Landschaft im Spiel Bezug zu nehmen.

- *Altersstufe:* Ab 16 Jahren.
- *Teilnehmerzahl:* 3–15.
- *Instrumente:* Leicht tragbare Instrumente, möglichst auch im Gehen spielbar.

I 28 – *Mit Steinen sprechen*

In einer Landschaft mit größeren Steinen (z. B. Findlinge im Meer, Felsblöcke im Gebirge mit individuellem Charakter) wählt sich jeder Teilnehmer einen aus und begibt sich zum gewählten Stein. Möglich ist, ein oder zwei einfache Instrumente intuitiv zu wählen und mitzunehmen. Jeder nimmt sich ca. eine Stunde Zeit, um mit dem Stein zu schweigen, ihm etwas zu vorzusingen, in Phantasiesprache zu sprechen, etwas zu spielen und den Stein selbst sprechen zu lassen. Danach finden sich alle zusammen (Signal Muschelhorn) und erzählen, was sie erlebt haben.

- *Altersstufe:* Ab 16 Jahren.
- *Teilnehmerzahl:* 5–15.
- *Instrumente:* Einige tragbare Instrumente, Muschelhorn.

I 29 – *Naturpartitur*

Allein oder in kleineren Gruppen in der Natur ausschwärmen und gemeinsam gewählte Naturphänomene als Spiel- oder Stimmpartitur nutzen, z. B. Mooskissen, Riedgras, Seeblick, Gebirgsgipfel, Wald- oder Baumsilhouette, Blüten von Rosen, Siebenstern, Narzissen etc. Die gesehene und gefühlte Wirklichkeit dieser Naturdinge mit Instrumenten oder Stimme spielerisch umsetzen.

- *Altersstufe:* Ab 16 Jahren.
- *Teilnehmerzahl:* 5–15.
- *Instrumente:* Tragbare Instrumente.

I 30 – Spiel der Elemente

Für jedes der Elemente Feuer, Wasser, Luft, Erde ein entsprechendes Instrument wählen (z. B. Feuer – Zimbel, Wasser – Wassertrommel, Luft – Panflöte, Erde – Klangsteine) und auf ein Tuch in die Kreismitte als Quadrat auslegen. Aus den Teilnehmern finden sich vier, die sich zu den Elementen-Instrumenten setzen und diese spielen wollen. Nach einer Stille am Anfang beginnt ein Element zu spielen, die anderen kommen nach und nach dazu. Ob sie rhythmisch spielen oder nicht, steht den Spielern frei. Alle versuchen, einen gemeinsamen Schluss zu finden. Danach Reflexion der Spieler: Wie habe ich mich als Element gefühlt? Wie mit dem gewählten Instrument? Was für Beziehung konnte ich zu den anderen Elementen und Personen aufnehmen?

- *Variante:* Mit fünf Elementen arbeiten, indem ein Instrument für den Äther in die Mitte gesetzt wird oder mit den anderen Instrumenten ein Fünfeck bildet (z. B. Trommel).
- *Altersstufe:* Ab 16 Jahren.
- *Teilnehmerzahl:* 4–5 Spieler, bis 15 Teilnehmer.
- *Instrumente:* Geeignete Instrumente für die Elemente, vom Charakter her eher einfach und archaisch.

I 31 – Spiel-Ort

Einzeln oder in Gruppen bis drei Teilnehmer in der Landschaft Plätze suchen, die besonders ansprechen. An diesen länger aufhalten und hineinspüren: Was teilt der Ort mit? Was braucht er? Spielerisch und gestaltend in Kontakt kommen (z. B. Hölzer umlegen, Steine aufeinanderlegen, mit Instrumenten und der Stimme spielen. Nach einiger Zeit (bis mehrere Tage) den anderen der Gruppe den Ort vorstellen und etwas vorspielen.

- *Altersstufe:* Ab 16 Jahren.
- *Teilnehmerzahl:* 5–15.

I 32 – Instrumentenkreis in der Natur

Wie in Übung I 9, aber in der Natur (z. B. auf einer Decke auf der Wiese sitzend) im Kreis mit Instrumenten spielen. Naturgeräusche hören und diese im Spiel aufnehmen. Verschiedene Blickrichtungen vom Kreis aus als Partitur für das Spiel nehmen.

- *Variante:* Die Gruppe teilt sich in Spieler und Tänzer. Spieler musizieren nach Bewegungen der Tänzer, oder Tänzer bewegen sich nach Musik, oder alle spielen und tanzen in freier gegenseitiger Beeinflussung.
- *Altersstufe:* Ab 16 Jahren.
- *Teilnehmerzahl:* 5–14.
- *Instrumente/Material:* Instrumentenkreis gut transportabler Instrumente, Decken und Tücher.

I 33 – Klanggeschichten erfinden

Aus klanglich umsetzbaren Elementen der Natur (Wind, Regen, Sonne, Schnee, Steine, Feuer, Gebirge, Meer, Tiere, Pflanzen), menschlicher Tätigkeiten (aufstehen, hinausgehen, Tiere hüten, klopfen, Boot rudern) sowie von Märchen- und Phantasiefiguren Klanggeschichten schreiben und spielen. In der aufgeschriebenen Geschichte können jeweilige Instrumente vermerkt sein, beim freien Erzählen kommen sie direkt ins Spiel.

- *Altersstufe:* Ab 5 Jahren, nach Art und Anliegen der Geschichten bis ins Erwachsenenalter.
- *Teilnehmerzahl:* 7–30.
- *Instrumente/Material:* Steine, Hölzer, Metalle, Trommeln, Naturklinger, Instrumentenkreis.

I 34 – Stille

Wo auch immer man das Gefühl oder den Eindruck von Stille hat: Diese zulassen und aushalten, ohne eigene Gedanken hineinzumischen. Besonders die Stille nach gemeinsamem Spiel in angemessener Länge halten. Mit Kieselsteinen Stille erfahren: Gemeinsam klackern lassen, dann in eine kurze Stille hineinhören. Nach jedem Spielteil die Zwischenstille länger werden lassen.

- *Variante:* Die Stille als Pause empfinden. Was ändert sich?
- *Altersstufe:* Einfache Varianten ab 9 Jahren, reflektierter ab 16 Jahren.
- *Teilnehmerzahl:* 5–30.

I 35 – Dranbleiben an einem Instrument

Beispiel Regenmacher: Diesen einführen wie in M 29, dann horizontal im Kreis herumgeben, dabei stets drehen. Auf ein Zeichen hin (Zimbel) stoppen und bei Nichtmehrhörbarkeit der Zimbel weiterspielen. Ein anderes Signal kann bedeuten, die Richtung im Kreis oder die Drehrichtung in den Händen zu ändern. Rhythmisches Wandern mit Kurz-Kurz-Lang-Rhythmus durch den Kreis (I 13) ausprobieren. Wenn der Regenmacher in die Horizontale kommt, diesen locker halten und mit klarem Ruck einen Rhythmus erzeugen. Beim Weitergeben mit dem Nachbarn gemeinsam spielen. Rhythmusvariante kurz-kurz-lang-lang, wobei die Längen aus der Schräglage des Instruments rauschen.

- *Varianten:* Alle spielen mit geschlossenen Augen, das Lied »Wishi Ta Tuja« dazu singen (siehe Feinbier, H. 2004). – In der Mitte des größeren Sitzkreises geht einer mit einem senkrecht gehaltenen Regenmacher an den Sitzenden entlang und stoppt, wenn das Regengeräusch zu Ende ist, übergibt das Instrument an den dort Sitzenden. Dieser steht auf, dreht den Regenmacher um und geht wieder im Kreis herum. Der andere setzt sich auf den freigewordenen Stuhl. – Mit geschlossenen Augen, mit unterschiedlicher Geschwindigkeit auf einen Menschen zugehen, den man sich zuvor als Ziel ausgesucht hat. Am Ende einen

Regenmachertanz aufführen und auch die Sonnenstrahlen tanzen und spielen. – Variante für Erwachsene: Allein über Stunden, Tage, Jahre an einem Instrument dranbleiben und von ihm als Lehrer lernen.

- *Altersstufe:* Ab 7 Jahren, einige schwierigere Übungen erst ab 9 oder 12 Jahren.
- *Teilnehmerzahl:* 7–15.
- *Instrumente:* Regenmacher, Zimbeln.

I 36 – Herz, Himmel, Erde

Die Gruppe nimmt ihre Plätze im Sitzkreis ein, jeder erhält eine siebensaitige pentatonische Leier. Die in der Mitte gelegene Saite aufsuchen (»in der Mitte schlägt das Herz«), ganz nach oben zur hohen Saite gehen (»schlägt bis zum Himmel hoch«), ganz nach unten zur tiefsten Saite gehen (»schlägt bis zur Erd hinab«), Ton für Ton nach oben fortschreiten (»langsam geht's den Berg hinan«) und abwärts (»und springt schnell die Trepp' hinab«) gehen, sich dann in der Mitte ausruhen (Meereswellen siehe I 8).

- *Altersstufe:* Ab 5 Jahren.
- *Teilnehmerzahl:* 3–9.
- *Instrumente:* Pentatonische Leiern.

I 37 – Dirigieren

Im Instrumentenkreis oder auch in kleiner Besetzung mit gemischten Instrumenten arbeiten. Spieler mit oder zu den Instrumenten in die Mitte des Kreises bitten. Ein weiterer Spieler aus dem Kreis ist Dirigent. Er vereinbart seine Zeichen, z. B. Fingerzeig bedeutet »spielen«, Hand zur Faust schließen bedeutet »aufhören«, Hand höher bedeutet »lauter«, tiefer »leiser«. Die Spieler sind verantwortlich für das, was sie spielen, und dafür, aufeinander zu hören.

- *Altersstufe:* Ab 7 Jahren.
- *Teilnehmerzahl:* 7–15.

I 38 – Klangreisen

Hörspaziergänge in städtischer, ländlicher und anderer Umgebung dokumentieren (aufschreiben und/oder Tonaufnahmen machen), daraus eine Klangreise mit Instrumenten entwerfen und spielen. Geeignete Instrumente und Spielweisen wählen, Partitur mit Zeiten, Einsätzen etc. schreiben. Beim Spielen der Klangreise muss nicht naturalistisch imitiert werden, ein symbolischer Ansatz ist genauso möglich. So könnte ein lauter Gewittermacher auch für Stadtlärm stehen. Improvisation auch mit eigenen klassischen Instrumenten.

- *Variante:* Im Instrumentenkreis begibt sich die Gruppe auf eine Klangreise und fährt in ihrer Vorstellung z. B. mit der Bahn oder dem Fahrrad durch sich langsam oder abrupt ändernde (Klang-)Landschaften. Auch Stimmungsbilder (innerliche Landschaften) lassen sich auf diese Weise erkunden.

- *Altersstufe:* Ab 12 Jahren.
- *Teilnehmerzahl:* 7–15.
- *Material:* Aufnahmegerät, Notizblock, Instrumentenkreis, eigene Instrumente.

Weitere Spielideen finden sich bei Michael Reimann in seinem Buch »Die Musik in dir: Jeder ist musikalisch« (2003). Er konzentriert sich auf die Verbindung von Musik und Selbsterfahrung. Eher spielorientiert gehen Lilli Friedemann in ihrem Buch »Trommeln. Tanzen. Tönen: 33 Spiele für Große und Kleine« (1983) und Dorothée Kreusch-Jacob in ihrem Buch »Zauberwelt der Klänge. Klangmeditationen mit Naturton-Instrumenten« (1984) vor. Heidrun Liess schließlich widmet sich explizit dem Hören und Spielen mit Kindern: »Spaß mit Klängen, Tönen und Geräuschen. Kinder erleben spielerisch Musik« (1995).

Anhang

Der Hirte und der Klang des Himmels
Verwendete und empfohlene Literatur
Hörbeispiele
Weiterführende Adressen

Der Hirte und der Klang des Himmels

Ein musikalisches Märchen von Hannes Heyne

Vor nicht allzu langer Zeit lebte hoch in den Bergen ein junger Hirte. Er hieß Janos. Von seinen Eltern hatte er im Sommer den Auftrag bekommen, die große Kuhherde auf den Gebirgsalmen zu hüten. Wenn die Kühe am Morgen die Stallung verlassen hatten, setzte sich Janos auf einen erhöhten Stein, von wo aus er das Tal überblicken konnte, und spielte seine Flöte zum Zeitvertreib *(pentatonische Flöte)*. An einem besonders klaren und leuchtenden Tag saß Janos wieder auf dem Stein und begann, drei Töne zu spielen. Aus der hohen Felswand, unter der er saß, antwortete ihm das Echo. Doch auf einmal hörte er verwundert genauer hin: Jemand hatte seinen Tönen weitere hinzugefügt, die zusammen eine wunderbare Melodie ergaben. Auch schienen es keine Flötentöne mehr zu sein, eher klang es wie Himmelsmusik auf einer Harfe *(kleine pentatonische Leier)*.

Wer nur diese schöne Musik spielt, dachte Janos, ich will es wohl herausfinden. Da trabte sein Freund Lado, das Pferd heran *(Kokosschalen)*. Sicher weiß Lado etwas darüber. Schließlich war er schon oft in der Hauptstadt, und wenn dort Markt abgehalten wird, kommen auch die Musiker und Instrumentenbauer zusammen.

Das Pferd erinnerte sich wohl an die bunten Kostüme und die schrillen Klänge der Trommeln und Oboen, aber eine Himmelsmusik? Es schüttelte seinen Kopf, dass die Mähne im Wind flatterte. »So will ich selbst in der Felswand suchen«, sagte sich der Hirtenjunge. Hatte er den Gemsen und Steinböcken doch oft bei ihren waghalsigen Sprüngen zugeschaut. Höher und höher erklomm er die steile Wand. Klein wie Spielzeug war schon seine Kuhherde geworden.

Allein, er konnte keinen Musikanten und kein Instrument finden. Plötzlich zischte es neben ihm *(Rasselschote)*. Janos erstarrte: Eine giftige Felsenschlange fixierte ihn mit ihrem Blick. Doch sie begann zu sprechen: »Ich weiß, dass du auf der Suche nach der Himmelsmusik bist. Ich habe sie auch gehört, aber sie stammt nicht von hier. Schau in die Ferne, dort am Horizont, der Silberstreif: Das ist das Meer des Vergessens. Dahinter liegt das Land der singenden und tanzenden Leute. Es wird vom König Musikos regiert. Dieser hat einen weisen Berater, einen Zauberer, der auf dem Berg der vier Windharfen wohnt. Ihn frage nach der Musik des Himmels. Ich gebe dir einen Klingstein und einen Steinklöppel dazu mit *(Litophon)*. An der Küste des Meeres wohnt meine Muhme, die Wasserschlange. Wenn du sie triffst, schlage den Klingstein dreimal an, damit sie dich erkennt und ihren Giftzahn zurückhält. Sie wird dir weiterhelfen.« Sagte es und verschwand, noch bevor sich Janos bedanken konnte.

Mühsam, aber hoffnungsvoll kletterte er die Felswand wieder hinunter und überlegte sich, wem er die Kuhherde anvertrauen könne, wenn er eine so weite Reise unternähme. Wohl hatte Janos noch einen Bruder: Felix. Der aber lag faul den ganzen Tag im Heu und träumte von gebratenen Tauben, die ihm in den Mund fliegen. Aber fragen kann man ja ...

»Die Himmelsmusik willst du finden?«, sagte Felix und dachte bei sich, vielleicht können mir ja ein paar Zaubertöne helfen, und die Arbeit tut sich von selbst. »Nun gut«, sagte er, »wenn du ein Instrument mitbringst, das ich hier im Heu spielen kann und meine Arbeit dann wie von alleine geht, will ichs wohl tun. Aber lass mir Lado da, den will ich immer mal zur Herde schicken und nachschauen lassen, ob alle Kühe noch da sind.«

Anderntags wickelte Janos den Klingstein mit dem Klöppel in ein Tuch, steckte sich die Flöte in die Jackentasche und machte sich auf den Weg. Er ging das Tal hinab und traf auf einen Prasselregen *(Regenmacher)*, dessen Tropfen auf die bald entstandenen Pfützen aufschlugen und so klangen, wie sich Janos das Glucksen der Wasserschlange vorstellte, denn ihm war noch nie eine begegnet. Schnell nahm er den Klingstein und schlug ihn an *(Litophon)*.

Als der Regen nachließ, aber niemand kam, blitzte ein Sonnenstrahl durch die Wolken und sagte: »Es war der Regen und nicht die Wasserschlange. Vergiss nicht, den Klingstein dreimal anzuschlagen, wenn du sie triffst.«

Janos setzte den Weg fort und kam zur Wassermühle, wo sich das große Mühlrad drehte *(Rührxylophon)*. Der Müller trat heraus und fragte: »Wohin des Wegs?«

»Ich suche den Klang des Himmels hinter dem Meer des Vergessens«, sagte Janos. Das muss sehr weit sein, dachte der Müller und sagte: »Ich will dir einen Sack Mehl mitgeben, damit du auf deiner weiten Reise etwas zu essen hast. Vielleicht kannst du mir dafür einen Klang mitbringen, der mein Mühlrad immer gut in Schwung hält?« »Ich werde es versuchen«, entgegnete der junge Hirte, schulterte den Mehlsack und folgte dem immer breiter werdenden Fluss in Richtung Meer.

Vom Gewicht des Mehlsacks und dem langen Wandern müde geworden, suchte sich Janos am Waldrand einen Ruheplatz. Als er am Morgen erwachte, hörte er aus der Ferne ein rhythmisch an- und abschwellendes Geräusch. Erschrocken sprang er auf, schlug den Klingstein zweimal an *(Litophon)* und dachte, dass die Wasserschlange jeden Moment hinter den großen Sandbergen auftauchen würde. Da blitzte der erste Morgensonnenstrahl auf *(Zimbel)* und sagte: »Es ist das Meer und seine Wellen, das du hörst. Vergiss nicht, den Klingstein dreimal anzuschlagen, wenn du die Wasserschlange triffst«. Janos lief über die Dünen und hätte vor Begeisterung das durchs flache Wasser heranschlängelnde Tier übersehen, als er stolperte und der Klingstein aus seiner Tasche fiel und dreimal aufschlug und tönte *(Litophon)*.

»Willkommen Janos«, sagte die Wasserschlange *(Wassertrommel)*, »ich danke dir für die klingenden Grüße meiner Muhme, der Felsenschlange. Durch unsere Schlangengedankenpost weiß ich, wonach du suchst, und will dir den Weg so weit beschreiben, wie ich ihn kenne. Um über das Meer zu gelangen, musst du drei Prüfungen bestehen. Die erste hat mit Kraft, die zweite mit Genauigkeit und die dritte mit Ausdauer zu tun.«

»Bitte nenne mir die erste«, sagte Janos.

»Über das Meer des Vergessens gelangst du nur mit Hilfe des tauben Fährmanns und seines besonderen Floßes. Er wohnt in der Nachbarbucht in einer kleinen Hütte. Hier am Strand liegt ein großes Muschelhorn. Du musst es dreimal so stark blasen, dass die Hütte des Fährmanns wackelt und er erfährt, dass du übersetzen willst.«

»Und die zweite?«, fragte Janos.

»Das besondere an jenem Floß ist, dass es mit zwei Trommeln betrieben wird, und wenn man diese genau abwechselnd mit dem Fährmann schlägt, tauchen im selben Rhythmus die Paddel ein und bringen es flott voran. Kommst du aber aus dem Rhythmus, verliert das Floß die Orientierung und dreht sich im Kreis«.

So schwer kann das nicht sein, dachte Janos, der auch manches Mal schon die Trommel zum Festtanz gespielt hatte. »Nun aber die dritte!«

»In der Mitte des Meeres lebt ein großes Seeungeheuer, ein entfernter Verwandter von mir«, sagte die Wasserschlange. »Du erkennst es an seinem tiefen, etwas schaurig klingenden Brummton. Wenn es Schiffe sieht, hat es Spaß daran, das Meer so richtig aufzuwühlen, dass es haushohe Wellen bekommt. Wenn aber das Ungeheuer schöne Flötenmusik lange genug vorgespielt bekommt, schläft es ein und treibt fort, so dass ihr weiterfahren könnt. Wenn ihr dem Land der singenden und tanzenden Leute näher kommt, werdet ihr die Stimmen kleiner Liedpfeiferstelzen hören. Die Leute werden euch herzlich empfangen. Frag sie nach meiner Muhme, der Sandrasselschlange. Sie wird dir weiterhelfen. Damit sie dich erkennt und ihren Giftzahn zurückhält, gebe ich dir eine Muschelratsche mit. Spiele sie im Wechsel mit dem Klingstein viermal.«

Janos bedankte sich und war sich schon nicht mehr ganz sicher über die Reihenfolge all der Aufgaben. Er nahm das Muschelhorn und blies hinein *(Muschelhorn)*. Nichts regte sich. Als er zweimal blies, diesmal schon kräftiger, kam ein Wind auf *(Schwirrholz)*. Schließlich nahm er all seine Kraft zusammen und blies dreimal hinein. Dem Fährmann, der gerade frühstückte, fiel das Schnapsglas vom Tisch. Als er sich bückte, um es aufzuheben, spürte er ein leises Beben der Hütte. Schon so lang hat niemand mehr meiner Dienste bedurft, dachte er. Ob es vielleicht nun doch jemand schaffte, das vereinbarte Zeichen zu blasen? Der Fährmann schaute hinaus. Auf der gegenüberliegenden Seite der Bucht sah er Janos winken und ruderte sein Floß hinüber.

Über den Preis für die Überfahrt waren sie sich schnell einig, war doch der Hirte froh, den schweren Mehlsack endlich loszuwerden. Nun aber erklärte der Fährmann Janos seine Aufgabe beim Spielen des Trommelantriebs für das Floß. Für sie zu zweit hieß das, dass jeder seine Trommel im Wechsel mit dem anderen schlagen musste, und zwar ganz gleichmäßig *(2 indische Rahmentrommeln)*. Der Fährmann probte es mit Janos in der Bucht. Das scheinbar leichte Spiel entpuppte sich als schwerer denn vermutet, und das Floß drehte sich im Kreis.

»Ich will meinen Freund, den Wind rufen«, sagte der Fährmann und holte einen Windstab hervor, den er mit bestimmten Schwüngen zum Tönen brachte *(Windstab)*. Nach kurzer Zeit begann ein sanfter Wind zu blasen, und nach einigem Üben hielten sie ihren Rhythmus besser und gelangten hinaus aufs Meer. Schon bald hatte Janos vergessen, wo er herkam und hinwollte, und auch, dass er sich auf dem Meer des Vergessens befand. Der Fährmann aber zählte die Trommelschläge und hielt sich immer geradeaus in Richtung Sonnenaufgang.

Irgendwo, so ziemlich in der Mitte des Meeres, kamen plötzlich große Wellen auf, obwohl kein Wind zu spüren war. Und mit einem dröhnend tiefen Trompetenton tauchte das Seeungeheuer auf *(Didjeridoo)*. Vor Schreck war Janos die Flöte aus der Tasche gefallen und im Wasser gelandet. Mit einem Sprung konnte er sie gerade noch retten. Als er nun aber spielen wollte, war Wasser darinnen, und nur klägliche Töne kamen heraus *(Wasserflöte)*.

Als das Ungeheuer schon bedrohlich nahe war, traf ein kräftiger Windstoß auf die Flöte, und ein Sonnenstrahl half beim Trocknen. Ein ruhiger, klarer Flötenton erklang *(Flöte)* und ließ das Ungeheuer in seinem Wüten innehalten. Es wiegte sich auf den kleiner werdenden Wogen und entfernte sich, schon halb träumend, vom Floß. Nach einigen Tagen – oder waren es Wochen? – niemand wusste das, da auch die Zeit vergessen war – hörte Janos plötzlich eine silberhelle Vogelstimme *(Zwitscherrolle)*. Das muss die Liedpfeiferstelze sein, erinnerte er sich und antwortete mit einem Pfeifliedchen.

»Kommt mit«, pfiff sie. »Die singenden und tanzenden Leute erwarten euch schon.« Und noch bevor die Küste zu sehen war, konnte man ein rhythmisches Rollen der Wellen hören. Auch die Steine waren dort musikalisch und fanden sich zu immer neuen Formen zusammen *(Kiesel)*. In den Händen der Einwohner aber wurden sie zu wahren Meisterinstrumenten. Manche unterhielten sich auch einfach mit Steinen *(Kiesel)*. Als sie anlegten, sangen und spielten alle fröhlich durcheinander *(gemischte Instrumente)*, bis ein heller Zimbelton erklang und Stille eintrat *(Zimbel)*.

Ein Musiker mit Sprechtrommel *(Talking Dum)* trat vor und hieß die Gelandeten willkommen. Janos war schon bange, wie er wohl die fremde Sprache verstehen könne. Doch wie durch ein Wunder fiel ihm das ganz leicht, denn er musste nichts übersetzen. Durch die Trommel sagte der Spieler, dass sie sich freuten, nun gemeinsam singen und tanzen zu können, und stimmte gleich ein Lied an. *(Wishi Ta Tuja, siehe Feinbier, H. 2004)*. Danach ertönten Fanfaren und Trommeln *(Muschelhorn, Trommeln)*, und König Musikos höchstselbst ritt auf einem prächtigen und ganz mit goldenen Schellen behängten Pferd heran *(Kokosschalen, Schellen)*.

»Willkommen, Janos, im Lande der immerwährenden Musik!«, sang er mit kräftiger Stimme. »Dein Wunsch kam mit der Gedankenpost schon lange vor dir an. Aber es ist gut, dass du dir Zeit nahmst und dich auf den wirklichen Weg begeben hast. Denn nur dieser führt hin zur Musik des Himmels.« Dann deutete er auf einen hohen Berg in der Ferne. »Dort auf dem Berg der vier Windharfen wohnt mein weiser Berater und Freund Oton, was soviel heißt, wie ›Klang ist überall‹. Am Fuß des Bergs wohnt die Sandrasselschlange, und du weißt bereits, wie sie den Weg freigibt. Schwieriger ist es allerdings, das Tor des Schweigens am Fuß der Tontreppe zu passieren. Das öffnet sich nur, wenn du deinen Klingstein im richtigen Moment fünfmal anschlägst. Nicht zu früh und nicht zu spät. Niemand weiß im Voraus, wann das ist, nicht einmal Oton.«

»Wie soll ich es dann wissen?«, fragte Janos verzweifelt.

»Wenn du ganz im Jetzt bist, wirst du es spüren«, antwortete König Musikos und wünschte ihm alles Gute auf den Weg.

Eine Weile erhielt Janos noch musikalische Begleitung *(gemischte Instrumente)*, doch ein Instrument nach dem anderen blieb zurück, so dass bald nur seine eigenen Schritte tappten *(Schlitztrommel)* und, als er am Fuß des Bergs stehenblieb, er nur noch sein eigenes Herz schlagen hörte *(Puls fühlen)*. Sorgsam wickelte er den Klingstein aus und schlug ihn viermal an, immer im Wechsel mit der Muschelratsche, die ihm die Wasserschlange mitgegeben hatte *(Litophon, Muschelratsche)*.

Da war hinter dem leisen Wispern eines trockenen Kichererbsenstrauchs auch schon das kräftigere Rasseln der Sandrasselschlange zu hören *(Rassel)*, die durch Janos' Spiel aufgewacht war.

»Sei gegrüßt, Flötenspieler«, rasselte sie. »Wenn du es geschafft hast, das Tor durch deine Geistesgegenwart zu öffnen, musst du die tausend Tonstufen hinaufsteigen, um zum Zauberer Oton zu gelangen. Die tiefsten Töne sind so tief, dass sie nur unter deinen Füßen vibrieren. Du musst aufpassen, dass sie dich nicht abschütteln. In den mittleren Oktaven kann es passieren, dass du lange verweilen möchtest oder dich eine flüchtige Melodie ergreift und wieder viele Töne zurückführt. Hat sie dich gut zu Ende gespielt, lass sie los und geh unbeirrt weiter *(Bambusxylophon, Balafon)*. Die Töne werden dann so hoch, dass du sie kaum noch hören kannst *(Energy Chimes)*. Schließlich werden sie sich in Licht verwandeln, und du stehst vor der kleinen Bambushütte des Weisen. Sie hat kein Dach, so kann Oton auf seinen Klängen zu allen Zeiten hinein- und hinausfliegen. An ihren vier Eckpfosten aber hängen die vier Windharfen, die durch ihren Klang die Winde zum Spielen einladen. Und nun spiel mir doch bitte noch ein paar aufmunternde Schlangenlieder, dass ich etwas mehr in Bewegung komme.«

Doch Janos kannte nicht die fremden Lieder, hatte er doch seine Flöte immer nur so spielen können, wie die Finger die Löcher einfach fanden. So hin und her und etwas halb zu, halb offen, wird vielleicht ganz gut zum Tanz der Schlange passen, dachte er *(Flöte)*, und nach ein paar zaghaften Versuchen rollte sich die Schlange ein und schlief fest.

Da sah Janos das große Tor und schwieg lange. Er hielt Klingstein und Klöppel lange Zeit vor sich und wartete auf den richtigen Moment *(Litophon)*. Als er daran dachte, wieviel Zeit schon vergangen war, hatte er das Gefühl, ihn schon verpasst zu haben. Ich will noch einmal beginnen, dachte er und hielt Stein und Klöppel ganz locker, gerade so, dass sie nicht herunterfielen.

Da umkreiste ein Schmetterling den Stein, und durch die Berührung seines Flügels schlug der Klöppel einmal leise an den Stein *(Litophon)*. Blitzschnell wach, setzte Janos die andern vier Schläge hinterdrein *(Litophon)*, und mit einem gewaltig tiefen Ton sprang das Tor auf.

Janos betrat die größte Stufe am Anfang und wäre fast hinuntergefallen, denn sie schwang einmal in der Sekunde hin und her *(Basstrommel)*. Das ist ja noch gar kein Ton, dachte Janos und zog sich am Geländer höher. Schließlich kam er in die Höhe des tiefsten Orgeltons, dann zum tiefsten Klavierton und so weiter. Plötzlich bemerkte er, dass er nicht mehr Herr seiner Füße war *(Bambusxylophon)*. Eine Melodie hatte ihn ergriffen und ließ ihn treppauf, treppab laufen, mal langsamer, mal schneller. Schließlich setzte sie ihn sanft auf dem Kammerton a ab *(Stimmgabel)*, von wo es ein wunderbares Aushör in alle Musikstile hinein war. Janos hätte fast sein ursprüngliches Anliegen vergessen, als wie im Traum die Klänge der Himmelsharfe an seinem Ohr vorbeistrichen *(pentatonische Leier)*. Er sprang auf und ging nun die Tonleiter höher und höher bis ins Unhörbare und zu den Farben hinauf. Ganz oben war eine kleine Fläche, auf der die Bambushütte stand und die Klänge der vier Windharfen tönten *(Bambuswindspiele)*, abwechselnd und zusammen wie eine immerwährende Sinfonie. Der Meister war, wie es schien, abwesend.

Vielleicht spiele ich etwas auf der Flöte, dachte Janos, deren Klänge wird er schon hören *(Flöte)*. Doch nichts geschah.

»Spiel einen Ton deines Herzens, ganz einfach«, hörte er eine Stimme in sich sagen. Während er diesen Ton versuchte, hörte er die Himmelsklänge ganz nahe, und schließlich saß da der alte Oton auf einer Bastmatte vor ihm und begrüßte Janos mit einer wunderbaren Melodie auf seiner Harfe *(diatonische Leier)*.

»Du hast alle Proben bestanden und sollst nun erfahren, wie die Klänge des Himmels in die Welt kommen und was sie bewirken.« Oton zeigte Janos, wie das Instrument gebaut ist und aus welchen Hölzern er es sich in seiner Heimat selbst bauen könne. Schließlich weihte er ihn auch in die Zauberkräfte der Klänge und Töne ein: »Manche gehören zur Sonne und zu den Planeten, und man kann sie als Raumschiff dorthin nehmen. Andere ermüden oder beleben, fragen oder antworten *(pentatonische Leier)*. Und mit jenen, den Oktaven, die Gleiches im Ungleichen sind, reist du durch die Zeit. Schließlich kannst du dich auf Klangflügeln direkt zurück in deine Heimatberge begeben. Wenn du aber den Klangzauber für schlechte Zwecke missbrauchst, werden sich seine Wirkungen ins Gegenteil verkehren, und du wirst abstürzen aus dem Flug. – Ich wünsche dir Glück. Wenn du die Klänge der Himmelsharfe wieder als Echo auf deine Flötenklänge hörst, weißt du nun, dass ich ganz in der Nähe bin. Lass uns zum Abschied noch ein kleines Stück gemeinsam spielen« *(Flöte, Leier)*.

So beschlossen Janos und der alte Weise Oton ihr musikalisches Gespräch. Von den vier Winden getragen *(Windmacher)* und mit der Kraft der Regenbogenfarben flog der Hirte mit den Klängen über Land und Meer zurück in sein eigenes Land. Tief unten winkten ihm die immer singenden und tanzenden Leute zu *(gemischte Instrumente)*, denn sie hatten die Himmelsmelodie wohl vernommen. Und der Fährmann war schon längst mit einer kräftigen Prise im Rücken auf dem Heimweg, denn die Sprechtrommeln hatten ihm Bescheid gesagt *(Talking Drum)* dass Janos auf dem eigenen Weg sei.

Auf den Rhythmus der Steine am Ufer seines eigenen Landes hörte Janos nun mit anderen Ohren *(Kiesel)*. Als er unten das Klappern der Mühle vernahm *(Rührxylophon)*, erinnerte er sich an sein Versprechen, das er dem Müller gegeben hatte, und spielte ihm einige Klänge vor, die sich mit denen des Mühlrads so vermischten, dass es neue Kraft zum Mahlen verspürte.

Schließlich gelangte der Hirte in sein eigenes Tal, wo ihn ein kräftiger Prasselregen begrüßte *(Regenmacher)* und auch sein Pferd Lado fröhlich auf ihn zugaloppierte *(Kokosschalen)*.

Vom Heuhaufen allerdings hörte er ein lautes Schnarchen, das Gebimmel der Kuhglocken dagegen kam aus allen vier Himmelsrichtungen *(Glocken)*. Verschlafen richtete sich sein Bruder Felix auf und fragte sogleich: »Hast du mir das Zauberinstrument mitgebracht?«

»Das habe ich, und wir sollten gleich geeignetes Holz suchen, dass du dir dein eigenes bauen kannst.«

»Zeig mir noch, wie ich damit die Kühe aus der Ferne dirigieren kann«, sagte Felix.

»Du kannst sie wohl damit von einem Ort aus hüten – allerdings musst du die richtigen Töne treffen, sonst bewirkt es das Gegenteil, und die Kühe rennen ins Nachbartal.«

»Das heißt aber, dass ich beim Hüten nicht schlafen kann«, seufzte Felix.

»Was auch nicht abgemacht war«, sagte Janos lachend. Und beide machten sich auf den Weg zum Bergwald.

Als sie unter der Felswand vorüberkamen, spielte Janos einen einzigen, langen Ton, den Ton seines Herzens *(Flöte)*. Und aus der Felswand tönte als Antwort eine himmlische Musik, die wie aus der Weite und Nähe zugleich zu kommen schien ...

Verwendete und empfohlene Literatur

BACHMANN-GEISER, BRIGITTE: Die Volksinstrumente der Schweiz. Handbuch der europäischen Volksmusikinstumente, Serie 1, Bd. 4, hg. vom Institut für deutsche Volkskunde Berlin in Zusammenarbeit mit dem Musikhistorischen Museum Stockholm, VEB Deutscher Verlag für Musik 1981.

– Das Alphorn. Vom Lock- zum Rockinstrument, Verlag Paul Haupt, 1999.

BÄUML-ROSSNAGEL, MARIA-ANNA: Wie die Kinder leben lernen. Eine sinnliche Gegenwartspädagogik für Eltern und Schule, 2 Bände, Auer Verlag 1991.

BANU: Bundesweiter Arbeitskreis der staatlich getragenen Bildungsstätten im Natur- und Umweltschutz, Leitlinien 2003, http://banu.naturerlebniswochenende.de/banu_leitlinien.aspx.

BERENDT, JOACHIM-ERNST: Das Dritte Ohr. Vom Hören der Welt, Neuauflage, Traumzeit-Verlag 2008.

BINDEL, ERNST: Die Zahlengrundlagen der Musik im Wandel der Zeiten, Verlag Freies Geistesleben 1985.

CHERNOFF, JOHN M.; FLATISCHLER, REINHARD; KRALLER, BERNHARD: Die Trommel. Weltsprache des Rhythmus, in: DU, Heft Nr. 1, Januar 1997.

COLLAER, PAUL: Musikgeschichte in Bildern, Band I: Musikethnologie, Lieferung 3, Südostasien, VEB Deutscher Verlag für Musik, 1979.

COTTE, ROGER: Die Symbolik der Musik und ihrer Instrumente. Kosmische Harmonien, Diederichs Verlag 1992

CUMBERLAND, MICHAEL: Echoes of a disappearing planet, in: Soundscape Vol. 5, Nr.2, Fall/Winter 2004, S. 14 ff. http://www.mikecumberland.com/pages/soundscapes.htm.

DAN MOI: Maultrommeln, Flöten und Percussion verschiedener Kulturen, Clemens Voigt, http://www.danmoi.de.

DIAGRAM GROUP; MIDGLEY, RUTH (Red.): Musikinstrumente der Welt. Mehr als 1600 Musikinstrumente mit über 4000 Illustrationen, Orbis Verlag 1988.

DOCZI, GYÖRGY: Die Kraft der Grenzen. Harmonische Proportionen in Natur, Kunst und Architektur, Verlag Engel & Co. 2005.

DOMMER, WILLI: Ritual und Klangtraum. Alte Instrumente neu entdeckt, Arun-Verlag 2003.

ENDE, MICHAEL: Momo oder Die seltsame Geschichte von den Zeit-Dieben und von dem Kind, das den Menschen die gestohlene Zeit zurückbrachte, Thienemann Verlag 1973.

ENDERS, BERND (Hrsg.): Global Village – Global Brain – Global Music, KlangArt-Kongress, Universität Osnabrück 1999.

ESBACH, JÜRGEN: Der Regenstab. 18 praktische Vorschläge zum pädagogischen Einsatz des Regenstabes, Kohl Verlag 2005.

FAUST, ISABELLE; IPSEN, D.; WERNER, H. U.; WINKLER, J.: KlangWege (mit CD), Universität Kassel 1995.

FEINBIER, HAGARA: Come Together Songs – Lieder des Herzens aus aller Welt, 2 Bände, Neue Erde Verlag 2004.

FESSMANN, KLAUS: KlangSteine. Begegnung mit dem ewigen Gedächtnis der Erde, mit Audio-CD, Südwest-Verlag 2008.

FORUM KLANGLANDSCHAFT: http://ww.klanglandschaft.org.

FRIEDEMANN, LILLI: Trommeln. Tanzen. Tönen: 33 Spiele für Große und Kleine, Universal Edition, Rote Reihe 1983.

GEISSLER, KARLHEINZ: Zapping und Zeiterlebnis – Zuhören im Zeitnotstand. in: Ganz Ohr, Interdisziplinäre Aspekte des Zuhörens, Zuhören e. V., Vandenhoek und Ruprecht 2002, S. 39 ff.

GENTH, RENATE: Das Telefon. Über die Bedeutung des maschinellen Gehörs im Alltagsleben, in: Welt auf tönernen Füßen, Die Töne und das Hören, Schriftenreihe Forum, Bd. 2, Steidl Verlag 1994, S. 328 ff.

GOETHE, J. WOLFGANG V.: Die Schriften zur Naturwissenschaft (enthält den »Entwurf zu einer Tonlehre«), Leopoldina, Böhlaus Nachfolger 2007.

HAASE, RUDOLPH: Leitfaden einer harmonikalen Erkenntnislehre, ORA-Verlag 1970.

HEGI, FRITZ; HEGI, LILOT: Improvisation und Musiktherapie: Möglichkeiten und Wirkungen von freier Musik, Junfermann Verlag 1997.

HEIMRATH, JOHANNES: Das Sonogramm der Persönlichkeit, Gongs als Modulatoren der Körperenergie, Hugendubel Verlag 1989.

HESSE, HERMANN: Das Glasperlenspiel: Versuch einer Lebensbeschreibung des Magister Ludi Josef Knecht samt Knechts hinterlassenen Schriften, Aufbau Verlag 1987.

HEYNE, HANNES: Ton, Klang und Geräusch als Begriffe musikalischer Gegenwart und im Phänomenstudium an Flöten, Musikseminar Hamburg 1996.

– Entwicklung von spielerisch-wahrnehmenden und musikalischen Übungen und den 12 Sinnen, Studienarbeit Dornach 1998.

– Lärm oder Stille. Die Musik der Umwelt, Umweltbildung in Sachsen 2000.

– Vom Hirten und der Suche nach dem Klang des Himmels, unveröff. Manuskript, 2006, s. Anhang.

– Bauen mit klingender Natur (in Vorbereitung).

HOERBURGER, CHRISTIAN; WIDMER, MANUELA: Musik- und Bewegungserziehung, Auer Verlag 1992.

HOPKIN, BART: Musical Instrument Design. Practical Information for Instrument Making, See Sharpe Press 1996.

JENNY, HANS: Kymatik. Wellenphänomene und Schwingungen, AT-Verlag 2009.

JOLLER, KARI: Naturerfahrung mit allen Sinnen: Ein Praxisbuch mit vielen Übungen, AT-Verlag 2008.

KAYSER, HANS: Grundriss eines Systems der harmonikalen Wertformen, Occident Verlag 1946.

– Akroasis. Die Lehre von der Harmonik der Welt, Schwabe Verlag 1946.

KEMMING, KATHARINA VON: Unser Musikspielbuch MUK (fächerverbindend für Musik und Kunst 1, Klett Verlag (1999) 2003.

KERSBERG, HERBERT: Spiele zur Natur- und Umwelterfahrung. Ein Beitrag zur erlebbaren Umwelterziehung, Verband Deutscher Schullandheime 1994.

KLANGERLEBNIS SCHELLERHAU: Botanischer Garten Schellerhau, http://www.botanischer-garten-schellerhau.de/klang.php.

KLÖWER, TÖM: Die Welten der Trommeln und Klanginstrumente, BM Vertriebsservice 2001.

KRAUL, WALTER: Spielen mit Wasser und Luft, Verlag Freies Geistesleben 2006, http://www.spielzeug-kraul.de.

KREUSCH-JACOB, DOROTHÉE: Zauberwelt der Klänge. Klangmeditationen mit Naturton-Instrumenten, Kösel Verlag 2002.

– Das Musikbuch für Kinder. Mit Kindern singen, spielen, musizieren, Verlag Schott Music 2004.

KÜKELHAUS, HUGO: Entfaltung der Sinne. Ein Erfahrungsfeld zur Bewegung und Besinnung, Verlag Schloss Freudenberg 2008.

KUHFUSS, WERNER: Berührung wird Bewegung. Über die Methode des Therapeutischen Spiels, Rudolf Steiner-Seminariet Järna 1976.

KWABENA NKETIA, JOSEPH H.: Die Musik Afrikas, Internationales Institut für vergleichende Musikwissenschaften, tmw bd. 59, F. Noetzel-Verlag 1991.

LAADE, WOLFGANG: Musik der Götter, Geister und Menschen. Die Musik in der mythischen, fabulierenden und historischen Überlieferung der Völker Afrikas, Nordasiens, Amerikas und Ozeaniens, Koerner Verlag 1975.

LAUTERWASSER, ALEXANDER: Wasser Klang Bilder. Die schöpferische Musik des Weltalls, AT-Verlag 2003.

LEITBILD UMWELTBILDUNG: Akademie Baden-Württemberg, http://www.um.baden-wuerttemberg.de/servlet/is/1905/

LIESS, HEIDRUN: Spaß mit Klängen, Tönen und Geräuschen. Kinder erleben spielerisch Musik, Humboldt-Taschenbuch-Verlag 1998.

LINDNER, DAVID: Traumzeit (mit Audio-CD), Traumzeit-Verlag 2004.

– Das Didgeridoo-Phänomen 1: Von der Urzeit zur Moderne, Traumzeit-Verlag 2003.

LORENTZ, ALEXANDER: Klangökologie aus sozialwissenschaftlicher Sicht und Chancen für eine klangökologische Rezeptionsforschung, in: Klanglandschaft wörtlich. Akustische Umwelt in transdisziplinärer Perspektive, Forum Klanglandschaft und Akroama Verlag 1999, http://www.klanglandschaft.org.

MARTI, SAMUEL: Musikgeschichte in Bildern, Band II. Musik des Altertums, Lieferung 7, Alt-Amerika, VEB Deutscher Verlag für Musik 1985.

OBERKOGLER, FRIEDRICH: Vom Wesen und Werden der Musikinstrumente, Novalis Verlag 1985.

OLIAS, GÜNTER: Treffpunkt Klanglandschaften, in: Musik in der Schule 4, 1998.

PANNKE, PETER; FRIEDRICHS, HORST A.: Troubadoure Allahs. Mit Audio-CD, Verlag Frederking & Thaler 1999.

PFROGNER, HERMANN: Lebendige Tonwelt. Zum Phänomen Musik, Langen-Mueller Verlag 1981.

PHILIPZEN, MATTHIAS: Cajon. Eine Kiste voller Rhythmus! Inkl. 2 CDs, Voggenreiter-Verlag 2004, www.matthias-philipzen.de.

POLITIKFORUM: www.politikforum.de, 2005, über Musikunterricht.

RASHID, SUBHI ANWAR: Musikgeschichte in Bildern, Band II, Musik des Altertums, Lieferung 2, Mesopotamien, VEB Deutscher Verlag für Musik 1984.

RAULT, LUCIE: Vom Klang der Welt. Vom Echo der Vorfahren zu den Musikinstrumenten der Neuzeit, Verlag Frederking & Thaler 2000.

REIMANN, MICHAEL: Die Musik in dir: Jeder ist musikalisch. Ein Praxisbuch zur Entdeckung der eigenen Musikalität, Schirner Verlag 2003.

REINECKE, HANS-PETER: Wer hört zu, wer nicht – und warum? Über Motive, Medieninteressen und Medieninteressenten, in: Bernius, Volker; Sarkowicz, Hans: Vandenhoeck & Ruprecht Verlag 2002, S. 25 ff.

RULAND, HEINER: Ein Weg zur Erweiterung des Tonerlebens. Musikalische Tonkunde am Monochord, Pforte Verlag 1988.

SCHAFER, R. MURRAY: The Soundscape. Our Sonic Environment and the Tuning of the World, Destiny Books 1993.

– A Sound Education. 100 Exercises in Listening and Soundmaking, Arcana Books 1992; auf Deutsch: Anstiftung zum Hören. Hundert Übungen zum Hören und Klänge Machen, Musik Verlag Nepomuk 2004.

SCHILLER, FRIEDRICH: Über die ästhetische Erziehung des Menschen, in einer Reihe von Briefen (1795), http://www.kuehnle-online.de/literatur/schiller/werke/phil/aestherzieh/01.htm.

SCHWENK, THEODOR: Das sensible Chaos. Strömendes Formenschaffen in Wasser und Luft, Verlag Freies Geistesleben 2003.

SITELLE: Editions des voix de la nature (Audioaufnahmen von Naturklängen), http://www.jama.fr/boutique/fr/gamme.php?ID_marque=3

SLOTERDIJK, PETER: Im selben Boot. Versuch über die Hyperpolitik, Suhrkamp Verlag 1995.

SOESMAN, ALBERT: Die zwölf Sinne. Tore der Seele, Verlag Freies Geistesleben 2009, S. 171 ff.

STIFTUNG ZUHÖREN E. V.: http://www.zuhoeren.de.

STROBEL, WOLFGANG: Klang – Trance – Heilung. Die archetypische Welt der Klänge in der Psychotherapie, in: Musiktherapeutische Umschau. Forschung und Praxis der Musiktherapie, Band 9, Heft 2/1988, S. 119 ff.

TAMBE, SHRI BALAJI: http://www.balajitambe.com/music/index.htm.

TEDDE, PAOLA: Der Kosmos erklingt. Die Metallinstrumente von Manfred Bleffert im Unterrricht, Diplomarbeit am Institut für Waldorfpädagogik Witten/Ruhr 1995.

TENTRUP ISABELLE; BROSCHHART, JÜRGEN: Der Klang der Sinne, in: GEO, Nr. 11, 2003, S. 56 f.

TILGNER, WALTER: Natur-Hörbilder. Vom Leben zum Erleben. Die akustischen Geheimnisse der Natur, www.natur-tilgner.de.

TIMMERMANN, TONIUS: Die Musen der Musik. Stimmig werden mit sich selbst, Kreuz-Verlag 1989.

TUCEK, GERHARD: Grundzüge der Altorientalischen Musiktherapie, in: http://www.8ung.at/wachkoma/grundzug.htm.

UMWELTMUSIKWERKSTATT: http://www.kloster-ensdorf.de/umweltmusikwerkstatt.

UNESCO KURIER: Die Stille, 05/1996, 37. Jahrgang, Europa Verlag.

VÖLKEL, KARIN: Klangheilkunde, in: Natur und Heilen 6/2004.

WALLMANN, JOHANNES: http://www.integralart.de/content/projekte/der-blaue-klang 2004.

WELTLADEN EXTRA: Kundenmagazin des Weltladen-Dachverbands e. V., Juli 2004, http://www.weltlaeden.de.

WERNER, HANS-ULRICH: SoundScapeDesign (mit einem Beitrag von Uli Tobinsky), Akroama 1997, mit Audio-CD.

WFAE: Soundscape World Forum For Acoustic Ecology, Newsletter 1993 ff., http://interact.uoregon.edu/MediaLit/wfae/home/

WIMMER, MICHAEL: Zur Anatomie des »dritten« Ohrs, in: Welt auf tönernen Füßen, Die Töne und das Hören, Schriftenreihe Forum, Bd. 2, Steidl Verlag 1994., S. 251 ff.

WINKLER, JUSTIN: Landschaft hören, in: Klanglandschaft wörtlich. Akustische Umwelt in transdisziplinärer Perspektive, Forum Klanglandschaft und Akroama Verlag 1999, http://www.klanglandschaft.org.

– Still! Es rauscht die Welt. Individuelle und gesellschaftliche Orientierung in der Klanglandschaft der Gegenwart, in: Ganz Ohr, Interdisziplinäre Aspekte des Zuhörens, Zuhören e. V., Vandenhoek und Ruprecht 2002, S. 53 ff.

ZIMMER, RENATE: Handbuch der Sinneswahrnehmung. Grundlagen einer ganzheitlichen Bildung und Erziehung, Herder Verlag 2009.

Hörbeispiele

DAWN UNTIL DUSK: Tribal Song and Didgeridoo, Australian Music International.

DIE GESÄNGE DER BUCKELWALE, Zweitausendeins.

ECHOES OF NATURE, 10 CD Collection, Laserlight.

EIN JAHR IM WALD, Syrinx 1996.

HEYNE, HANNES: eintauchen CD, http://www.klanghuette.de

IPSEN, FAUST, WERNER, WINKLER: KlangWege, Universität Kassel.

ISUNGSET, TERJE: Aufnahmen mit »Eismusik«, http://home.online.no/~isungz.

MERI PANGA ALL – The Sea Below The Cliff of Panga, Orbital Vox 1999

ROCHÉ, JEAN C.: Dawns of the World, Sitelle 1996.

– Dròles d'oiseaux, Sitelle 2001.

TILGNER, WALTER: Naturhörbilder, Wergo, http://www.natur-tilgner.de/tontraeger/tontraeger.html.

WALLMANN, JOHANNES: Gockenrequiem für Dresden, http://www.integralart.de/content/projekte/glocken-requiem-xxi.

Weiterführende Adressen

Atelier Arpha, Rolf Krauss
rolfkrauss@arpha.de
www.arpha.de
(Holzklang- und Saitenwerke)

Boehme Music
service@boehmemusic.com
www.boehmemusic.com
(Schlitztrommeln, Rahmentrommeln, Eine-Welt-Instrumente, Monochorde, Klangmassagestühle und -liegen, Gongs und Klangschalen)

Carpe Sonum – Die KlangWerker
service@boehmemusic.com
jh@humantouch.de
www.carpe-sonum.de
(Klangskulpturen, Klanginstrumente und Klangprojekte im öffentlichen Raum)

Dan Moi, Clemens Voigt
info@danmoi.de
www.danmoi.de
(Maultrommeln aus aller Welt, ausgewählte Kleininstrumente und Tonträger)

Der Glockenladen Berlin, Michael Metzler
info@glockenladen.de
www.glockenladen.de
(Glocken, Zimbeln, Gongs)

F.A.I.R.E. Warenhandels eG Dresden, Thomas Natusch
info@faire.de
www.faire.de
(Musikinstrumente aus Einer Welt mit fairem Handel)

Freunde der Intuitiven Pädagogik, Mona Peter
mona.windrath@web.de
www.intuitive-paedagogik.de
(Netzwerk von Initiativen nach dem Konzept von Pär Ahlbom)

Klanggestaltung Münster, Christoph Studer
info@studer-klang.de
http://www.studer-klang.de
(Xylophone, Lithophone, Trommeln, Instrumentenbausätze)

Klangwerkstatt Bernhard Deutz
info@deutz-klangwerkstatt.de
www.deutz-klangwerkstatt.de
(Saiteninstrumente, Monochorde zum Selbstbau und Verkauf)

Kult-Ur-Sprung, Martin Bläse
silberschmied@kult-ur-sprung.de
www.kult-ur-sprung.de
(Klangobjekte aus Edelmetallen, Waterphone)

Sona Sounds, Johannes Heimrath
jh@humantouch.de
www.sonasounds.com
(Sona Gongs, Singing Drums)

Klangholz e. V., Nadine Dittmar
info@klang-holz.de
www.klang-holz.de
(Kurse zum Selbstbau von Saiteninstrumenten aller Art)

Kontakt zum Autor:

KlangHütte Dresden, Hannes Heyne
klanghuette@web.de
www.klanghuette.de

Bildnachweis:
natural sound tilgner: 9. Günther Starke: 18, 19, 20, 21, 22, 23, 24, 25, 27, 28, 29, 30, 31, 34, 35, 37, 38, 39, 41, 44, 45, 49, 50, 51, 52, 53, 54, 56, 58, 59, 61, 65, 66, 68, 69, 72, 73, 74, 78, 79, 80, 81, 82, 83, 84, 85, 86, 87, 88, 89, 90, 91, 92, 93, 94, 95, 96, 97, 98, 99, 100, 101, 102, 103, 104, 106, 107, 108, 109, 110, 111, 112, 114, 115, 116, 117, 118, 119, 121, 122, 124, 125, 129. Alle übrigen: Hannes Heyne.

Weitere Titel aus der Library of Healing Arts, der Schriftenreihe der Europäischen Akademie der Heilenden Künste, herausgegeben von Johannes Heimrath:

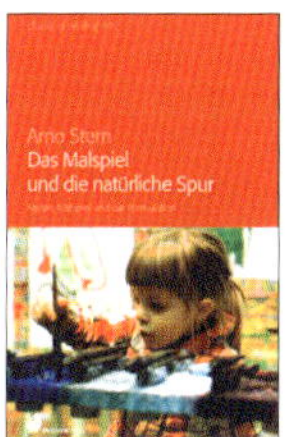

Band 1
Arno Stern
Das Malspiel und die natürliche Spur
Malort, Malspiel und die Formulation
136 Seiten, 17 farbige Abb.
ISBN 978-3927369-14-6,
22,50 Euro

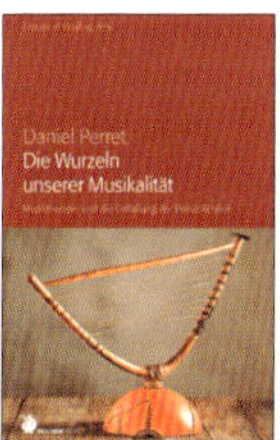

Band 2
Daniel Perret
Die Wurzeln unserer Musikalität
Musiktherapie und die Entfaltung der Persönlichkeit
168 Seiten, 8 farbige Abb.
ISBN 978-3927369-15-3,
24,80 Euro

Band 3
Edgar Diehl
Farbzeiten
Wie die Farbe der Seele hilft. Eine Sozialgeschichte der Farbe.
296 Seiten, 55 farbige Abb.
ISBN 978-3927369-13-9,
29,80 Euro

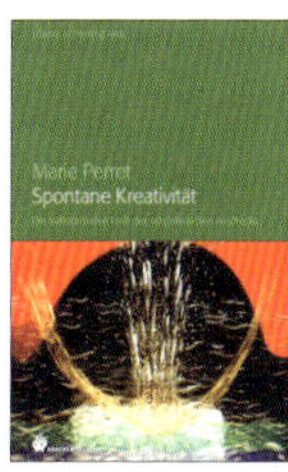

Band 4
Marie Perret
Spontane Kreativität
Die transformative Kraft des schöpferischen Ausdrucks
188 Seiten, 39 farbige Abb.
ISBN 978-3927369-21-4,
24,80 Euro

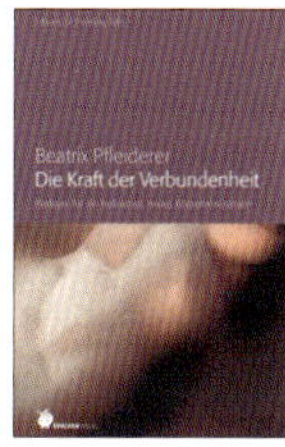

Band 5
Beatrix Pfleiderer
Die Kraft der Verbundenheit
Plädoyer für ein heilsames, neues Körperbewusstsein
136 Seiten, 13 farbige Abb.
ISBN 978-3927369-38-2,
22,50 Euro

Band 6
Franz P. Redl
Übergangsrituale
Visionssuche, Jahresfeste, Arbeit mit dem Medizinrad
192 Seiten, zahlreiche Abb.
ISBN 978-3927369-39-9,
24,80 Euro

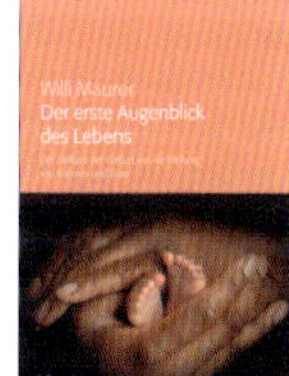

Band 7
Willi Maurer
Der erste Augenblick des Lebens
Der Einfluss der Geburt auf die Heilung von Mensch und Erde
344 Seiten, mit farbigen Abb.
ISBN 978-3927369-43-6,
29,80 Euro

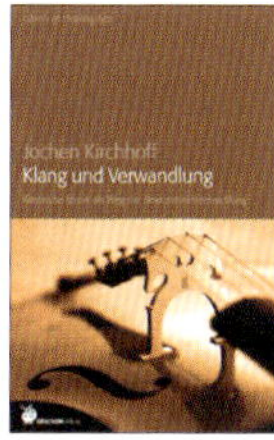

Band 9
Jochen Kirchhoff
Klang und Verwandlung
Klassische Musik als Weg der Bewusstseinsentwicklung
ca. 180 Seiten, farbige Abb.
ISBN 978-3927369-47-4,
24,80 Euro

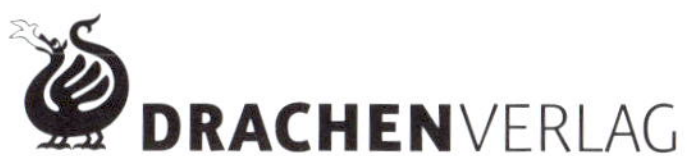

Drachen Verlag GmbH, Am See 1, D-17440 Klein Jasedow
Telefon (03 83 74) 752 24, Telefax (03 83 74) 752 23
mail@drachenverlag.de, www.drachenverlag.de

Edition Hagia Chora – Die neue Beziehung des Menschen zur Natur

Jochen Kirchhoff
Die Anderswelt
Eine Annäherung an die Wirklichkeit
Eine suggestive Meditations- und Denkreise in die kosmischen Tiefen der eigenen Psyche.

Jochen Kirchhoff
Die Erlösung der Natur
Impulse für ein kosmisches Menschenbild
Ein Plädoyer für die kosmische Verantwortung, in die der Mensch gestellt ist.

Jochen Kirchhoff
Räume, Dimensionen, Weltmodelle
Impulse für eine andere Naturwissenschaft
Dem toten Universum des Urknalls wird die Vision eines bis in den letzten Winkel hinein lebendigen Universums gegenübergestellt.

Jochen Kirchhoff
Was die Erde will
Mensch, Kosmos, Tiefenökologie
Ein unmittelbares Erleben der ganzen Erde ist Voraussetzung zu einem ökologischen Verständnis.

Robert Josef Kozljanič
Freundschaft mit der Natur
Naturphilosophische Praxis und Tiefenökologie
Ein durchdachter, an der eigenen Lebenspraxis erprobter Weg für alle, die einen neuen Zugang zur Natur suchen.

Reinhard Falter
Natur neu denken
Erfahrung – Bedeutung – Sinn
Ein nachvollziehbarer Weg, Natur in ihrer Ganzheit als Wesenheit zu erfahren, ihr Bedeutung zu geben und Sinn aus ihr zu gewinnen.

Marco Bischof
Der Kristallplanet
Globale Netze, platonische Körper und die Musik der Erde
Schwingt unsere Erde als ein großer Kristall? Das Buch untersucht die Theorien über Gitterstrukturen und kosmische Proportionen.

Marco Bischof
Unsere Seele kann fliegen
Über Nikola Tesla, Außerkörperlichkeit, heilige Orte im magischen Klangfeld, biologische und kosmische Zyklen, Gesichter der Steinzeit, UFOs, keltisches Christentum und Geomantie.

Rüdiger Sünner
Totenschiff und Sternenschloss
Reisen zu mythischen Orten Europas
Megalithen von Callanish, Kyffhäuser, Opfermoore in Norddeutschland, der Schamanen-See Inari und die Katharer-Burg Montségur.

Peter Florian Frank
Quellen heiliger Weisheit
Die Botschaften der Heilquellen von Bad Gastein
Der Geomant Peter F. Frank ließ sich bei einer geomantischen Arbeit an den Heilquellen von Bad Gastein vom Wesen des Wassers inspirieren.

Lara Mallien, Johannes Heimrath
Was ist Geomantie?
Die neue Beziehung zu unserem Heimatplaneten
Mit Beiträgen u. a. von Marco Bischof, Stefan Brönnle, Paul Devereux, Reinhard Falter, Heide Göttner-Abendroth, Jochen Kirchhoff, Nigel Pennick, Marko Pogačnik, Siegfried Prumbach, Jörg Purner, Gesine Stöcker und Peter F. Strauss.

Lara Mallien, Johannes Heimrath
Genius Loci
Der Geist von Orten und Landschaften in Geomantie und Architektur
Mit Beiträgen u. a. von Marco Bischof, Stefan Brönnle, Reinhard Falter, Robert Josef Kozljanič, Hans-Jörg Müller, Johanna Markl und Tomáš Valena

Sylvia Koch-Weser, Geseko von Lüpke
Vision Quest
Allein in der Wildnis auf dem Weg zu sich selbst
Die Visionssuche – Vision Quest – ist eine Erkenntnis schenkende Herausforderung für Menschen, die an einem Wendepunkt in ihrem Leben stehen. Das umfassende Grundlagenwerk.

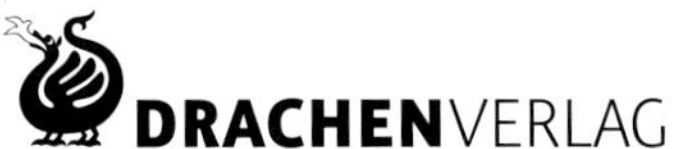

Drachen Verlag GmbH, Am See 1, D-17440 Klein Jasedow
Telefon (03 83 74) 752 24, Telefax (03 83 74) 752 23
mail@drachenverlag.de, www.drachenverlag.de